U0945797

毛泽东延安时期题词选编

陕西省延安精神研究会
延安革命纪念馆 编
茆梅芳 田雨生 主编

陕西新华出版
陕西人民教育出版社
·西安·

图书在版编目（CIP）数据

毛泽东延安时期题词选编 / 陕西省延安精神研究会，延安革命纪念馆编；茆梅芳，田雨生主编．-- 西安：陕西人民教育出版社，2025. 6. -- ISBN 978-7-5757-0604-9

Ⅰ. A45

中国国家版本馆 CIP 数据核字第 2025ZC7143 号

毛泽东延安时期题词选编

MAO ZEDONG YAN' AN SHIQI TICI XUANBIAN

陕西省延安精神研究会
延安革命纪念馆　编

茆梅芳　田雨生　主编

出　版	陕西人民教育出版社
发　行	陕西人民教育出版社
地　址	西安市丈八五路 58 号
出品人	李晓明　叶　峰
责任编辑	郑丹阳　刘晓丽
装帧设计	建明文化
经　销	各地新华书店
印　刷	西安市建明工贸有限责任公司
开　本	890 mm × 1240 mm　1/16
印　张	19
字　数	300 千字
版　次	2025 年 6 月第 1 版
印　次	2025 年 6 月第 1 次
书　号	ISBN 978-7-5757-0604-9
定　价	99.00 元

《毛泽东延安时期题词选编》编委会

主编　茆梅芳，陕西延安人，中共党员。陕西省延安精神研究会第五届理事会副秘书长，延安革命纪念地管理局二级巡视员，长安大学、深圳大学等多所院校特聘教授，西安国家版本馆专家委员会委员，延安革命纪念馆原党委书记、馆长。

长期从事延安红色文化宣传、革命文物的保护利用工作。主持完成了延安鲁艺旧址的维修保护，延安文艺纪念馆建设、基本陈列和延安革命纪念馆第十次基本陈列提升改造项目《伟大历程——中共中央在延安十三年历史陈列》以及茅盾、丁玲等 20 多位革命文艺家个体馆的建设，策划《不忘来时路》《启航》《东方欲晓》《五月盛会》《怒吼吧！黄河》《延安时期的党务委员会》等多个原创展览。其中，《伟大历程——中共中央在延安十三年历史陈列》荣获第十九届全国博物馆陈列展览"精品奖"。主持研发了"延安革命纪念馆红色故事微视频制播和青少年党史学习教育课程"，并荣获第三届 (2021) 全国革命文物保护利用十佳案例。

出版《延安鲁艺》《伟大历程》《革命文物　红色故事　延安·延安》等多本专著。

主编　田雨生，陕西绥德人，中共党员。延安市宝塔区人民检察院四级调研员、中国法学会会员、陕西省作协会员、陕西省延安精神研究会特聘研究员、延安市社科联特聘专家。

2007 年出版个人文集《北望》；2014 年出版摄影画册《毛泽东转战陕北足迹》；2022 年参与出版《延安时期中医药史研究》。

序

短题词，大内涵

陈　晋

中国毛泽东诗词研究会会长
原中共中央文献研究室副主任

1941 年元旦，延安中央医院的医生们结队前往杨家岭给中央首长拜年。11 岁的保育院小学学生金德崇，也跟着父亲金茂岳大夫来了。他们先后给毛泽东、朱德拜年后，来到王明的窑洞，王明夫人孟庆树顺手送给金德崇一个红色布面的笔记本，上面还印有“救国日记”四个字。金德崇很是喜欢，觉得应该请一些人在上面写点什么，便悄悄问父亲：“可以请首长们给我题字吗？”金大夫说：“那你自己去试试吧！”

金德崇鼓起勇气返回毛泽东的窑洞，提出自己的请求。不料毛泽东爽快答应，还问他平时喜欢什么。金德崇说：“我喜欢玩！”毛泽东又问：“你还喜欢什么？”金德崇说：“还喜欢上学念书！”面对天真机灵的小学生，毛泽东很开心，随即用铅笔在金德崇的笔记本上题写了“又学习，又玩耍”六个字，还签上自己的名字。

这个故事，我是在《毛泽东延安时期题词选编》书稿中读到的。

这件小事，看似有趣，细细思量，却能品出毛泽东题词背后的一些心性奥妙。

题词，作为礼仪类的一种应用文体，一般说来，是用尽量简洁鲜明的文字，来表达自己的思想、感情、期许、评价等等。所题对象，无非人、物、事。好的题词，大多可以成为朗朗上口而意味无穷的警句，不仅反映出题词者的语言概括能力，还能体现其思想性格和情感趣味，进而折射出一个时代的风尚。好的题词，有时候还是一件完美的书法作品，因此，如果书法水平完全拿不出手，是不大好意思随便给人题词的。

无论是从书法艺术还是从内容宣达上讲，毛泽东都是少见的题词高手。他的题词，语言文字特色鲜明、简洁明快，有号召力和感染力。其书写格式，有横式的，有竖式的，布局宛如行云流水，一气呵成，字体则独具一格，苍劲有力。

今天的人们，还能在一些公共场合看到他的一些气势、寓意和书法均属上乘的题词。诸如为天安门广场人民英雄纪念碑题写的“人民英雄永垂不朽”；为刘胡兰烈士陵园重新题写的“生的伟大，死的光荣”；为中国戏曲研究院题写的“百花齐放，推陈出新”；为中华全国体育总会题写的“发展体育运动，增强人民体质”；为第二届全国卫生工作会议题写的“动员起来，讲究卫生，减少疾病”；为公安部队首届功臣模范代表会议题写的“提高警惕，保卫祖国”；以及 1960 年为中共中央办公厅工作人员题写的“艰苦朴素”，1963 年题写的“向雷锋同志学习”……这些题词，鲜活地跳跃着时代的脉动，铭刻下对各项事业的憧憬，塑造出中国社会的精神气象。故而，许多题词，一直到今天，仍然可视之为政策性的口号，像云彩一样，徜徉在 21 世纪的中国天空。

以上列举的，是毛泽东在中华人民共和国成立后的题词。从目前发现和陈列的史料来看，毛泽东题词最密、最有人际交往礼仪性质，也最生动有趣的年代，是延安时期。延安党史学者茆梅芳和田雨生，依据延安得天独厚的红色史料，秉承挖掘历史、还原历史的原则编纂的《毛泽东延安时期题词选编》，第一次全面地展示了毛泽东在延安时期的题词内容、故事和书法。

《毛泽东延安时期题词选编》收集、编选了毛泽东在延安时期的题词墨迹250余幅，其中有许多是人们平常很少看到的。编排上，全书分为六个部分：为各界人士的题词、为各类事件的题词、为各类院校的题词、为图书报刊的题词、为劳模的题词、题写的祭文、挽词、挽联等。这个分类，比较均衡地反映出毛泽东题词活动的对象领域。更可贵的是，两位学者还花了大量功夫，考证了每一幅题词的来龙去脉，由此形成10万余字的叙述文字，使这部题词选编，不再只是常见的书法作品汇聚，而是充满思想性、史料性和可读性的著述。其学术价值是显而易见的。

毛泽东的题词，形式上丰富多彩，既有祝词、训词，又有挽词和悼词；既有为报、刊、书的题名，又有为学校、部队的题词；既有为劳模奖状的题词，也有为碑亭、古迹的题词。题词内容，则涉及政治、经济、军事、文化、教育、卫生等工作领域，反映出毛泽东在延安时期工作的方方面面，比较全面地反映了他的理论和实践活动。

从题赠的人物来讲，有年长的朱德、徐特立等军政领导，有晚进的王震、习仲勋等领导干部，有张浩、关向应等在延安病逝的领导同志，有谢子长、刘志丹等革命烈士，有柳亚子、丁玲等著名文人，有

施方白、傅斯年这些来延安办事的爱国民主人士和国民政府成员，包括到延安的国民党中央考察团随行记者，毛泽东都题词相赠。当然，毛泽东题词相赠最多的，还是普通工人、农民、战士、知识分子或身边工作人员，甚至包括一些并不相识的小朋友。这应该是一种人民情怀的体现吧。转战陕北期间，他为中共佳县县委的题词“站在最大多数劳动人民的一面”，是他发自内心的立场和情感，也可视之为他的题词的基本主题，这就是人民性。人民性，也是他的题词的功能所在，即宣传人民，动员人民，团结人民，激励人民。毕竟，题词是要发挥它的社会作用的。

为此，毛泽东是把题词当作一项同人民群众对话交流的重要工作来对待的，而且把它当作义不容辞的责任和义务认真去做。比如，1944 年 9 月 18 日，中央办公厅在杨家岭中央礼堂举行招待八路军留守兵团全体模范工作学习代表大会，晚上，在中央大礼堂观看京剧《三打祝家庄》。演出开始前，留守兵团张经武参谋长经请示后站在凳子上大声讲：“代表们，把本子拿出来，请主席为大家签字。”大家争先恐后来到第一排毛泽东座位前，足有一百多人，自觉排队等毛泽东签字。毛泽东为警备一旅特务营通讯连指导员王国靖题词“胜利”；为留守兵团的战士张侠题词“光明磊落”；为独立一旅连队副指导员刘书才题词“光明正大”。据王国靖回忆，给其他同志的题字有“团结”“学习”“生产”“进步”等字样。大约给三四十人题字后，还有多位代表排队等待。张经武见状，担心毛泽东太累，又怕演出延迟开始，便劝代表们回到座位去，把笔记本收集起来，明天送到毛泽东的办公室，签完后发还给大家。

即使在1947年转战陕北的危急途中，化名“李德胜”的毛泽东觉得有必要，也会主动为一些活动题词。比如，10月22日（农历九月九日）途经佳县，正逢白云山庙会，他站在群众后面看了一会儿佳县群众剧团演出的晋剧《反徐州》，回到住地，便让中央机关用“亚洲部”“长江部”的名义，给佳县群众剧团赠送了一面锦旗，还题写了“与时并进”和“人民喉舌”八个字，表达他对传统戏曲的时代性和人民性的看法。

为人、事、物题词，既然是工作，那么就必然要传达自己的思想，或明确政策，或宣传造势，或提倡作风，或沟通感情，或指明方向，凡此种种，便成为毛泽东题词的主要内容。比如，1939年，延安举办陕甘宁边区工业展览会，毛泽东题写的是“无产阶级是抗日的先锋队，应为坚持抗战到底建设新中国而斗争。”延安要举办世界语展览会，他给延安世界语协会的题词是“我还是这一句话：如果以世界语为形式，而载之以真正国际主义之道，真正革命之道，那末，世界语是可以学的，是应该学的。”陕甘宁边区政府在延安城南郊一条沟里依山建起的新市场要开业了，他便给新市场门楼拟定了一副楹联：“坚持抗战，坚持团结，坚持进步，边区是民主的抗日根据地；反对投降，反对分裂，反对倒退，人民有充分的救国自由权。”这些，无疑都是在借题词来宣达思想政策。

宣达思想政策，主要还是要紧扣题词对象的特点。1940年，毛泽东为八路军制药厂举办的制药人员培训班第一期毕业学员题写“制药疗伤，不怕封锁，是战胜敌人的条件之一。”为西北青年救国联合会举办“青年运动成就展览会”题写“困难二字是我们所不知道的”；为延安

的儿童节大会题写“天天向上”。1945 年重庆谈判期间，他为有“民主之家”称谓的“特园”主人鲜英先生题写“光明在望”。这些题词，很符合对象的身份，因而显得很亲切。

题词作为礼仪交往文体，最需要的是真诚。有了真诚，就有对题词对象的尊重，有感情在里面，词语表达也就拥有鲜明具体的针对性，特别是在对人的称赞性评价方面，总是妥贴，准确。比如，毛泽东为朱德六十寿辰题写的“人民的光荣”，就没有局限于朱德作为红军总司令和八路军总司令的形象，而是用更大的视野，来概括他六十年人生的政治意义。毛泽东为徐特立七十寿辰的题词是“坚强的老战士”，这当中，有三个关键词：老、坚强、战士。我们知道，徐特立 20 岁那年，为抗议清政府对外妥协，在演讲中抽刀断指，用今天的话来说，是一位地道的“猛人”。辛亥革命时，他参加湖南起义，当选为湖南临时参议会副议长。1927 年国共合作的大革命失败，许多人远离中国共产党而去，他却在革命陷入低潮的关键时刻，毅然参加中国共产党，还赶赴南昌参加起义。以后又经历万里长征，从来没有退缩过。如今七十岁了，称他为“坚强的老战士”，实在准确。其实，在徐特立六十岁的时候，毛泽东就写过一封贺信，可视为这个题词的注脚。里面说：“你比一些青年壮年党员还要积极，还要不怕困难，还要虚心学习新的东西。什么‘老’，什么‘身体精神不行’，什么‘困难障碍’，在你面前都降服了。”

此外，长期从事工人运动并担任过八路军一二九师政委的党的早期领导人张浩（林育英）病逝后，毛泽东为其题写的挽联是“工人先锋，战士楷模”。刘志丹牺牲后，毛泽东题写的是“群众领袖，民族英雄”。说刘志丹是“群众领袖”，主要是指他作为陕甘边革命根据地主要创始人，在当地拥有其他人难以比拟的群众威望；说他是“民族英雄”，因为刘志丹是在1936年毛泽东率领“中国人民抗日先锋军”渡黄河东征在战场上牺牲的。这些“盖棺论定”的题词，体现了毛泽东非常独到的评人本事。

1942年底召开的中共中央西北局高级干部会议，表彰了一批模范人物。1943年1月14日，毛泽东为每一位受奖励者的奖状都亲笔写了赠言题词。在中共党史上，像这样由党的领袖一次性给为数众多的干部题词予以嘉奖的情形，到目前为止，是唯一的一次。如何做到给每位获奖者的赠言题词不千篇一律，无疑大费周章。但思想活跃、情感真切的毛泽东做到了，而且基本上都贴近获奖者的特点。

他这次集中题词，可分为三类：一是给部队领导干部的，比如，给359旅旅长兼政委王震题写的是“有创造精神”；给陕甘宁边区陇东分区警备司令部司令员王维舟题写的是“忠心耿耿，为党为国”；给359旅供给部部长何维忠题写的是“切实朴素，大公无私”；给359旅供给部政委罗章题写的是“以身作则”。二是给地方领导干部的，比如，给关中地委书记兼关中分区专员习仲勋题写的是“党的利益在第一位”；给陇东地委书记、陇东分区警备司令部政委马文瑞题写的是“密切联系群众”；给三边分区专员罗成德题写的是“不怕困难”；给靖边县委书记惠中权题写的是“实事求是，不尚空谈”；给赤水县委书记任成玉题写的是“为群众谋福利”；给清涧县长黄静波题写的是“坚决执行党的路线”；给延安县长刘秉温题写的是“善于领导群众”。三是给机关干部和专业技术人员的，比如，给中共中央西北局秘书处处长范子文题写的是"机关生产的模范"；给电台台长出身的科级干部王明祥题写的是"掌握技术，提高一步"…… 每一类获奖者、每一位获奖者，都有特点，且不重复。没有对党的精神作风建设的整体布局，没有对每一位获奖者事迹的真切了解，没有善于提炼概括的文字能力，没有对题词对象的热情认可，没有对题词这项工作发自内心的尊重，是很难写出这些丰富多样而又恰如其分的文字的。总体上讲，这些题词，实际上体现了人们后来概括的延安精神。

阅读《毛泽东延安时期题词选编》书稿，不禁心生感慨。延安时期，是毛泽东思想的成熟期，是中国共产党的成熟期，是延安精神形成和发展的时期，而这些都比较集中地体现在毛泽东的理论和实践活动当中。毛泽东的题词活动和题词内容，正是毛泽东的理论和实践活动的重要组成部分，它从一个方面记录和见证了毛泽东思想和中国共产党的成熟过程，影响和带动了党内良好作风（即延安精神）的形成和发展。

题词反映思想，记载历史，彰显精神。编选和出版《毛泽东延安时期题词选编》，对于我们进一步弘扬延安精神，促进红色文化发展，讲好延安故事，发挥好党史、文史资料"存史、资政、团结、育人"的作用，是有重要意义的。

是为序。

2025 年 2 月 5 日于北京

前言

而今迈步从头越

茆梅芳

陕西省延安精神研究会副秘书长
延安革命纪念馆原党委书记、馆长

“东方红，太阳升，中国出了个毛泽东，他为人民谋幸福，他是人民大救星。”这首20世纪40年代诞生在陕北窑洞，之后传唱于中华大地、飞翔到浩瀚太空的歌曲，唱出了人民的心声，唱出了人民与政党、领袖之间的鱼水深情。

延安，中国革命的圣地，新中国的摇篮。在被毛泽东称为“好地方”的土窑洞里，中国共产党人把握时代大势，勇担历史使命，把马克思主义基本原理与中国革命具体实际相结合，产生了马克思主义中国化的第一个理论成果——毛泽东思想。毛泽东思想是马克思列宁主义在中国的创造性运用和发展，是被实践证明了的关于中国革命和建设的正确的理论原则和经验总结，是中国共产党集体智慧的结晶。作为以政治为表达方式的艺术家和以艺术为表达方式的政治家的毛泽东，在延安十三年的革命实践中，有许多内容极为丰富的题词，这些题词无疑是毛泽东思想的重要组成部分，其内涵深刻、范围宏阔，涉及政治、经济、军事、文化、教育、卫生等领域，字里行间无不闪耀着伟人毛泽东的深邃智慧、领袖气魄、斗争艺术和人民情怀，无不彰显着

伟人毛泽东的政治远见、崇高思想、革命信念和文韬武略，无不使人感受到伟大的无产阶级革命家的使命担当，感受到一位伟大的马克思主义中国化的开拓者指点江山的豪迈气概。

为了深入学习、研究、宣传毛泽东思想，研究中共中央在延安十三年历史，研究延安精神，传承红色基因、赓续红色血脉，在中国共产党百年华诞之际，我们组织专人，历时五年，对田雨生同志收集的毛泽东在延安时期的题词进行了认真的整理、考证与修订，编辑出版《毛泽东延安时期题词选编》。该书共辑 6 个部分，10 万余字，收录毛泽东在延安时期题词 250 余幅，有的是祝词、训词、挽词、悼词，有的是为报纸、刊物、书籍、校名题词等。这些题词墨迹是以毛泽东为代表的老一辈无产阶级革命家和老一代共产党人为中国人民谋幸福、为中华民族谋复兴的历史见证，是中国共产党在延安十三年的历史见证，是毛泽东思想和延安精神的历史见证，对我们学习和研究毛泽东思想、学习和研究党中央在延安十三年的历史、学习和研究毛泽东书法艺术具有极其重要的历史价值、文献价值、学术价值、美学价值。

在搜集整理过程中，我们统计出毛泽东延安时期题词达 300 多幅，由于种种原因，还有些题词墨迹未能找到，有待将来进一步寻访和挖掘。本书收录了毛泽东延安时期题词墨迹 250 余幅，在审编学习的过程中，我一次次被毛泽东的题词所感动，被题词对象在民族危难之时所体现出的坚定理想信念和炽热爱国情怀所感动。历史不能忘记。作为一名延安的党史工作者，深感责任重大，时不我待。如何展示毛泽东题词的当代价值，如何使读者特别是青少年在学习中受到教育，是我一直在思考的问题。为此，我们在每幅题词背后的故事上下功夫，对其进行了深入细致的挖掘整理，使本书更具可读性、故事性、趣味性。在编辑过程中，得到了诸多专家和领导的帮助与支持，著名党史专家、中国毛泽东诗词研究会会长、原中共中央文献研究室副主任陈晋为本书作序；陕西省延安精神研究会会长梁宏贤多次听取汇报，给予鼎力支持；著名党史专家、陕西省社会科学院研究员李忠全老师及汤彦宜老师对全书进行了认真审读、精细指导；延安市政协文史委原主任曹树蓬、著名书画家陈新民和毛体书法家王洪涛及李振武等同志给予大力相助；延安市发改委县域经济发展促进中心张欢对书稿进行了多次审读，陕西人民教育出版社郑丹阳同志进行了多方协调，使本书得以顺利出版，在此一并表示衷心的感谢。

习近平总书记在纪念毛泽东同志诞辰 130 周年座谈会讲话中指出："毛泽东同志把自己的一生献给党和人民，留下了永志后人的崇高精神风范。毛泽东同志展现出一个伟大革命领袖高瞻远瞩的政治远见、坚定不移的革命信念、勇于开拓的非凡魄力、炉火纯青的斗争艺术、杰出高超的领导才能、心系人民的赤子情怀、坦荡宽广的胸怀境界、艰苦奋斗的优良作风，赢得了全党全国各族人民的爱戴和敬仰，毛泽东同志的崇高精神风范永远是激励我们继续前进的强大动力。"

今年是中国共产党第七次全国代表大会召开 80 周年，七大在党的历史上具有重要里程碑意义，标志着我们党在政治上思想上组织上走向了成熟。七大期间，毛泽东专门为《七大纪念册》题词"实事求是　力戒空谈"。同时在七大代表的笔记本上题词"提高党性"。这两

幅题词都言简意赅，是对中国共产党思想路线和工作作风的生动阐释，也是对全党提出的政治要求。今年也是中国人民抗日战争暨世界反法西斯战争胜利 80 周年，值此《毛泽东延安时期题词选编》付梓之际，我们更加怀念这位领导中国人民彻底改变自己命运和国家面貌的一代伟人。昨日之中国，国家蒙辱、人民蒙难、文明蒙尘，中华民族到了最危险的时刻，毛泽东的题词鼓舞着无数的中华儿女赴汤蹈火、百折不挠，为争取民族独立和人民解放浴血奋战、视死如归。今日之中国，在中国共产党的领导下，国家富强、人民幸福，中华民族迎来了从站起来、富起来到强起来的伟大飞跃。新时代新征程，重读这些题词，必将鼓舞着我们不忘初心、牢记使命，踔厉奋发、笃行不怠，为以中国式现代化全面推进强国建设和民族复兴伟业而勇毅前行！

由于水平有限，不足之处，敬请广大读者批评指正。

2025 年 6 月

CONTENTS

目录

第一辑　为各界人士的题词

第二辑　为各类事件的题词

第三辑 为各类院校的题词

第四辑　为图书报刊的题词

第五辑　为劳模的题词

第一辑 为各界人士的题词

延安时期，毛泽东给各界人士的题词、题字，是与当时的革命实践相结合的智慧结晶，从一个角度、一个侧面反映了他的思想变化轨迹。这些题词，或褒扬，或祝贺，幅幅都给人以思想的熏陶、真理的启迪、艺术的享受、无穷的力量。这些题词，有的气势磅礴，激情喷涌；有的寥寥数语，言简意赅；有的心潮激荡，情真意挚；有的朴实无华，睿智深远。这一件件难得的墨宝，凝结了毛泽东的精神、情感、理想和愿望。

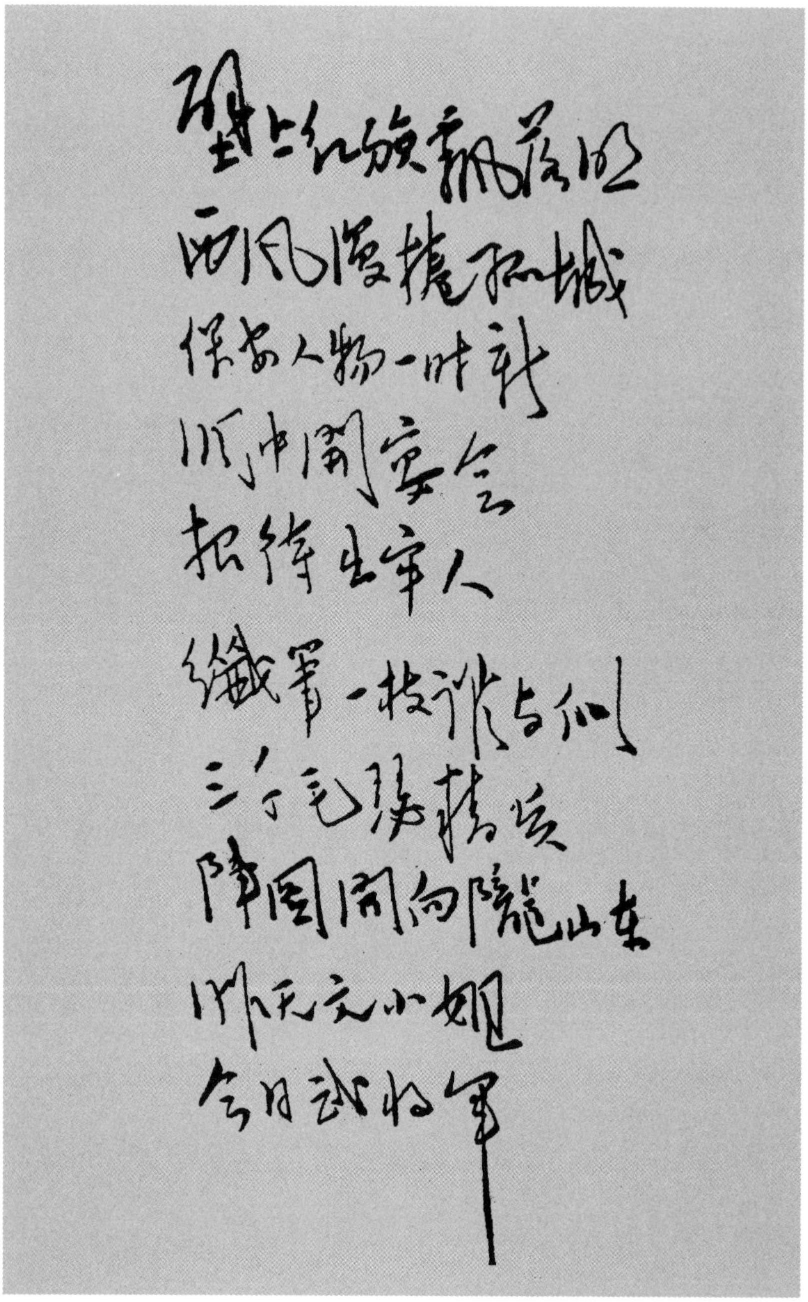

壁上红旗飘落照
西风漫卷孤城
保安人物一时新
洞中开宴会
招待出牢人
纤笔一枝谁与似
三千毛瑟精兵
阵图开向陇山东
昨天文小姐
今日武将军

◆ 为丁玲题写的《临江仙·给丁玲同志》（1937 年初）

为丁玲题词

丁玲（1904—1986），原名蒋祎文，字冰之，湖南临澧人。1932 年加入中国共产党，毕业于上海大学，中国现代女作家、社会活动家。

丁玲因从事革命文学活动遭国民党囚禁达三年之久，1936 年 9 月，经中共党组织营救，于 11 月 11 日辗转到达党中央驻地保安（今志丹县）。在保安期间，经丁玲建议，苏区第一个文艺协会组织于 11 月 22 日成立，开始叫“中国文艺工作者协会”，毛泽东建议改为“中国文艺协会”，丁玲被推选为中国文协主任。

当毛泽东问丁玲还想做什么时，丁玲说：“我想当红军，上前线去，看看打仗。”毛泽东思索了一下说：“还来得及，还赶得上最后一个仗。明天有队伍上前线去，你就跟着杨尚昆主任他们走吧！”后来丁玲跟着前方总政治部杨尚昆主任前往定边前线。

西安事变和平解决后，毛泽东给陇东前线的聂荣臻发电报，附了给丁玲的一首《临江仙》。

词曰：**“壁上红旗飘落照，西风漫卷孤城。保安人物一时新。洞中开宴会，招待出牢人。纤笔一枝谁与似？三千毛瑟精兵。阵图开向陇山东。昨天文小姐，今日武将军。”**

上半阕写的是丁玲在保安，下半阕写的是丁玲上前线。由此可推断毛泽东给丁玲写这首词的时间应该在 1936 年 12 月 26 日后。

丁玲在 1980 年 2 月的一次谈话中说：“我是在庆阳前线收到毛主席送给我的那首词，电报打到前线，是聂荣臻给我的……”

1937 年初，丁玲陪同艾格尼丝·史沫特莱从前线回到延安。回到延安后，丁玲经常会去毛泽东的住处谈话聊天，话题常常是古代文学。一天，丁玲当面请毛泽东亲笔抄录了《临江仙》这首词，由上而下，写在两张 16 开大小的浅黄色毛边纸上。

丁玲是最早收藏毛泽东诗词手迹的人，她懂得那些诗词的价值，更懂得毛泽东对于中国革命和中国人民的价值。

为防丢失，丁玲于 1939 年初夏将这首词的手书寄给远在大后方重庆的胡风，请他代为保管。胡风后来虽历尽沧桑，但始终妥善保存着这件珍贵的礼物。1982 年，胡风从四川回到北京后，终于将《临江仙》墨迹归还给了丁玲。

毛泽东为丁玲题写的这首词，最早发表于 1980 年的《新观察》第七期上，原来没有题目，只有词牌名，发表时编辑加上“给丁玲同志”。

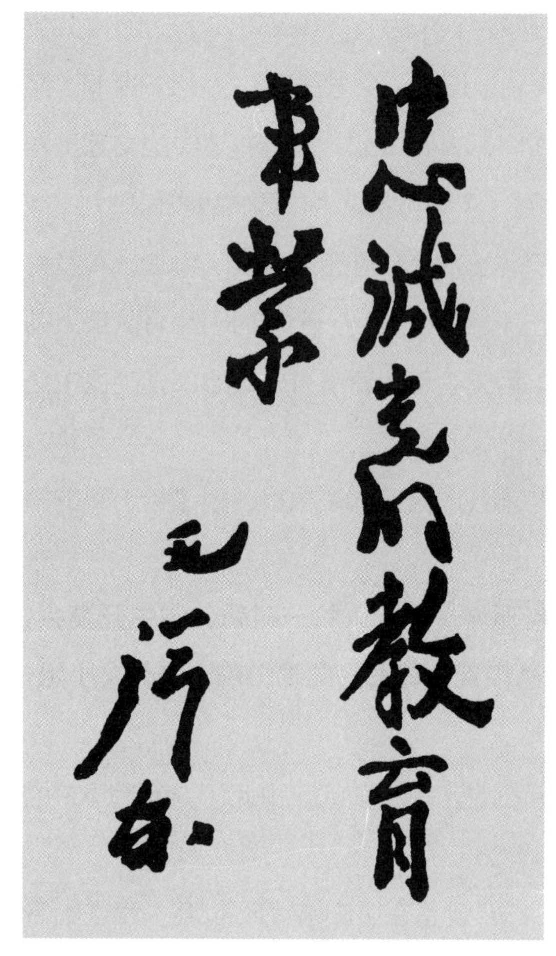

◆ 为杨兰史的题词（1937 年 8 月）

为杨兰史题词

杨兰史（1907—1938），原名杨衍祥，广东大埔人，革命烈士。1926 年加入中国共产党。1928 年春，考入上海复旦大学。上学期间，领导学生运动，认真钻研无线电技术，为上海党中央沟通江西中央苏区的通讯做出了贡献。

1934 年 10 月，杨兰史跟随中央红军长征。1936 年初，参加了中国人民抗日红军大学（简称“红大”）的筹备工作。6 月 1 日，红大在瓦窑堡举行开学典礼。1937 年 1 月，红大随中共中央一道由保安县城迁往延安，红大改名为中国人民抗日军政大学（简称“抗大”）。杨兰史先后担任教员、政治教育科科长。

1937 年 8 月，毛泽东专门为杨兰史题词：**“忠诚党的教育事业”**，落款：**“毛泽东”**。这一题词，也是对全党教育工作者的极大勉励。

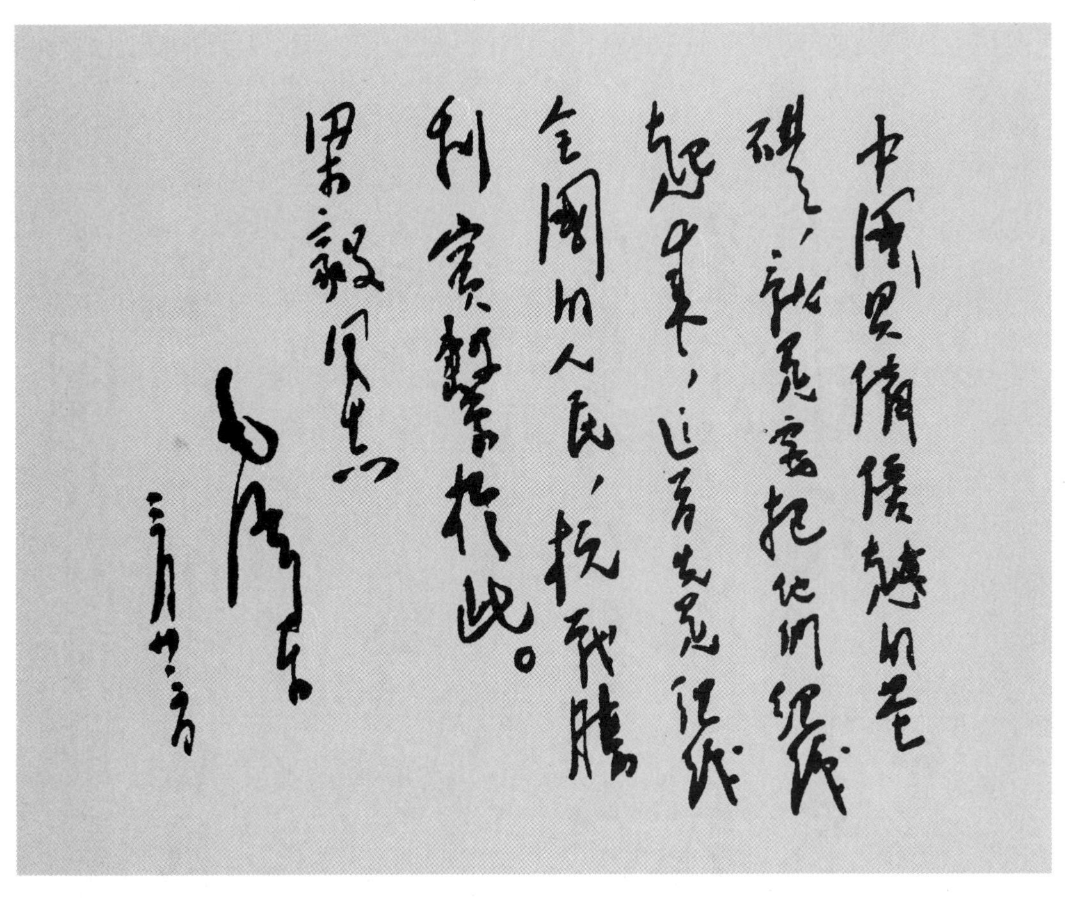

◆ 为梁毅的题词（1938 年 3 月 23 日）

为梁毅题词

梁毅（1918—1989），原名梁锡琼，广东茂名人。1939 年加入中国共产党。

1933 年，15 岁的梁毅受抗日救国思想影响，考入黄埔海军学校学习，并参加进步同学的读书会。1937 年 12 月 7 日，梁毅与三位读书会同学经南京到西安八路军办事处再到延安，进入抗日军政大学第三期第三大队学习。

1938 年春，临近毕业的时候，梁毅与几位同学请毛泽东题字留念，毛泽东欣然答允，亲笔题字后交警卫员送给他们。其中，毛泽东为梁毅题词：**“中国具备优越的基础，就是要把他们组织起来，这首先是组织全国的人民，抗战胜利实系于此。”**落款：**“梁毅同志　毛泽东　三月廿三日”**。

此题词现收藏于中国人民革命军事博物馆。

◆ 为施方白的题词（1938 年 5 月 12 日）

为施方白题词

施方白（1887—1970），化名方天权，江苏启东人，同盟会会员，中国国民党早期党员。1913 年冬末，参加东京浩然军事学社并加入中华革命党。中华人民共和国成立后，任农工民主党湖北省委会主委。

1938 年春，经周恩来、董必武介绍，施方白与沈维岳到达陕北，寻求革命真理。在延安，施方白和沈维岳先后听了毛泽东两次报告，到毛泽东家里做客三次。5 月 11 日，即第三次到毛泽东家中做客时，毛泽东对施方白提出的九个问题逐一作了回答。毛泽东说："工作地点可以不拘，但应该注意教育事业，尤其要与青年们联系，如遇优秀青年，可介绍到陕公或抗大学习。"施方白听后备受鼓舞，当即拿出了早准备好的纸张，请求题词。毛泽东答应道："让我想一想，就写几个字吧。"

5 月 12 日，毛泽东为施方白题写了一段阐明中国革命道路的赠言：**"中国目前阶段一定要完成民族民主革命，即彻底战胜日寇与建立新的民主共和国。中国将来阶段一定要完成社会主义革命，即实现更进步的更完满的社会主义共和国。完成这两个革命都要坚持统一战线政策，只有好好团结一切革命势力于统一战线里面，才能达到目的。"**落款：**"敬赠施方白先生　毛泽东　一九三八（年）五月十二日"**。次日，毛泽东专门派人把赠言和自己的一张签名照片送给施方白。

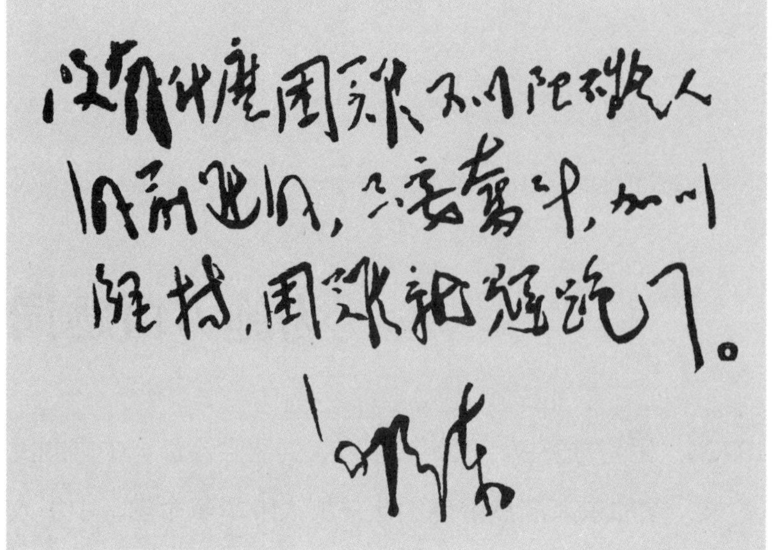

◆ 为缪敏的题词（1938 年 6 月）

为缪敏题词

缪敏（1909—1977），化名李祥贞，江西弋阳人。1929 年加入中国共产党，同年与方志敏结婚。

1938 年 6 月，中共中央电令缪敏带着两个孩子到延安学习、治病。到达延安的第二天晚上，早就在自家门口等候的毛泽东一见缪敏，就亲切地问候："缪敏，你好啊！"边说边一手拉着缪敏，另一手抚摸着两个孩子，缪敏被感动得热泪盈眶。毛泽东说："你呀，和志敏一样，身上有股共产党人的骨气。"接着，毛泽东把话题一转，又问道："缪敏同志，你怎么用李祥贞的名字？"缪敏回答说："李祥贞是秘密工作期间，志敏同志为我取的，为怀念他，我复用李祥贞名字。"毛泽东说："方志敏是人民的功臣，我们的民族英雄，他为革命作出了牺牲，我是经常怀念他的。"随即毛泽东向缪敏介绍了在大革命时期他与方志敏三次相见的情景。这次他们谈得很晚，缪敏走时，将帽子遗忘在毛泽东住处。当她返回去取帽子时，毛泽东笑眯眯地拿着帽子站在门口等候。这时缪敏拿出笔记本要请主席题词，毛泽东回屋挥笔写下：**"没有什么困难可以阻碍人的前进的，只要奋斗，加以坚持，困难就赶跑了。"**落款：**"毛泽东"**。从此，缪敏把毛泽东的题词当成自己一生的座右铭。

此题词刊载在 1961 年 3 月 5 日的《文汇报》上。

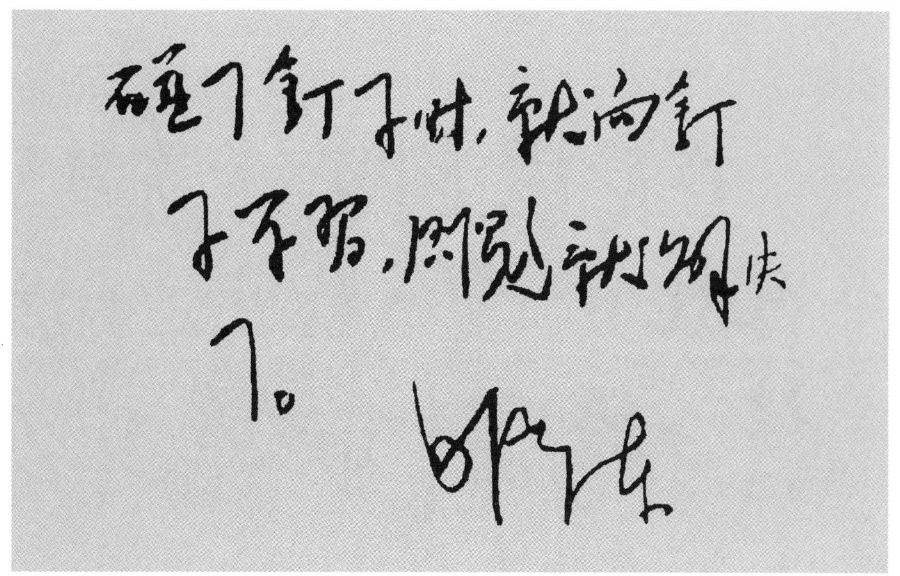

◆ 为于江的题词（1938 年 7 月）

为于江题词

于江（1914—1940），原名于振华，河北沧州人，革命烈士。1935 年就读于天津职高学校，翌年在参加学生运动时加入中华民族解放先锋队，不久加入中国共产党。

1937 年全民族抗战爆发后，于江与任致等同学南下到南京，后转赴延安。同年底，进入抗日军政大学学习，属于第三期期中插班生。不久，于江和任致在延安结为革命伴侣。1938 年 3 月，于江从抗大第三期毕业，后又继续在第四期学习。一天，毛泽东来到抗大作报告，报告结束后，于江和同学们争相拿出笔记本请主席签字留念。毛泽东欣然在于江的笔记本上题词：**“碰了钉子时，就向钉子学习，问题就解决了。”**落款：**“毛泽东”**。

1939 年 2 月，中央组织部安排于江和任致等人离开延安，奔赴晋察冀边区工作，于江任中共定兴县委书记，任致被分配到河北徐水县妇救会工作。1940 年 3 月间，于江和两个警卫员冒着生命危险深入到敌占区开展工作，不幸被捕。面对严刑拷打，他坚贞不屈，高呼“中国共产党万岁！抗日战争胜利万岁！”后被杀害，牺牲时年仅 26 岁。

于江牺牲时，因定兴还处于敌占区，因此组织将他的遗体埋葬在易县境内，1949 年后迁葬到易县烈士陵园。

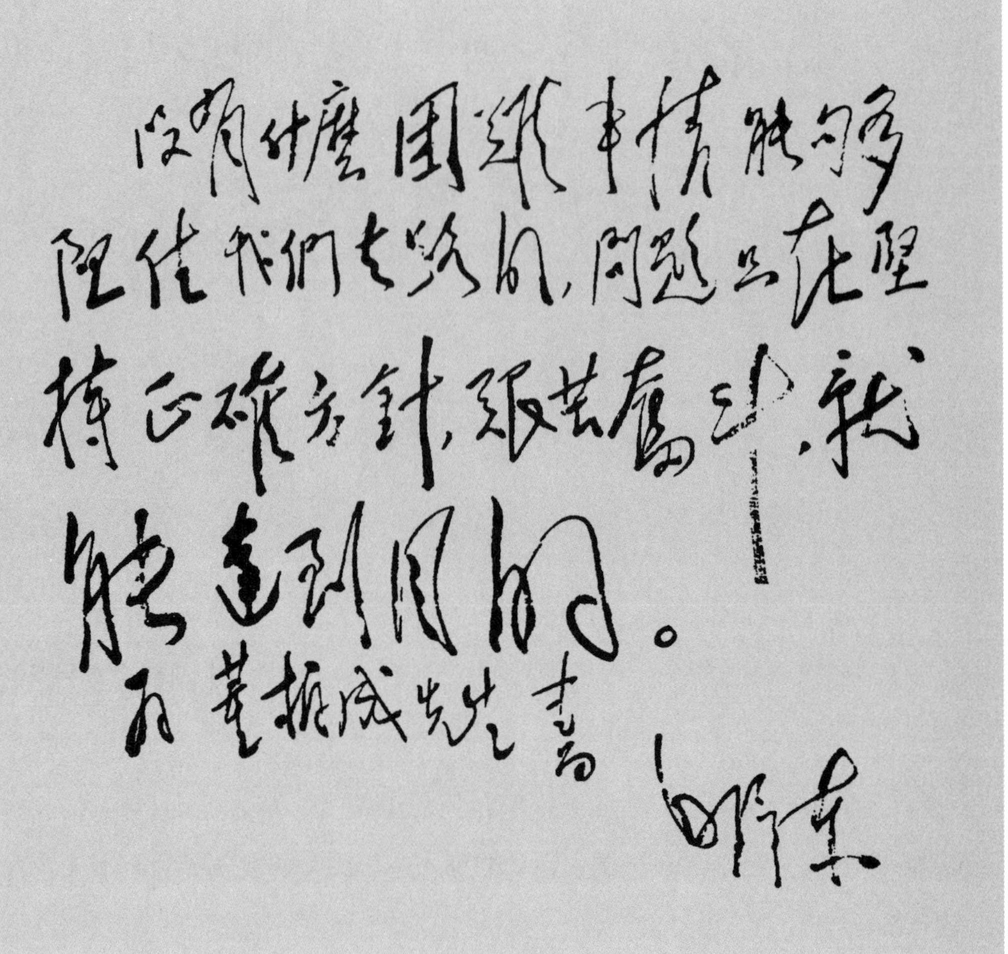

◆ 为董柏成的题词（1938 年）

为董柏成题词

董柏成（生卒年、籍贯不详），曾先后任国民政府西北四省区（青海、甘肃、宁夏、新疆）税务管理局、山西税务管理局局长。

全民族抗战期间，董柏成以赈济委员会的名义筹资，在陕甘宁边区建立了两个难民工厂，受到毛泽东、周恩来的赞赏。1938 年，毛泽东为董柏成题词：**“没有什么困难事情能够阻住我们去路的，问题只在坚持正确方针，艰苦奋斗，就能达到目的。”**落款：**“为董柏成先生书　毛泽东”**。

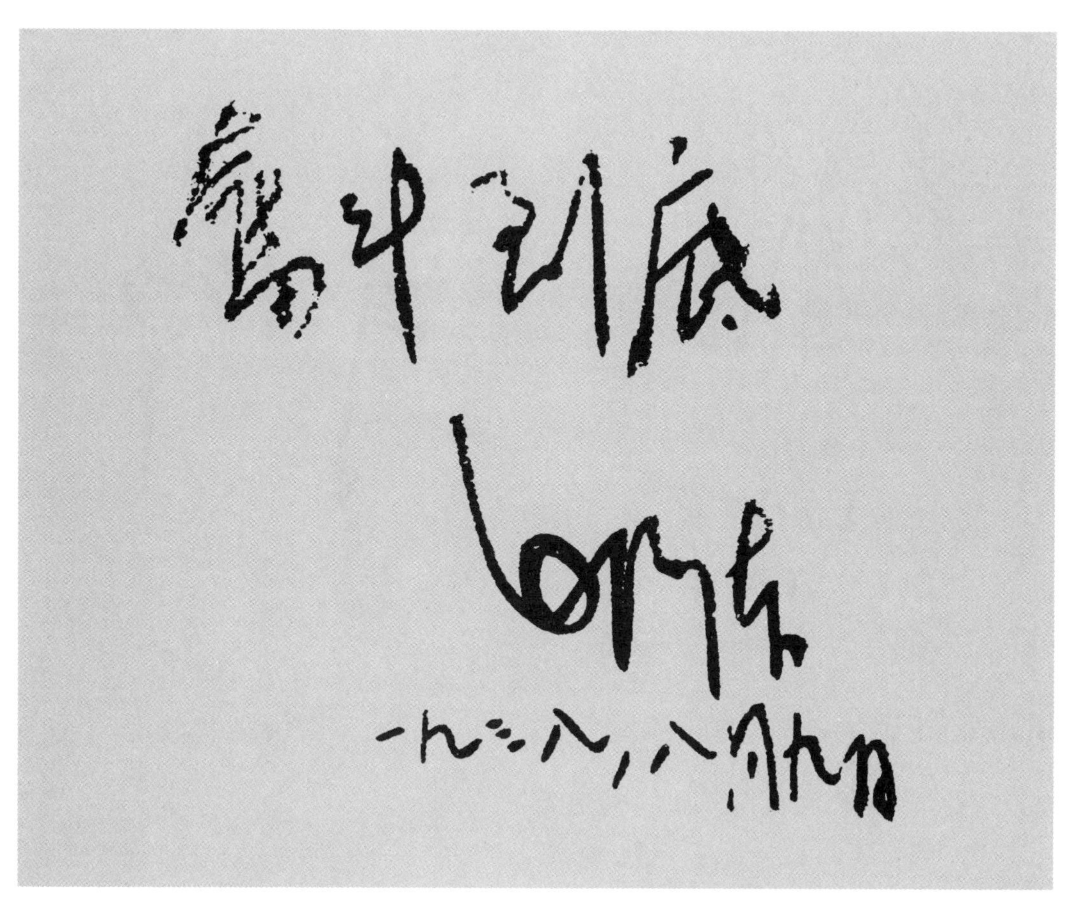

◆ 为欧阳平的题词（1938 年 8 月 9 日）

为欧阳平题词

欧阳平（1916—2014），江西兴国人。中国人民解放军陆军开国少将。1932 年，16 岁的欧阳平参加中国工农红军，并加入中国共产党。

1938 年七八月间，时任抗日军政大学六大队政治教员的欧阳平，随队由洛川开赴延安，参加抗大学生毕业典礼，在凤凰山受到毛泽东接见。

1938 年 8 月，八路军总政治部有一名会摄影的学员把毛泽东在抗大作报告时的照片赠给了欧阳平。欧阳平把这张照片寄给毛泽东，请主席题词。数天后，照片寄回来了，背面用毛笔写着**“奋斗到底”**四个苍劲有力的大字，落款：**“毛泽东　一九三八（年）八月九日”**。此后，尽管南征北战，出生入死，欧阳平始终把它珍藏在身边，把毛泽东的教诲牢牢记在心里。

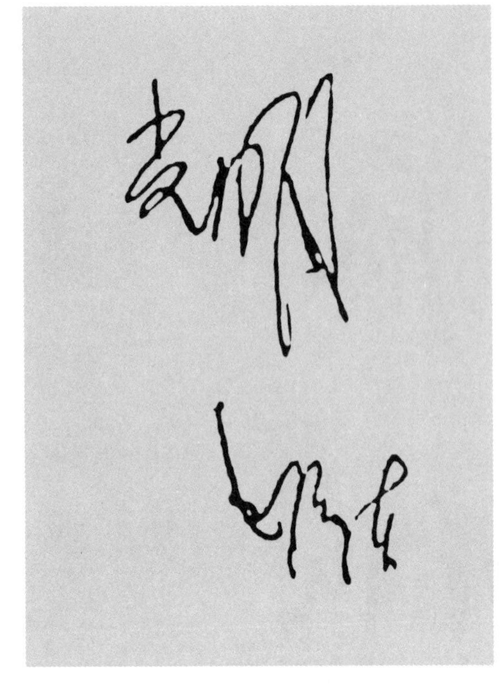
◆ 为韦统泰题字（1938 年 8 月 26 日）

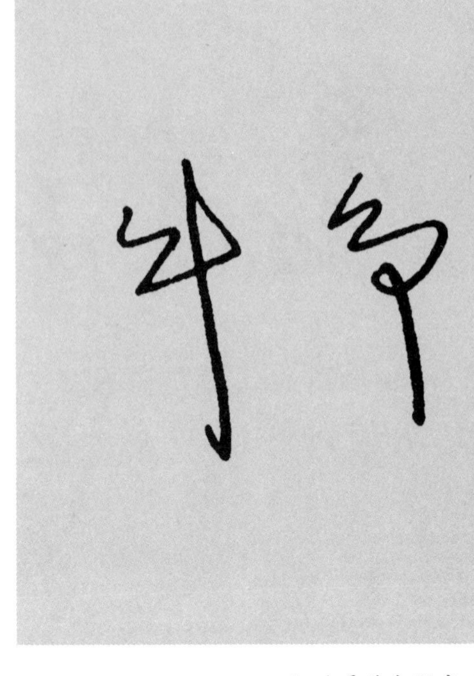
◆ 为雷英夫题字（集字）

为韦统泰、雷英夫题字

韦统泰（1917—2013），山东曹县人。1938 年到延安投奔革命。1939 年加入中国共产党。1955 年被授予大校军衔，获二级独立自由勋章、二级解放勋章；1964 年晋升为少将军衔。

雷英夫（1921—2005），又名雷霆臣，河南孟津人。1938 年参加八路军，同年加入中国共产党。毛泽东曾将他推荐给叶剑英做参谋，因其才华横溢，被毛泽东誉为“洛阳才子”。1955 年，雷英夫被授予大校军衔；1961 年晋升为少将军衔。

1938 年 6 月，韦统泰、雷英夫到抗日军政大学学习，被编入抗大六大队。8 月 26 日，毛泽东来到抗大接见全体学员并作报告。毛泽东讲完话，许多学员围上去请主席在各自的笔记本上题词签字留念。韦统泰、雷英夫就在其中，他们看准机会，挤进了人群里，递给主席一个本子，请主席题个座右铭。毛泽东为韦统泰题写了**“光明”**，落款：**“毛泽东”**，为雷英夫题写了**“斗争”**。

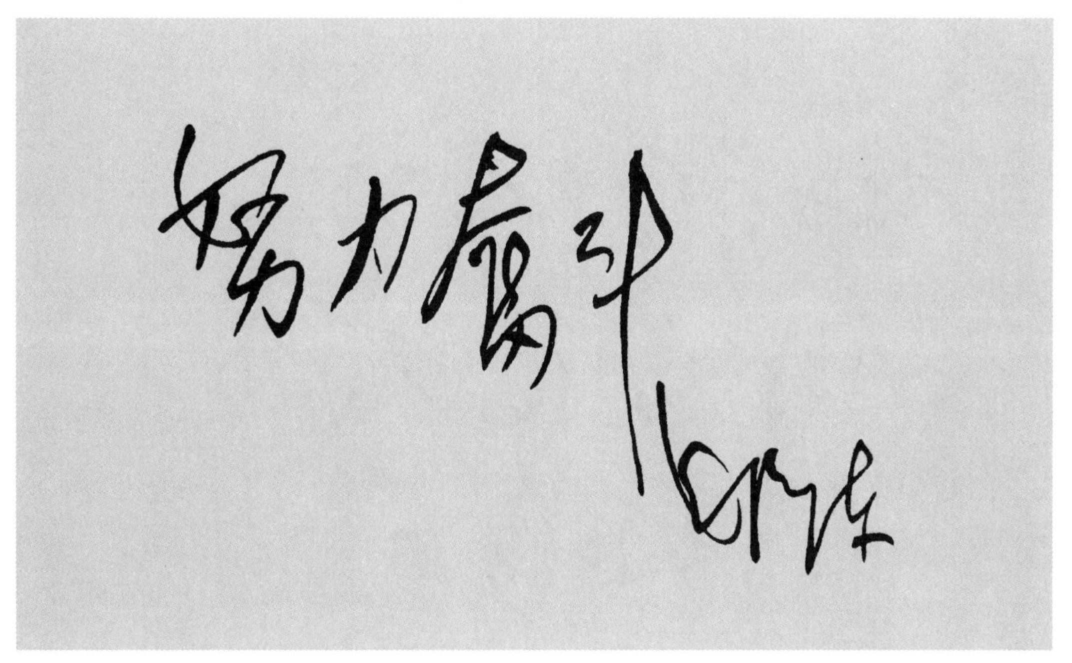

◆ 为吴伯箫的题词（1938 年 9 月）

为吴伯箫题词

吴伯箫（1906—1982），原名熙成，山东莱芜人。在延安时期，先后担任陕甘宁边区教育厅教育科长、文化协会秘书长等职。

1938 年 4 月，吴伯箫来到延安，进入抗日军政大学第四期学习。1938 年 11 月，他加入八路军总政治部组织的抗战文艺工作组第三组，任组长，同卞之琳、马加从延安出发，到晋东南前线战地工作。

1938 年，在抗日军政大学毕业时，当吴伯箫要与区队长分手的时候，感到恋恋不舍，就拿出一本纪念册，对区队长说："队长，随便写几句话，留个纪念吧。"给毛主席当过警卫的区队长说："我请毛主席给你写吧。"吴伯箫一下惊住了，说道："能行吗？"一天晚上，区队长来到了吴伯箫的住处，把纪念册交给了他。吴伯箫打开纪念册，只见上面写着：**"努力奋斗"**，落款：**"毛泽东"**。区队长问："满意吗？""满意！"吴伯箫激动地说，然后合上纪念册，紧握着区队长的手，连声说："谢谢队长！"

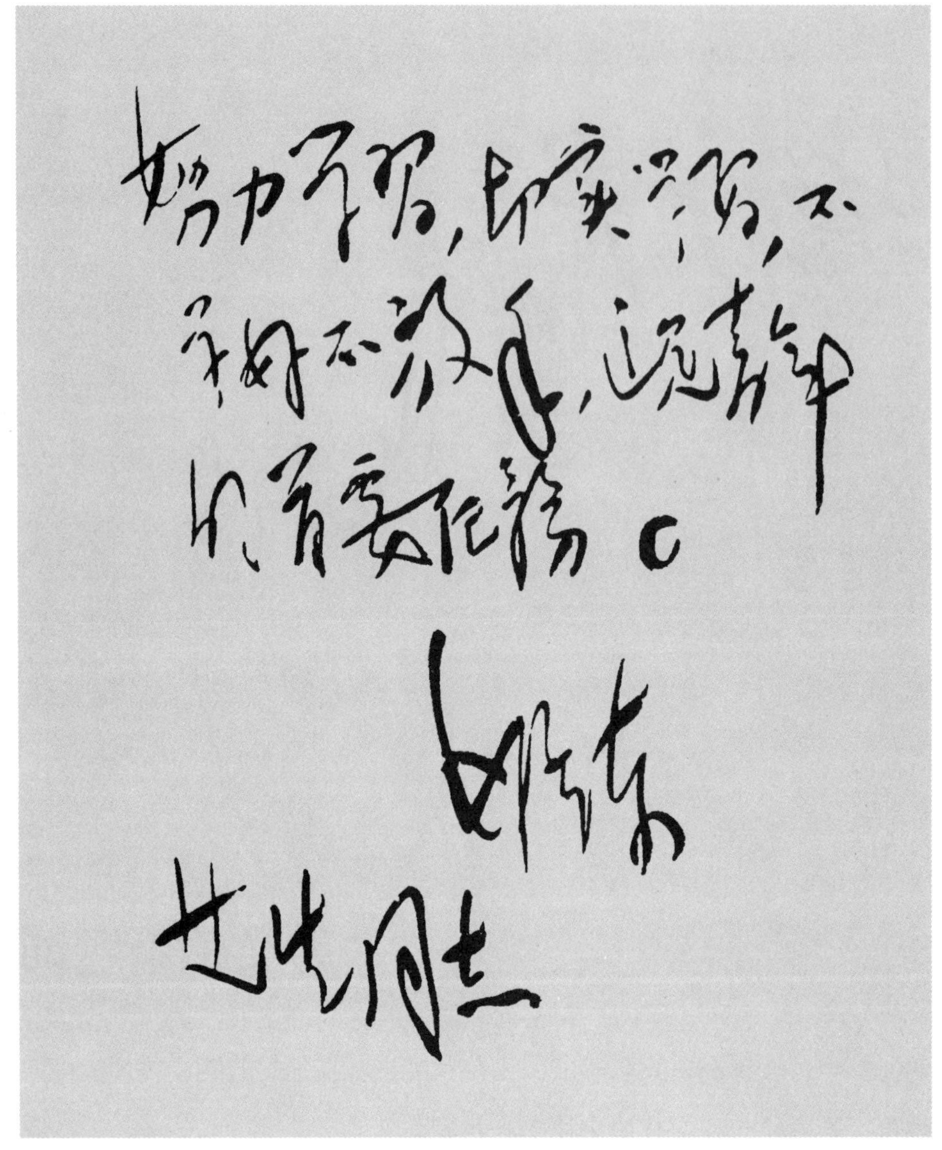

◆ 为艾生的题词（1938 年 10 月）

为艾生题词

艾生（生卒年、籍贯、生平不详），抗日军政大学学员。

1938 年 10 月，毛泽东为艾生题词：**“努力学习，切实学习，不学好不放手，这是青年的首要任务。”**落款：**“毛泽东”**。

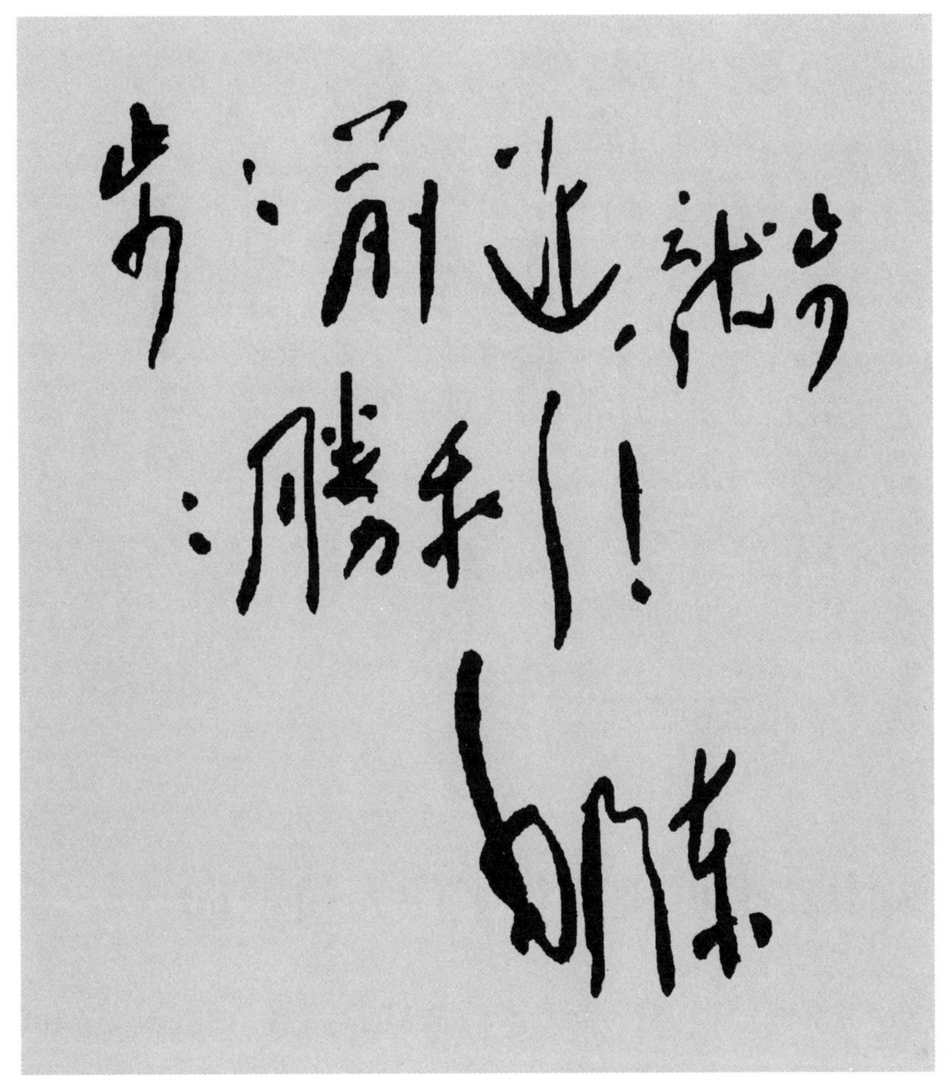

◆ 为滕代远的题词（1938 年）

为滕代远题词

滕代远（1904—1974），湖南麻阳县人，1925 年加入中国共产党。

1937 年 12 月，滕代远从苏联返回延安，任中共中央军委参谋长。其间组建炮兵团和情报机构，卓有成效。一天，毛泽东视察情报工作，为滕代远题词：**“步步前进，就步步胜利！”**落款：**“毛泽东”**。

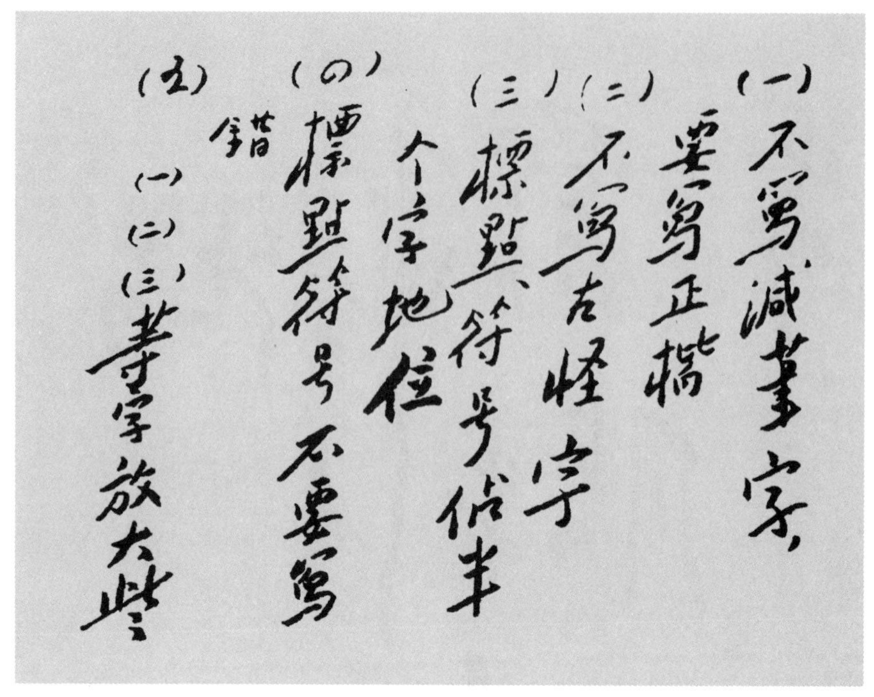

◆ 为中共中央机要科工作人员的题词（1938 年）

为中共中央机要科工作人员题词

1937 年 1 月 13 日，中共中央机要科随中共中央进驻延安，驻凤凰山麓。机要科初到延安时，同时兼负中央军委机要工作，科长是邓颖超，后由叶子龙接任，李质忠任副科长。1938 年 11 月 20 日，因日本飞机轰炸延安，中共中央机要科撤出凤凰山麓，迁往八路军总部驻地王家坪。1943 年，中央决定精简机构，把 3 个部门合并为中央机要科，驻杨家岭，归中央办公厅秘书处领导，李质忠任科长，曾三任协理员。1947 年 3 月 18 日，中共中央机要科随中共中央机关撤离延安。

《实践论》《矛盾论》《论持久战》等著作，都是毛泽东居住在凤凰山麓时写下的。在毛泽东夜以继日写作时，他对机要科的工作人员提出了五点要求：**“（一）不写减笔字，要写正楷；（二）不写古怪字；（三）标点、符号占半个字地位；（四）标点符号不要写错；（五）（一）（二）（三）等字放大些。”**这幅毛泽东亲笔题写的工作要求的复制件，今天依然挂在凤凰山中共中央机要科旧址的墙壁上。

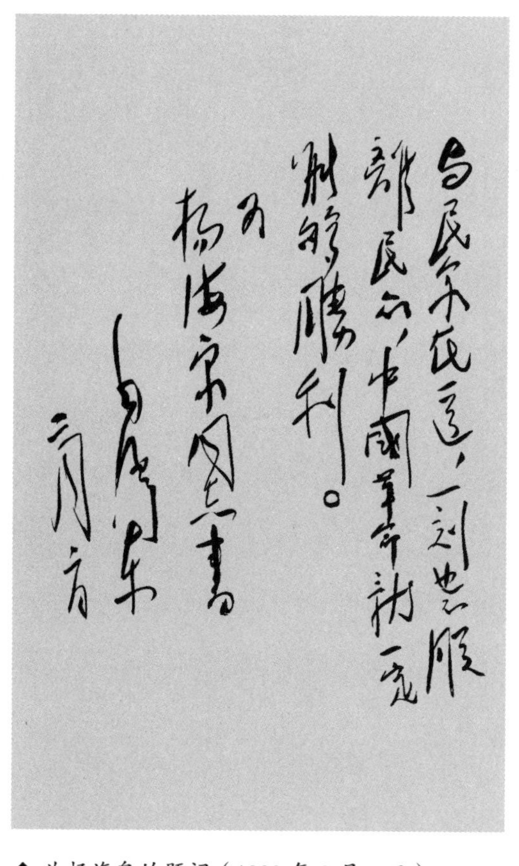

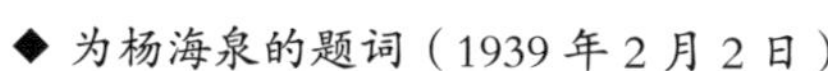

◆ 为杨海泉的题词（1939 年 2 月 2 日）

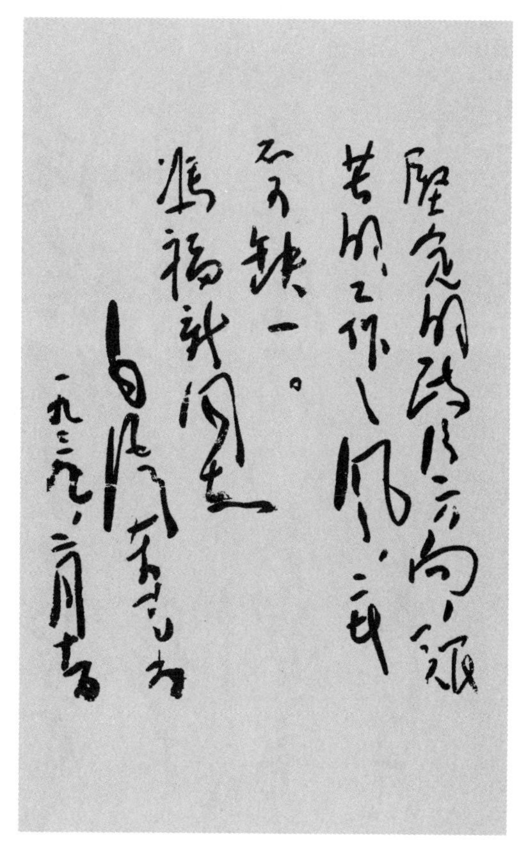

◆ 为冯福新的题词（1939 年 2 月 11 日）

为杨海泉、冯福新题词

杨海泉、冯福新（生卒年、籍贯、生平不详），他们同是抗日军政大学学员。

1939 年 2 月 2 日，毛泽东为杨海泉题词：“**与民众在一道，一刻也不脱离民众，中国革命就一定能够胜利。**”落款：“**为杨海泉同志书　毛泽东　二月二日**”。

1939 年 2 月 11 日，毛泽东为冯福新题词：“**坚定的政治方向，艰苦的工作作风，二者不可缺一。**”落款：“**冯福新同志　毛泽东书　一九三九（年），二月十一日**”。

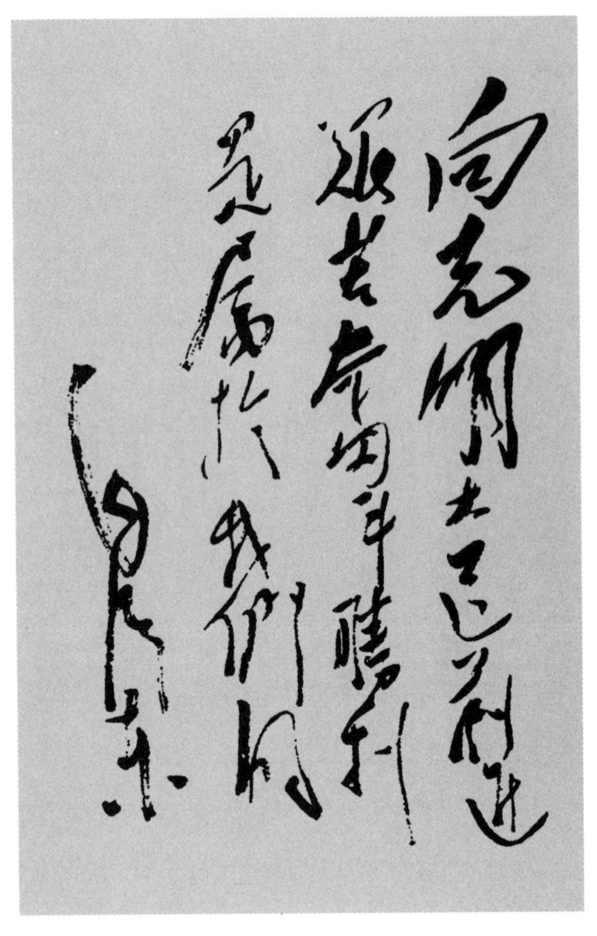

◆ 为韩仲良的题词（1939 年 3 月 23 日）

为韩仲良题词

韩仲良（1920—1979），湖北孝感人。“一·二八”淞沪抗战时参军，给第十九路军送情报，出生入死。后进入电影圈，任摄影师。在 20 世纪四五十年代拍摄了《胜利进行曲》等十余部优秀的电影、戏曲作品。

全民族抗战时期，韩仲良曾在战地拍摄新闻，后随国统区进步电影工作者访问延安，为毛泽东、周恩来、朱德等领导人拍照。1939 年 3 月 23 日，毛泽东为韩仲良题词：**“向光明大道前进，艰苦奋斗，胜利是属于我们的”**，落款：**“毛泽东”**。1945 年日本投降，他单枪匹马赴“密苏里”号军舰，拍摄日本向同盟国签字投降的新闻纪录片。

毛泽东借此题词，告诉全党全国人民，不论形势如何变化，前途总是光明的，要始终保持艰苦奋斗的作风，一定能够取得最后的胜利。

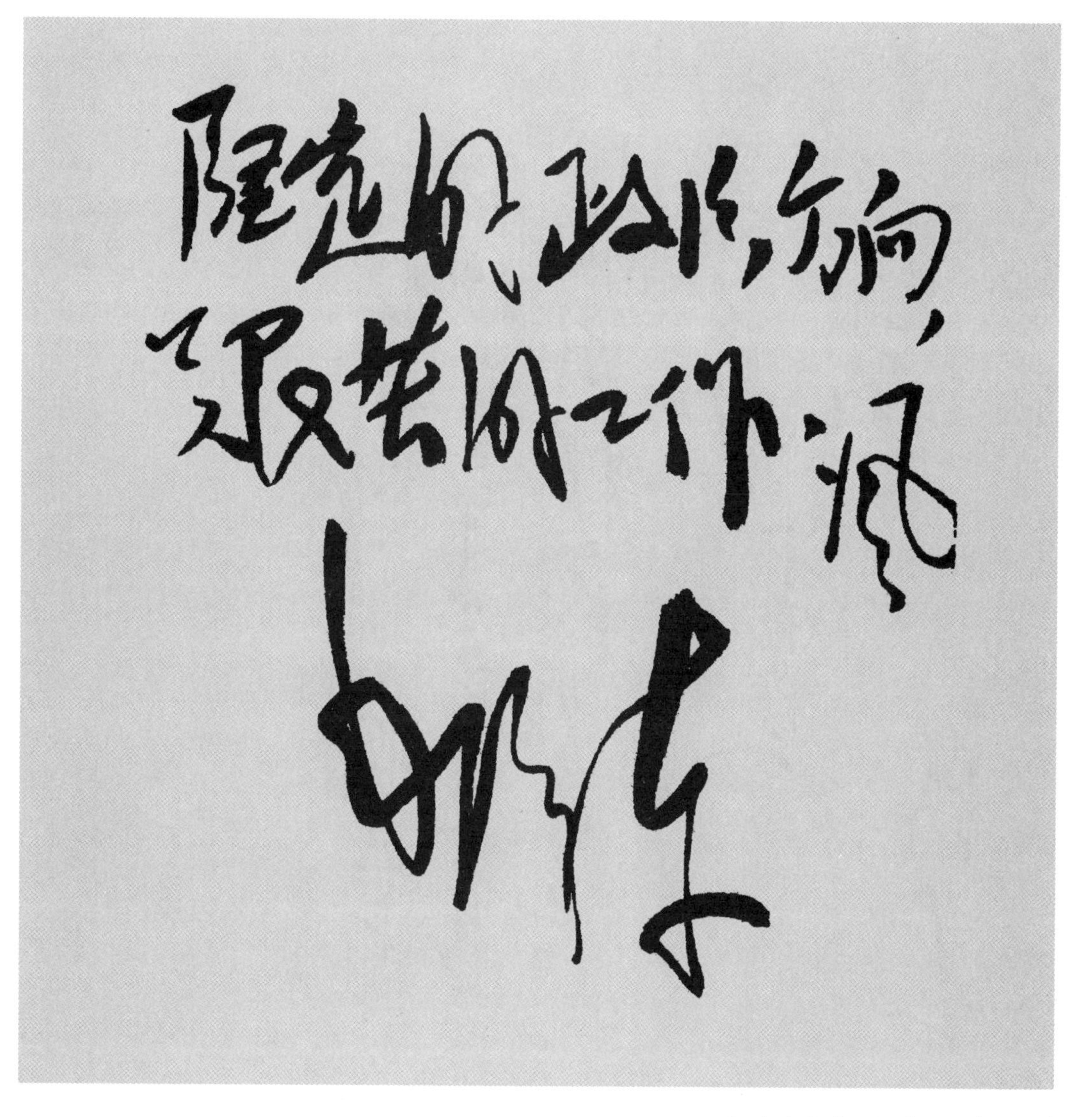

◆ 为吕炎的题词（1939 年 4 月）

为吕炎题词

吕炎（生卒年、籍贯、生平不详），抗日军政大学第五期学员。

1939 年 4 月的一天上午，毛泽东来到抗大为学员讲课。课间休息时，吕炎拿着笔记本恭恭敬敬地请毛主席为自己签字留念。毛泽东微笑着接过本子，欣然提笔写下：**“坚定的政治方向，艰苦的工作作风”**，落款：**“毛泽东”**。当时，引起了其他学员的羡慕，众人便纷纷请主席题词。

1977 年，吕炎将这幅珍藏了近 40 年的题词捐赠给中央档案馆收藏。

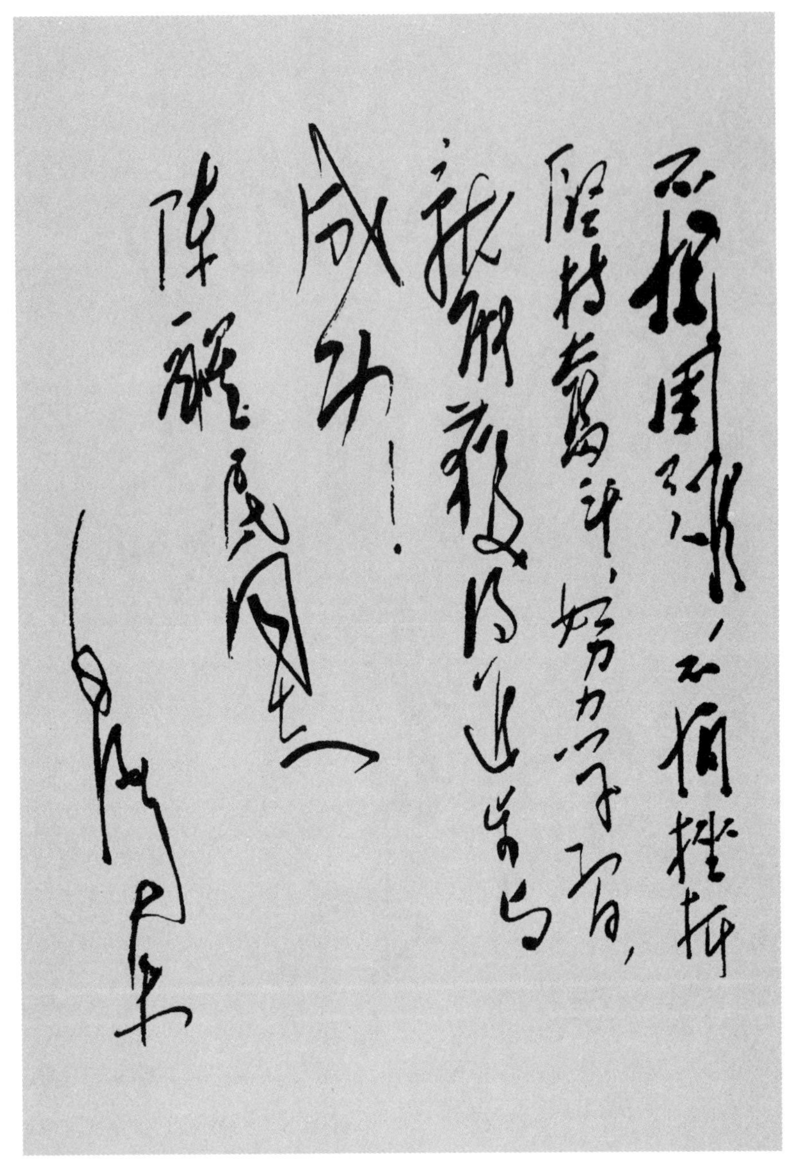

◆ 为陈醒民的题词（1939 年 4 月 18 日）

为陈醒民题词

陈醒民（生卒年、籍贯、生平不详），抗日军政大学第五期学员。

1939 年 4 月 18 日，毛泽东为陈醒民题词：“**不怕困难，不怕挫折，坚持奋斗，努力学习，就能获得进步与成功！**”落款：“**陈醒民同志　毛泽东**”。

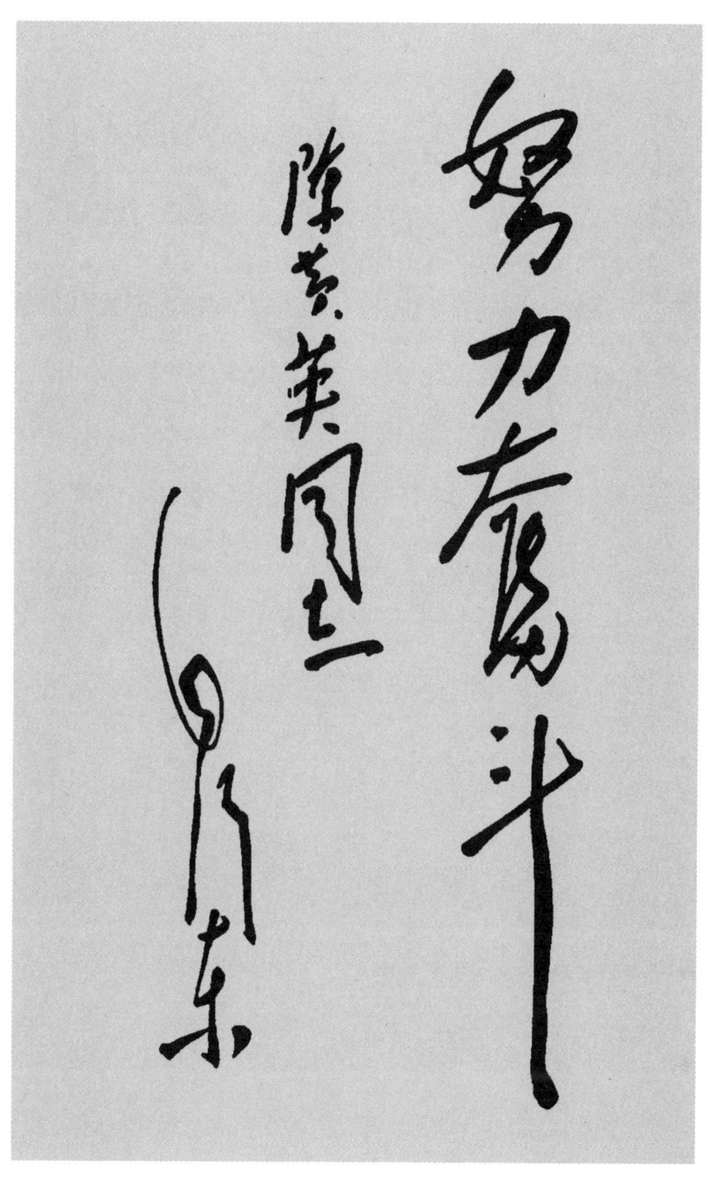

◆ 为陈黄英的题词（1939 年 6 月 1 日）

为陈黄英题词

陈昌霖，1914 年 3 月出生，湖南浏阳人，是烈士田波扬的内弟。1938 年，陈昌霖从湖南来到延安，后改名陈皇英。毛泽东特别接见了他，对田波扬领导的湖南青年和学生运动非常赞赏，并对田波扬和陈昌甫的牺牲深表痛惜。

1939 年 6 月 1 日，毛泽东为陈皇英题词：**“努力奋斗”**，落款：**“陈黄英同志　毛泽东”**。由于音误，将“陈皇英”写成“陈黄英”。

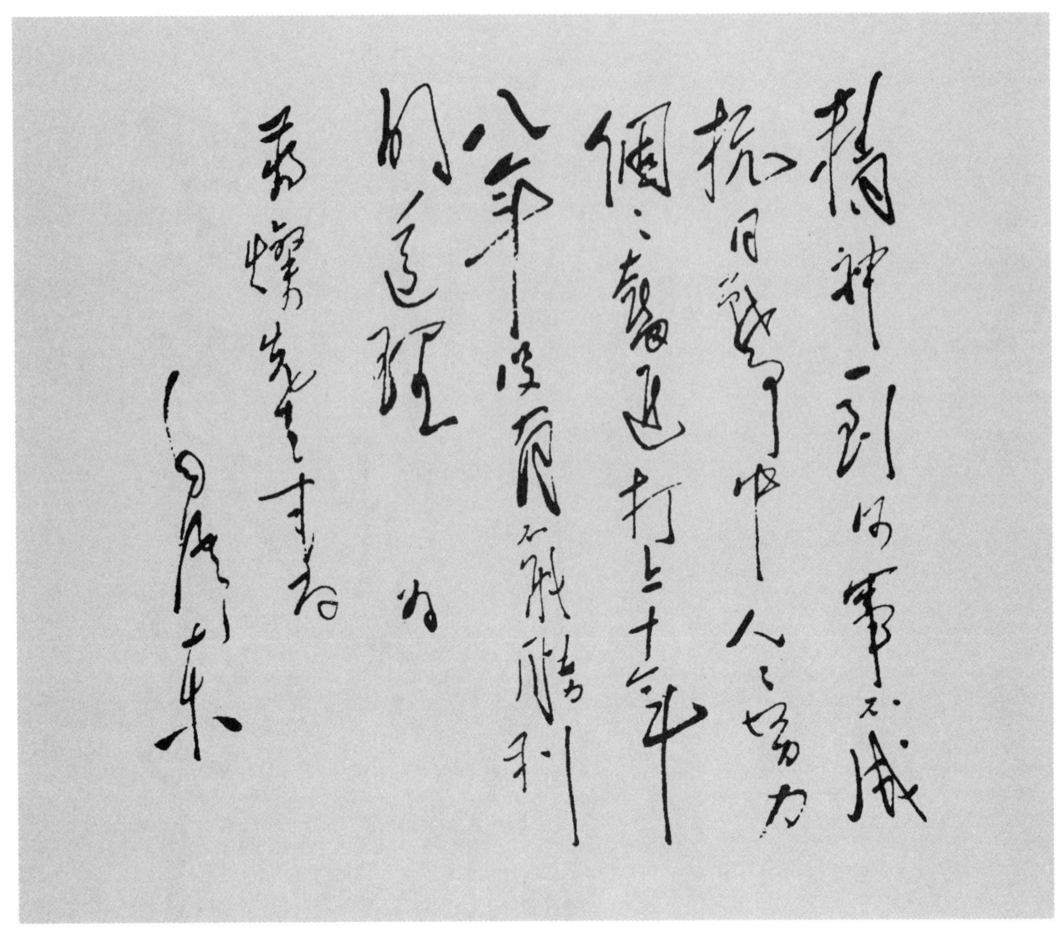

◆ 为蒋灿的题词（1939 年 7 月）

为蒋灿题词

蒋灿（生卒年不详），又名蒋光雨，安徽蚌埠人。

1934 年至 1938 年在国民政府任职。1938 年 11 月，受国联防疫团派遣，带领华北防疫团第三防疫组到达延安。工作约一年后，调回西安。

在离开延安前，八路军总卫生部部长姜齐贤将蒋灿在延安期间的工作情况向毛泽东做了汇报。1939 年 7 月，毛泽东为蒋灿题词：**“精神一到，何事不成。抗日战争中人人努力，个个奋进，打上十年八年，没有不能胜利的道理。”**落款：**“为蒋灿先生书　毛泽东”**。

为刘岘题词

刘岘（1915—1990），原名王之兑，河南兰考人。中国新兴木刻版画运动的先驱和开拓者，1939年赴延安鲁迅艺术学院任教。1941年任陕甘宁边区文协美术工作委员会主任。中华人民共和国成立后，任人民文学出版社美术编审，中国美术馆研究部主任。

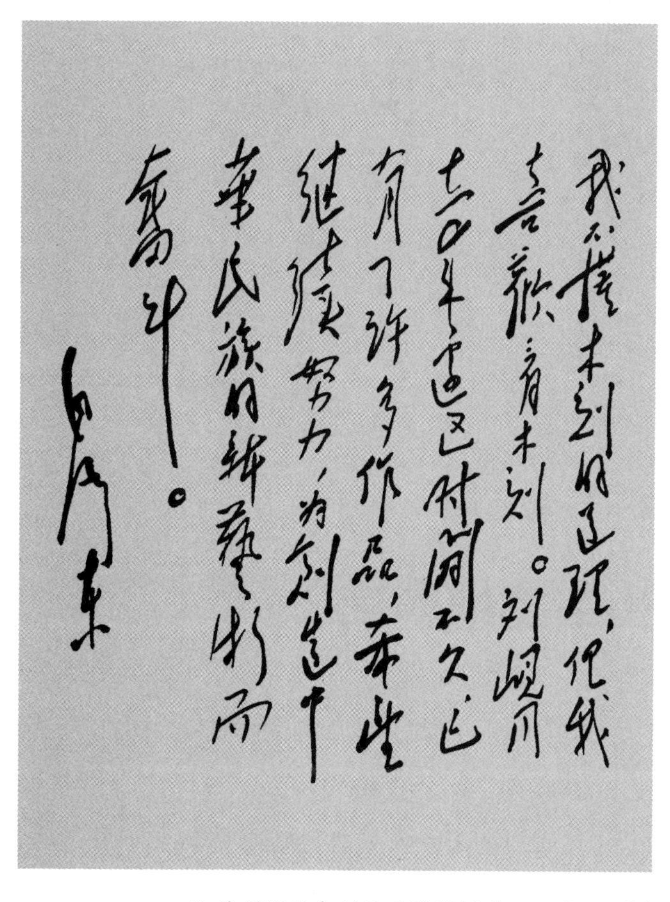
我不懂木刻的道理，但我喜欢看木刻。刘岘同志来边区时间不久，已有了许多作品，希望继续努力，为创造中华民族的新艺术而奋斗。
毛泽东

◆ 为刘岘的木刻画册的题词（1939年11月）

1939年11月，刘岘把自己在延安几个月里的几十幅新作品，亲手拓出来，订成册子，呈送给毛泽东。不久，他收到了毛泽东为他的木刻画册的题词。刘岘在一篇回忆文章中写道：“1939年末，组织决定我由延安到皖北新四军四师工作，临行前，我将手印的习作送给毛主席，未隔几天，就得到主席的回信，是当时鲁艺的领导赵毅敏同志交给我的，我将信拆开一看，是主席亲笔用宣纸题赠给我的一条字，纸有一尺宽、一尺半长，字用毛笔写的。”

毛泽东为刘岘的木刻画册题词：**“我不懂木刻的道理，但我喜欢看木刻。刘岘同志来边区时间不久，已有了许多作品，希望继续努力，为创造中华民族的新艺术而奋斗。”**落款：**“毛泽东”**。

1940年春，刘岘调到皖北涡阳新四军第四师，编辑出版《拂晓木刻》半月刊，并将毛泽东给他的这一题词印在创刊号的首页上。

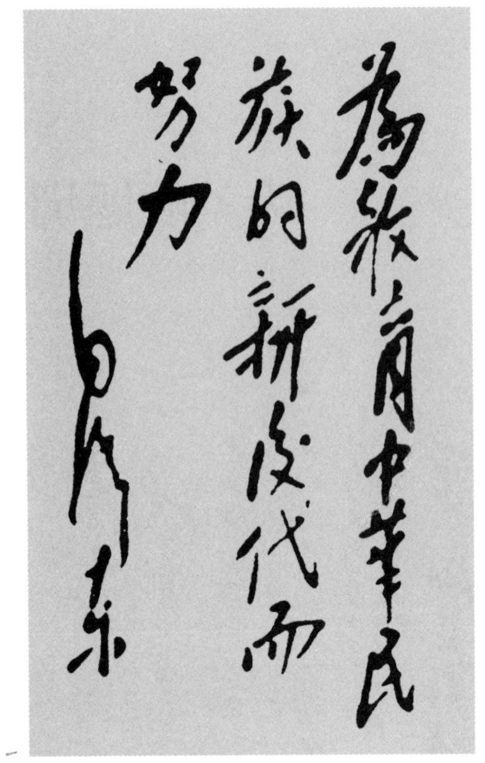

◆ 为王英樵的题词（1939 年）

为王英樵题词

王英樵（生卒年不详），河南人。1939 年春，在延安保育院小学任教导主任，1941 年下半年任校长。

中共中央决定在刚刚建立的以徐特立为校长的延安鲁迅师范学校开办干部子弟小学班，收留有特殊困难的干部子女和烈士遗孤。1937 年 3 月 21 日，“鲁师干小班”正式开学。1938 年 1 月，“鲁师干小班”转入“延安干部子弟学校（延安干小）”，随后陕甘宁边区政府教育厅决定将“延安干小”与“延安完小（延安完全小学）”合并，改名为“延安鲁迅小学”。1938 年 9 月下旬，边区政府将鲁迅小学并入边区中学，改为“边中附小”。年底，边区政府又将“边中附小”与陕甘宁边区保育院小学部合并。1939 年 2 月，中央组织部正式决定：保育院小学部搬到安塞白家坪单独建校，改为陕甘宁边区战时儿童保育院小学部，简称“保小”。

1939 年，毛泽东为“保小”的模范教导主任王英樵题词：**“为教育中华民族的新后代而努力”**，落款：**“毛泽东”**。

为陈彪雄题词

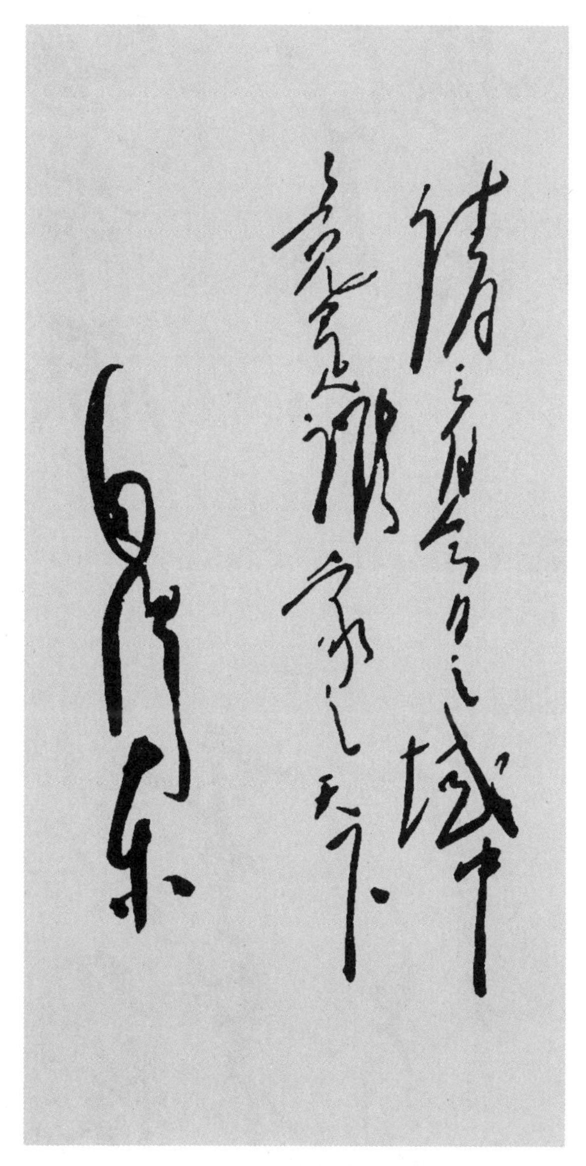

◆ 为陈彪雄的题词（1939 年春）

陈彪雄，原名陈超雄，1915 年 4 月出生在福建厦门鼓浪屿的一个华侨家庭，1930 年 1 月参加革命工作。1935 年 6 月加入中国共产党，曾在抗日军政大学学习，参加过抗日战争和解放战争。中华人民共和国成立后，曾担任水利水电干部管理学院党委副书记。

1939 年二三月间，陈彪雄先后给毛主席写了两封信：其一，表示自己特别希望得到毛主席的亲笔诗词；其二，汇报了家庭及个人的经历和状况。

不久，毛泽东寄来亲笔信和诗词一共五件，信中这样写道：

“陈彪雄同志：敬题数字，聊慰孝思。毛泽东。”

“出师未捷身先死，长使英雄泪满襟。陈馨山先生千古！毛泽东。”

在另一页纸上还写着：**“请看今日之域中，竟是谁家之天下！”** 落款：**“毛泽东”**。此墨迹赠与陈彪雄后，陈彪雄看了好几遍，确定不是毛主席把他的名字写错了，而是把他的名字改了一个字，陈超雄改成陈彪雄，一字之改，寓意深远。从此以后，他便开始使用“陈彪雄”这个名字。

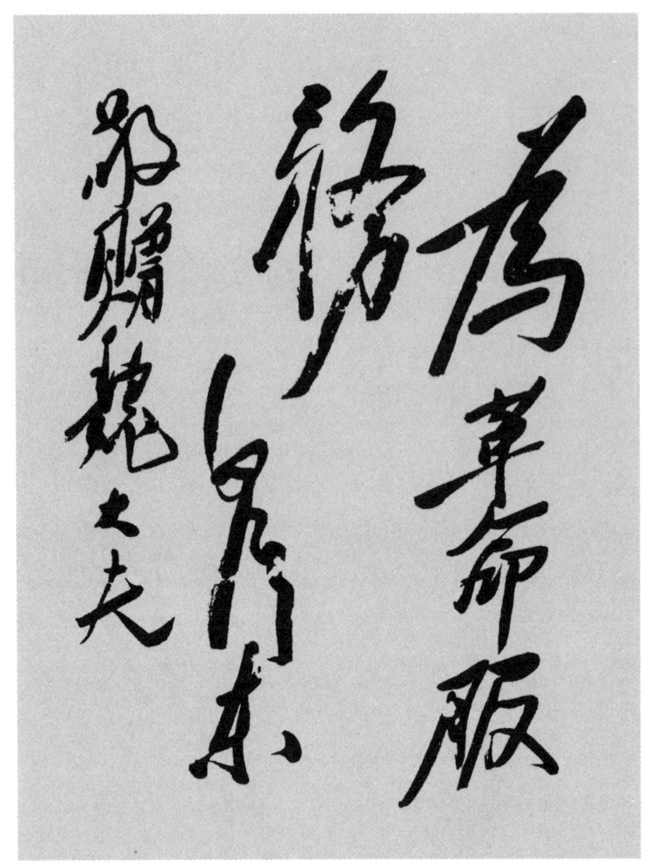

◆ 为魏一斋的题词（1940 年 1 月 3 日）

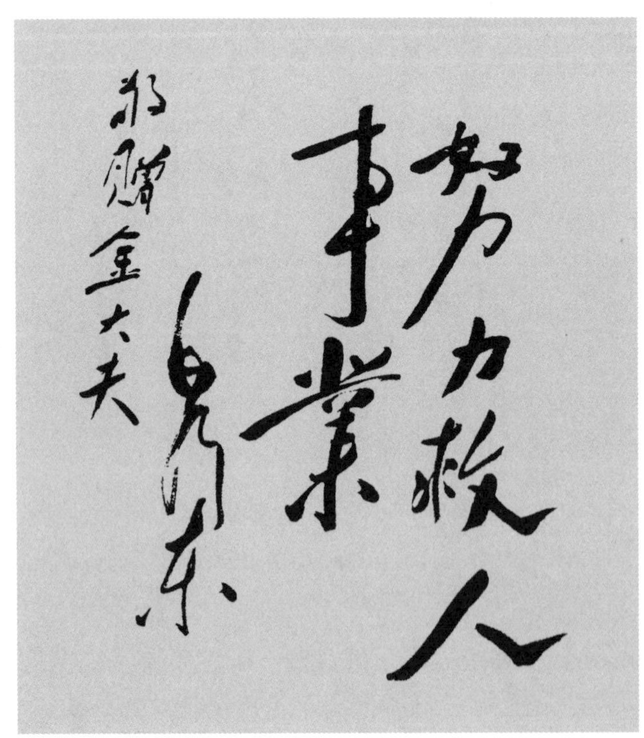

◆ 为金茂岳的题词（1940 年 1 月 3 日）

为金茂岳、魏一斋题词

金茂岳（1906—1987），回族，山东泰安人。1942 年加入中国共产党。1935 年毕业于齐鲁大学医学院。全民族抗战初期参加中国红十字协会医疗队。后经林伯渠介绍，于 1938 年 1 月随中国红十字会第 23 医疗队到达延安。在陕甘宁边区医院任外科医师，延安中央医院筹建起来后，又担任妇产科主任。

魏一斋（1906—1975），曾用名魏兴谦，山东寿光人。1941 年 1 月加入中国共产党。1934 年毕业于齐鲁大学医学院。全民族抗战爆发后，在八路军西安办事处的帮助下，于 1938 年 9 月到达延安。毛泽东诙谐地说："魏大夫，人家是逼上梁山，你却是自投梁山……"魏一斋先后任军委卫生部直属所和八路军总医院医务主任。

1939 年底，中国红十字会要调遣原红十字会下属第 23 医疗队的金茂岳和他带领的医疗队返回西安。这时，他们面临一个选择，是留在延安，还是返回西安？经过一番斟酌之后，金茂岳等医生最终还是决定留在延安。

1940 年 1 月 3 日，毛泽东和朱德专门邀请金茂岳和魏一斋吃饭。吃饭时，毛泽东、朱德与两位医生交谈了有关延安中央医院的建设问题，征求他们的意见。毛泽东说："医生工作是（治病）救人事业，我们共产主义事业更是救人的革命事业，是消灭剥削和压迫，解放全人类，使人民自己当家作主，真正得到自由，得到幸福的事业。"毛泽东鼓励他们向白求恩大夫学习，努力办好医院，为革命作贡献。

饭后，两位医生请求毛泽东、朱德题词并合影留念。毛泽东给魏一斋题词：**"为革命服务"**，落款：**"毛泽东敬赠魏大夫"**。给金茂岳题词：**"努力救人事业"**，落款：**"毛泽东敬赠金大夫"**。朱德给魏一斋、金茂岳的题词分别是"救人救国救世"和"不但医人，还要医国"。

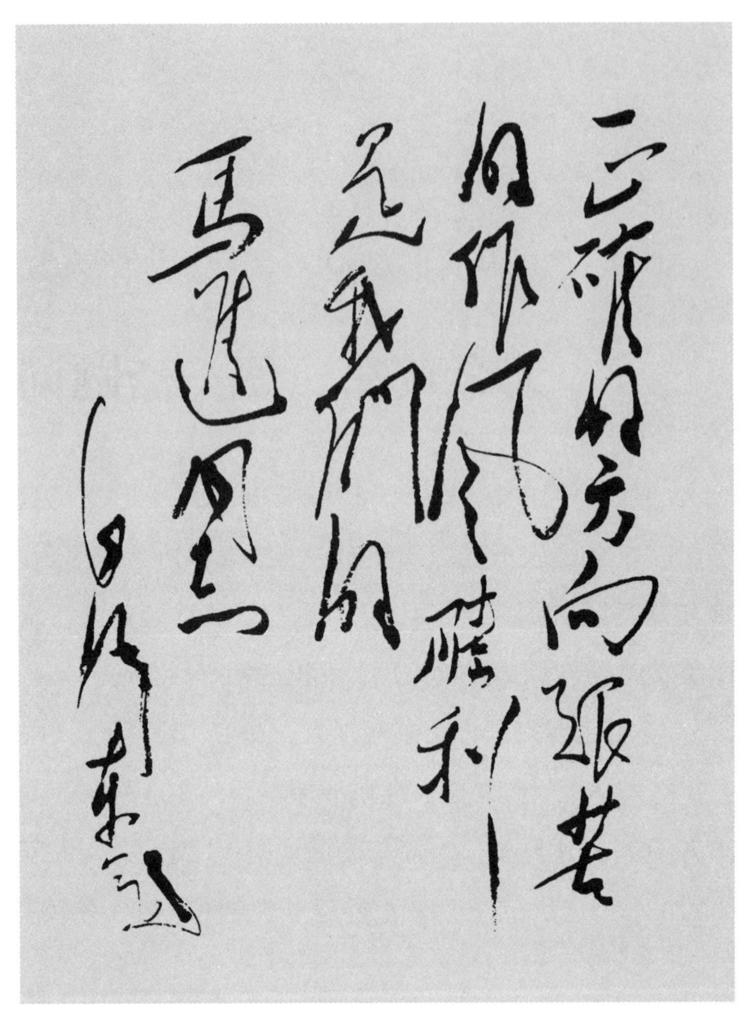

◆ 为马进的题词（1940 年春）

为马进题词

马进（1917—？），北京人。1937 年 6 月加入中国共产党。

1938 年冬，马进来到延安，先后在抗日军政大学和中央党校学习、培训。1939 年 7 月 20 日，中国女子大学在延安杨家岭中央大礼堂举行开学典礼，毛泽东参加并发表讲话。他说：“全中国妇女起来之日，就是中国革命胜利之时。”1939 年 7 月，马进进入中国女子大学高级班学习。1940 年春，以优秀的成绩完成学业。为鼓励和表扬马进，毛泽东为她题词：**“正确的方向，艰苦的作风，胜利是我们的。”**落款：**“马进同志　毛泽东题”**。

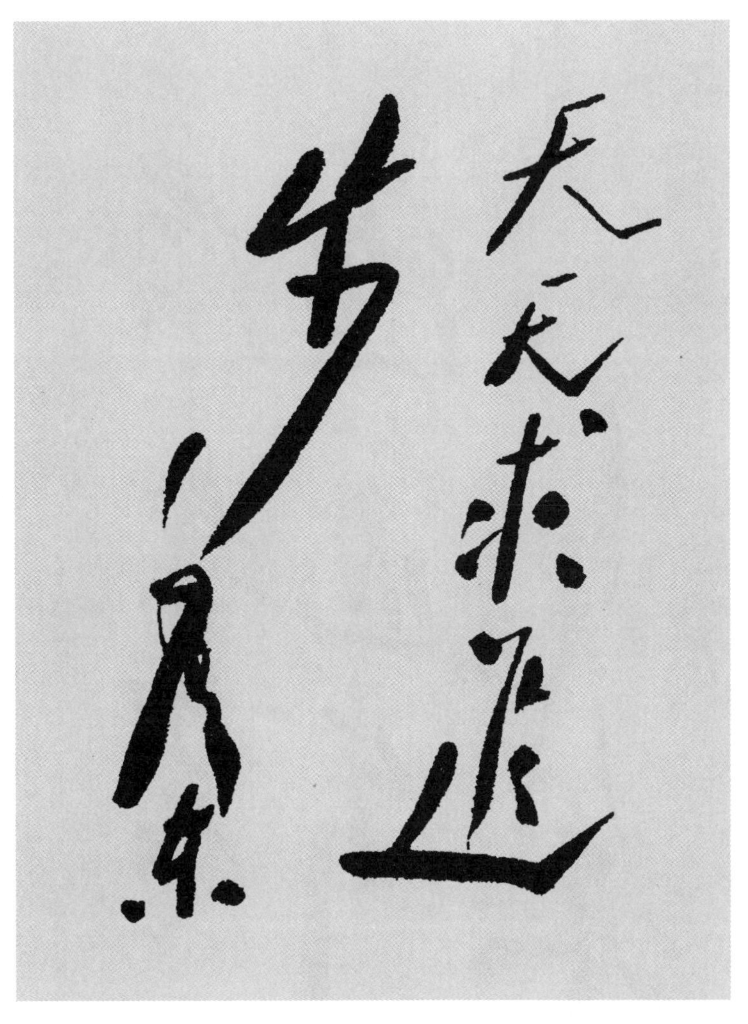

◆ 为叶志强的题词（1940 年 7 月 1 日）

为叶志强题词

叶志强（1923—2006），河南淮阳（今周口市淮阳区）人。1938 年 8 月加入中国共产党。

叶志强曾先后任西华县三区民运指导员，新四军第四师政治部民运科科员，延安中央军委一局科员。1940 年 7 月 1 日，毛泽东为叶志强题词：**“天天求进步”**，落款：**“毛泽东”**。

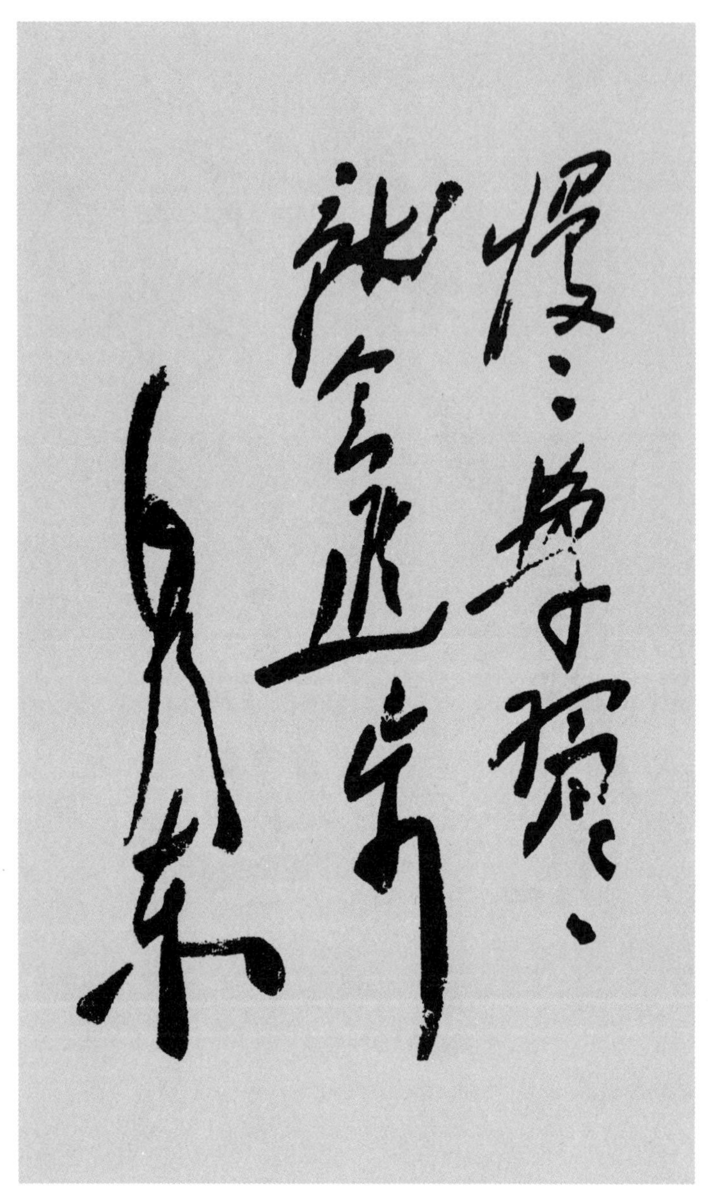

◆ 为严正岗的题词（1941 年 1 月）

为严正岗题词

严正岗（生卒年、籍贯、生平不详）。

全民族抗战爆发后，一批批知识青年奔赴延安，他们情绪高涨，渴望学习，满腔热血。严正岗也是这一批批知识青年中的一员。

1941 年 1 月，毛泽东为严正岗题词：**“慢慢学习，就会进步。”**落款：**“毛泽东”**。

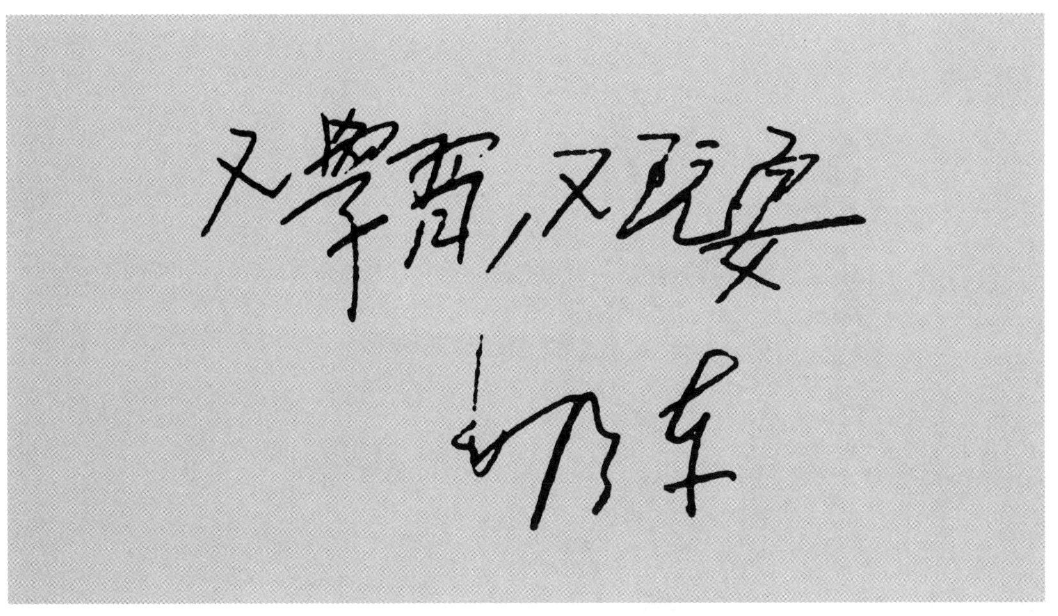

◆ 为金德崇的题字（1941 年元旦）

为金德崇题字

金德崇是延安中央医院金茂岳大夫的儿子，是延安保育院小学的一名小学生，时年 11 岁。

1941 年元旦，延安中央医院的大夫们去杨家岭给中央首长拜年，金德崇也跟着父亲金茂岳一同前往。他们先后给毛泽东、朱德拜年，之后来到王明的窑洞时，王明夫人孟庆树见到金德崇，就送给他一个红色布面的日记本，上面还印有“救国日记”四个大字。金德崇很是喜欢，他悄悄地问父亲：“可以请首长们给我题字吗？”金大夫说：“那你自己去试试吧！”

于是，金德崇壮着胆子返回毛泽东的窑洞，提出自己的请求。不料毛泽东爽快答应，还问他平时喜欢什么。金德崇说：“玩，我喜欢玩！”毛泽东又问：“你还喜欢什么？”金德崇说：“还喜欢念书！上学念书！”面对天真机灵的小学生，毛泽东很开心，随即用铅笔在金德崇的笔记本上题写了**“又学习，又玩耍”**六个字，还签了**“毛泽东”**三个大字。

如今，这个收藏了 80 多年的笔记本，已成为一件不可多得的革命文物，弥足珍贵。

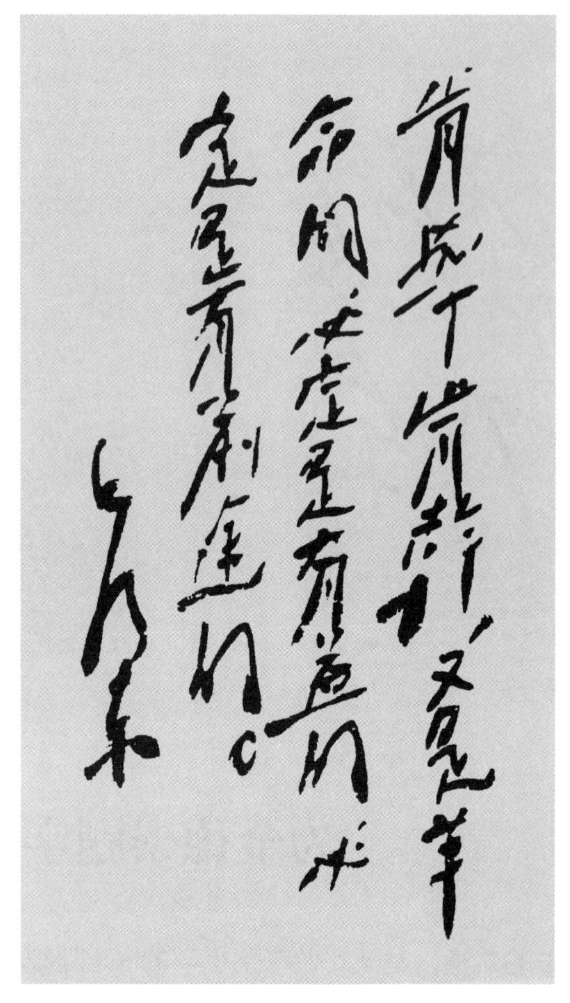

◆ 为王仲方等青年的题词（1941 年 2 月）

为王仲方等青年题词

王仲方（1921—2017），安徽芜湖人。1938 年 2 月加入中国共产党。

全面抗战爆发后，延安成为全国各地知识青年向往的革命圣地。1940 年 1 月，中央决定在延安开办干部学校，将中央党校青年班和安吴青年训练班的学员转来学习。经过一个月的筹备，中央决定将这所学校定名为“泽东青年干部学校”，1940 年 5 月 3 日，该校在中央大礼堂举行开学典礼。1941 年 2 月，正值春节，泽东青年干部学校的王仲方和几名青年来到杨家岭给毛泽东拜年，毛泽东十分高兴，为王仲方等几名青年题词相赠：**“肯学肯干，又是革命的，必定是有益的，必定是有前途的。”**落款：**“毛泽东”**。

1974 年 4 月 4 日，王仲方将这幅题词捐献给了中央档案馆。

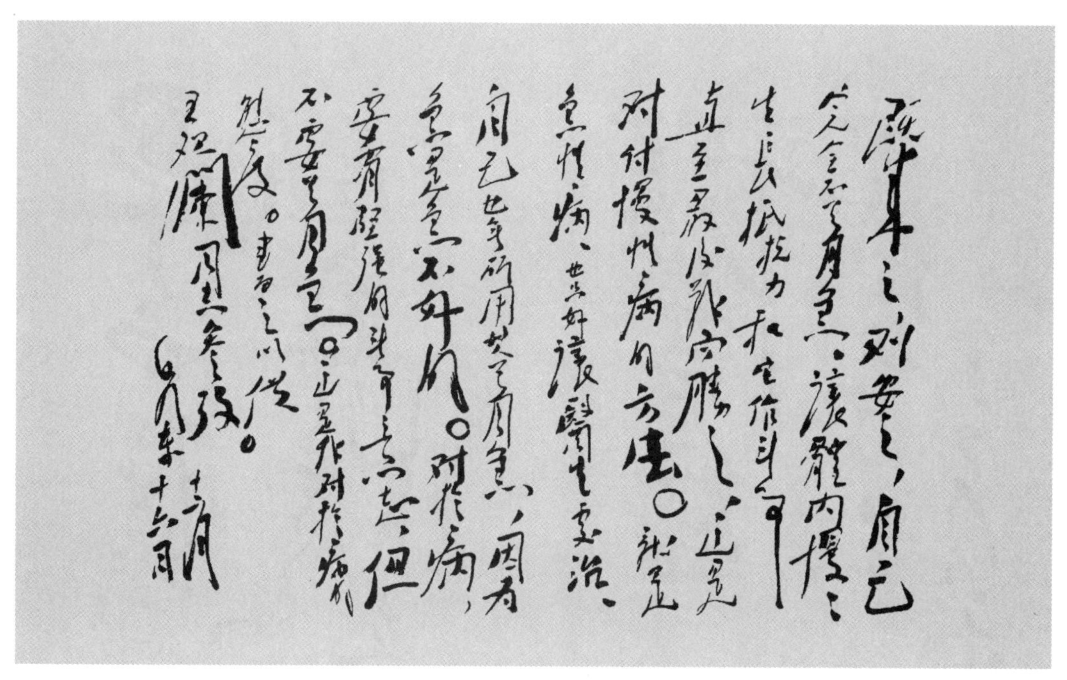

既来之，则安之，自己完全不着急，让体内慢慢生长抵抗力和它作斗争直至最后战而胜之，这是对付慢性病的方法。就是急性病，也只好让医生处治，自己也无所用其着急，因为急是急不好的。对于病，要有坚强的斗争意志，但不要着急。这是我对于病的态度。书之以供王观澜同志参考。

毛泽东 十二月十六日

◆ 为王观澜的题词（1941 年 12 月 16 日）

为王观澜题词

王观澜（1906—1982），原名金水，字克洪，浙江临海人。曾担任中央苏区《红色中华》报主编。1925 年加入中国共产主义青年团，1926 年转入中国共产党。

1941 年秋，积劳成疾而久治未愈的王观澜住进了延安中央医院。毛泽东知道后十分关心，一天早上，在傅连暲的陪同下，从杨家岭专程到中央医院看望王观澜。之后，毛泽东于 12 月 16 日给王观澜写了一段文字，希望他安心养病，与疾病作斗争。题词全文：**“既来之，则安之，自己完全不着急，让体内慢慢生长抵抗力和它作斗争直至最后战而胜之，这是对付慢性病的方法。就是急性病，也只好让医生处治，自己也无所用其着急，因为急是急不好的。对于病，要有坚强的斗争意志，但不要着急。这是我对于病的态度。书之以供王观澜同志参考。”** 落款：**“毛泽东　十二月十六日”**。毛泽东的亲笔题词，给了王观澜鼓舞和信心，不久他就康复出院，投入工作。

此题词早已公开发表，而且流传很广，很多人把毛泽东的这幅题词作为同病魔作斗争的座右铭。

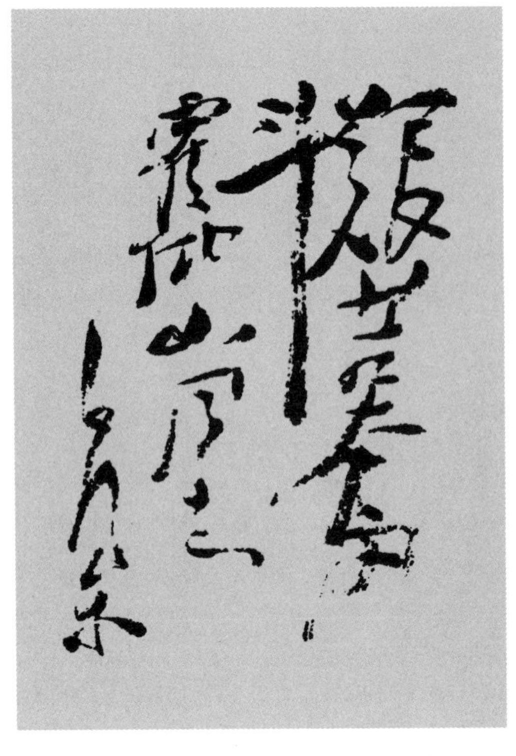

◆ 为霍仰山的题词（1941 年 8 月 14 日）

◆ 为白秀珍的题词（1941 年 8 月 14 日）

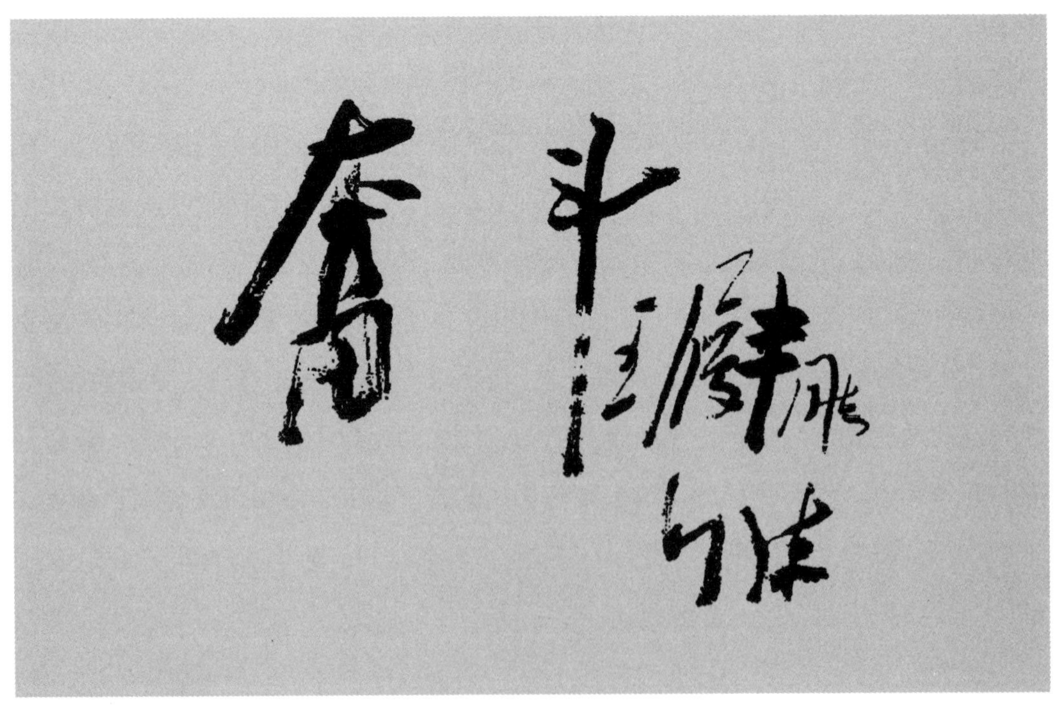

◆ 为王履丰的题词（1941 年 8 月 14 日）

为陕甘宁边区绥德师范学校学生参观团代表题词

陕西省绥德师范学校（简称“绥师”），创建于1923年，原名陕西省立第四师范学校。1924年夏，中国共产党早期活动家、西北革命的播火者、杰出的无产阶级革命家李子洲任校长。1934年，学校更名为“陕西省立绥德师范学校”。1940年暑假期间，绥师组织学生赴延安参观，毛泽东接见了学生代表。

1941年2月，陕甘宁边区政府教育厅正式接办了绥师，并更名为“陕甘宁边区绥德师范学校”。暑期期间，绥师第二次组织学生参观团赴延安参观。参观团由绥德师范和米脂中学（简称“米中”）的135名学生组成，其中女生37名。由绥师教师何楠若和米中的高云屏、欧阳正（杨述）老师带队。启程时，警备区司令员王震和绥德专署马定邦副专员亲自送行。

参观团7月20日出发，徒步5天，7月25日到达延安。到达延安后，先后参观了中国医科大学、泽东青年干部学校、中国女子大学、陕北公学、鲁迅艺术学院、抗大、日本工农学校、解放日报社、光华农场、纺织厂等单位。

8月14日，在谢觉哉的陪同下，毛泽东在边区政府大礼堂接见了参观团的师生代表，和大家一一握手。问过领队何楠若的名字后，就坐下来询问绥、米地区干部情况，和同学们研究如何用精耕细作解决人多地少的吃粮问题。最后，边区教育厅副厅长丁浩川和米中的高云屏把准备好的笔墨、纸张铺开，请毛泽东为学生代表们题词。题词写在粉红的16开马兰纸上：**“坚持抗战”“坚持团结”“学而时温之”“向上”**等，其中，为陕甘宁边区绥德师范学校学生代表霍仰山、白秀珍、王履丰的题词分别是**“艰苦奋斗”**，落款：**“霍仰山同志　毛泽东”**；**“学而时习之”**，落款：**“白秀珍同志　毛泽东”**；**“奋斗”**，落款：**“王履丰同志　毛泽东”**。毛泽东再三叮嘱学生代表们：“我们共产党想把中国干好，这和你们的希望是一样的，盼你们回去，把这个意思转给绥米父老姐妹们，并努力学习，帮助改进地方工作。”

1941年8月15日的《解放日报》刊登了此次活动的消息。

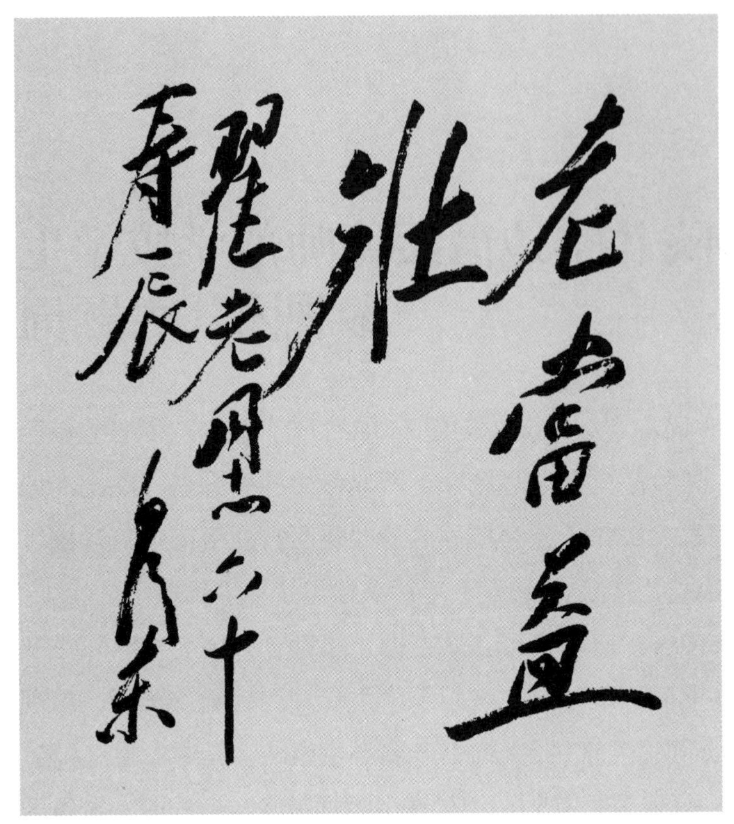

◆ 为瞿缦云的题词（1942 年 1 月 18 日）

为瞿缦云题词

瞿缦云（1883—1962），又名瞿宪文，浙江杭州萧山大桥乡（今河上镇）人。

瞿缦云早年就读于杭州广济医学专门学校，曾参加辛亥革命，在总统府任少校军医。1927 年 7 月秘密加入中国共产党，1928 年初，与国民党组织脱离关系。后辗转上海、南京、西安等地，抵达兰州，遵照中国共产党的指示，在国民党军队内开展工作，借医疗工作之便掩护中国共产党同志。他还把个人收入的一部分捐给党组织。红军到达陕北后，他又历尽磨难和周折，于 1937 年 3 月 27 日到达延安，先后担任抗日军政大学卫生处医务主任、抗大分校卫生科长、中央直属卫生处门诊部主任、中央干部疗养所医务主任、中央党校卫生科长等职。他医术高超，医德高尚，工作负责，深受首长和同志们的敬佩。

1942 年 1 月 18 日，毛泽东为祝贺医务人员瞿缦云六十寿辰，亲笔题赠：**“老当益壮”**，落款：**“瞿老同志六十寿辰　毛泽东”**。

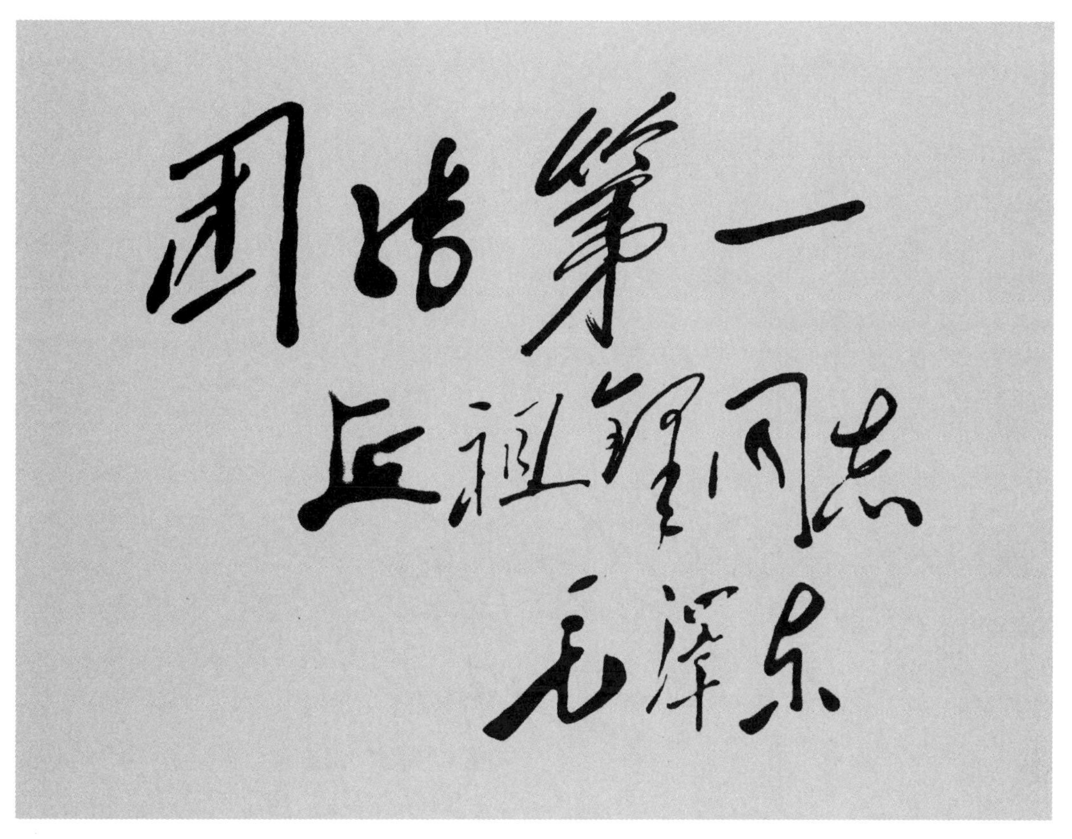

◆ 为延祖铎的题词（1942 年夏）

为延祖铎题词

延祖铎（1922—2003），陕西绥德名州镇延家岔村人。1939 年 2 月加入中国共产党。

1937 年 12 月参加革命，1939 年在绥德师范学校（简称“绥师”）做党的秘密工作。1940 年 3 月，边区绥德新政权建立后，任绥德师范学校第一任学生会主席、绥德县学生救国联合会主席、警备区临时参议会成员。

1941 年和 1942 年，延祖铎两次以参观团团长身份带领绥师、米中（米脂中学）学生去延安参观，受到毛泽东的接见。毛泽东给他题词：**“团结第一”**，落款：**“延祖铎同志　毛泽东”**。

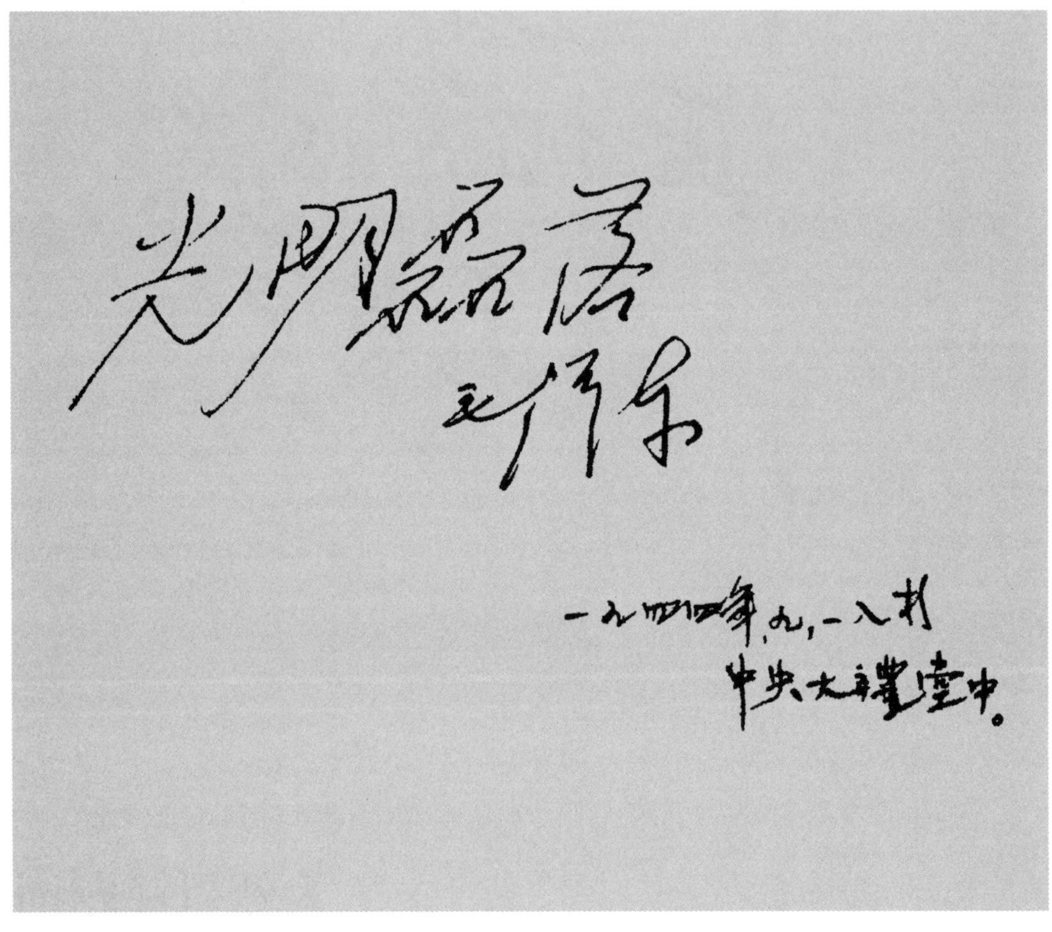

◆ 为张侠的题词（1944 年 9 月 18 日）

为王国靖、张侠、刘书才等题词

王国靖，陕西吴堡人。张侠，河北深泽人。刘书才，河北任丘人。

1944 年 9 月 18 日，中央办公厅在杨家岭中央礼堂举行招待八路军留守兵团全体模范工作学习代表大会，毛泽东出席并讲话。晚上，在中央大礼堂观看京剧《三打祝家庄》。演出开始前，毛泽东同中央其他领导来到礼堂，这让代表们喜出望外，礼堂内一片掌声。这时，张经武参谋长经请示后站在凳子上大声讲："代表们，把本子拿出来，请主席为大家签字。"大家争先恐后来到第一排毛泽东座位前，足有一百多人，自觉排队等毛泽东签字。其中，毛泽东为警备一旅特务营通讯连指导员王国靖代表题词：**"胜利"**；为张侠题词：**"光明磊落"**；为独立一旅连队副指导员刘书才题词：**"光明正大"**。据王国靖回忆，给其他同志的题字有：**"团结""学习""生产""进步"**等字样。大约给三四十人题字后，还有百十人排队等待毛泽东题字。张经武参谋长见状，怕主席太累，又怕演出延迟开始，便劝代表们回到座位去，他说，把笔记本收集起来，明天送到主席办公室，签完后发还给大家。

遗憾的是，在 1948 年 10 月太原战役攻打凤阁梁的战斗中，王国靖不慎将公文包及毛泽东为其题字的笔记本丢失。张侠将毛泽东为他的题词完好保存，如今，这张题词显得弥足珍贵。

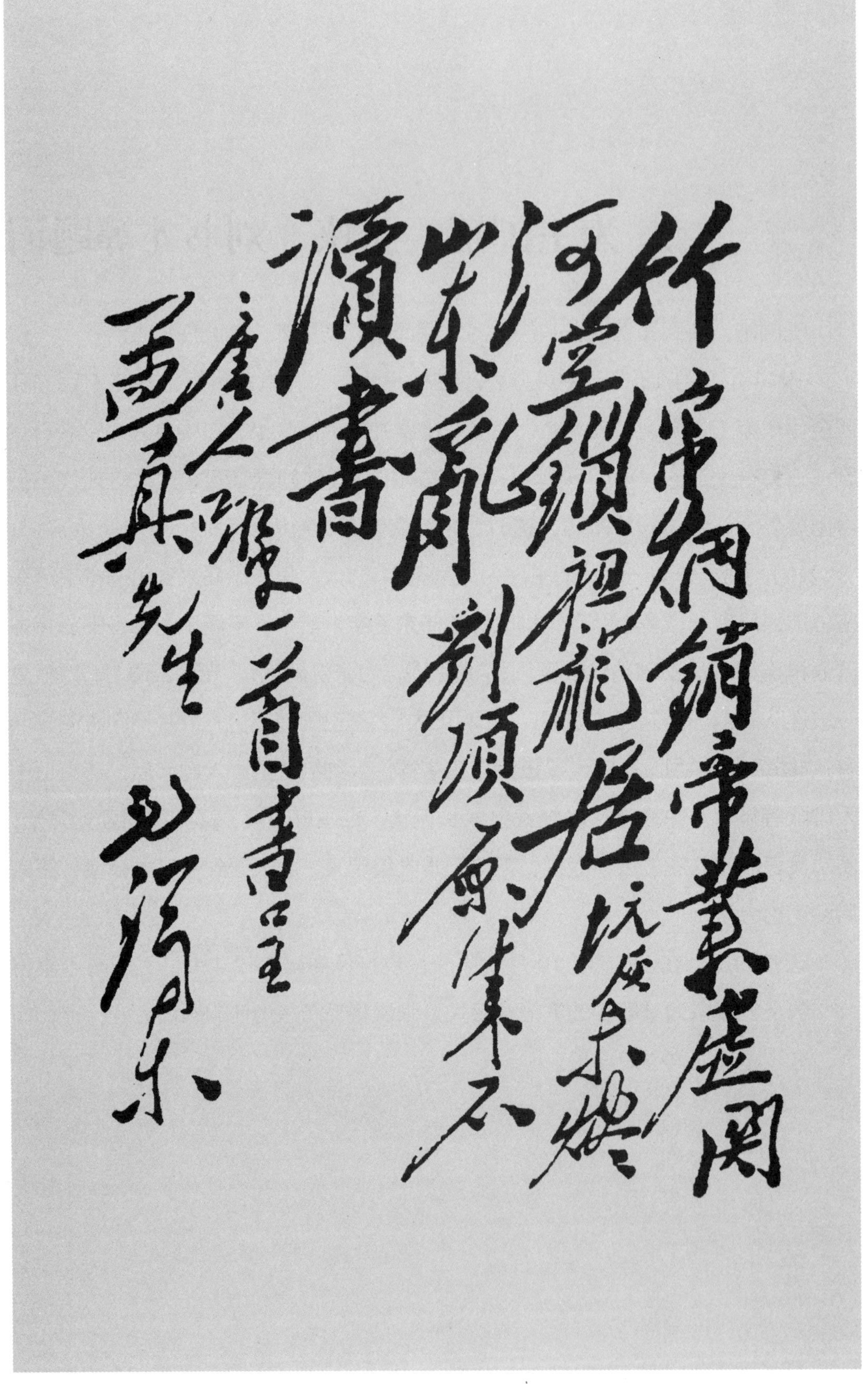

◆ 为傅斯年题赠的条幅（1945 年 7 月 5 日）

题赠傅斯年

傅斯年（1896—1950），初字梦簪，字孟真，山东聊城人。著名历史学家，古典文学研究专家，教育家，学术领导人。五四运动学生领袖之一。

1945 年 7 月 1 日，傅斯年与黄炎培、褚辅成、章伯钧、冷遹、左舜生一行六人，作为国民参政会参政员访问延安。毛泽东单独安排时间，与傅斯年彻夜长谈。毛泽东称赞傅斯年在五四时期的功绩，傅斯年说："我们不过是陈胜、吴广，你们才是项羽、刘邦。"

7 月 5 日，毛泽东应傅斯年之请写了一条幅相赠，附书道：**"遵嘱写了数字，不像样子，聊作纪念。今日间陈胜吴广之说，未免过谦，故述唐人语以广之。"**

这便是唐代章碣的《焚书坑》，毛泽东以条幅书写，赠傅斯年。毛泽东所书诗句"古典""今典"均极对景，回答了傅斯年的谦逊，也称赞了傅斯年的以学问自立。诗云：

"竹帛烟销帝业虚，关河空锁祖龙居。

坑灰未烬山东乱，刘项原来不读书。"

落款：**"唐人咏史一首，书呈孟真先生　毛泽东"**。

毛泽东之所以书写这首唐诗，是针对傅斯年所说"我们不过是陈胜、吴广，你们才是项羽、刘邦"而抒发，毛泽东以"刘项原来不读书"回应，其间含有自谦自况之意。

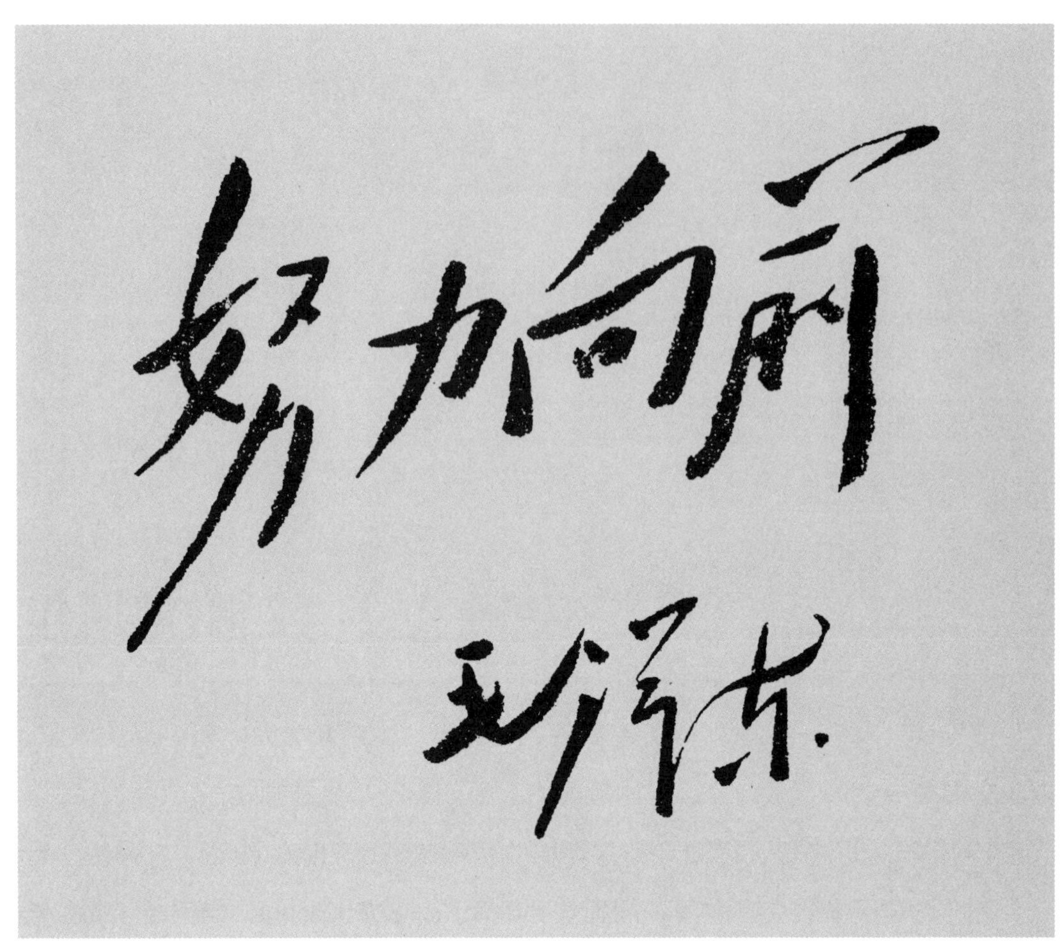

◆ 为刘书林的题词（1945 年 8 月 13 日）

为刘书林题词

刘书林（1924—2021），河北定县人。1941 年 8 月加入中国共产党。

1942 年 2 月至 1943 年 6 月，刘书林在毛泽东身边做警卫工作。1945 年 8 月，刘书林在抗大七分校一大队由陇东向晋绥转移，途经延安时，决定去枣园看望毛泽东。13 日傍晚，刘书林来到他曾经工作的枣园，当时毛泽东已经吃过晚饭，还特意让大师傅炒了两个菜，请这位曾经做过自己警卫员的刘书林吃饭。饭后，刘书林请毛泽东为他题字留念。毛泽东高兴地在刘书林的笔记本上题：**“努力向前”**，落款：**“毛泽东”**。

为鲜英题词

毛泽东赴重庆谈判43天内，曾四顾“民主之家”之“特园”。

特别是第二次，即1945年9月2日中午，民盟领导人张澜以中国民主同盟常委会名义，在“特园”宴请毛泽东，随同的有周恩来和王若飞，沈钧儒和黄炎培等人做东招待。宴会上，毛泽东说：“这是‘民主之家’，我也回到家里来了。今天我们聚会‘民主之家’，今后共同努力，生活在民主之国。”（中共中央文献出版社《毛泽东年谱》中卷，第20页）在宴会上，毛泽东反复强调“和为贵”，与沈钧儒谈健身运动，与黄炎培谈职业教育，与张申府谈五四运动往事。宴毕，“特园”主人鲜英拿出长女鲜继桢的纪念册，请毛泽东题词留墨宝，毛泽东用钢笔在纪念册上写下**“光明在望”**四个大字，落款：**“毛泽东”**，然后笑着对大家说：“道路尽管曲折，前途甚是光明。”

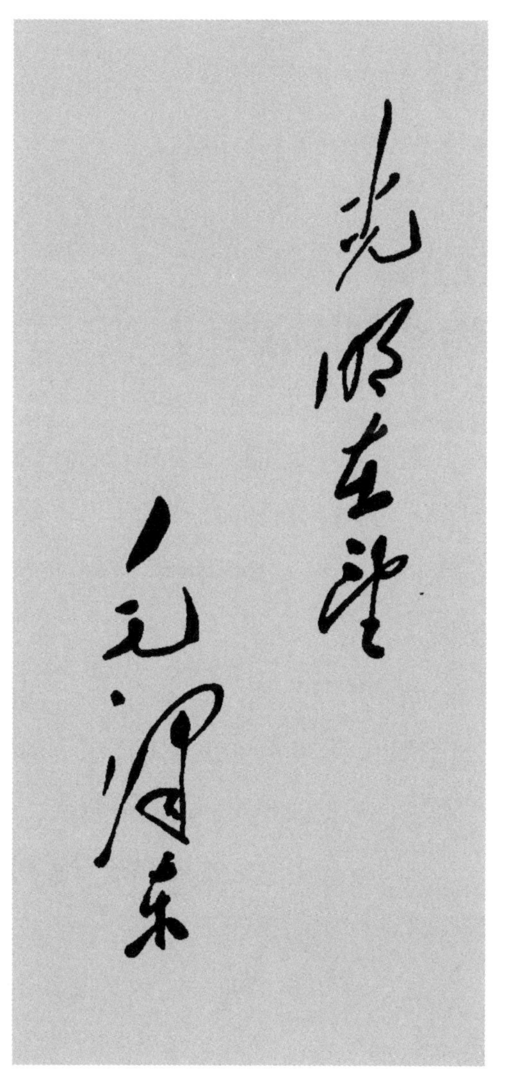

◆ 为鲜英的题词（1945年9月2日）

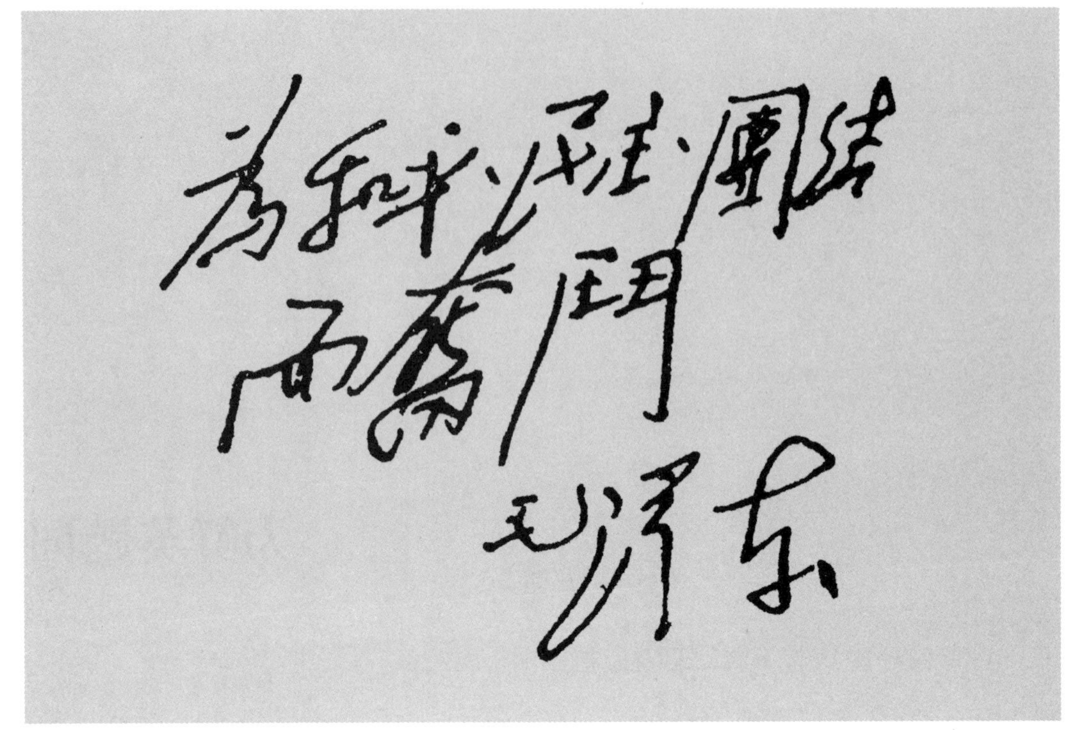

◆ 为卢国琦的题词（1945 年 9 月 6 日）

为卢国琦题词

重庆谈判是抗日战争胜利后，国共两党就中国前途和命运进行的一次历史性谈判。为了拆穿蒋介石“假和平、真备战”的阴谋，1945 年 8 月 28 日，毛泽东不顾个人安危，率领中国共产党代表团从延安飞抵重庆。这一消息震撼了重庆全城。

到渝的第三天，即 1945 年 8 月 30 日，毛泽东就单独邀柳亚子在曾家岩周公馆相见。其实柳亚子对毛泽东到重庆谈判的人身安全非常担心。当柳亚子见到毛泽东，听他谈了对时局的分析后，更加敬佩毛泽东的智慧与胆识。

9 月 6 日下午，秋高气爽，毛泽东在周恩来、王若飞的陪同下驱车至重庆沙坪坝津南村回访柳亚子，长达一个多小时的谈诗论政，使柳亚子先生大为感动。

在毛泽东与柳亚子愉快地交谈时，柳亚子的邻居卢延英的儿子卢国琦见到毛泽东等客人，便请求毛泽东为其题字留念。于是，毛泽东便在小孩的本子上写道：**“为和平、民主、团结而奋斗”**，落款：**“毛泽东”**。

为徐迟题词

徐迟（1914—1996），原名商寿，浙江吴兴（今湖州）人。1983年加入中国共产党。

重庆谈判期间，毛泽东和中共代表团成员访问和接待了各方友好人士。1945年9月16日，乔冠华告诉徐迟，下午三时，在重庆红岩，毛泽东、周恩来要接见他和马思聪。

见面后，毛泽东问徐迟在写什么时，徐迟说，写了不少东西，但都写不好，他宁可先放着不拿出来，以待来日。毛泽东听后哈哈大笑道："看来你是要不鸣则已，一鸣惊人啰！"后来这句话传了出去，说徐迟想要"一鸣惊人"，一时在圈子里被传为笑谈。

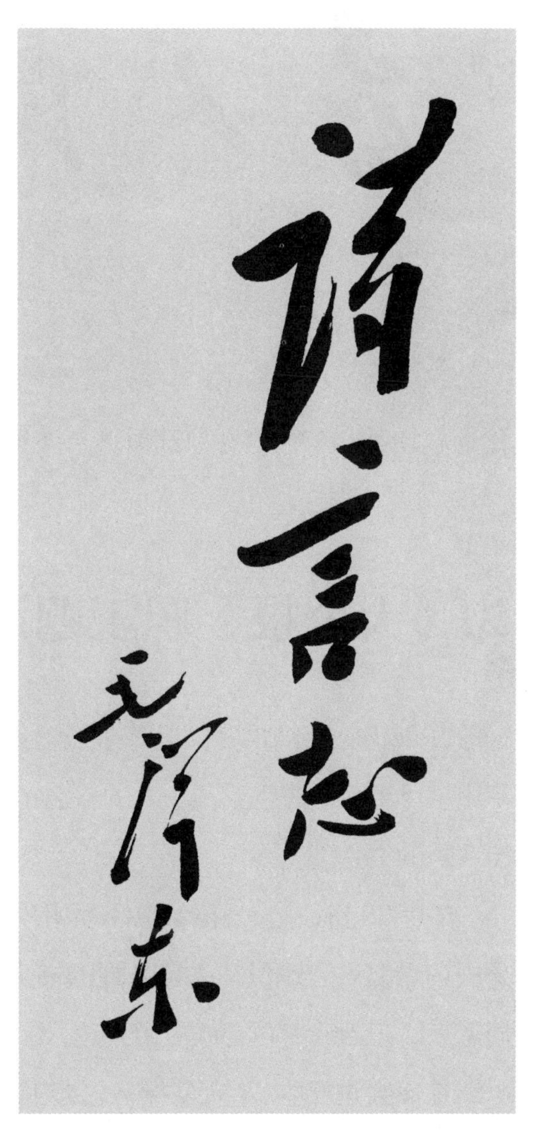

◆ 为徐迟的题词（1945年9月）

一天，徐迟忽然想起自己有一本精美的册页，上面已有关山月画的两幅敦煌壁画临摹《舍身饲虎图》、叶浅予作的两幅戴爱莲舞姿素描以及马思聪写在五线谱上的他的《第一交响乐》主题及其变奏的音乐符号，这些都是弥足珍贵的瑰宝。他想在另一空白页上请毛泽东留下墨宝。于是，他将册页给了乔冠华，希望乔冠华代他请求毛泽东在上面为中国诗人或者说为大后方诗人赠言题字。

毛泽东当时拿到徐迟的册页后，便问身边的胡乔木说写点什么。胡乔木说："就写诗歌为人民服务。"毛泽东沉吟片刻，大笔一挥，在册页边上写下了**"诗言志"**三个字，并签上自己的名字**"毛泽东"**。

此题词刊登在1962年《长江文艺》第5期上。

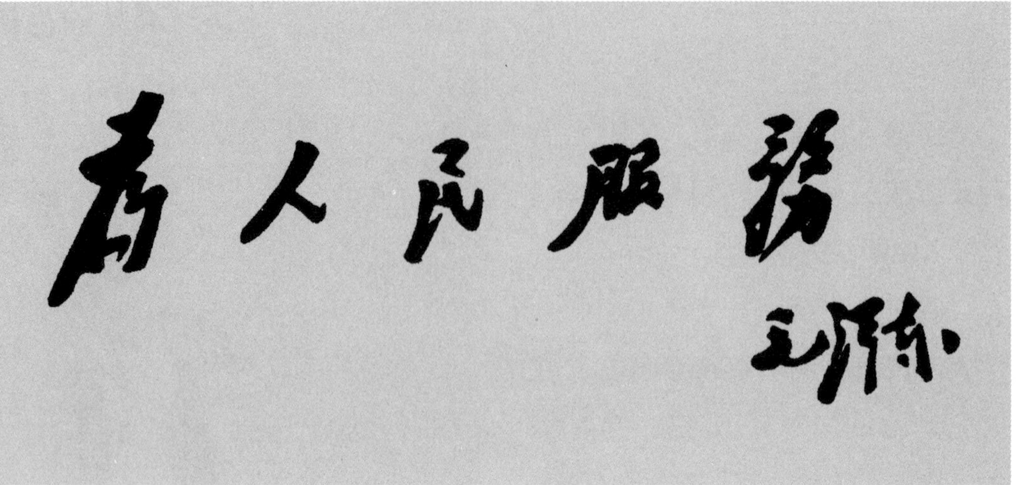

◆ 为《大公报》职工的题词（1945 年 9 月 20 日）

为《大公报》职工题词

1945 年 8 月 28 日，毛泽东抵达重庆后，《大公报》记者彭子冈前往采访，写出了《毛泽东先生到重庆》的著名通讯，文中说毛泽东纯朴平易，像一位“来自乡野的书生”。

9 月 20 日，《大公报》总经理胡政之以个人名义发出请柬，在重庆李子坝大公报馆设宴欢迎这位“来自乡野的书生”和中共代表团。当晚七时许，毛泽东、周恩来、王若飞、董必武应邀到达，《大公报》的部分负责人作陪。

在宴会进行中，《大公报》总编王芸生谈到重庆有个说法“共产党不要另起炉灶”。毛泽东用湖南口音诙谐地回答：“不是我们要另起炉灶，而是国民党的炉灶里不许我们造饭。”在座人士无不为毛泽东含义深刻、一针见血的幽默作答频频颔首。宴会结束时，外勤记者张蓬舟抓住这一难得的机会，当场提出让毛泽东为报馆职工题词的请求。毛泽东慨然允诺，挥笔蘸墨，题写了**“为人民服务”**五个飘逸苍劲的大字，并落款：**“毛泽东”**，这几个大字将他及中国共产党的思想凝于其中，将中国共产党的宗旨昭示报界。

这个特别的聚会，让山城重庆报界人士有幸目睹了毛泽东非凡的气度和风范，也增进了国统区人们对毛泽东正义主张的理解。

此题词刊载在 1966 年 11 月 19 日的《解放军报》上。

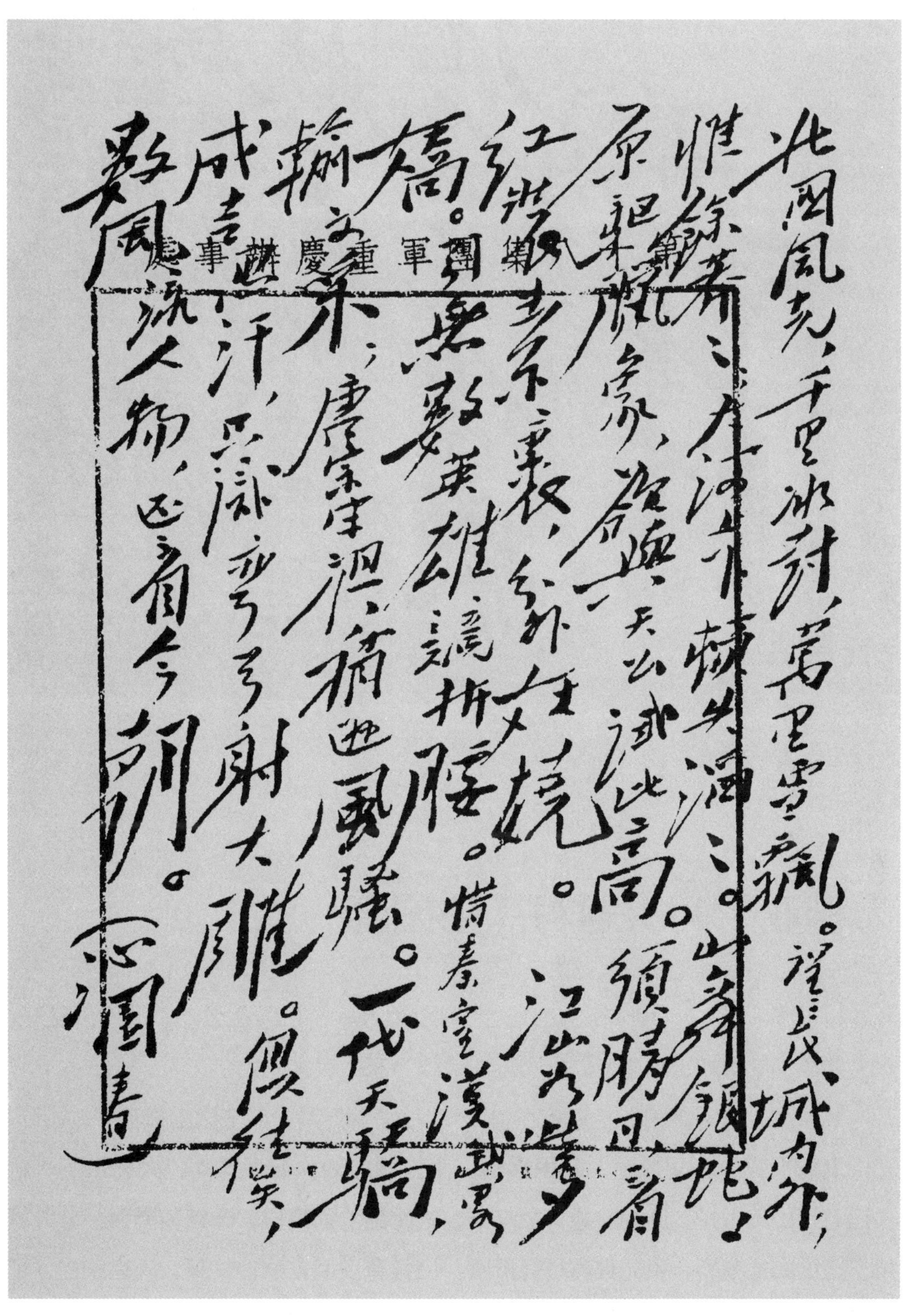
第十八集團軍重慶辦事處

北国风光，千里冰封，万里雪飘。望长城内外，惟余莽莽；大河上下，顿失滔滔。山舞银蛇，原驰腊象，欲与天公试比高。须晴日，看红装素裹，分外妖娆。江山如此多娇，引无数英雄竞折腰。惜秦皇汉武，略输文采；唐宗宋祖，稍逊风骚。一代天骄，成吉思汗，只识弯弓射大雕。俱往矣，数风流人物，还看今朝。沁园春 雪

◆ 为柳亚子书写在信笺上的《沁园春·雪》（1945 年 10 月 7 日）

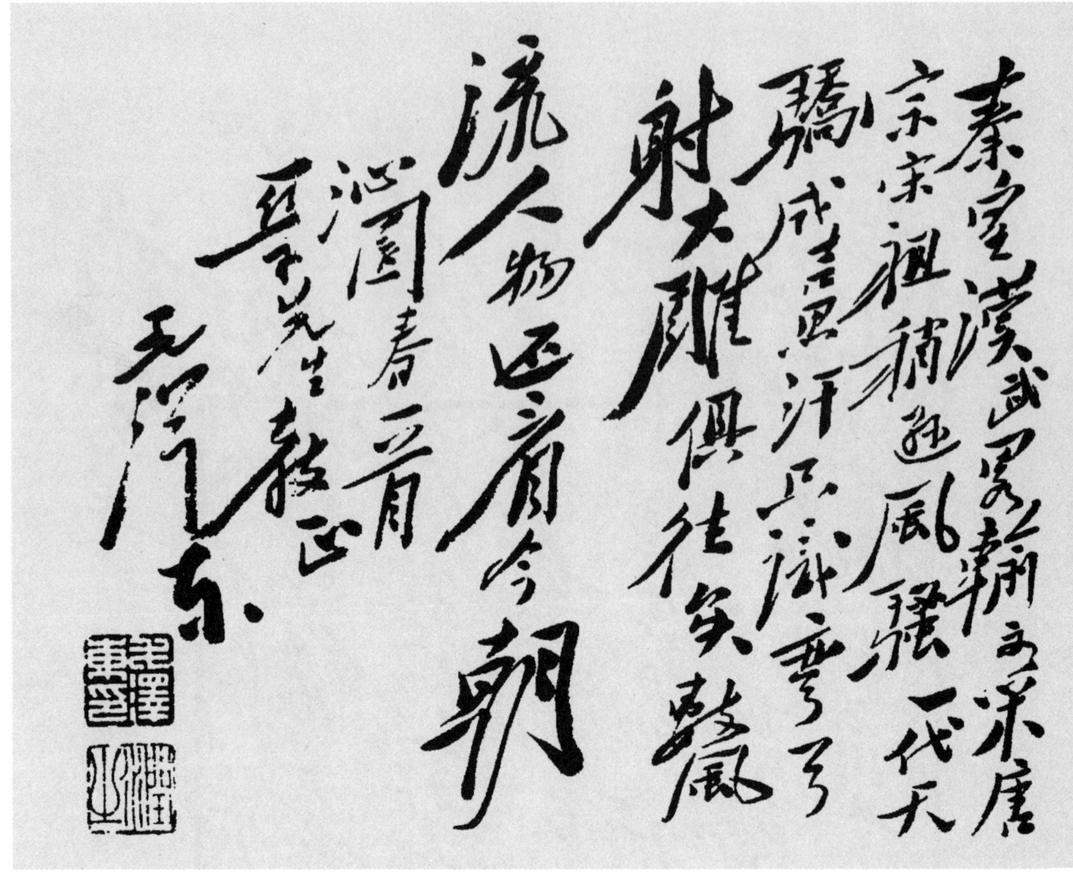

为柳亚子两次题写《沁园春·雪》

柳亚子（1887—1958），江苏吴江黎里镇人，原籍吴江汾湖镇北厍大胜村，本名慰高，字安如，号亚子，中国近现代政治家、民主人士、诗人。

1945 年 10 月 7 日，毛泽东在重庆将《沁园春·雪》手书送给柳亚子。

北国风光，千里冰封，万里雪飘。望长城内外，惟余莽莽；大河上下，顿失滔滔。山舞银蛇，原驰蜡象，欲与天公试比高。须晴日，看红装素裹，分外妖娆。江山如此多娇，引无数英雄竞折腰。惜秦皇汉武，略输文采；唐宗宋祖，稍逊风骚。一代天骄，成吉思汗，只识弯弓射大雕。俱往矣，数风流人物，还看今朝。

柳亚子看后，大赞毛泽东："……乃得其初赴陕北看大雪《沁园春》词一阕。

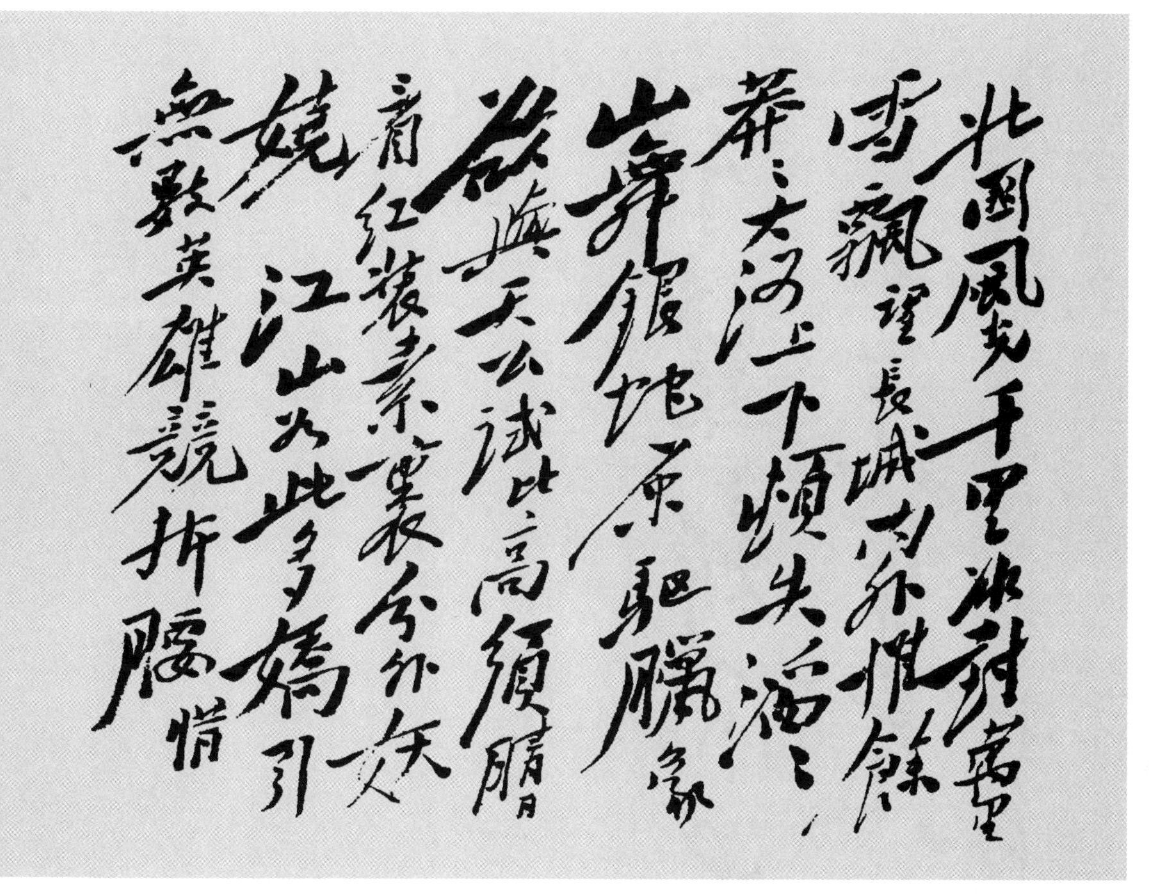

◆ 为柳亚子书写在纪念册上的《沁园春·雪》

展读之余，叹为古今有词以来第一作手，虽苏、辛犹未能抗手，况余子乎？”

柳亚子十分看重这幅具有特殊价值的墨宝，但他注意到毛泽东写在信笺上的《沁园春·雪》没有题上下款，没有署名和印章。于是柳亚子带着自己的纪念册，请毛泽东再题写一遍。这次毛泽东就加上了**“亚子先生教正”**的上款和**“毛泽东”**的落款。当时柳亚子请篆刻家曹立庵连夜为毛泽东刻了二方印章，盖在纪念册中的咏雪词上。

毛泽东赠柳亚子的两幅咏雪词《沁园春·雪》墨迹，字句完全相同，只是信笺上的那幅有标点符号，纪念册上那幅没有标点符号。

1945 年 11 月 14 日，《新民报·晚刊》副刊“西方夜谭”刊发《毛词·沁园春》，并附加一段按语：“毛润之氏能诗词，似鲜为人知。客有抄得其《沁园春·雪》一词者，风调独绝，文情并茂。而气魄之大，乃不可及。”

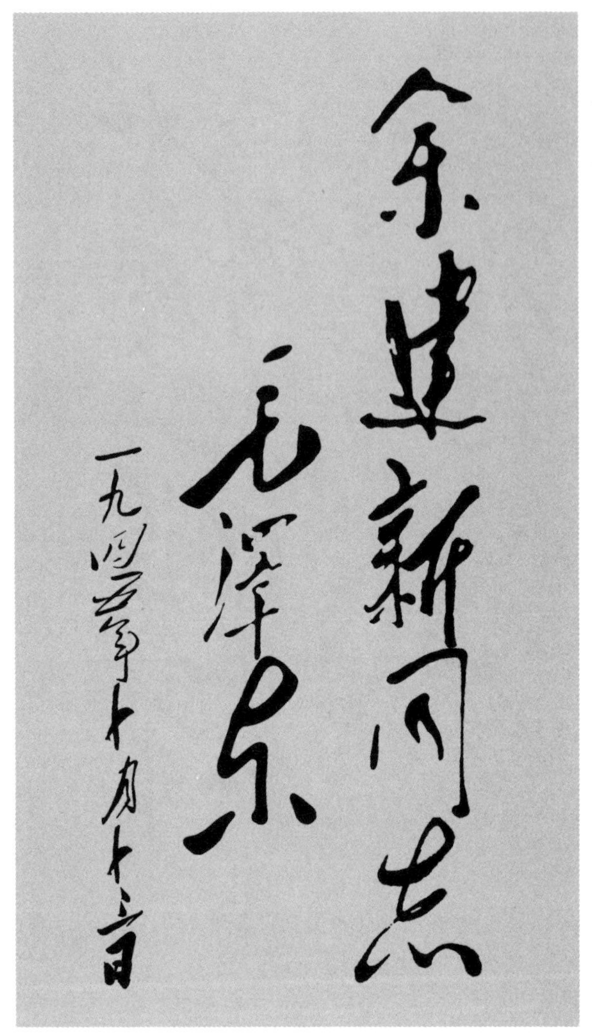

◆ 为余建新的题字（1945 年 10 月 13 日）

为余建新题字

余建新（1906—1974），原名鱼生溪，陕西绥德枣林坪镇鱼家湾村人。1934 年 8 月参加革命，化名“余建新”，为红军购买物品、探消息、送情报。他和父亲掩护革命干部，接待红军秘密活动人员，他家成了红军的地下联络点。曾任绥清贸易局局长、西北贸易总局副局长、陕甘宁边区合作总社副主任、延安光华商店经理、甘肃省财政经济委员会副主任等职。

1945 年 10 月，毛泽东在重庆谈判结束回到延安后，特意接见了余建新，勉励他要一辈子做好党的经济工作。临别时，毛泽东拿出一张近照赠给他，并在照片背面题字：**“余建新同志”**，落款：**“毛泽东　一九四五年十月十三日”**。

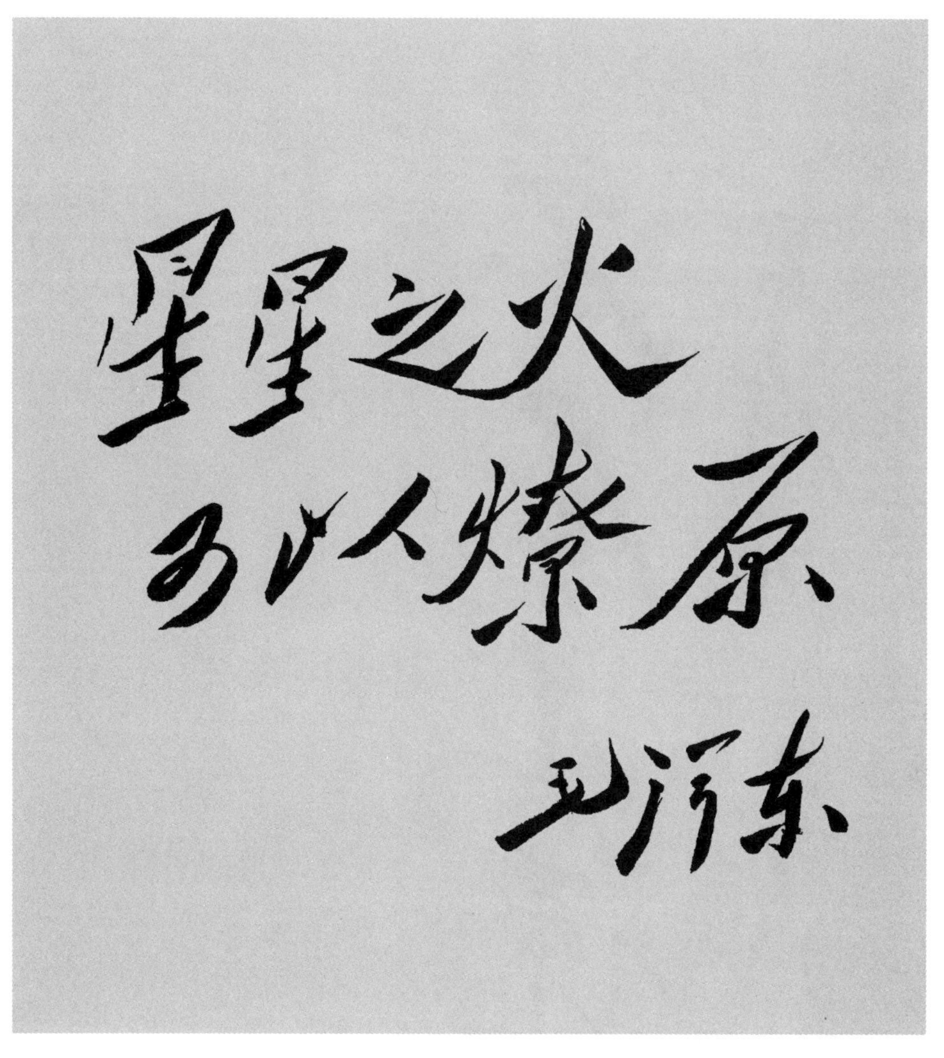

◆ 为叶正明的题词（1946 年 1 月）

为叶正明题词

叶正明（1931—2003），原名叶福麟，别名李明，祖籍广东惠阳。父亲叶挺是中国人民解放军创始人之一。

1946 年 1 月，毛泽东为叶挺之子叶正明题写：**“星星之火，可以燎原”**，落款：**“毛泽东”**。

此题词取之于井冈山斗争时期毛泽东一篇著名作品的篇名。

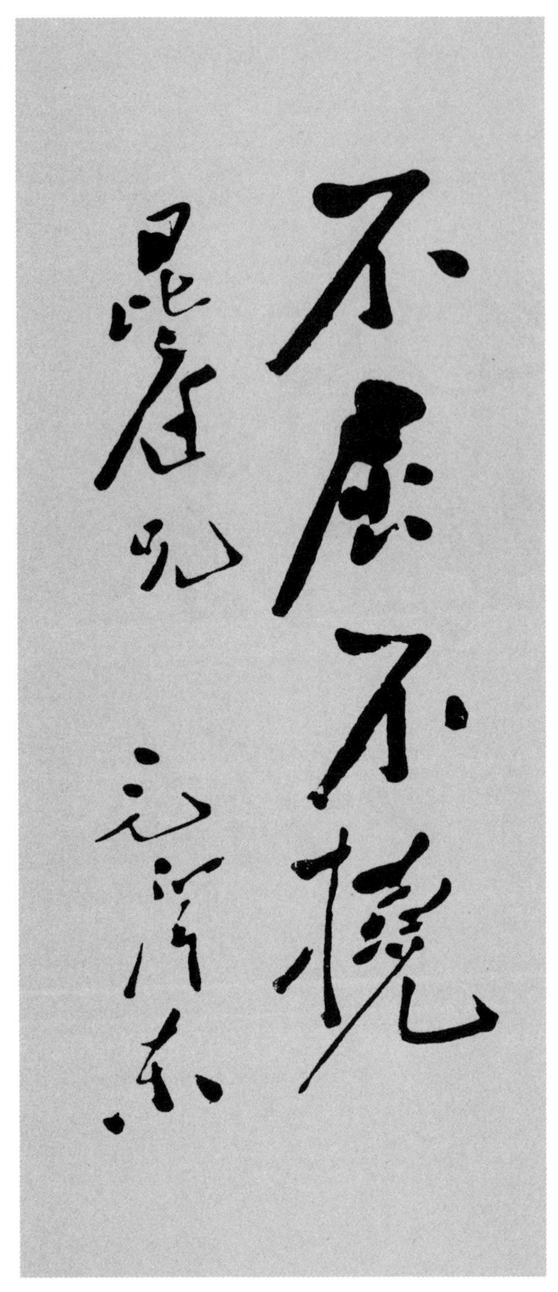

◆ 为徐昆庭的题词（1946 年 3 月 20 日）

为徐昆庭题词

徐昆庭（生卒年不详），山东莒县人，民主建国军高树勋部总参谋部处长。

1946 年 3 月 20 日，毛泽东为徐昆庭题词：**“不屈不挠”**，落款：**“昆庭兄毛泽东”**。

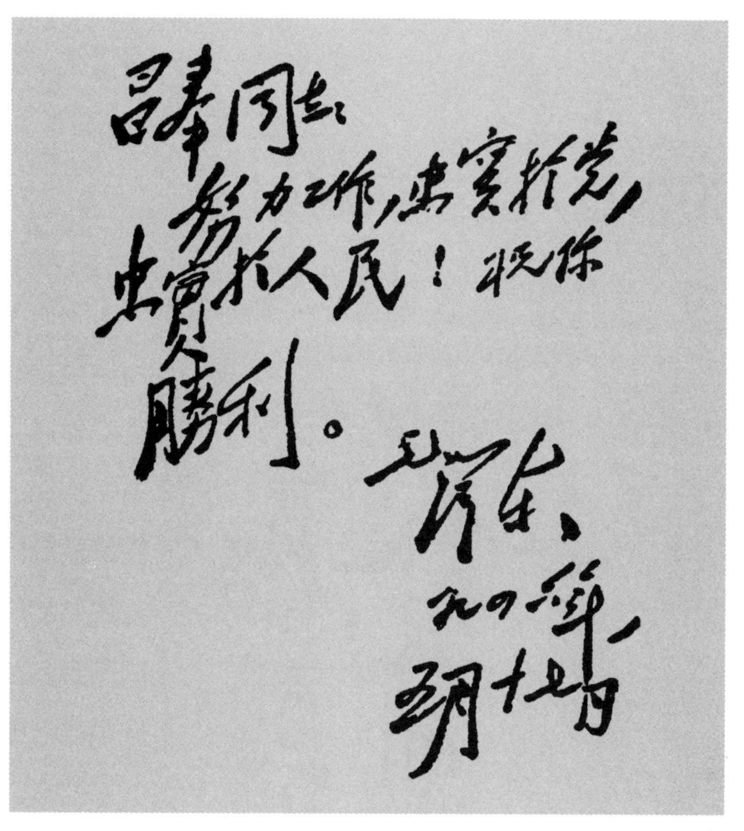

◆ 为陈昌奉的题词（1946 年 5 月 17 日）

为陈昌奉题词

陈昌奉（1915—1986），江西宁都人，1929 年参加中国工农红军，1931 年加入中国共产主义青年团。长征途中，担任毛泽东的警卫员。1936 年加入中国共产党。

抗日战争胜利后，中共中央决定派大批干部到敌后去开辟新的根据地。1946 年 5 月，党组织确定陈昌奉到山东工作。陈昌奉辞别毛泽东时，毛泽东亲切地接见了他和他爱人及孩子，并亲笔在送给陈昌奉的照片背面题词勉励：**“昌奉同志：努力工作，忠实于党，忠实于人民！祝你胜利。”**落款：**“毛泽东 一九四六年，五月十七日”**。

陈昌奉接过毛泽东的照片，激动地泪水止不住地流了下来。毛泽东拍着他的肩膀说：“我们还会见面的！我等你们胜利的消息！”第二天，陈昌奉带着毛泽东的重托，离开了延安。

此题词刊载在 1958 年第 17 期《新观察》杂志上。

为朱德六十寿辰题词

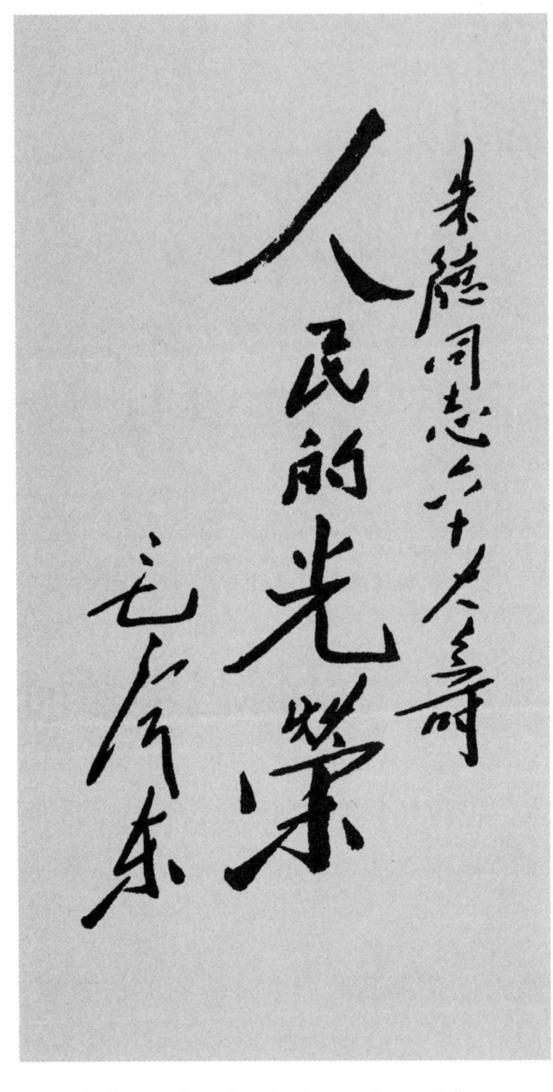

◆ 为朱德六十寿辰的题词（1946 年 11 月）

朱德（1886—1976），字玉阶，原名朱代珍，曾用名朱建德，伟大的马克思主义者，伟大的无产阶级革命家、政治家、军事家，中国人民解放军的主要缔造者之一，中华人民共和国的开国元勋，是以毛泽东同志为核心的党的第一代中央领导集体的重要成员。

1946 年 12 月 1 日，是朱德六十岁寿辰。

11 月 26 日，《解放日报》发表了中共中央祝贺朱德六十寿辰的祝词和《朱德将军年谱 1886—1946》。祝词：“人民庆祝你的六十年生活，因为你是中国人民六十年伟大奋斗的化身。”

从 11 月 29 日起接连三天，延安城锣鼓喧天，党、政、军、农、工、商、学各界，纷纷举行庆祝活动。

11 月 30 日，是祝寿活动的高潮。《解放日报》以整整两版的篇幅，刊登毛泽东、刘少奇、周恩来等的题词，刊登各中央局的贺电，刊登彭德怀、林伯渠、陆定一、习仲勋等的祝寿文章。

毛泽东的题词是：**“朱德同志六十大寿　人民的光荣。”**落款：**“毛泽东”**。

此题词刊载在 1946 年 11 月 30 日的《解放日报》上。

为徐特立七十寿辰题词

徐特立（1877—1968），又名徐立华，原名懋恂，字师陶，无产阶级革命家和教育家，湖南善化（今长沙县江背镇）人。他是毛泽东和田汉等著名人士的老师，被尊为“延安五老”之一。中共中央两次给徐特立祝寿。

1947 年 1 月，徐特立年届七旬，中共中央决定再次为这位革命老人祝寿。此时，胡宗南的部队正逼近延安。

1 月 10 日下午 4 时，在延安杨家岭大礼堂，中央领导和来自陕北各条战线的工农兵代表们欢聚一堂，纷纷致辞发言向徐老祝寿。祝寿聚餐以后，鲁艺学员还演出了盛大的歌舞。前一天，延安党内外人士在此集会，庆祝徐老寿辰。

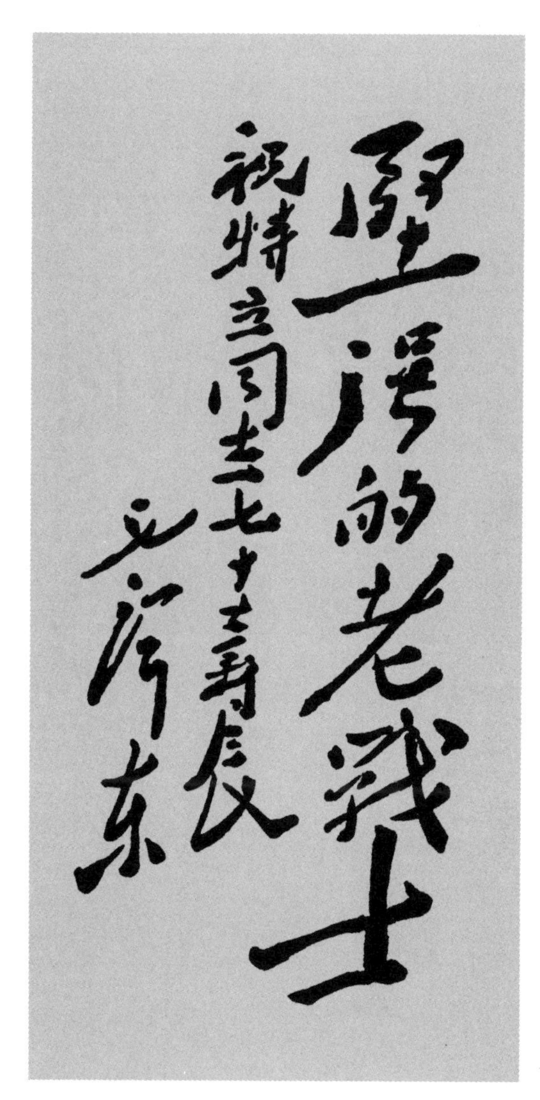

◆ 为徐特立七十寿辰的题词（1947 年 1 月）

《解放日报》特开辟庆贺专版，刊载了毛泽东、刘少奇、朱德、周恩来等为徐特立七十大寿所写的贺词。毛泽东的题词是：**“坚强的老战士　祝特立同志七十寿辰”**，落款：**“毛泽东”**。此题词刊载在 1947 年 1 月 10 日的《解放日报》上。

1947 年 1 月的延安，正处于蒋介石调集重兵准备发动重点进攻的前夜，形势十分严峻，中共中央为徐特立祝寿，稳定了军心、民心，缓解了紧张的战争气氛，在当时具有非常重要的政治意义。

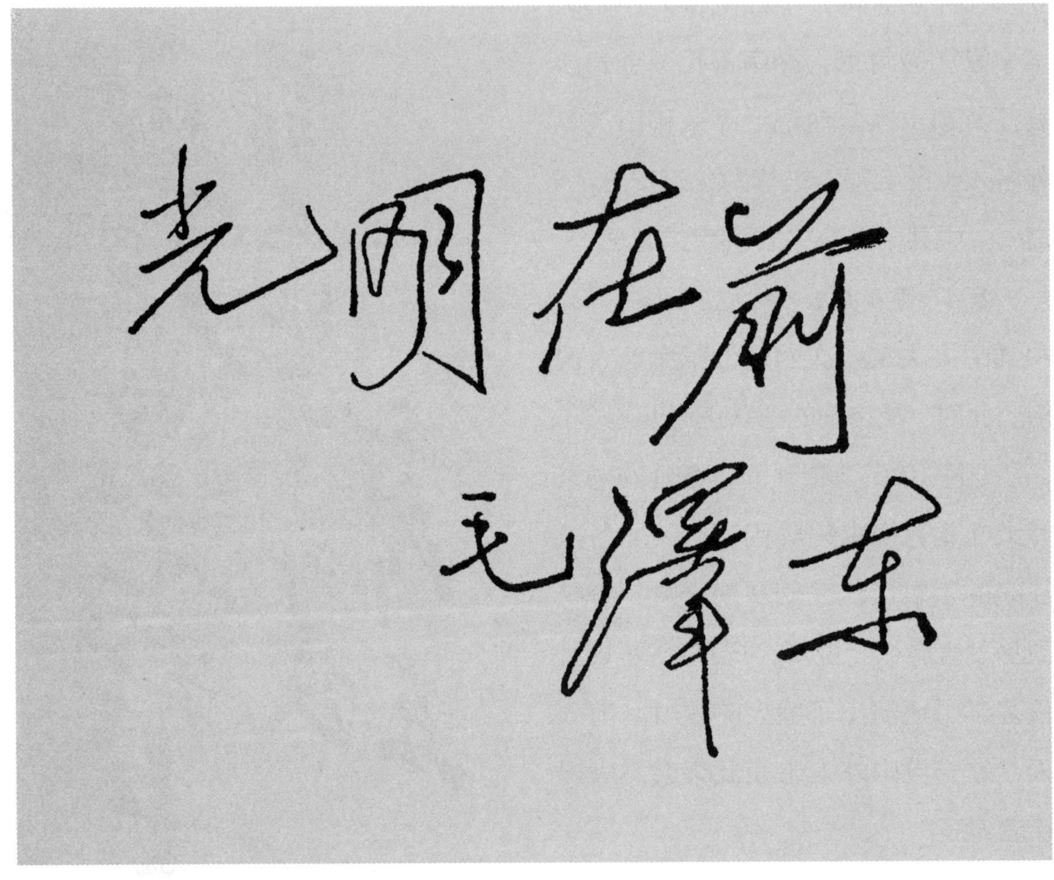

◆ 为任远志的题词（1947 年 5 月）

为任远志题词

任远志（1931—2021），女，湖南湘阴（今汨罗）人。中国共产党卓越领导人、无产阶级革命家任弼时之长女。

1947 年 3 月 18 日晚，在国民党军进攻延安已清晰可闻的枪炮声中，毛泽东、周恩来依依不舍地告别了生活、工作、战斗了十年的延安，开始了转战陕北的伟大历程。1947 年 4 月 12 日至 6 月 7 日，毛泽东等在安塞王家湾停留了 57 天。其间，任弼时的女儿任远志在随延安行知中学转移途中受伤，后来到任弼时身边，毛泽东亲切地称任远志是自己的大女儿。一个月后，任远志要离开王家湾过黄河去。这天，她找到毛伯伯，希望能给她题字作为留念。当时毛泽东坐在一把帆布椅上，慈祥地说："大女儿，要过黄河啦！给你写些什么呢？"随即就在任远志的笔记本上用钢笔写下了**"光明在前"**四个大字，落款：**"毛泽东"**。

中华人民共和国成立后，任远志将毛泽东为她题写的"光明在前"赠送给中国人民解放军军事博物馆。

此题词刊登在 1962 年的《学理论》杂志第一期和 1962 年 2 月 8 日的《中国青年报》上。

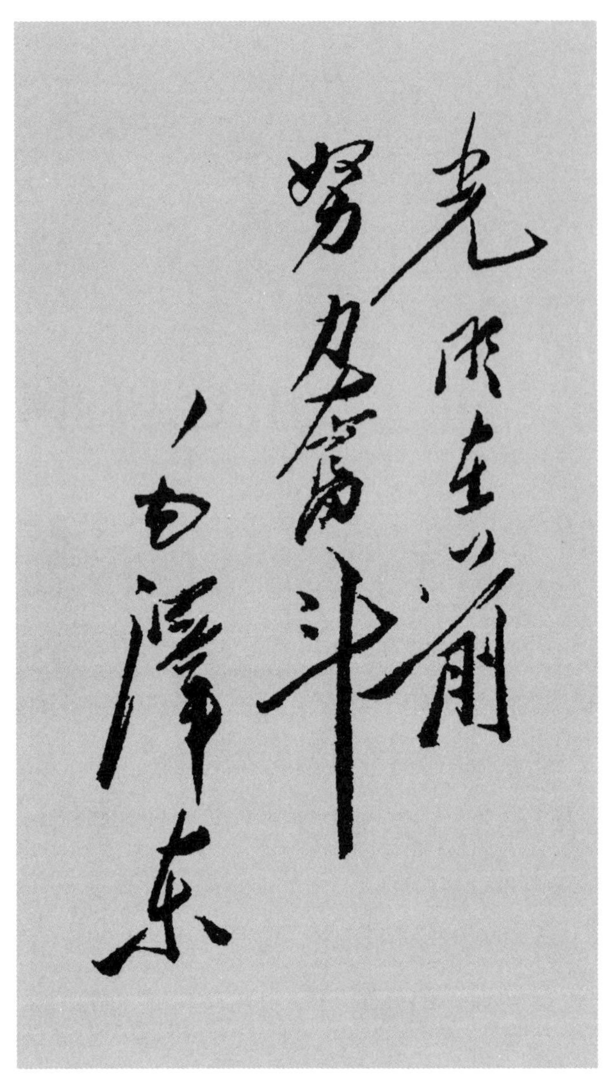

◆ 为蒋英的题词（1948 年初）

为蒋英题词

蒋英是毛泽东的秘书叶子龙的妻子，她曾在中央办公厅工作。

1948 年初，从中央前委所在地陕西米脂县杨家沟到山西临县三交镇办事的同志给蒋英带来一封信，信封上用毛笔写着“蒋英”两个字，她一看信封就知道是毛主席写的。拆开信封，抽出信纸，上面有八个苍劲有力的大字：**“光明在前，努力奋斗”**，落款“**毛泽东**”。

这幅题词被蒋英视为一件无上光荣的珍宝，一直珍藏了半个多世纪。

第二辑 为各类事件的题词

延安时期，毛泽东的题词，内容十分广泛，特别是为各类事件的题词，涉及政治、经济、军事、教育、文化、卫生等领域。从这些题词中既能感受到伟人指点江山的豪迈气概，又能领略到他作为普通人的丰富情感世界，进而感悟到他对国家命运的关切，对人民的关爱……

国民党员共产党员兄弟一般的团结起来为抗日救国而斗争达到民族独立民主自由民生幸福之目的是今日惟一无二之任务

毛泽东

◆ 为国民党中央考察团随行记者的题词（1937 年 5 月）

为国民党中央考察团随行记者题词

第二次国共合作谈判期间，国民党为了进一步了解红军和中共的情况，于 1937 年 5 月 28 日派出了一个考察团前往陕北考察。考察团一行 18 人，在张冲、涂思宗、萧致平等率领下，于 29 日下午到达延安。当晚，陕甘宁特区举行欢迎会，毛泽东到会并致欢迎词。国民党中央考察团先后参观了延安、陕西关中、甘肃东部的红军驻地。考察团一路走来，受到了周恩来、叶剑英等红军高级将领的热烈欢迎。国民党中央考察团的随行记者们意外收到毛泽东为他们的题词，该题词表达了共产党的合作态度和诚意。

毛泽东为随行记者题词：**“国民党员共产党员兄弟一般的团结起来，为抗日救国而斗争，达到民族独立民主自由民生幸福之目的，是今日惟一无二之任务”**，落款：**“毛泽东”**。

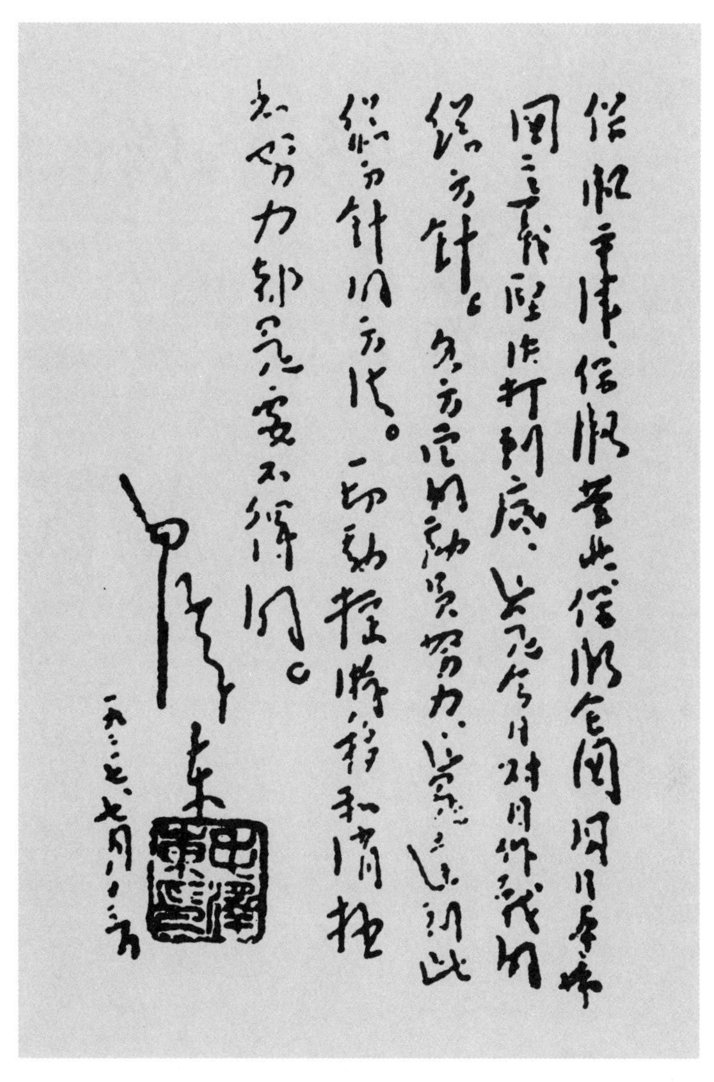

◆ 题写对日作战总方针（1937 年 7 月 13 日）

题写对日作战总方针

1937 年 7 月 13 日，在延安召开的共产党员与机关工作人员紧急会议上，毛泽东发出抗击日本侵略者的动员令。关于对日作战方针，毛泽东挥笔题词：**“保卫平津、保卫华北、保卫全国，同日本帝国主义坚决打到底。这是今日对日作战的总方针。各方面的动员努力，这是达到此总方针的方法。一切动摇游移和消极不努力都是要不得的。”**落款：“毛泽东　一九三七（年）七月十三日”。

时任八路军驻上海办事处主任潘汉年将此墨迹转交给上海复旦大学文摘社，刊载在上海黎明书局刊行的《文摘战时旬刊》第二号的第 13 页。

抗日民族统一战线
萬歲

毛泽东

◆ 关于抗日民族统一战线的题词（1937 年 9 月）

关于抗日民族统一战线题词

1937 年 9 月 22 日，国民党中央通讯社发表《中共中央为公布国共合作宣言》。次日，蒋介石发表《对中国共产党宣言的谈话》，事实上承认了中国共产党的合法地位。至此，第二次国共合作形成。

毛泽东评价说："蒋氏的谈话，承认了共产党在全国的合法地位，指出了团结救国的必要，这是很好的；但是还没有抛弃国民党的自大精神，还没有必要的自我批评，这是我们所不能满意的。但是不论如何，两党的统一战线是宣告成立了。这在中国革命史上开辟了一个新纪元。这将给予中国革命以广大的深刻的影响，将对于打倒日本帝国主义发生决定的作用。"（见《毛泽东选集》第二卷，人民出版社 1991 年 6 月版，第 364 页）就此，毛泽东还题写了关于抗日民族统一战线的题词：**"抗日民族统一战线万岁"**，落款：**"毛泽东"**。

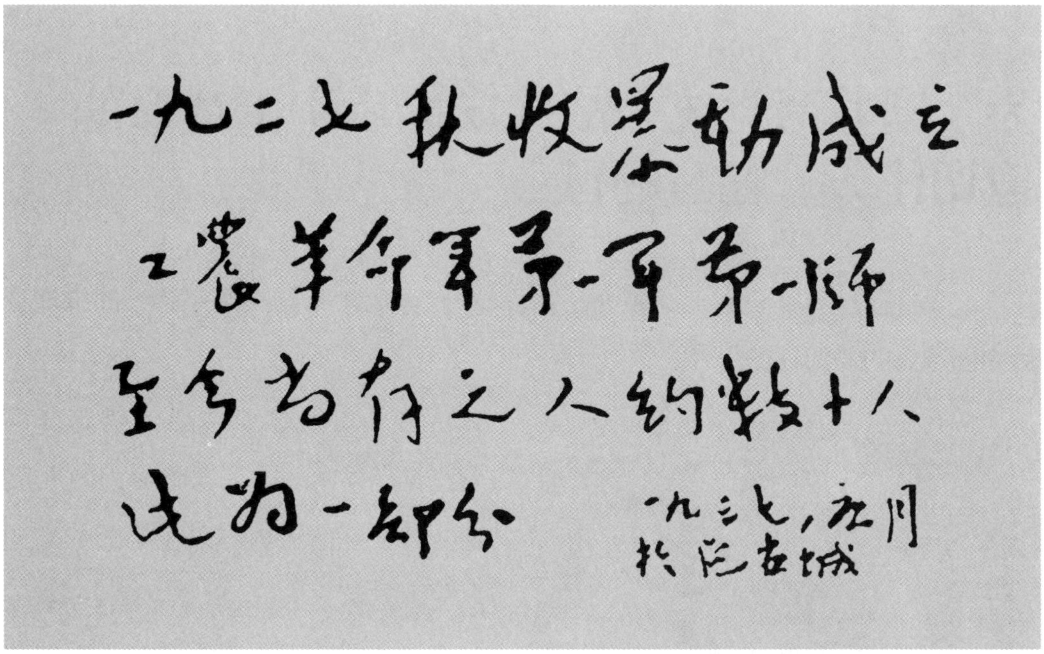

◆ 为参加秋收起义战友合影的题词（1937 年 9 月）

为参加秋收起义战友合影题词

秋收起义是 1927 年 9 月 9 日，由毛泽东在湖南东部和江西西部领导的工农革命军（红军）举行的一次武装起义。秋收起义部队未沿用国民革命军的番号，而统一编为工农革命军第一军第一师，下辖三个团。起义部队共约 5 000 人。后因起义部队受挫，开始向井冈山转移。10 月 27 日，起义部队到达井冈山的茨坪，开创了中国共产党领导下的第一个农村革命根据地。

1937 年 9 月，在延安凤凰山驻地，毛泽东与参加过秋收起义的 16 位战友合影留念。毛泽东为合影照片题词：**“一九二七秋收暴动成立工农革命军第一军第一师，至今尚存之人约数十人，此为一部分。”**落款：**“一九三七（年）九月于延安城”**。

此题词刊载在 1950 年 7 月 1 日的《人民日报》上。

为《国共两党统一战线成立后中国革命的迫切任务》题写题目

1937 年 9 月 29 日，毛泽东为一篇文章题写题目：**“国共两党统一战线成立后中国革命的迫切任务”**。

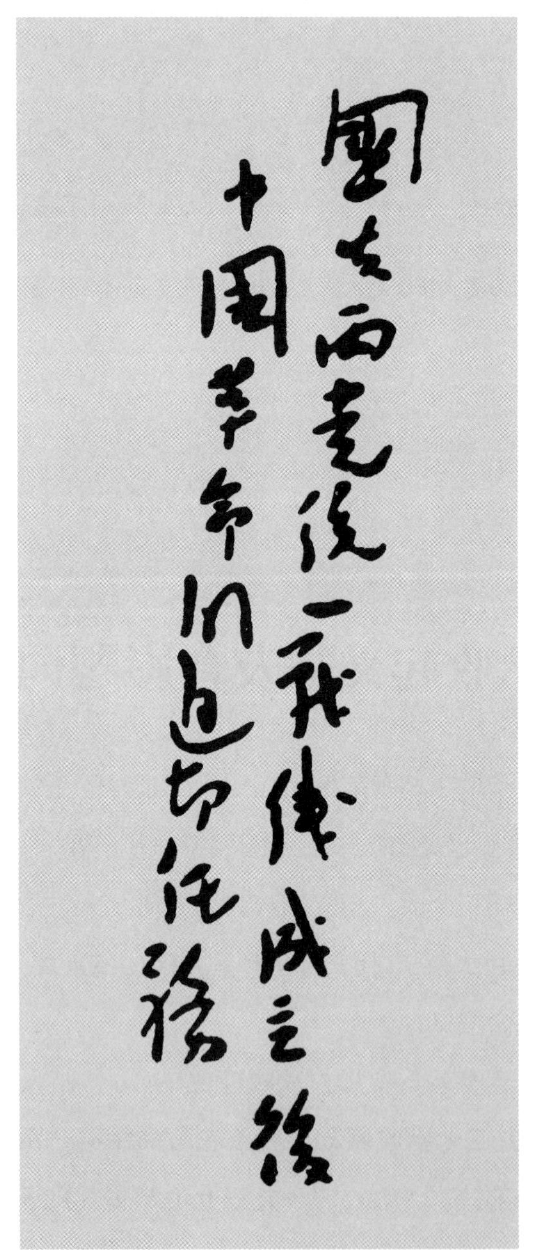

◆ 为《国共两党统一战线成立后中国革命的迫切任务》题写的题目（1937 年 9 月 29 日）

毛泽东的这篇文章中有这样的一些话：“中国共产党中央为宣布两党合作成立的宣言，以及当时约定随之发表的蒋介石氏承认中国共产党的合法地位的谈话，于九月二十二日和二十三日先后发表，这个宣言和谈话宣布了两党合作的成立”，“共同纲领是什么呢？这就是孙中山先生的三民主义和共产党在八月二十五日提出的抗日救国十大纲领”，“然而要实行三民主义和十大纲领，需要实行的工具，这就提出了改造政府和改造军队的问题”，“国共两党亲密地团结起来啊！全国一切不愿当亡国奴的同胞在国共两党团结的基础之上亲密地团结起来啊！实行一切必要的改革来战胜一切困难，这是今日中国革命的迫切任务。”（见《毛泽东选集》第二卷，人民出版社 1991 年 6 月版，第 367—372 页）

这篇文章编入《毛泽东选集》时，题目改为《国共合作成立后的迫切任务》。

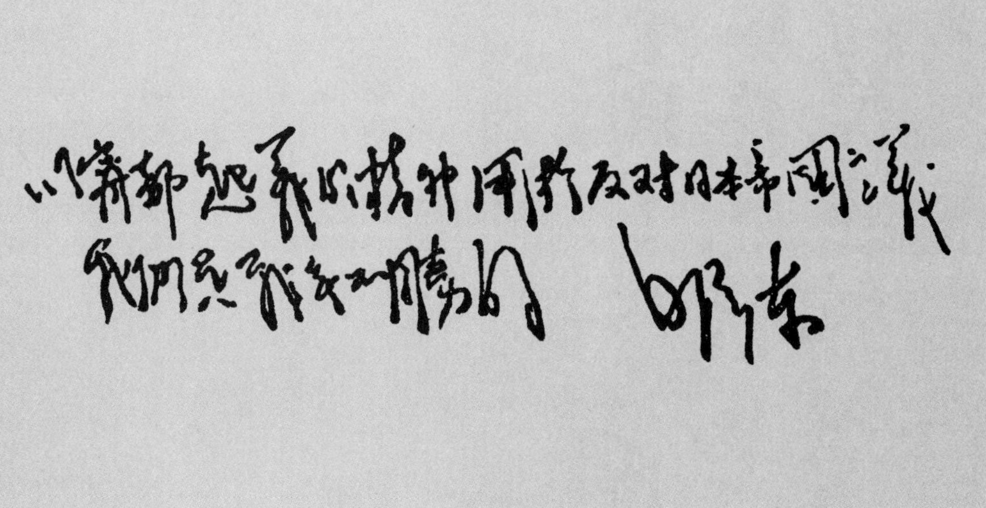

◆ 为参加宁都起义部分同志合影的题词（1938 年 12 月）

为参加宁都起义部分同志合影题词

1931 年 12 月 14 日，国民党第二十六路军被派往江西进攻红军。在中国共产党苏区中央局的指导和在该军中秘密开展工作的中共特别支部组织发动下，该路军一万余人，在江西宁都举行武装起义，加入中国工农红军，后起义部队改编为中国工农红军第五军团。

1938 年 12 月，毛泽东在延安凤凰山驻地接见参加过宁都起义的部分同志。在接见快要结束时，毛泽东提议：“一同照个相吧！”于是，就有了毛泽东、萧劲光、王稼祥与 12 位参加过宁都起义的同志的合影。毛泽东为合影题词：**“以宁都起义的精神，用于反对日本帝国主义，我们是战无不胜的”**，落款：**“毛泽东”**。

此题词刊载于 1950 年 7 月 1 日的《人民日报》上。

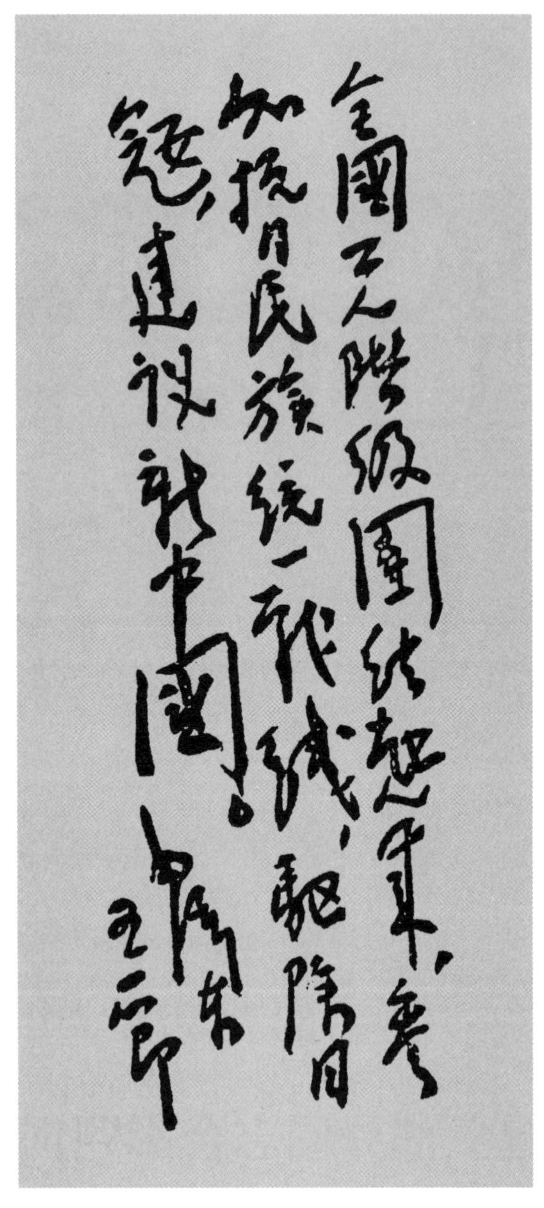

◆ 为纪念五一国际劳动节的题词（1938 年 4 月底）

为纪念五一国际劳动节题词

1938 年五一前夕，为纪念五一国际劳动节，毛泽东特题词：“**全国工人阶级团结起来，参加抗日民族统一战线，驱除日寇，建设新中国。**”落款：“**毛泽东五一节**”。

此题词发表在 1938 年 4 月 30 日的《新中华报》“五一专刊”上。

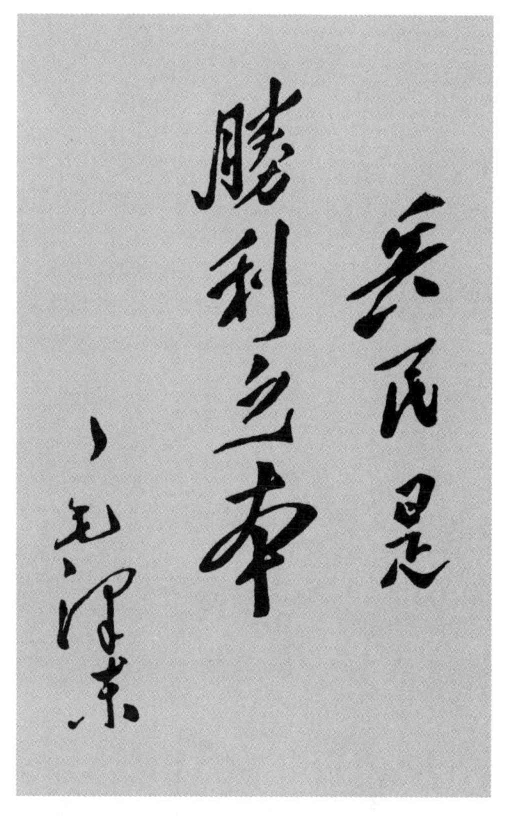

◆ 题写"兵民是胜利之本"（1938 年 5 月）

题写"兵民是胜利之本"

1938 年 5 月 26 日至 6 月 3 日，毛泽东在延安抗日战争研究会发表的演讲《论持久战》中，专以**"兵民是胜利之本"**为标题，论述了全面抗战、全民抗战的观点。他说："武器是战争的重要的因素，但不是决定的因素，决定的因素是人不是物"，"战争的伟力之最深厚的根源，存在于民众之中。"（见《毛泽东选集》第二卷，人民出版社 1991 年 6 月版，第 469—511 页）他认为只要动员了全国老百姓，就会造成陷敌于灭顶之灾的汪洋大海，造成弥补武器不足等缺陷的补救条件，创造克服一切战争困难的前提。

"兵民是胜利之本"既是"人民群众是真正的铜墙铁壁"这一思想的重要发挥，又是"人民战争胜利万岁""全民皆兵""军民团结如一人，试看天下谁能敌"等口号的来源。

"兵民是胜利之本"出自毛泽东的《论持久战》，其含义是军队和民众的团结和进步，是战胜敌人的最根本因素。

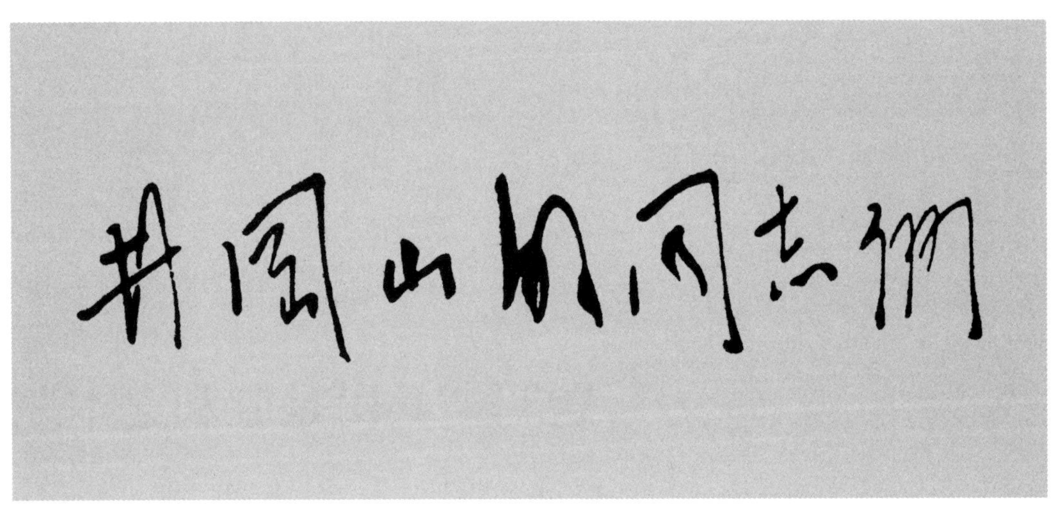

◆ 为参加过井冈山革命斗争的同志合影的题字（1938 年 8 月）

为参加过井冈山革命斗争的同志合影题字

井冈山革命根据地是毛泽东亲自领导创建的第一个农村革命根据地。

1938 年 8 月，参加过井冈山革命斗争的部分同志来到延安凤凰山驻地看望毛泽东。毛泽东与参加过井冈山革命斗争的部分战友一起合影留念。毛泽东兴致勃勃地在照片上亲笔题写了**“井冈山的同志们”**七个大字。

此题词刊载在 1949 年 7 月 1 日的《人民日报》上。

为“战地文化资料展览会”题词

1938 年 5 月的一天，毛泽东叫来刘白羽说：“现在有一个美国人，名字叫卡尔逊，他要到华北各游击区去看看，你陪他一同去转一转，好不好？”刘白羽高兴地说：“主席！我非常愿意去。”毛泽东又说：“你组织几个人，里面要有一个能讲英文的，给他作翻译。你们的任务，就是陪他完成华北之行。”毛泽东还为他们组成的团队取了一个名字叫“延安抗日文艺工作团”。卡尔逊与刘白羽动身前往敌后之际，毛泽东为卡尔逊写了一张路条：“现有一文艺工作团五人与先生同行。”（见《光明日报》2021 年 6 月 20 日第 8 版）

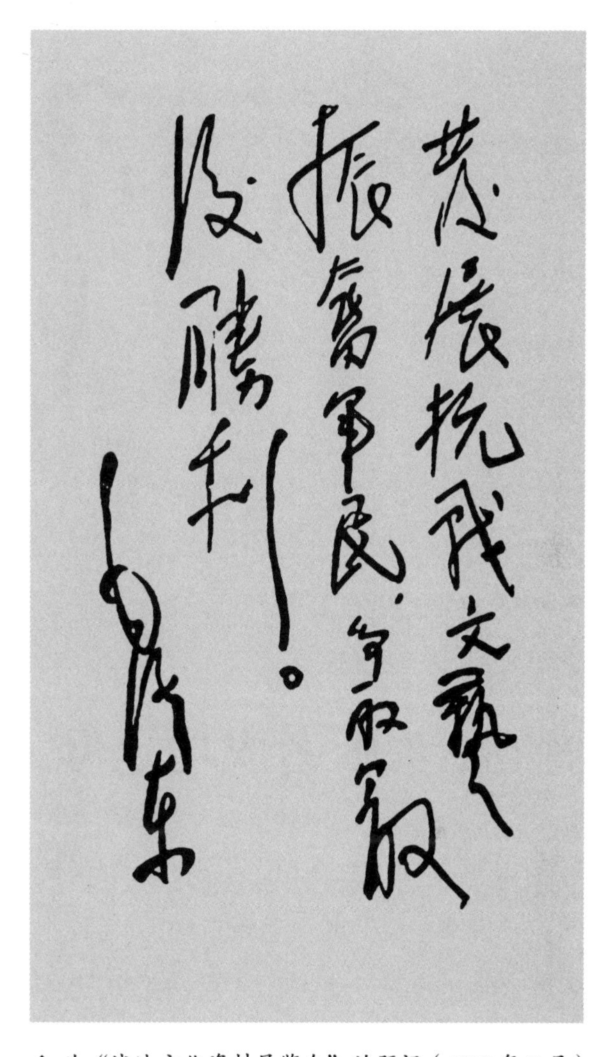

◆ 为“战地文化资料展览会”的题词（1938 年 8 月）

1938 年 8 月 21 日，刘白羽把从敌后带回的丰富资料加以整理，举办了一个“战地文化资料展览会”。当时《新中华报》进行了报道：“抗战文艺工作团第一组，带回了许多宝贵的材料，把敌人后方的游击战争及人民抗敌情绪及艰苦斗争等等，均摄入照片中，并有游击区域的各种书籍、报纸、刊物带来延安，于 21 日起，在文协正式展览，每天前往参观者不下四五百人。”这次展览一连展出 7 天，产生了很大的影响。毛泽东参观展览后题词：**“发展抗战文艺，振奋军民，争取最后胜利。”**落款：**“毛泽东”**。

此题词刊载在 1939 年 5 月出版的《文艺突击》第 1 卷第 1 期上。

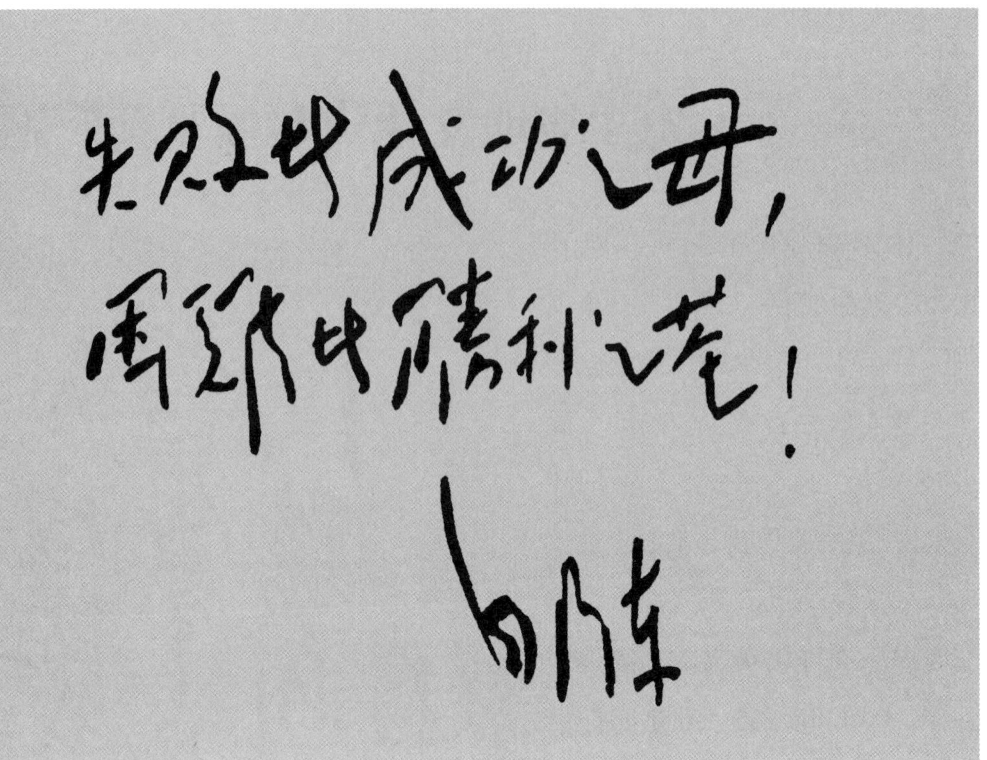

◆ 为抗战的题词（1938 年）

题写“失败者成功之母，困难者胜利之基！”

1937 年 10 月 25 日，毛泽东接受英国记者贝特兰采访。当贝特兰问到“如何克服投降主义”时，毛泽东说：“言论上指出投降主义的危险，行动上组织人民群众制止投降运动。投降主义根源于民族失败主义，即民族悲观主义，这种悲观主义认为中国在打了败仗之后再也无力抗日。不知失败正是成功之母，从失败经验中取得了教训，即是将来胜利的基础。悲观主义只看见抗战中的失败，不看见抗战中的成绩，尤其不看见失败中已经包含了胜利的因素，而敌人则在胜利中包含了失败的因素。我们应当向人民群众指出战争的胜利前途，使他们明白失败和困难的暂时性，只要百折不回地奋斗下去，最后的胜利必属于我们。”（见《毛泽东选集》第二卷，人民出版社 1991 年 6 月版，第 382 页）

1938 年，毛泽东题词：**“失败者成功之母，困难者胜利之基！”**落款：**“毛泽东”**。这个题词就是对上述这段话精神实质的高度概括，也是为鼓舞全国军民夺取抗战胜利而作。

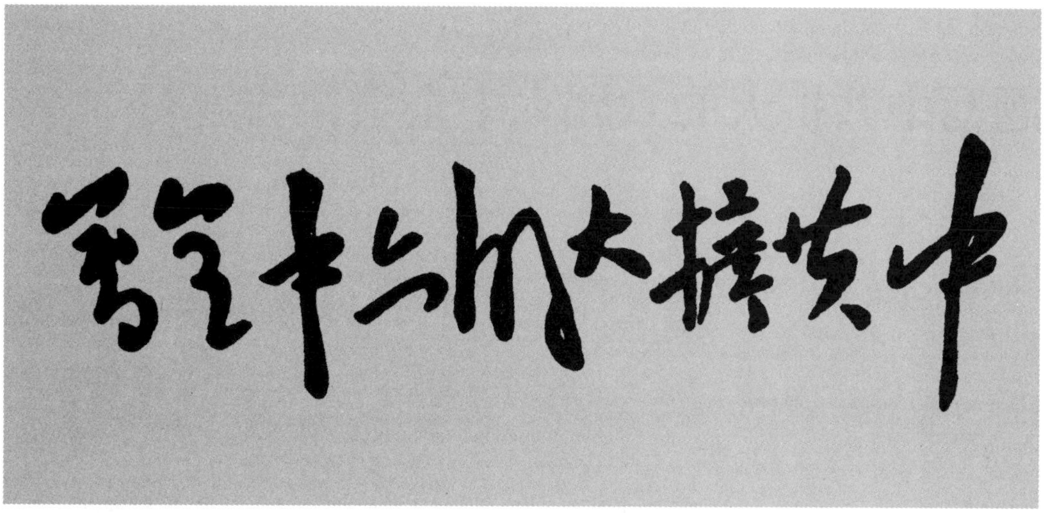

◆ 为六中全会的题字（1938 年 10 月）

题写“中共扩大的六中全会”

中共扩大的六届六中全会，于 1938 年 9 月 29 日至 11 月 6 日在延安桥儿沟召开。这次全会正确地分析了抗日战争的形势，规定了党在抗战新阶段的任务，为实现党对抗日战争的领导进行了全面的战略规划，基本上纠正了王明的右倾错误，进一步巩固了毛泽东在全党的领导地位，统一了全党的思想和步调，推动了各项工作的迅速发展。

1938 年 10 月，毛泽东在会议登记册上题写了“**中共扩大的六中全会**”九个大字。

题写中共扩大的六届六中全会报告题目

1938 年 9 月 29 日至 11 月 6 日，中共扩大的六届六中全会在延安桥儿沟召开。在中共党史上，这次大会有四大特点：一是会期长，共 39 天；二是参加会议的领导干部多，有中央委员和候补中央委员 17 人，中央各部门和各地区负责人 39 人，是党的六大以来出席人数最多的一次中央全会；三是大会第一次提出“马克思主义中国化”的命题；四是在会上作报告、发言的代表共 17 人，几乎占与会者的三分之一。

10 月 12 日至 14 日，毛泽东代表中央政治局向全会作了题为《论新阶段》的政治报告。之前，毛泽东手书了这篇报告的题目：**“论新阶段”**及副标题：**“抗日民族战争与抗日民族统一战线发展的新阶段”**，落款：**“一九三八年十月十二日至十四日在中共扩大的六中全会的报告　毛泽东”**。

此题词刊载在 1938 年 12 月 8 日的《新中华报》上。

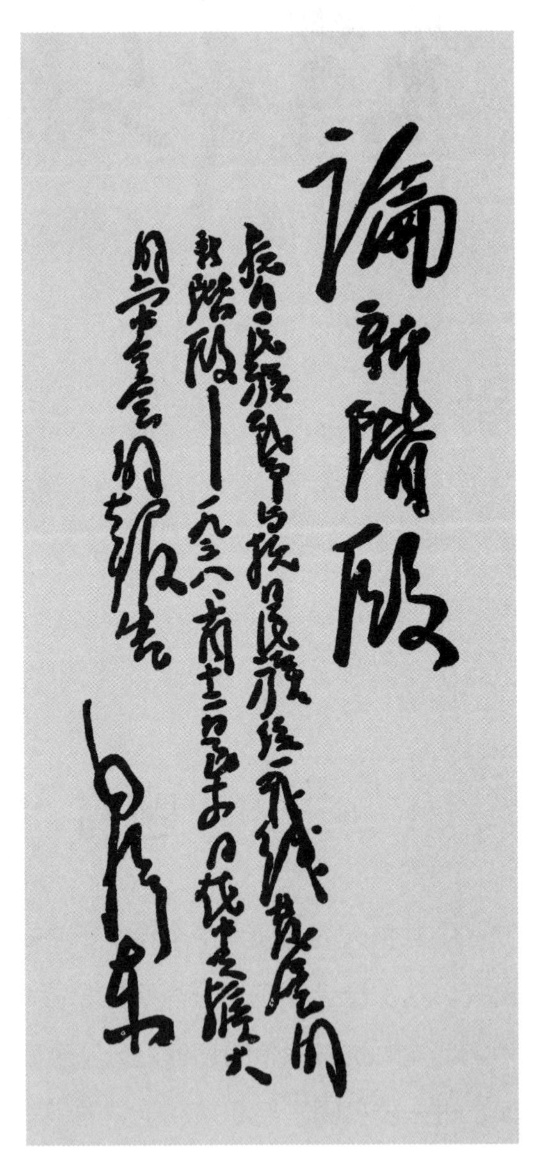

◆ 题写中共扩大的六届六中全会报告的题目（1938 年 10 月）

为西北青年救国联合会第二次代表大会题词

1936 年 11 月，中共中央决定中国共产主义青年团中央建立西北青年救国联合会筹备会。1937 年 4 月 12 日至 17 日，西北青年救国联合会第一次代表大会在延安召开，共计 312 人出席了大会。大会决定正式建立“西北青年救国联合会”，并选举产生了由 55 人组成的西北青救会执委会。

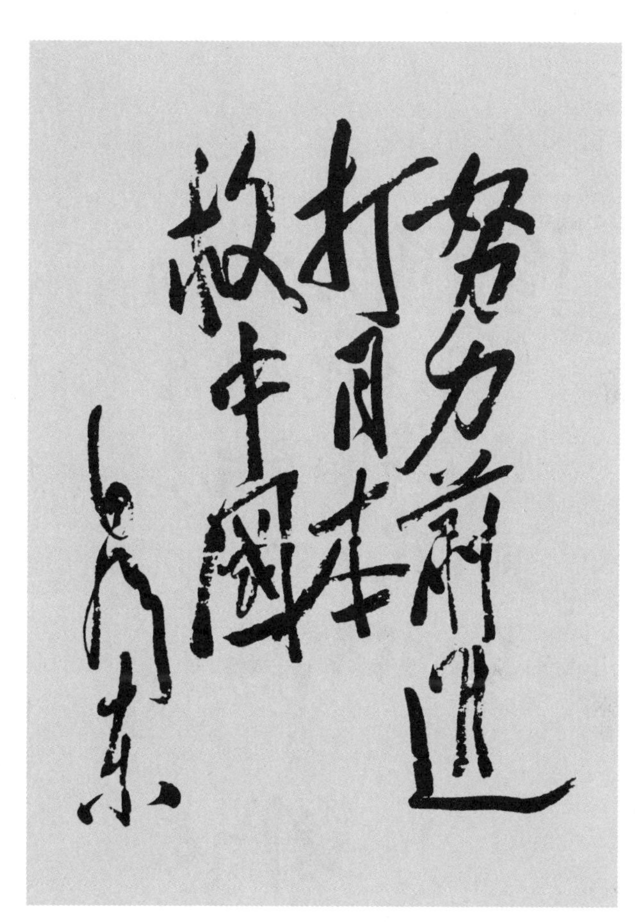

◆ 为西北青年救国联合会第二次代表大会的题词（1938 年 11 月）

1938 年 11 月，为纪念西北青年救国联合会成立一周年，毛泽东专门题词：“青年是抗日战争的生力军，目前青年团体的任务是团结全国一切阶层的青年男女，大批地走上抗日战争的战场去，充实正规军的战斗力，发展广泛的游击战争。在后方的青年人，也是一切为着战争的胜利而工作。中国的解放主要依靠青年人。”

1938 年 10 月 10 日至 11 月 21 日，西北青年救国联合会在延安召开了第二次代表大会。毛泽东于 11 月又一次为西北青年救国联合会题词：**“努力前进，打日本，救中国”**，落款：**“毛泽东”**。

该题词发表在 1965 年 8 月 28 日的《解放军报》上。

题写“抗战宣言”

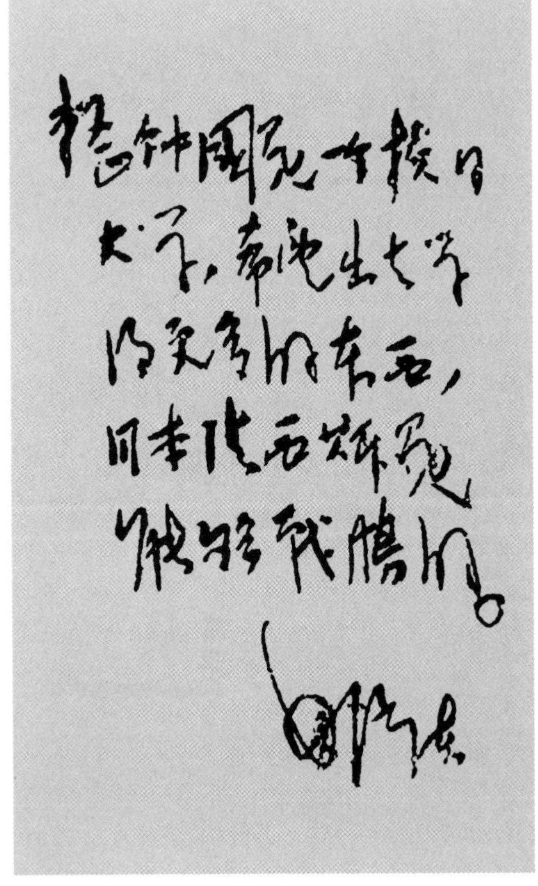

整个中国是一个抗日大学，希望出去学得更多的东西，日本法西斯是能够战胜的。

毛泽东

◆ 题写“抗战宣言”（1938 年至 1939 年间）

根据对毛泽东书法特点比照分析，此墨迹写于 1938 年至 1939 年间，是毛泽东为抗大学员或老师题写的“抗战宣言”，即：**“整个中国是一个抗日大学，希望出去学得更多的东西，日本法西斯是能够战胜的。”**落款：**“毛泽东”**。有关“抗战宣言”墨迹极其罕见。

“抗战宣言”短短 33 个字，既包含了毛泽东对中国时局的准确分析，又体现了毛泽东对打败日本法西斯充满信心。“抗日大学”，这里指全中国有抗战的地方，就是抗日大学；“出去学得更多的东西”，则是毛泽东希望在实践中学习，只有理论与实践结合，才能学到真知的知识；“日本法西斯是能够战胜的”，表明胜利属于中国的乐观态度，这正是毛泽东对抗日战争的准确预判。

为陕甘宁边区工业展览会题词

1939 年，由中共中央提议、陕甘宁边区政府建设厅等机关共同筹备的陕甘宁边区规模最大的一次工业展览会，在鲁迅艺术学院大礼堂举办，受到延安各界群众的热烈欢迎。

5 月 1 日下午，陕甘宁边区工业展览会举行开幕典礼。毛泽东亲自来到会场，作了重要讲话，在李富春、张浩、高自立、刘景范、王明等中央和边区领导同志的陪同下，饶有兴致地参观了工业展品。参展产品近千种，分为原料、成品、机械、模型等部分，包括机床、石油、煤、盐、化工原料、织布机、弹花机、棉布、农具、各种日用品及轻工产品等，充分展现了全边区的工业建设新面貌。

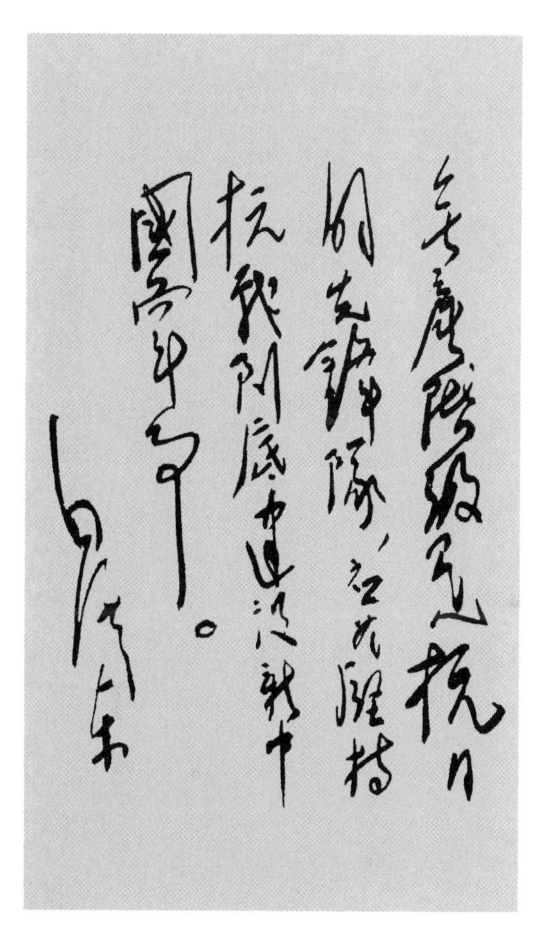

◆ 为陕甘宁边区工业展览会的题词（1939 年 5 月 1 日）

展览大厅四周挂满了各方送来的贺词，正中的一块红色横幅上是中共中央的贺词“劳动创造一切”几个大字。毛泽东的贺词是：**“无产阶级是抗日的先锋队，应为坚持抗战到底建设新中国而斗争。”**落款：**“毛泽东”**。

1939 年 5 月 13 日，《新中华报》对陕甘宁边区工业展览会情况进行了报道。

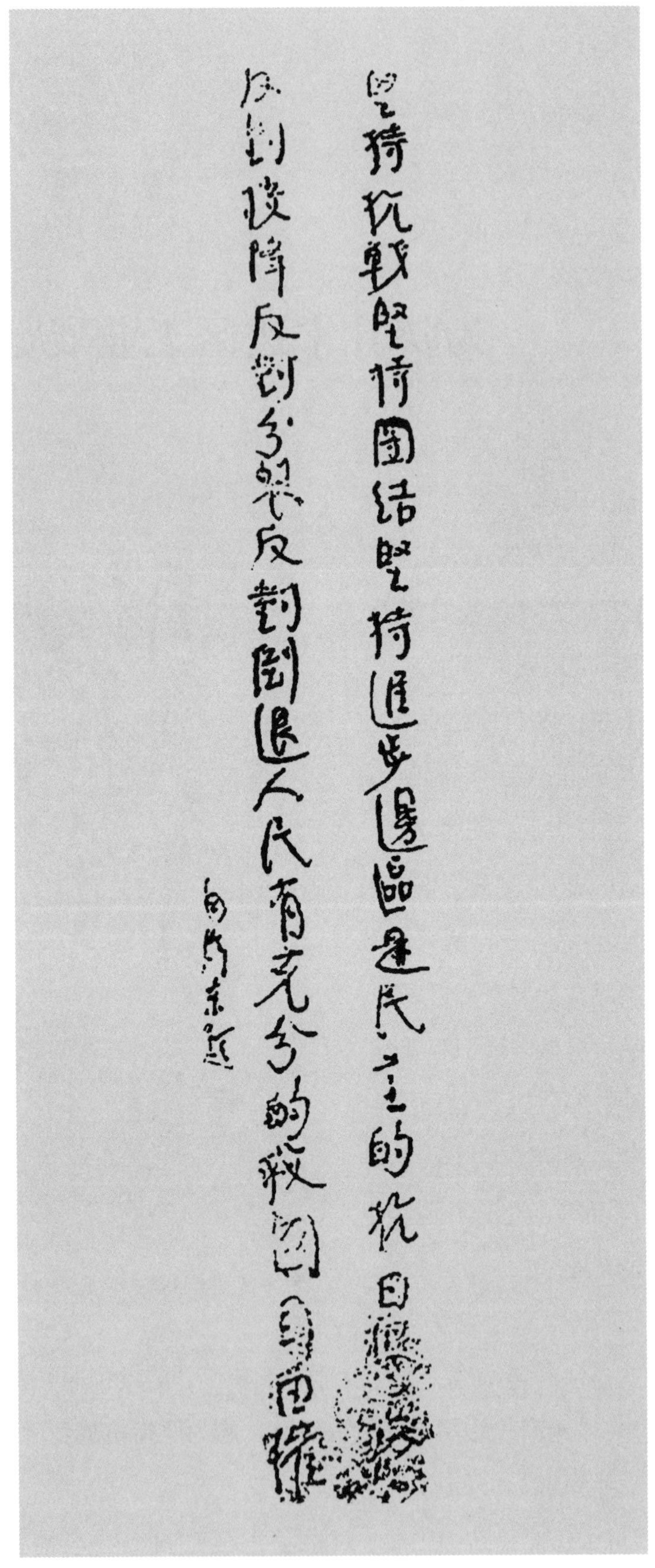

◆ 为“延安新市场”石门牌匾的题词（1939 年 7 月郭化若的墨迹）

为“延安新市场”石门牌匾题词

1939 年 7 月，为躲避日本飞机轰炸，陕甘宁边区政府在延安城南郊一条沟里依山建起的新市场正式开业，后来人们习惯称之为“市场沟”。此前，边区政府负责经济工作的同志请毛泽东给新市场门楼题词。毛泽东专门起草了一副楹联：**“坚持抗战，坚持团结，坚持进步，边区是民主的抗日根据地；反对投降，反对分裂，反对倒退，人民有充分的救国自由权。”**将中国共产党“七七”宣言提出的三大政治口号嵌入其中。当时毛泽东很忙，便推荐郭化若书写，题词落款为**“毛泽东题”**。

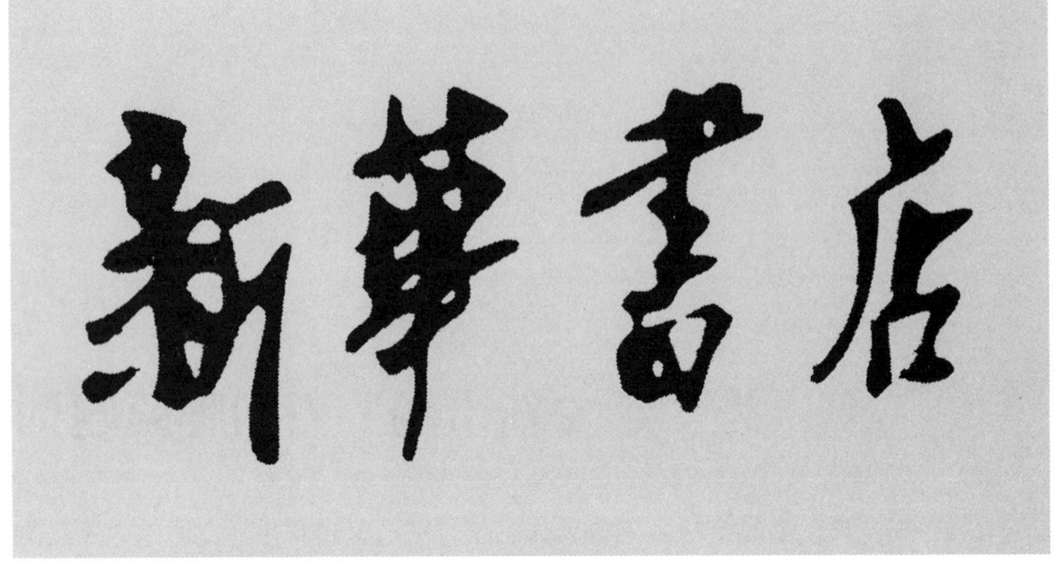

◆ 为新华书店题名（1939 年 9 月）

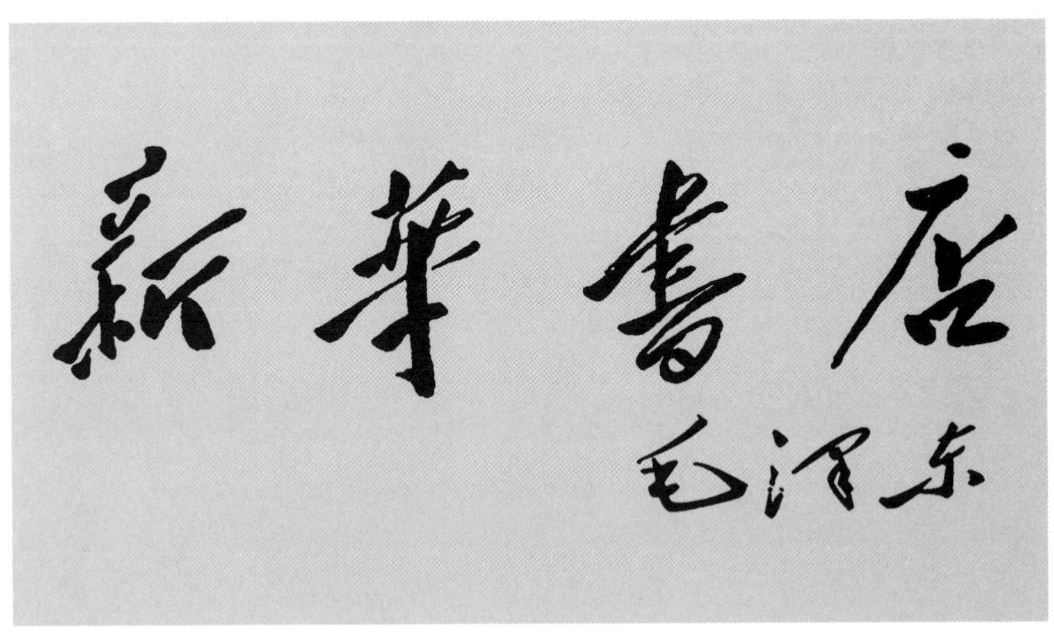

◆ 为新华书店题名（1948 年 12 月）

为新华书店题名

1937 年 4 月 24 日,《解放》周刊创刊，在延安新华书局发行。10 月，延安新华书局更名为延安新华书店，新华书店店址设在延安清凉山，成为当时中国共产党书报刊的唯一发行机构，承担了《解放》周刊的发行任务。

1937 年 10 月，新华书店在延安清凉山窑洞对外营业后，毛泽东曾多次到书店视察。

1939 年 9 月 1 日，新华书店的第一个门市部在延安凤凰山麓的平房里正式开业。毛泽东得知新华书店在新的地点开业的消息后，高兴地说道：“好呀！这是人民群众政治生活中的一件大事，是党的大事，是国家的大事。”说完，乘兴挥毫为门市部题写了**“新华书店”**4 个大字，并派秘书送到新华书店，作为书店招牌悬挂在书店的门额上。

1946 年初，为了迎接全国可能出现的和平局面，以适应新形势的需要，许元祯请毛泽东为新华书店总店题写店牌。毛泽东题写了**“新华书店总店”**6 个大字。

1948 年 12 月，在西柏坡，毛泽东第三次为新华书店题写店牌**“新华书店”**。

1949 年春天，中央宣传部发出通知，要求当年 7 月 1 日起，全国新华书店统一启用毛泽东在西柏坡题写的店名，同时把毛泽东题字的复制件下发至各总、分店。至此，全国各地新华书店店牌都是以毛泽东第三次题写的“新华书店”为准，并沿用至今。

为延安世界语展览会题词

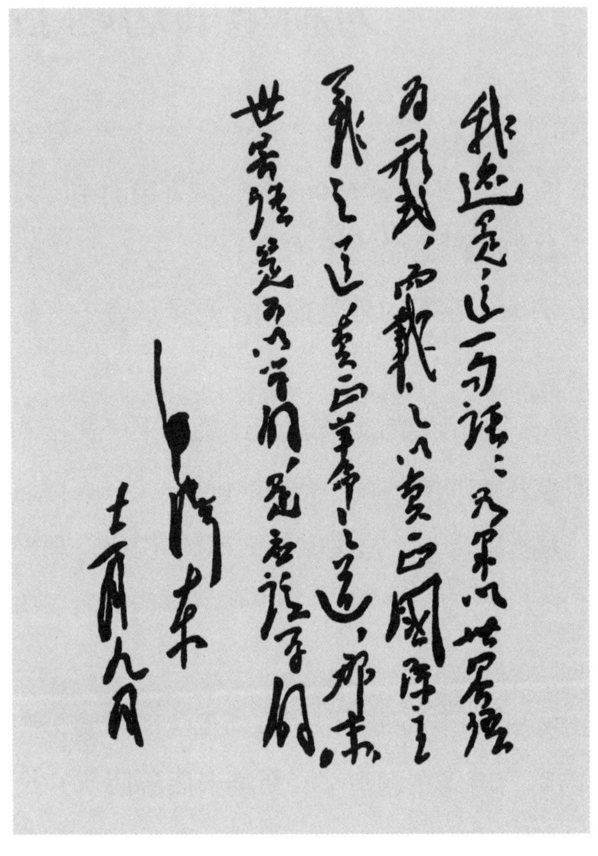
我还是这一句话：如果以世界语为形式，而载之以真正国际主义之道，真正革命之道，那末，世界语是可以学的，是应该学的。
毛泽东
十二月九日

◆ 为延安世界语展览会的题词（1939 年 12 月 9 日）

在延安时期，掀起了一股学习外语的热潮，许多人学习俄语、日语和世界语。延安世界语协会于 1938 年 5 月 6 日宣告成立，是陕甘宁边区文化界救亡协会，即“边区文协”下属的一个文艺团体，也是红色中国的第一个世界语组织。

1939 年 12 月 9 日，毛泽东收到延安世界语协会的同志给他的一封信函。信中向他汇报了延安世界语协会所开展的工作和即将在 12 月 15 日举办的世界语展览会的筹备情况，并希望主席能为展览会题词。

毛泽东对延安世界语协会开展的进步活动及所要举办的世界语展览会表示出极大的热情和支持，并亲笔为延安世界语协会题词：**“我还是这一句话：如果以世界语为形式，而载之以真正国际主义之道，真正革命之道，那末，世界语是可以学的，是应该学的。”**落款：**“毛泽东　十二月九日”**。

1939 年 12 月 15 日，延安世界语协会在延安杨家岭举办世界语展览会。展览会展示了世界语在国际宣传和文化交流中的价值，使人们认识到世界语在对外宣传和文化交流中能发挥相当大的作用。

会上展出了毛泽东、张闻天、王明等为展览会的题词。毛泽东的题词格外醒目，字迹潇洒飘逸，苍劲有力，一气呵成，令观者赞叹。

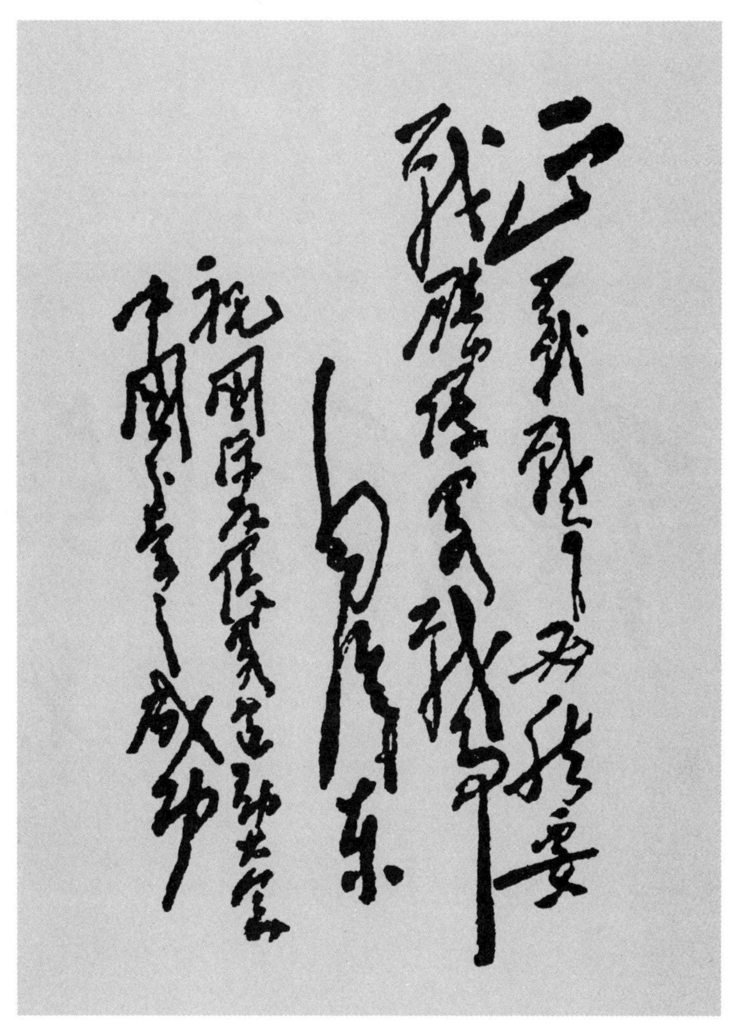

◆ 为国际反侵略运动大会中国分会成立两周年的题词（1940 年 1 月）

为国际反侵略运动大会中国分会成立两周年题词

1938 年 1 月 23 日，国际反侵略运动大会中国分会在武汉汉口召开成立大会，各界人士共千余人到会，推定于右任、邵力子、王亚明、沈钧儒等三十人为主席团，并推举陈铭枢为总主席。

1940 年 1 月，毛泽东为纪念国际反侵略运动大会中国分会成立两周年题词：**“正义战争必然要战胜侵略战争”**，一个少见的落款：**“毛泽东　祝国际反侵略运动大会中国分会之成功”**。

此题词刊载在 1940 年 1 月 23 日的《新华日报》上。

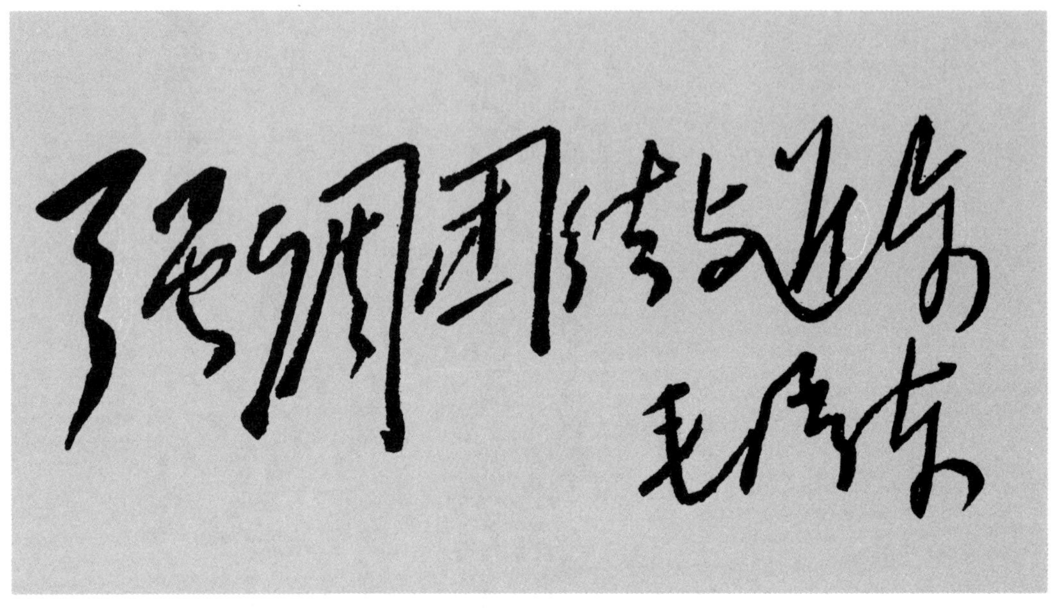

◆ 为一篇文章《强调团结与进步》题写的题目（1940 年 2 月）

为《强调团结与进步》题写题目

为纪念《新中华报》改版一周年，毛泽东特撰写了一篇文章，题为《强调团结与进步》。文中指出："抗战、团结、进步，这是共产党在去年'七七'纪念时提出的三大方针。这是三位一体的方针，三者不可缺一。"1940 年 2 月初，毛泽东为该篇文章题写题目：**"强调团结与进步"**，落款：**"毛泽东"**。

此题目刊载在 1940 年 2 月 7 日的《新中华报》第一版上。

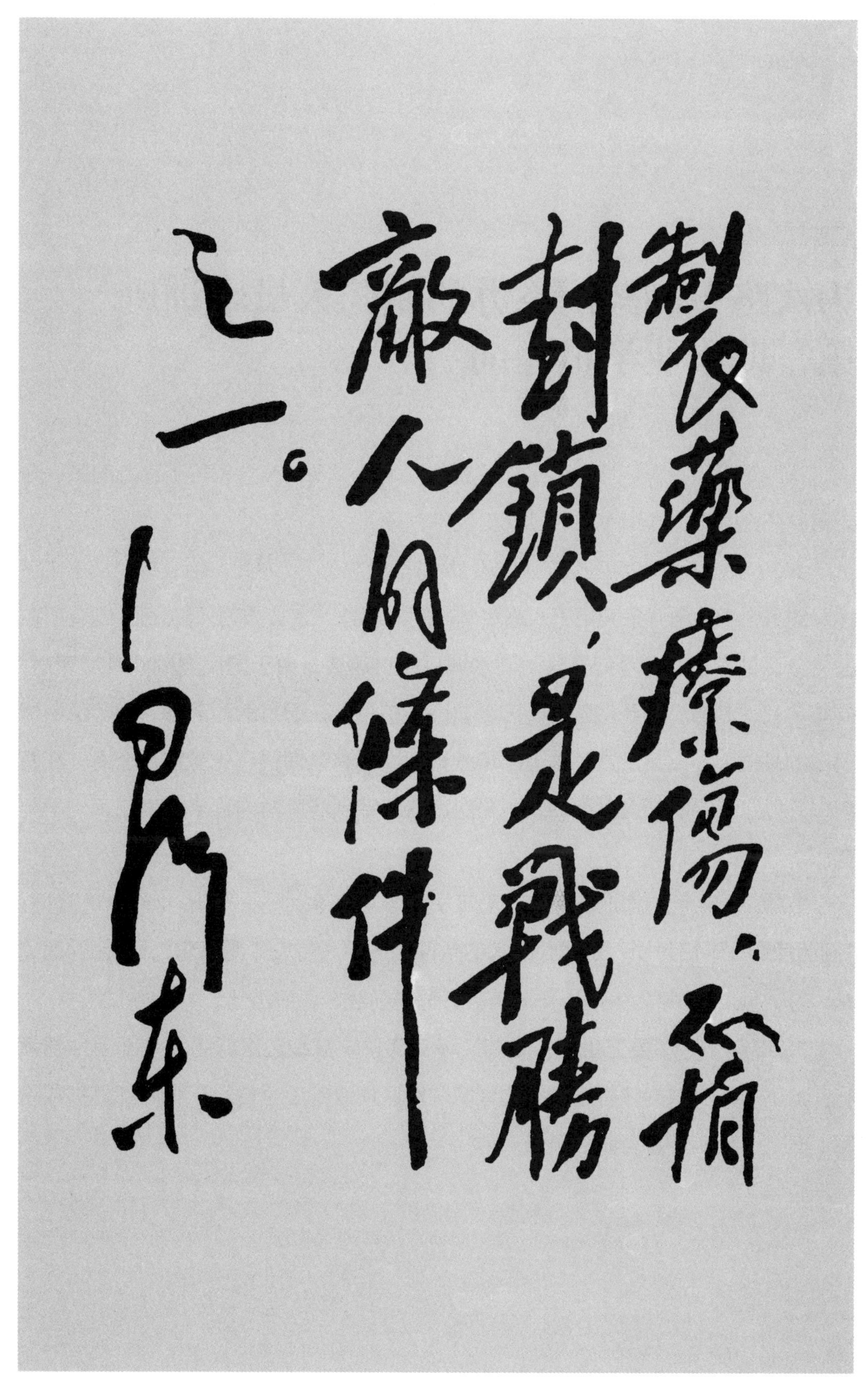

◆ 为八路军制药厂举办的制药人员培训班第一期毕业学员的题词（1940 年 5 月）

为八路军制药厂举办的制药人员培训班第一期毕业学员题词

八路军卫生材料厂（亦称八路军制药厂）是中国共产党领导下创办的第一个公营制药企业，由八路军总后勤部卫生部领导。

1938 年，中央军委后勤部决定设立八路军制药厂。为此，中央专门从宋庆龄援助的资金中抽出五千元用于八路军制药厂的筹建，1939 年 1 月 1 日，制药厂在关中分区的赤水县（今旬邑县）清水塬吕家村建成。由于国民党频繁制造摩擦，同年 7 月，制药厂迁至安塞县砖窑湾镇西河口村，在原有的西药部、中药部和材料部的基础上，又新设置了制造部和教育部，还有管理科、化验室及仓库。在西河口开办了三期制药人员培训班。当时，八路军制药厂对内称十八集团军化学制药厂。

1940 年 5 月，培训班第一期学员毕业，毛泽东为这一期毕业班学员题词：**“制药疗伤，不怕封锁，是战胜敌人的条件之一。”**落款：**“毛泽东”**。朱德的题词是：“加强团结，努力生产，多造药品，输送前线，医好战士，打大胜仗”。

1943 年初，军委卫生部将制药厂移交陕甘宁晋绥边区联防司令部卫生部领导。此时，厂名改为陕甘宁晋绥边区联防军区司令部卫生材料厂，内部仍称八路军制药厂。制药厂迁至姚店子张二村。

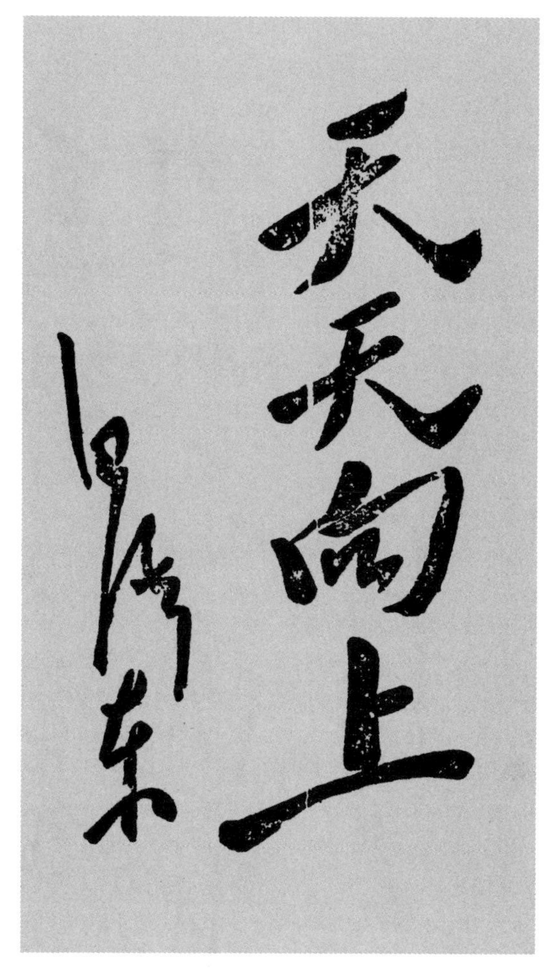

◆ 为儿童节的首次题词（1940 年 4 月 4 日）

为儿童节首次题词

四四儿童节是 1931 年 3 月 7 日中华慈幼协会确立的儿童节。从 1932 年开始，每年的 4 月 4 日，各幼稚园、小学等教育机关，以及校长、教师、父母开始开展各类活动，庆祝四四儿童节。1940 年 4 月 4 日，毛泽东参加了延安庆祝四四儿童节大会，首次为儿童节题词：**“天天向上”**，落款：**“毛泽东”**。

据当年在延安中央青工委工作的史洛明回忆，1940 年 4 月 4 日儿童节过后，毛泽东为他题写了这幅字。正好当天《新中华报》的记者叶澜来采访。叶澜对史洛明说：“小鬼！把这题字交给我，这是毛主席给儿童节的最好的礼物，我要把它登在《新中华报》上。”

此题词刊登在 1940 年 4 月 12 日的《新中华报》上。

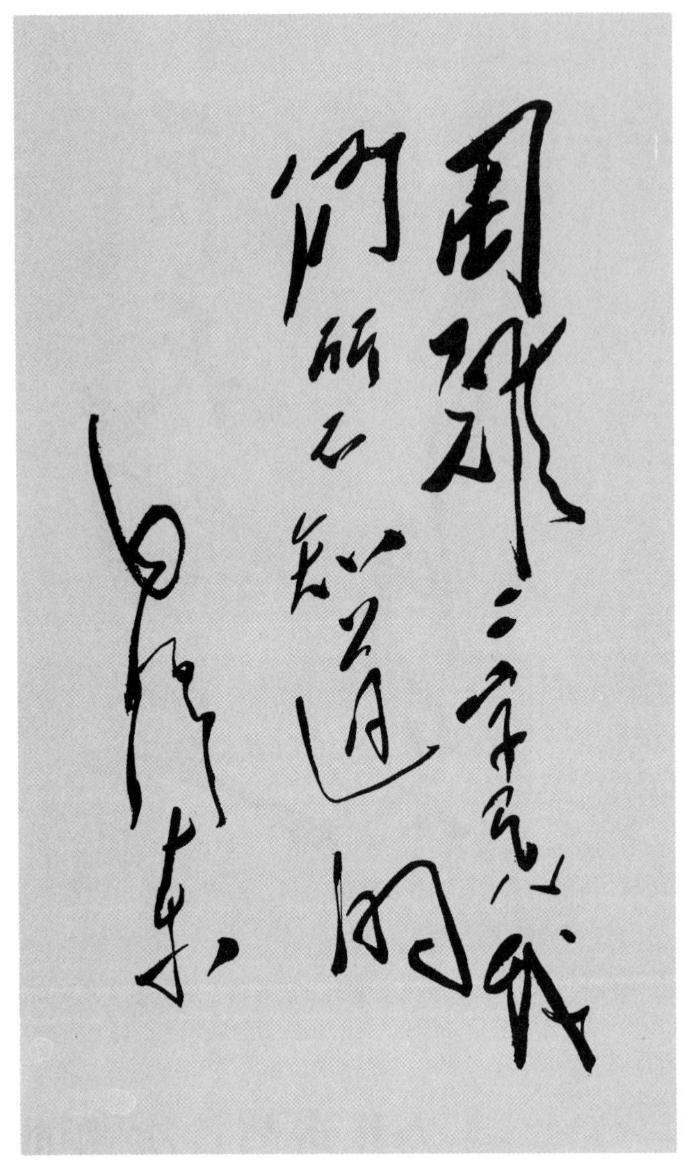

◆ 为西北青年救国联合会举办的青年运动成就展览会的题词（1940 年 5 月）

为西北青年救国联合会举办的青年运动成就展览会题词

1940 年 5 月，为纪念五四青年节，西北青年救国联合会举办“青年运动成就展览会”。武衡在中央青委副书记冯文彬引荐下，请毛泽东题词，毛泽东题写了“**困难二字是我们所不知道的**”，并签了名“**毛泽东**”。

此后，武衡一直珍藏着此题词，并将其作为自己的座右铭。

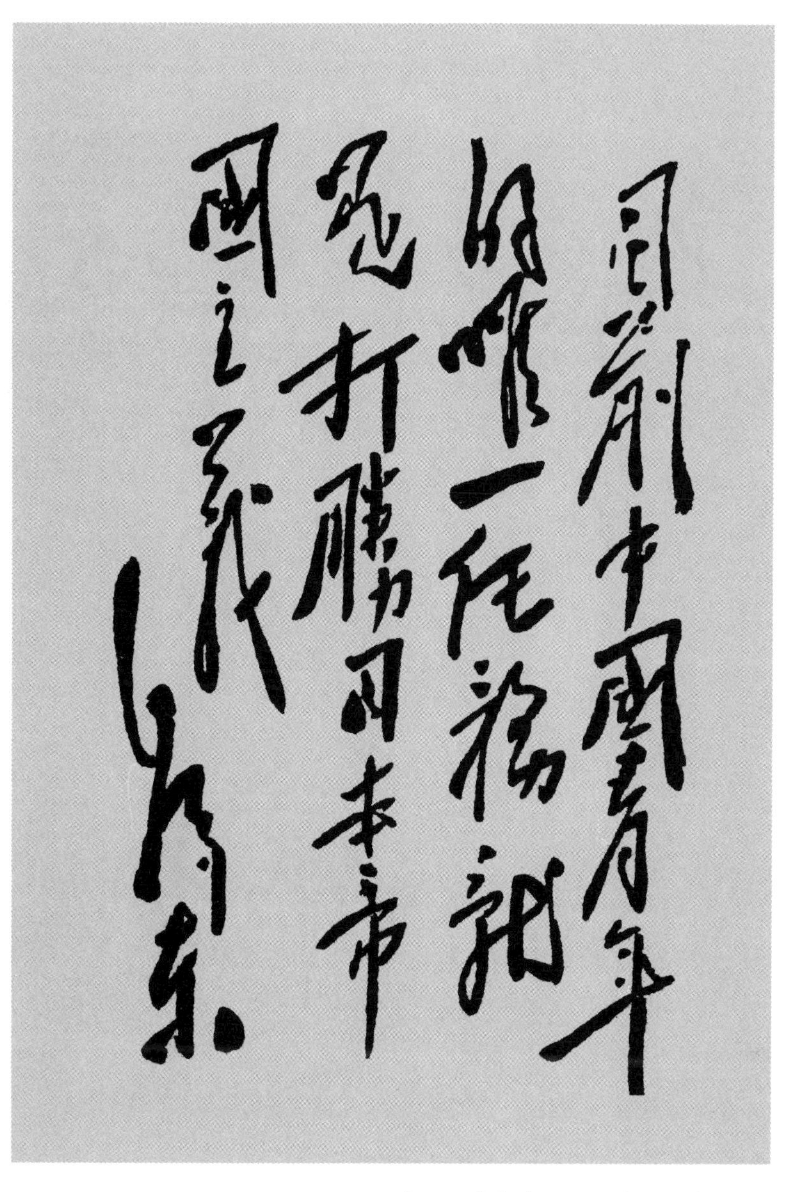

◆ 为五四青年节的题词（1940 年 5 月）

为五四青年节题词

1940 年的五四青年节到来之际，毛泽东题词“**目前中国青年的唯一任务就是打胜日本帝国主义**”，落款：“**毛泽东**”。再一次为青年指明了方向。

此题词刊载在 1940 年 5 月的《中国青年》上。

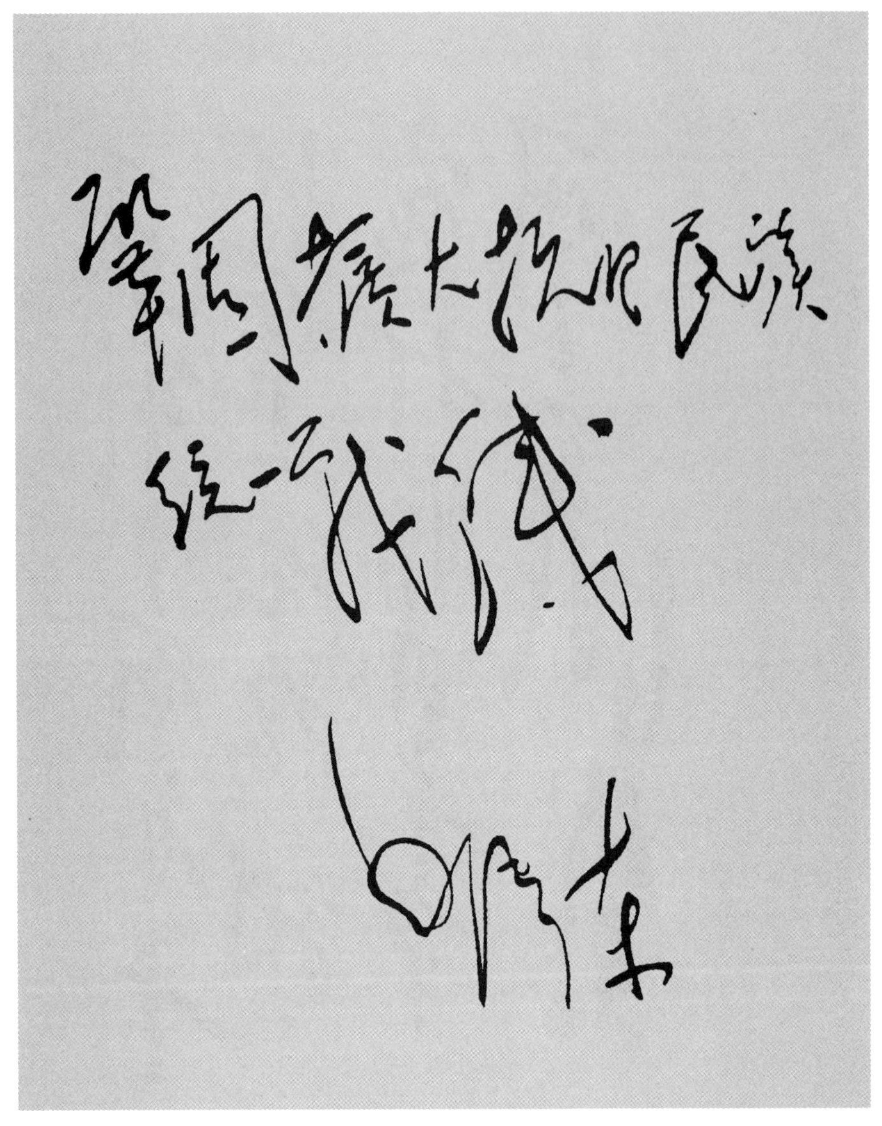

◆ 为纽约华侨衣馆联合会的题词（1940 年 7 月）

为纽约华侨衣馆联合会题词

1933 年 4 月底，纽约华侨衣馆联合会在纽约成立。该会创办宗旨是："以联络感情，集中力量，内谋维护同业之利益，外求取消限制华侨洗衣馆一切苛例"。该会在支持抗日、反对美国政府迫害华人等事件中扮演着重要角色，并创办了《美洲华侨日报》，坚持反对内战，争取和平建国。

1940 年 7 月，毛泽东为纽约华侨衣馆联合会题词：**"巩固扩大抗日民族统一战线"**，落款：**"毛泽东"**。

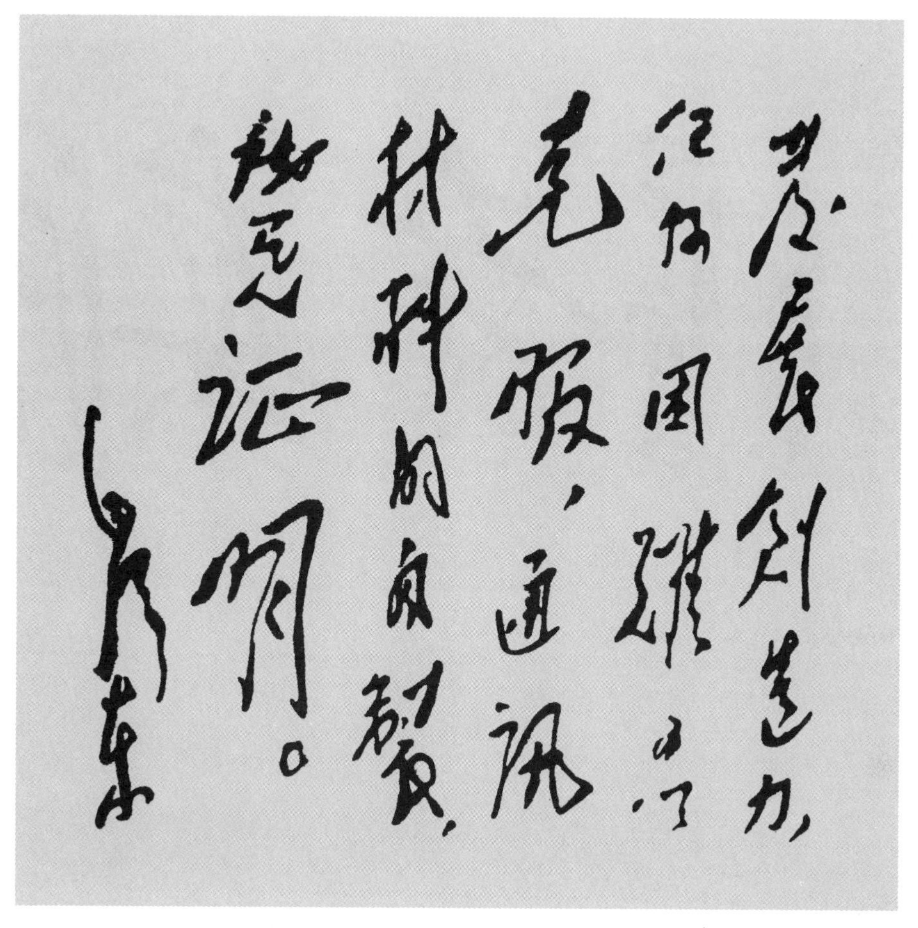

◆ 为八路军通信材料厂建立两周年的题词（1940 年 7 月 7 日）

为八路军通信材料厂建立两周年题词

1938 年 6 月，中央军委三局八路军通信材料厂正式成立，第一任厂长段子俊。1940 年 7 月，八路军通信材料厂建立两周年时，中央军委三局举办了通信器材展览会。7 月 7 日，王诤局长带着自制的无线电收发报机，前往杨家岭向毛泽东、朱德汇报并演示。就在这一天，毛泽东、朱德分别挥笔为该厂题了词。毛泽东题写了**“发展创造力，任何困难可以克服，通讯材料的自制，就是证明。”**落款：**“毛泽东”**。朱德题写了“努力进行交通战，建设自己的交通，破坏敌人的交通。”

毛泽东和朱德的题词刊载在《通信战士》第四、第五期合刊上，这本合刊是为纪念八路军通信材料厂建立两周年而出版的特刊。

后该题词又刊载在 1961 年 5 月 17 日的《中国青年报》上。

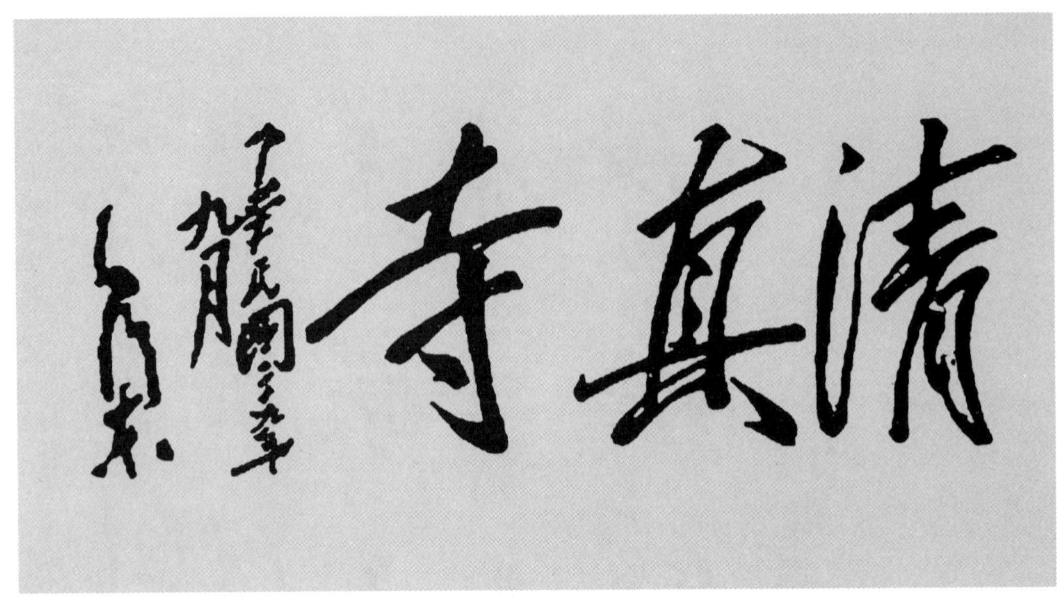

◆ 为延安“清真寺”题写的寺名（1940 年 9 月 29 日）

为延安“清真寺”题写寺名

1940 年 2 月 26 日，延安回民救国协会成立，大会通过决议，在延安建立“清真寺”。同年 3 月，经陕甘宁边区政府批准，清真寺在延安城北青年文化沟桃花岭选址动工。10 月 7 日，延安清真寺新建落成。

1940 年 9 月 29 日，毛泽东应邀为延安清真寺题写了寺名**“清真寺”**三个遒劲大字，落款：**“中华民国二十九年九月　毛泽东”**。这是毛泽东少有的为寺观庙堂的亲笔题字，是研究民族宗教政策的珍贵文献资料。

1947 年 3 月，国民党飞机轰炸延安时，清真寺也遭到破坏。

1970 年 1 月，延安革命纪念馆在清理清真寺遗址时，发现了毛泽东题写的“清真寺”石刻。石刻长 249 厘米、宽 41 厘米、厚 9 厘米。“清真寺”三个字长 37.5 厘米、宽 27 厘米。石刻现存延安革命纪念馆，被定为国家一级文物。

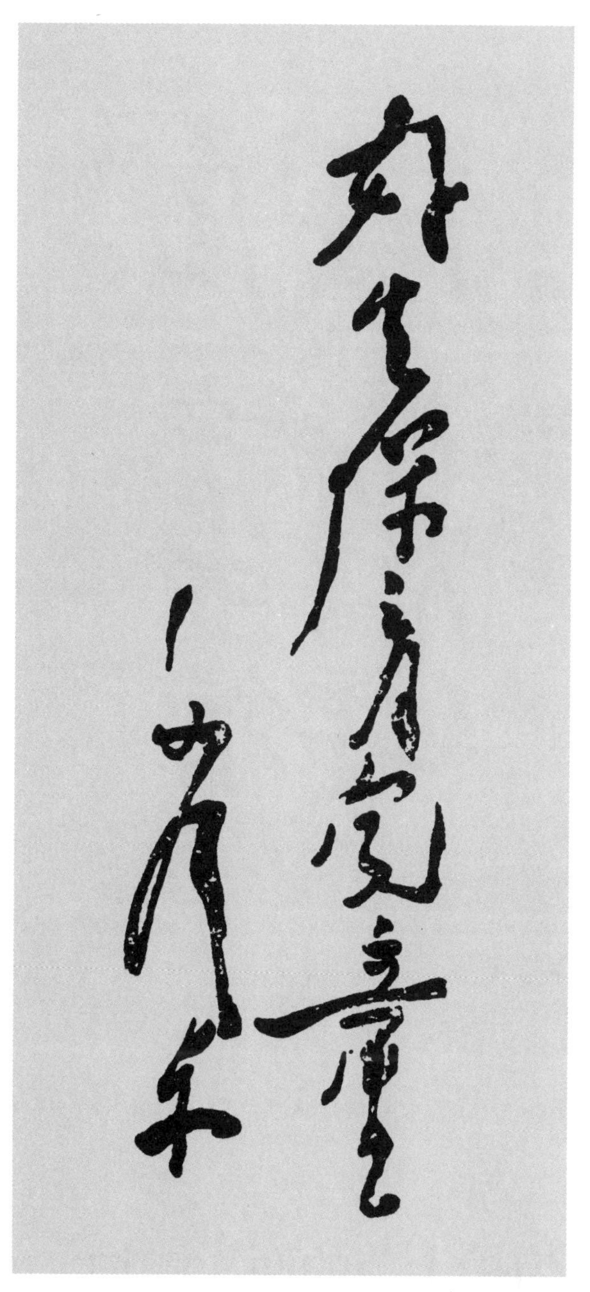

◆ 为纪念第十届儿童节的题词（1941 年 4 月 4 日）

为纪念第十届儿童节题词

1941 年 4 月 4 日，为纪念中国的第十届儿童节，毛泽东第二次为儿童节题词：**“好生保育儿童”**，落款：**“毛泽东”**。

此题词刊载于 1941 年 4 月 13 日的《新中华报》上。

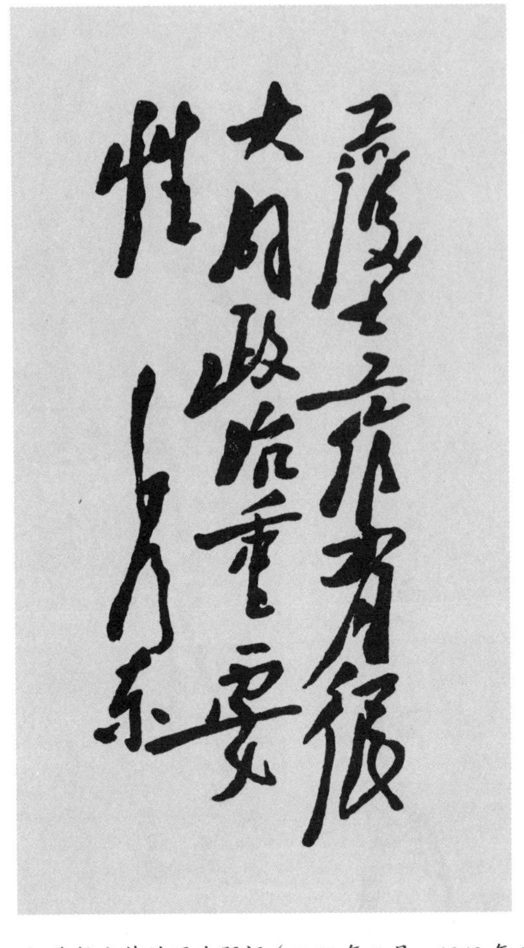

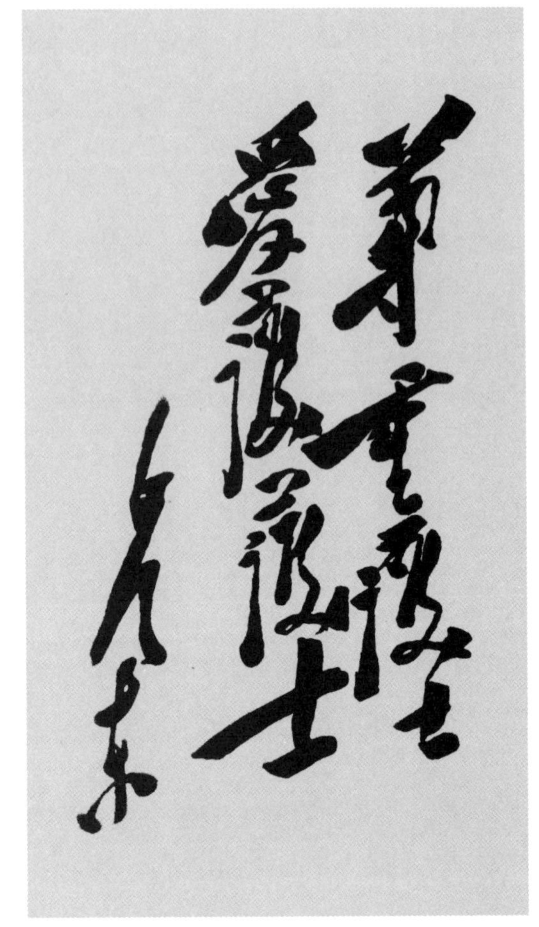

◆ 为护士节的两次题词（1941 年 5 月，1942 年 5 月）

为护士节的两次题词

1941 年 5 月，毛泽东为护士节题词：“**护士工作有很大的政治重要性**”，落款：“**毛泽东**”。

此题词刊载于 1941 年 5 月 12 日的《解放日报》上。

1942 年 5 月，毛泽东为纪念护士节第二次题词：“**尊重护士，爱护护士**”，落款：“**毛泽东**”。

此题词刊载于 1942 年 5 月 12 日的《解放日报》“护士专刊”上；1956 年 8 月 21 日《健康报》重新刊载。

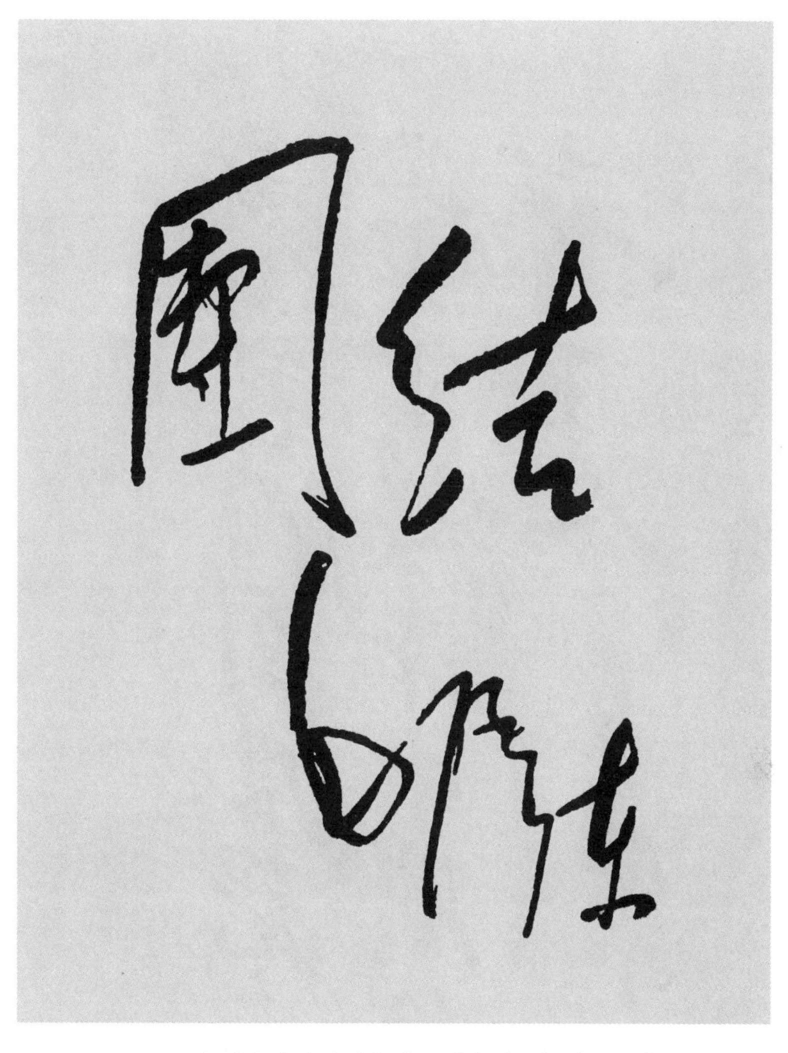

◆ 为纪念全民族抗战四周年的题词（1941 年 7 月 1 日）

为纪念全民族抗战四周年题词

1941 年震惊中外的皖南事变爆发，国民党顽固派发动的第二次反共高潮达到最高峰。为了维护、巩固抗日民族统一战线，毛泽东重申：“中国共产党的主张就是团结全国一切抗日力量打倒日本帝国主义……”

在这种背景下，毛泽东于 1941 年 7 月 1 日为纪念全民族抗战四周年题写了**“团结”**二字，落款：**“毛泽东”**。

此题词刊载于 1941 年 7 月 7 日的《新华日报》上。

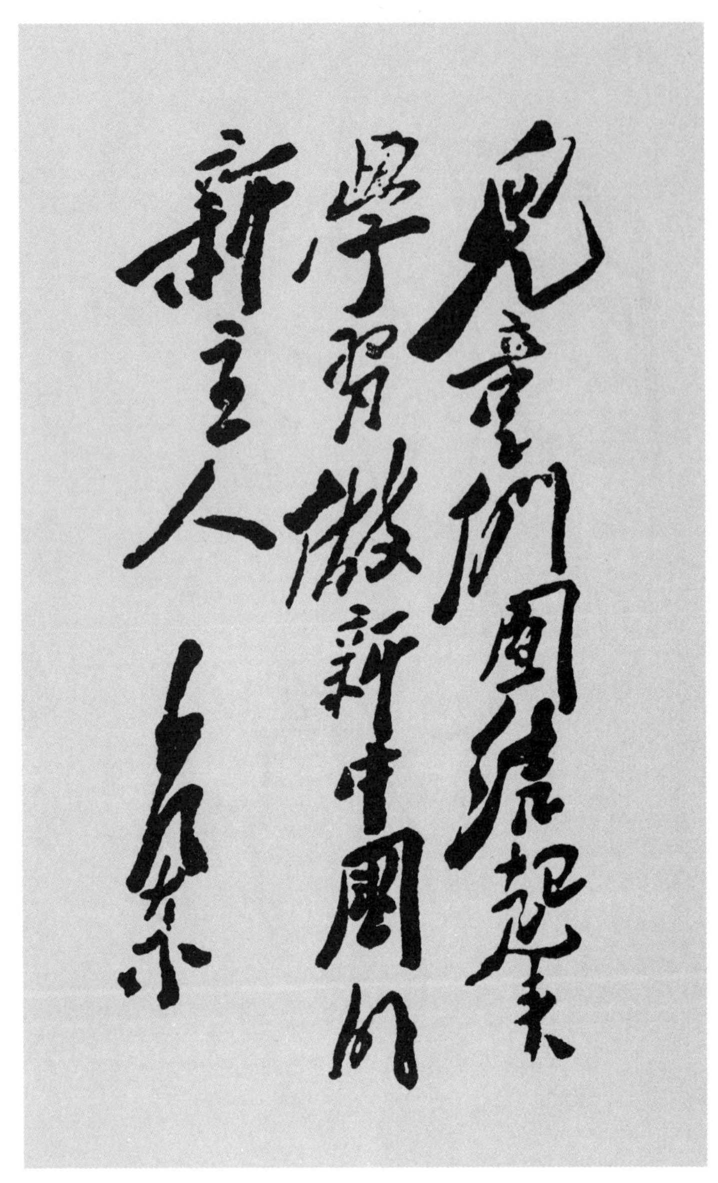

◆ 为儿童节的第三次题词（1942 年 4 月）

为儿童节第三次题词

1942 年，当一年一度的四四儿童节到来时，毛泽东又一次挥毫为儿童节题词：**“儿童们团结起来，学习做新中国的新主人”**，落款：**“毛泽东”**。

此题词发表于 1942 年 4 月 4 日的《解放日报》上；1958 年重新刊载在《辅导员》杂志第 6 期上。

为延安平剧研究院成立题词

1942 年 5 月，延安文艺座谈会召开，毛泽东三次出席大会，两次发表讲话，全面论述了中国共产党的文艺路线、方针和政策，为文艺工作指明了方向。会后，毛泽东支持文艺工作者奔赴抗日前线，深入到火热的斗争实际中去，创作反映人民群众生活的作品。

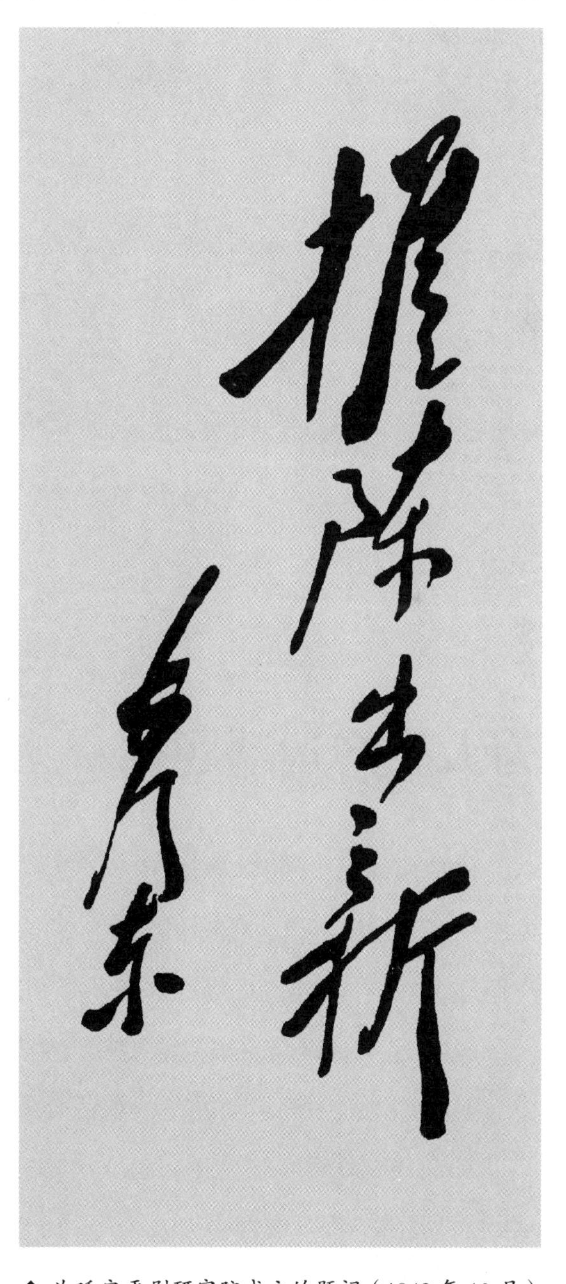

◆ 为延安平剧研究院成立的题词（1942 年 10 月）

1942 年，中共中央决定由鲁迅艺术学院的平剧团、延安业余平剧团、一二〇师战斗剧社及胶东平剧团等单位联合组建一个阵容强大的机构——延安平剧研究院。10 月 10 日，延安平剧研究院在杨家岭新落成的中央大礼堂举行成立大会。为祝贺研究院成立，毛泽东题写了**“推陈出新”**四个大字，落款**“毛泽东”**。

此题词发表在 1942 年 10 月 12 日的《解放日报》上。

1947 年 3 月，延安平剧研究院撤离延安，5 月到达河北阜平，并入华北联合大学；1949 年迁至北京，定名为中央京剧研究院。

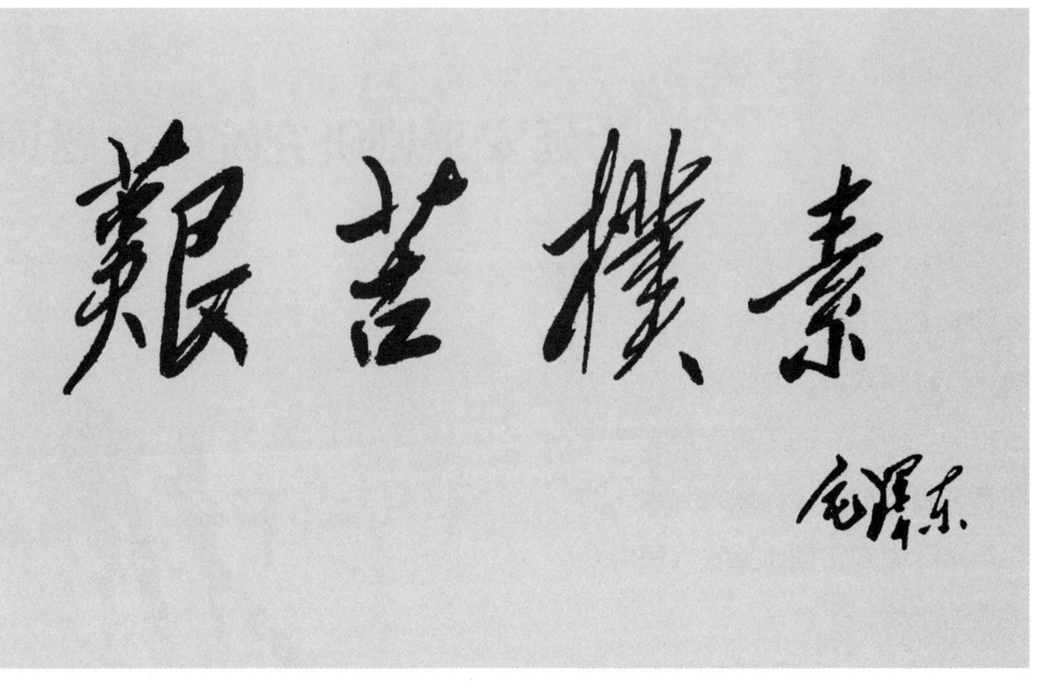

◆ 为大生产运动的题词（1960 年的墨迹）

为大生产运动题词

抗日战争进入战略相持阶段后，为克服抗日根据地日益严峻的困难，中共中央提出了“发展经济，保障供给”的总方针，中共中央号召解放区军民开展大生产运动。1941 年春，八路军 359 旅、385 旅在南泥湾、槐树庄、大风川等地实行军垦屯田。1943 年，轰轰烈烈的大生产运动开始进入高潮。

毛泽东为大生产运动题写 **“艰苦朴素”** 四个大字。

1960 年 10 月 8 日，毛泽东为中央办公厅工作人员题写了同样的四个字。从此，“艰苦朴素”成为中央办公厅乃至全党的优良作风。

此题词刊载在 1961 年 8 月 2 日的《中国青年报》上。

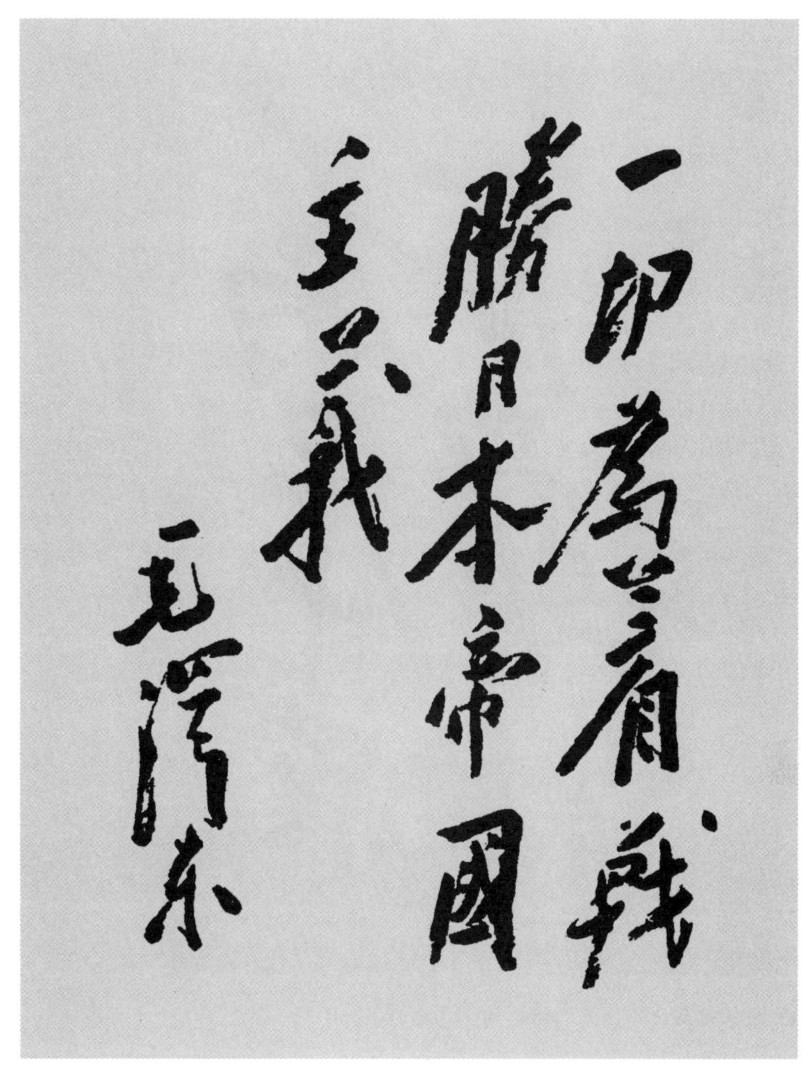

◆ 为八路军留守兵团部队生产展览会的题词（1943 年 3 月）

为八路军留守兵团部队生产展览会题词

1937 年 8 月 25 日，中共中央军委决定组建八路军后方留守处，后改名为留守兵团，目的是保卫中共中央所在地陕甘宁边区。1939 年 2 月，中共中央发出了“自己动手”“发展生产”的号召，八路军留守兵团积极响应，迅速投入到大生产运动中。

1943 年 3 月，八路军留守兵团在延安举办了生产展览会。毛泽东到会参观，并题词：**“一切为着战胜日本帝国主义”**，落款：**“毛泽东”**。

该题词刊载在 1965 年 8 月 29 日的《文汇报》上。

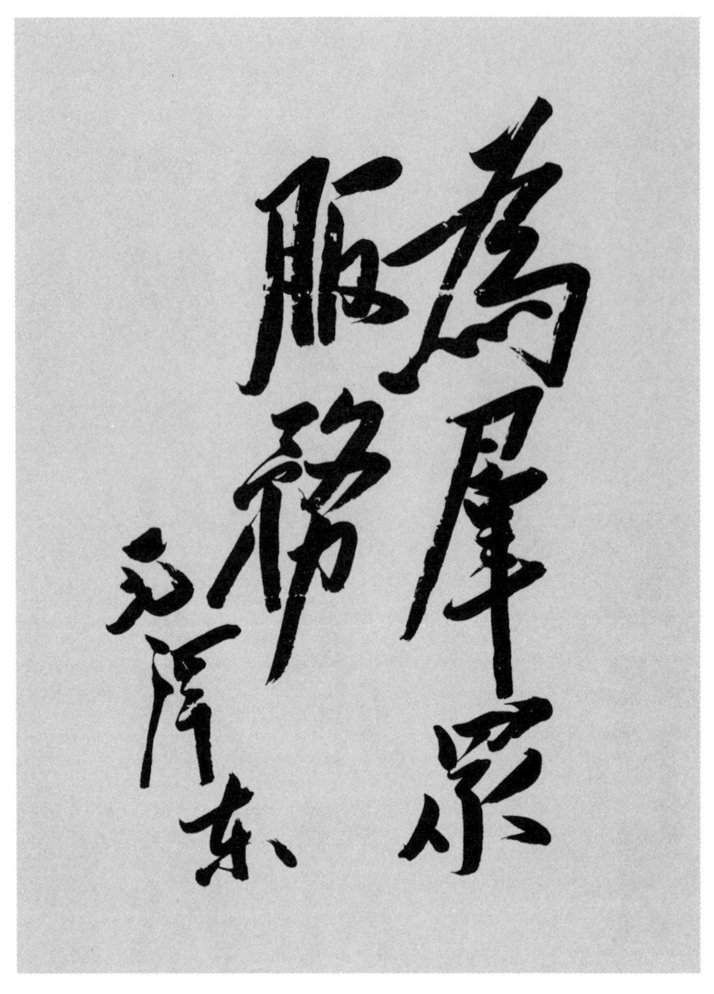

◆ 为枣园书记处俱乐部的题词（1943 年 10 月）

为枣园书记处俱乐部题词

枣园，位于延安城西，原是地主申有安的庄园，后卖给驻守延安的国民党师长高双成，中共中央进驻延安后，为中央社会部驻地。园内有枣树、梨树、桃树、杏树等，环境幽静，景色秀丽，堪称延安一景。

1943 年 10 月，中共中央书记处从杨家岭迁到枣园。枣园书记处礼堂是一个多功能建筑，是会议室兼俱乐部。每逢周末，这里有音乐和舞蹈活动。毛泽东常常请枣园村的农民朋友来这里观看表演。

1943 年 10 月，毛泽东刚刚搬到枣园就为中央书记处俱乐部题词：**“为群众服务”**，落款：**“毛泽东”**。

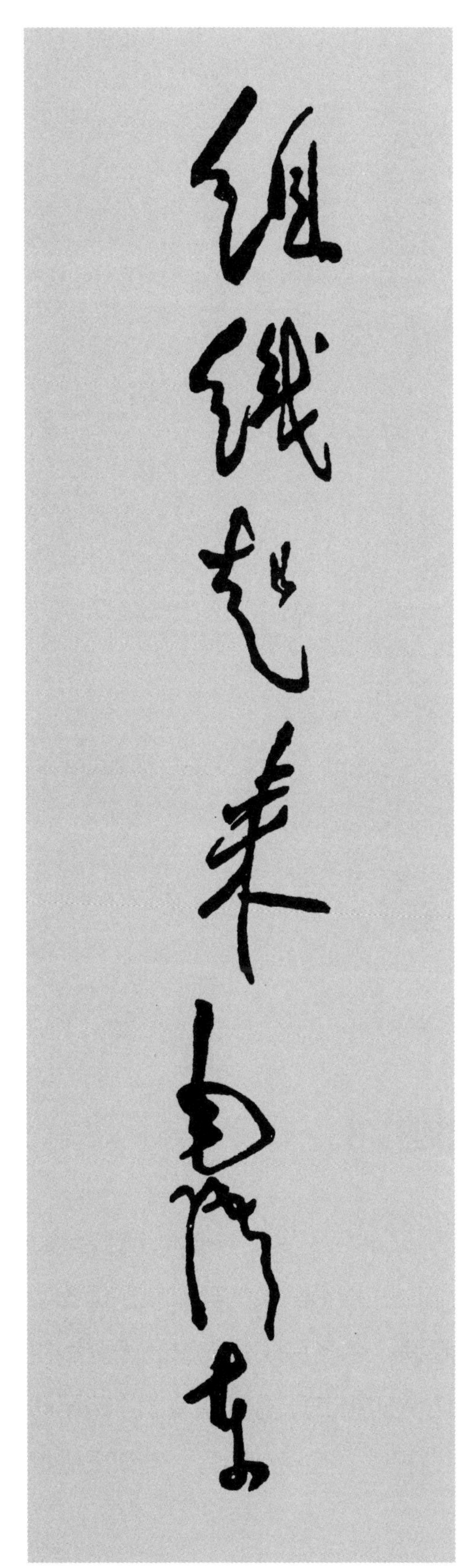

◆ 题写“组织起来”讲稿题目（1943 年 11 月 29 日）

题写《组织起来》讲稿题目

1943 年 11 月 29 日，毛泽东在中共中央招待陕甘宁边区劳动英雄大会上发表了题为《组织起来》的讲话。毛泽东为讲话稿题写题目：**“组织起来”**，落款：**“毛泽东”**。

毛泽东在这次讲话中总结了陕甘宁边区开展互助合作的经验。毛泽东号召，每一个共产党员，必须学会组织群众的劳动……组织生产竞赛，奖励劳动英雄，组织生产展览会，发动群众的创造力和积极性，加上旁的各项本领，我们一定可以把日本帝国主义打出去，一定可以协同全国人民，把一个新国家建立起来。（《毛泽东选集》第三卷，人民出版社 1991 年 6 月版，第 932—933 页）

此讲稿刊载在 1943 年的《群众》杂志第九卷第三至第四期上。

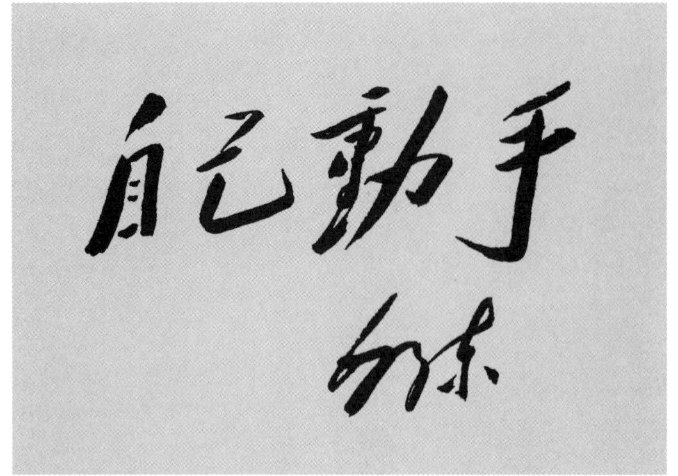

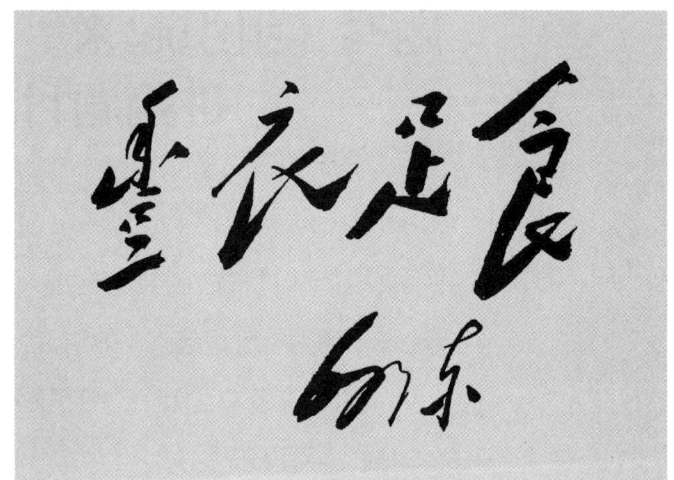

◆ 为电影《南泥湾》的两幅题词（1943 年）

为电影《南泥湾》的两幅题词

1943 年，八路军总政治部电影团拍摄电影纪录片《生产与战斗结合起来》（后改名为《南泥湾》）。在电影即将拍完时，当时任摄影队长的吴印咸到延安中共中央书记处所在地枣园请求毛泽东为电影题词，毛泽东欣然同意。因窑洞内光线太暗，毛泽东就到窑洞外写，他在两张白色的凸版纸上分别题写了**“自己动手”“丰衣足食”**，并签上自己的名字。在题写过程中，毛泽东边写，吴印咸边拍摄，最后将这个镜头剪辑进电影里。

1959 年，吴印咸将这两幅收藏了多年的毛泽东的题词捐给了中国人民革命军事博物馆。此题词刊载在 1960 年 8 月 2 日的《北京晚报》上。

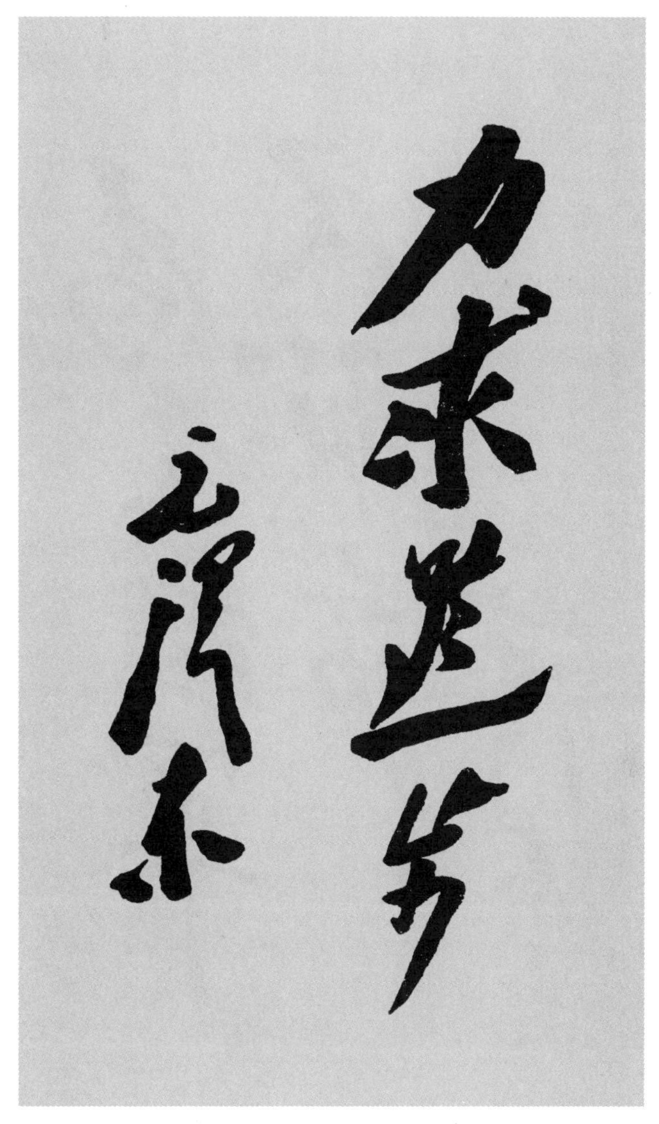

◆ 为中共中央直属机关个人生产展览会的题词（1944 年 5 月）

为中共中央直属机关个人生产展览会题词

1944 年 5 月，中共中央直属机关举办个人生产展览会。毛泽东到会参观展览并题词**“力求进步”**四个大字，落款：**“毛泽东”**，给予鼓励。

此题词刊载在 1944 年 5 月 28 日的《解放日报》上。

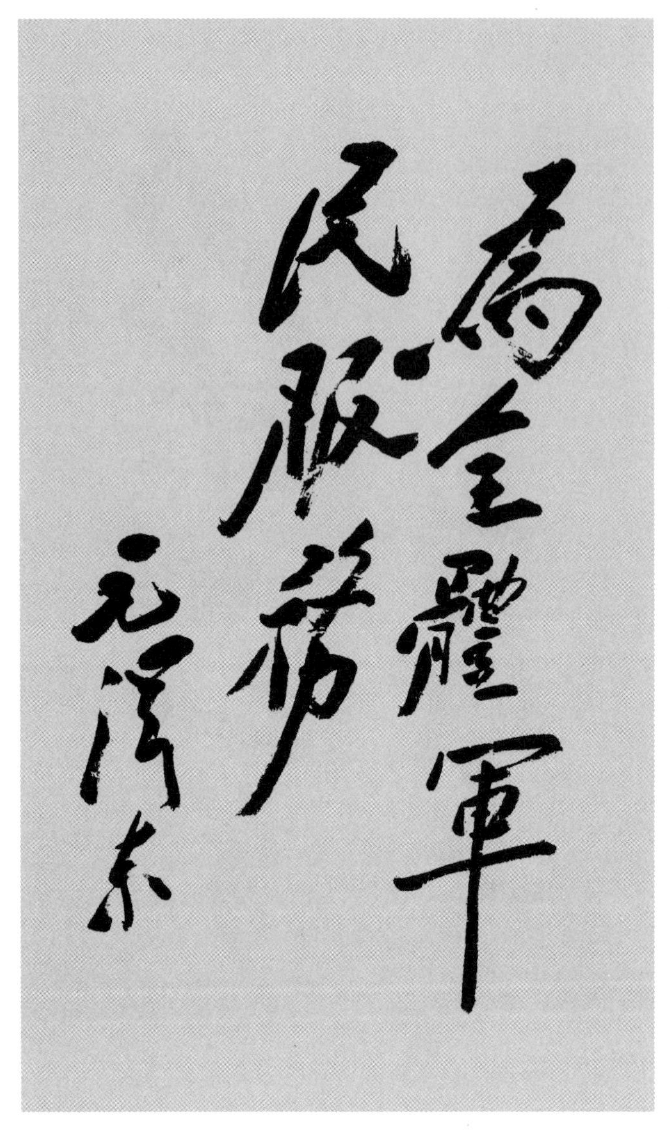

◆ 为延安卫生展览会的题词（1944 年 7 月）

为延安卫生展览会题词

1944 年 7 月，经中央批准，在延安南门外，举行了规模空前的边区卫生展览会，展出实物 659 件，图画 260 幅，还有许多照片和连环画，一些群众连看四五次尚不满足。展览会历时 8 天，参观人数达万余人，其中防疫和妇婴卫生部分的展览最受欢迎。毛泽东、周恩来、李富春、徐特立等参观了展览。毛泽东为展览会题词：**“为全体军民服务”**，落款：**“毛泽东”**。

此题词收藏在陕西省图书馆。

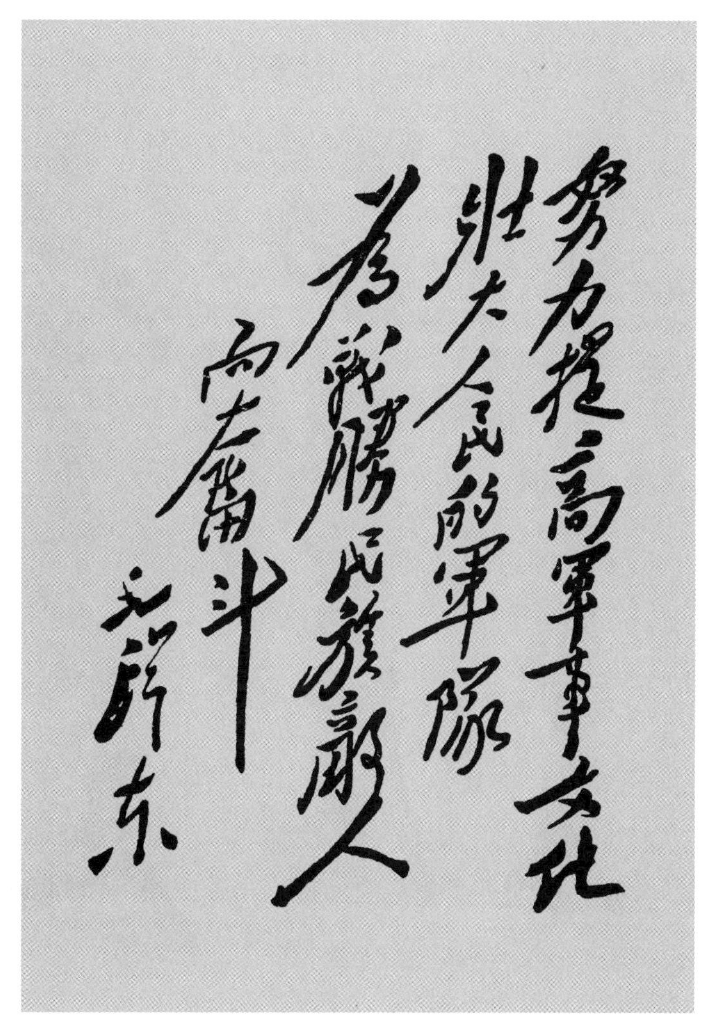

◆ 关于提高军队素质的题词（1945 年初）

关于提高军队素质的题词

毛泽东曾指出：“没有文化的军队是愚蠢的军队，而愚蠢的军队是不能战胜敌人的。”

1944 年 7 月 1 日，中共中央发出了《关于整训部队的指示》，指出为了适应战争形势的发展，准备进行战略反攻。10 月 12 日，中央军委作出了《加强全军练兵与军队大整训的决定》，号召全党研究战争，学习军事，进行大练兵。

为此，毛泽东于 1945 年初为提高军队素质题词：**“努力提高军事文化，壮大人民的军队，为战胜民族敌人而奋斗”**，落款：**“毛泽东”**。

此题词收藏在中国人民革命军事博物馆。

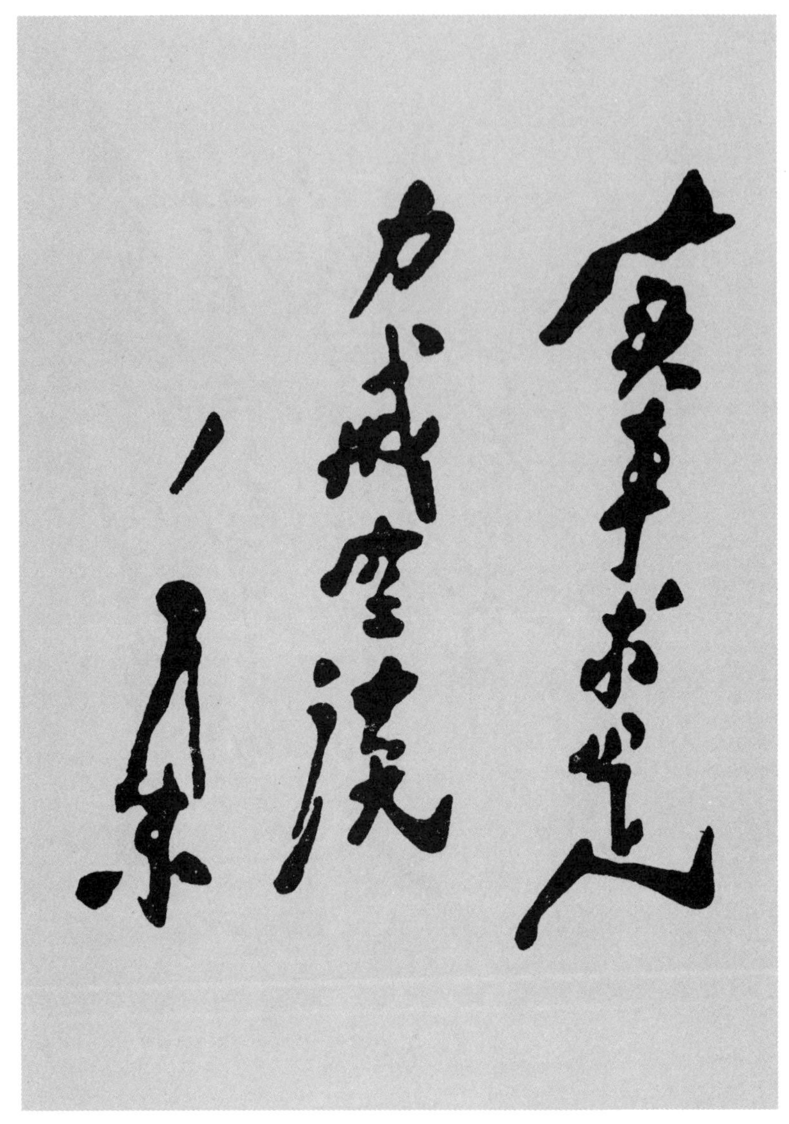

◆ 为《七大纪念册》的题词（1945 年 6 月）

为《七大纪念册》题词

1945 年 4 月 23 日至 6 月 11 日，中国共产党第七次全国代表大会在延安杨家岭中央大礼堂召开。毛泽东先后为会议题词三次，分别是大会主席台对面墙上贴着的题词“**同心同德**”；在代表的笔记本上的题词“**提高党性**”和为《七大纪念册》的题词“**实事求是　力戒空谈**”。

在七大代表笔记本上题词

1945 年 4 月 23 日至 6 月 11 日，中国共产党第七次全国代表大会在延安杨家岭中央大礼堂胜利召开。七大在党的历史上具有重要里程碑意义，标志着我们党在政治上思想上组织上走向了成熟。

为激励和鼓舞大会代表和全体党员更好地发挥先锋模范作用，完成好七大制定的路线方针，会议期间，毛泽东为七大代表题写了“**提高党性**”的赠词，号召全党同志加强党性锻炼，增强党性觉悟，做党性坚强的共产主义先锋战士。

“提高党性”是毛泽东在中国革命面临历史转折的重大关头向全党发出的伟大号召，对于共产党员增强共产主义先进性发挥了重要的指引作用。“提高党性”和“实事求是　力戒空谈”两幅题字都言简意赅，是对中国共产党的思想路线和工作作风的生动阐释，也是对全党提出的政治要求。

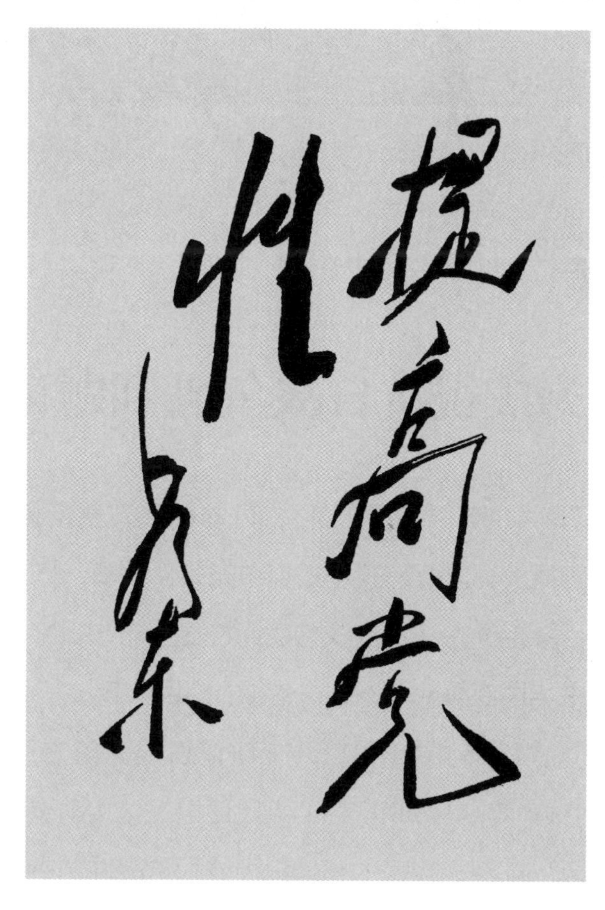

◆ 在七大代表笔记本上的题词（1945 年 4 月至 6 月）

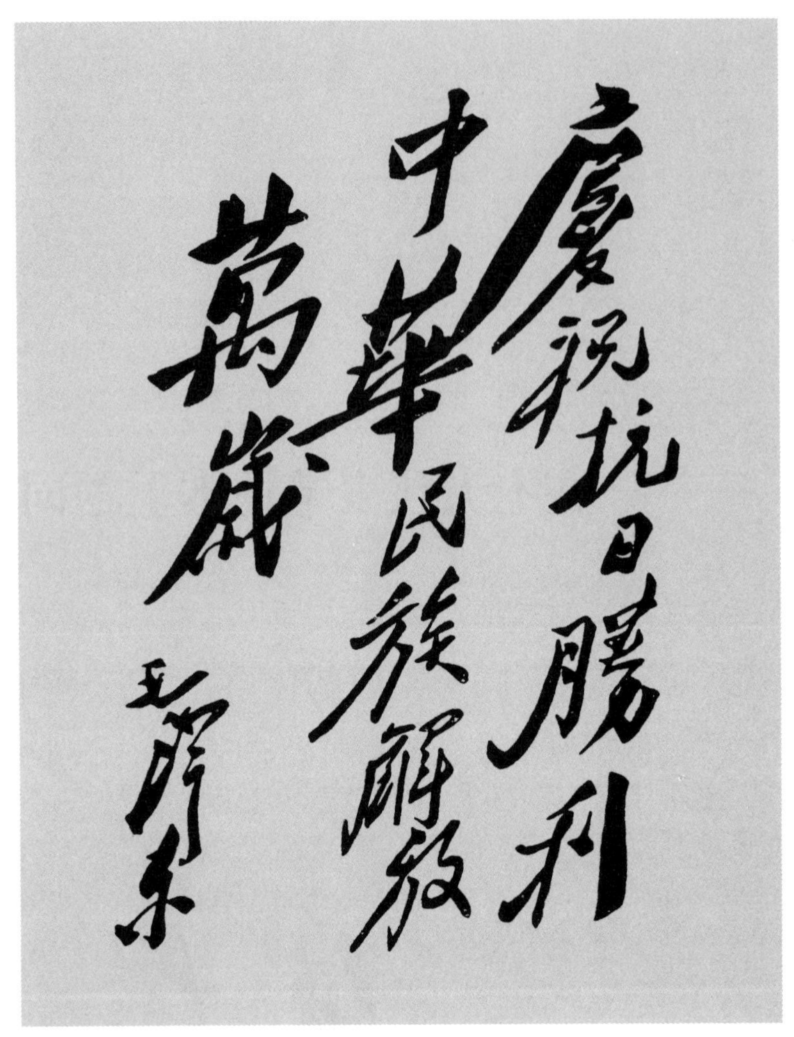

◆ 为庆祝抗日战争胜利的题词（1945 年 9 月）

为庆祝抗日战争胜利题词

1945 年 8 月 15 日，日本裕仁天皇亲自宣读的《终战诏书》录音向日本全国播放，以此形式正式宣布无条件投降。同日，延安军民欢庆抗战胜利。

毛泽东在重庆谈判期间接受《新华日报》的邀请为之题词：**“庆祝抗日胜利，中华民族解放万岁！”**落款：**“毛泽东”**。

1945 年 9 月 3 日，《新华日报》第二版中部刊登了这幅题词，非常醒目。1965 年 8 月 29 日的《人民日报》再次刊登该题词。

毛泽东当时的题词已经成为抗战胜利的一个标志。如今，这幅题词陈列在中国人民抗日战争纪念馆内。

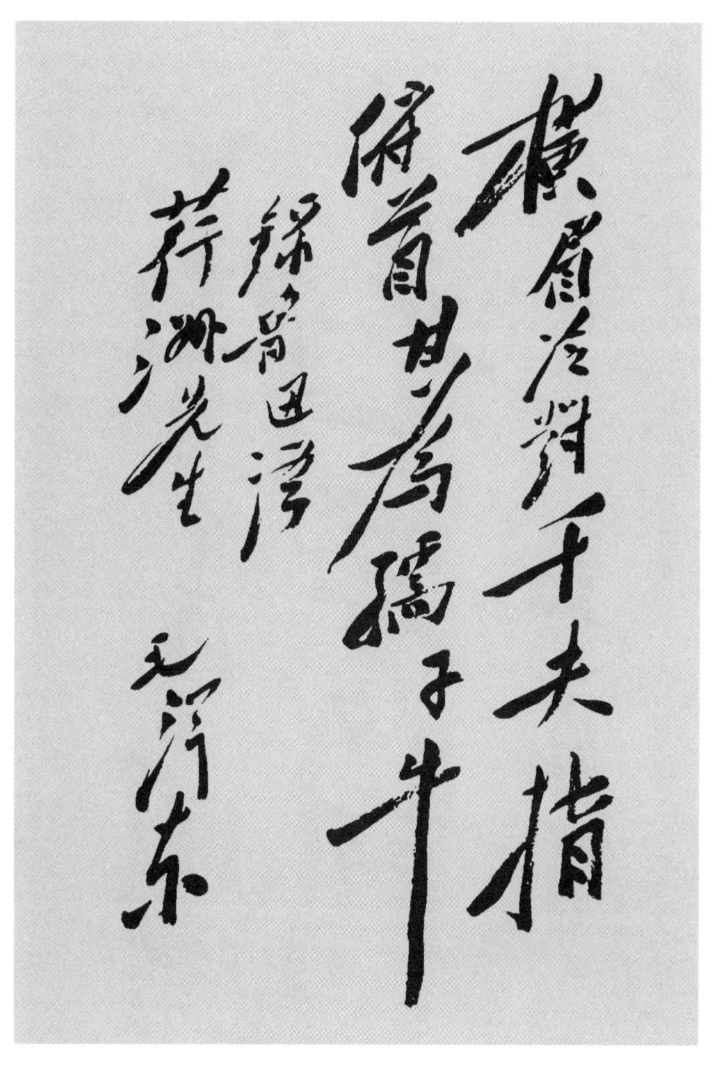

◆ 为蔡荇洲题写的鲁迅诗句（1945 年 10 月）

为蔡荇洲题写鲁迅诗句

蔡福就，原名祖复，又名蔡荇洲，1910 年 9 月 21 日出生在广东香山县沙溪镇隆都永厚环村下街的一个华侨家庭，是我国著名的侨领和出色的侨务工作者。1937 年冬，加入中国共产党。1945 年 1 月，被派到昆明，后又到重庆驻华美军司令部工作。1949 年 1 月，创办《金门侨报》。1952 年，从美国返回北京，在国家侨务委员会工作。2004 年 10 月 9 日，在香港辞世。

1945 年，毛泽东在重庆谈判期间，为在重庆驻华美军司令部工作的蔡福就（又名蔡荇洲）题录鲁迅诗句：**“横眉冷对千夫指，俯首甘为孺子牛”**，落款：**“录鲁迅语　荇洲先生　毛泽东”**。

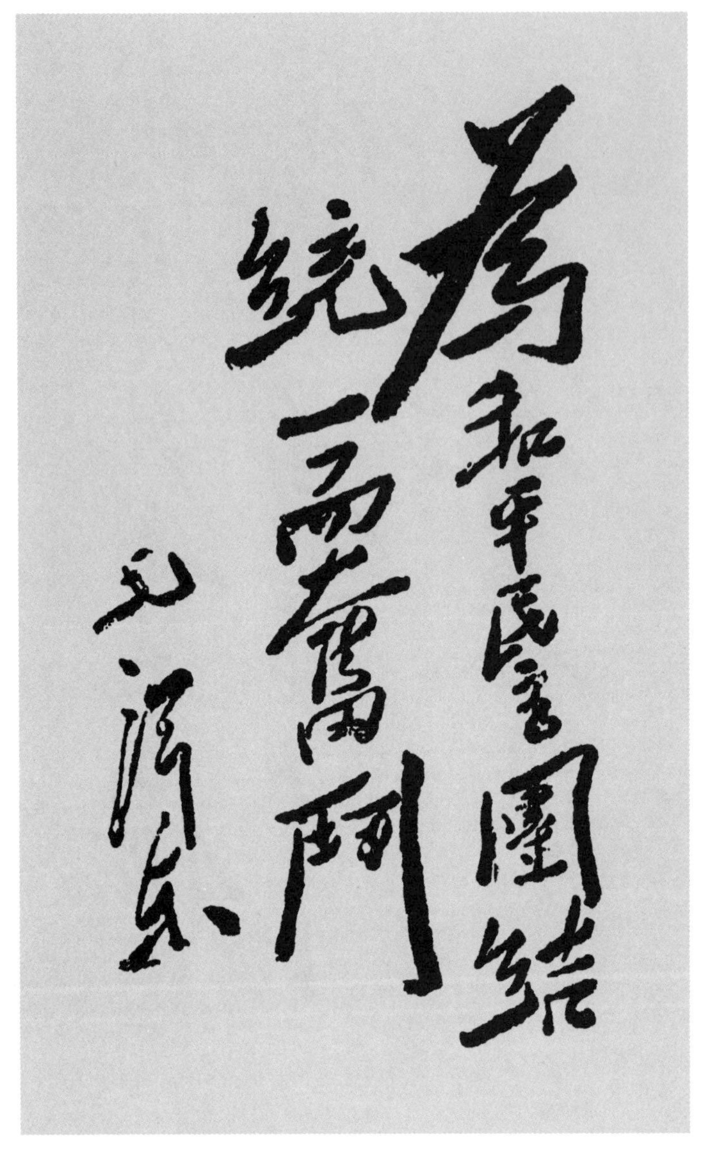

◆ 为重庆政协会议开幕的题词（1946 年 1 月）

为重庆政协会议开幕题词

1946 年 1 月 10 日至 31 日，中国各党派参加的政治协商会议在重庆召开。毛泽东为这次政治协商会议开幕题词：**“为和平民主团结统一而奋斗”**，落款：**“毛泽东”**。

题词时恰逢《新华日报》创刊八周年纪念，1946 年 1 月 11 日的《新华日报》发表了这幅题词。

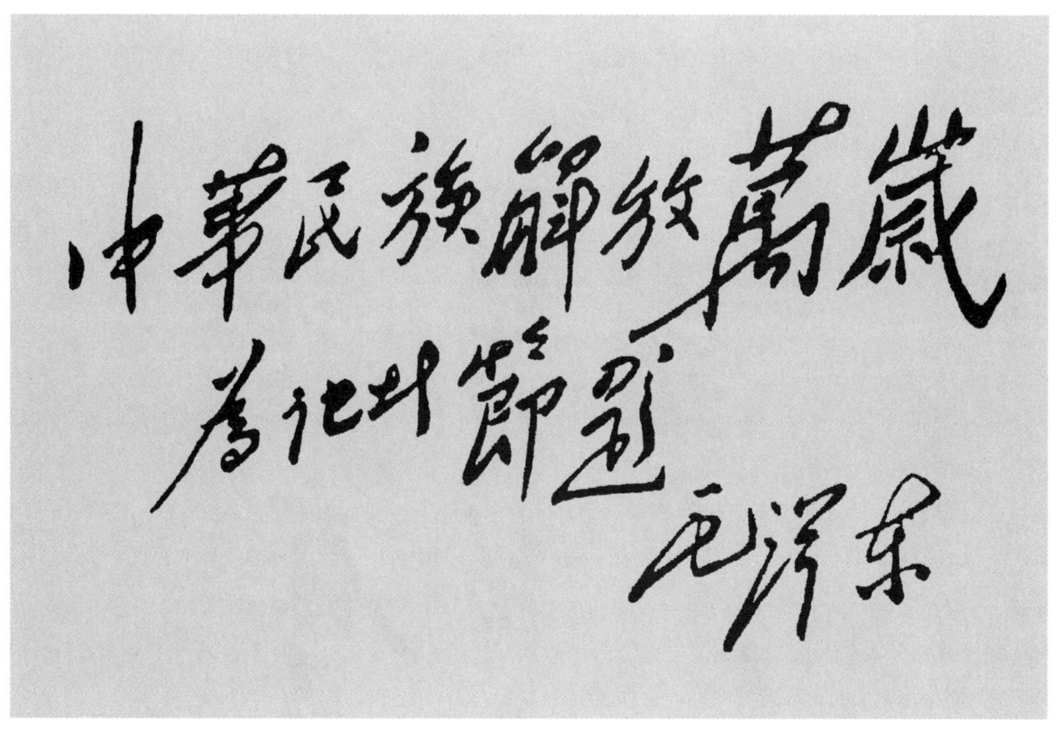

◆ 为记者节的题词（1946 年 8 月）

为记者节题词

2000 年 11 月 8 日是中华人民共和国第一个记者节，然而，早在中华人民共和国成立前我国就有记者节，是 9 月 1 日。

从 1934 年到 1949 年长达 16 年的时间里，每逢 9 月 1 日，当时的新闻从业人员都要举行各种仪式纪念自己的节日。

1946 年 8 月间，毛泽东为记者节题词：**“中华民族解放万岁”**，落款：**“为记者节题　毛泽东”**。

此题词刊载在 1946 年 9 月 1 日的《解放日报》上。

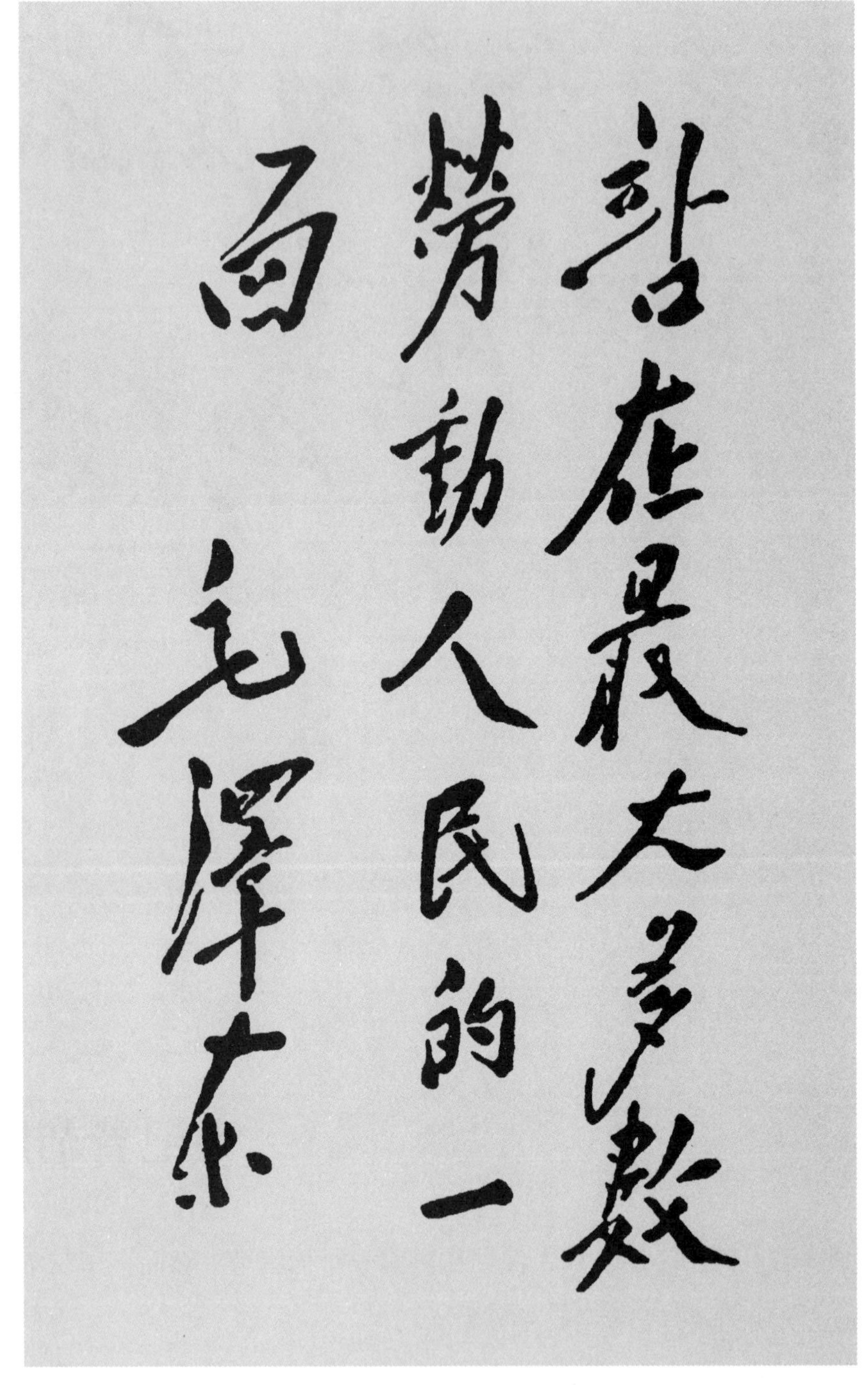

◆ 为佳县县委的题词（1947 年 10 月 18 日）

为佳县县委题词

1947 年 10 月 18 日，毛泽东在转战陕北途中，来到佳县县委大院，问县委书记张俊贤：“佳县群众的生活怎么样？”张俊贤说：“由于蒋胡匪军的破坏、掠夺，加上庄稼又受了严重冻灾，群众生活很苦。”毛泽东听了说：“那你们的担子就更重了嘛！一定要很好地安排群众生活，组织好生产。”当时，张俊贤请毛泽东给县委题词。毛泽东在准备好的一块家织白布上欣然挥毫题写**“站在最大多数劳动人民的一面”**十三个大字，落款：**“毛泽东”**。

中华人民共和国成立后，这一题词原件保存在中国人民革命军事博物馆。在佳县正街的南端高高矗立着一块巨大的石碑，上面刻着“站在最大多数劳动人民的一面”红色大字，这正是对中国革命胜利发展经验的深刻总结。

此题词刊载在 1960 年 10 月 20 日的《人民日报》上。

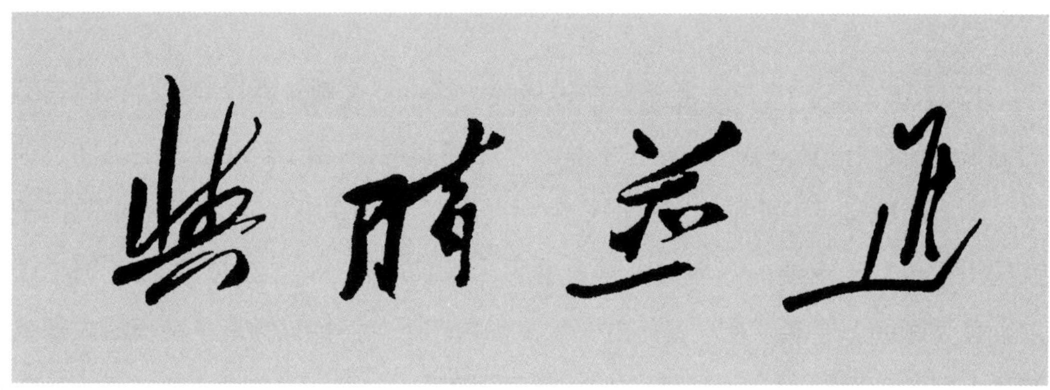

◆ 为佳县群众剧团的题词（1947 年 10 月）

为佳县群众剧团题词

毛泽东在转战陕北期间，曾两次登上佳县白云山道观。

1947 年 10 月 22 日（农历九月九日），正逢白云山庙会，毛泽东再次登上白云山赶会。佳县群众剧团正在真武大殿乐楼演出晋剧《反徐州》，毛泽东站在群众后面看戏。回到住地，毛泽东让中央机关用“亚洲部”“长江部”的名义，给佳县群众剧团赠送了一面锦旗，毛泽东题写了**“与时并进”**和“人民喉舌”，以资鼓励。

第三辑 为各类院校的题词

延安时期，中共中央兴办了中央党校、中国人民抗日军政大学、陕北公学、鲁迅艺术学院、延安大学、延安中学等几十所大中专院校以及中小学和幼儿园等，几乎每个院校都有毛泽东的题词或题写的校名。

毛泽东尤其关注抗大的各项工作，经常过问，精心指导，亲自担任抗大教育委员会主席，不惜笔墨热情题词，极大地激发了抗大教职员工和学员发奋学习、努力战斗的热情。他先后为抗大题词 20 多次。

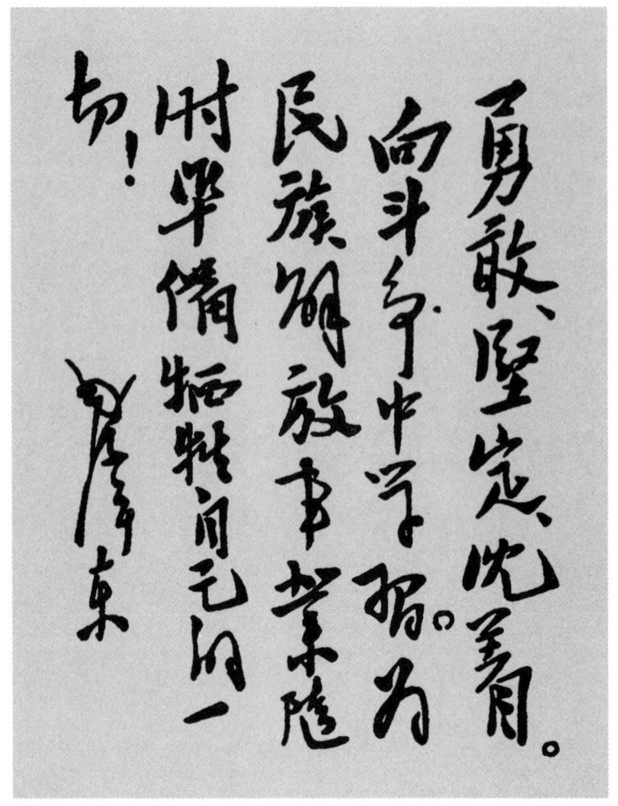

◆ 为抗大第二期学员毕业证书的题词（1937 年 8 月）

为抗大第二期学员毕业证书题词

中国人民抗日军政大学（简称“抗大”）第二期共有四个大队和一个女生区队，学员 1 362 人。一、二大队的学员主要是红军的高、中级指挥员；三大队的学员主要是红军的营、连干部；四大队的学员是从国民党统治区投奔苏区的爱国青年学生；女生区队共 59 人，金维映任队长，贺子珍、康克清也在其中。

1937 年 7 月 7 日，卢沟桥事变后，党中央指示抗大第二期学员立即结束学习，奔赴抗日战争的各条战线。8 月，毛泽东亲临抗大为学员送行，并为第二期学员毕业证书题词：**“勇敢、坚定、沉着。向斗争中学习。为民族解放事业随时准备牺牲自己的一切！”**落款：**“毛泽东”**。此题词一直沿用到抗大第五期学员毕业证上。

1941 年 6 月 1 日，抗大建校五周年纪念日，为校庆专门出版的《抗大五年来工作经验汇编特刊》刊载了此题词。

此题词后又刊载在 1961 年 1 月 13 日的《光明日报》上。

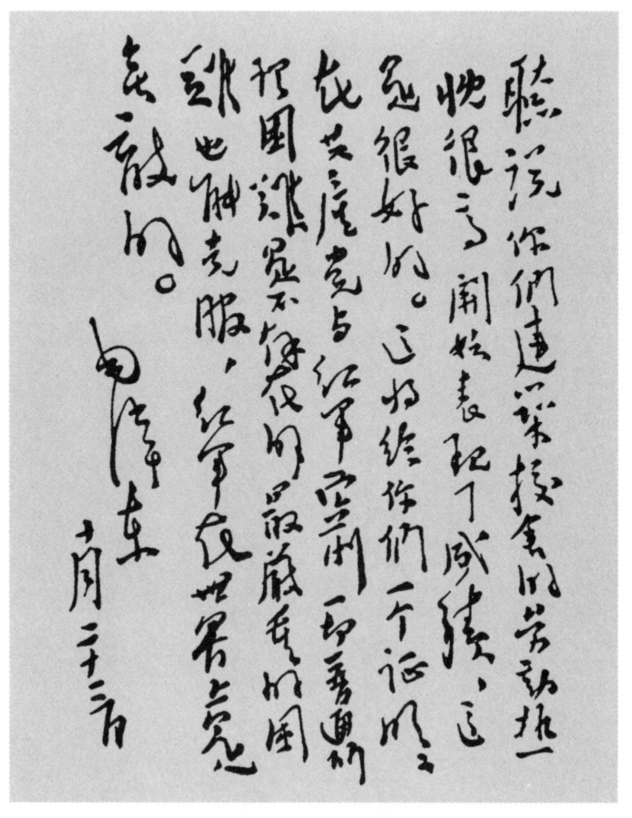

◆ 为抗大师生开挖窑洞劳动的题词（1937 年 10 月 23 日）

为抗大师生开挖窑洞劳动题词

1937 年 10 月 23 日，毛泽东在延安凤凰山下看到抗大师生挖掘窑洞的壮观景象时，抑制不住欣喜之情，欣然题词，鼓励师生，以表示他对此举的赞赏和重视：“**听说你们建筑校舍的劳动热忱很高，开始表现了成绩，这是很好的。这将给你们一个证明：在共产党与红军面前，一切普通所谓困难是不存在的，最严重的困难也能克服，红军在世界上是无敌的。**”落款：“毛泽东　十月二十三日”。

当时到访的国际友人艾格尼丝·史沫特莱等都称赞抗大是古今中外未曾有过的“窑洞大学”。

11 月 14 日，毛泽东参加抗大举行的庆祝新校舍落成典礼并讲话，党中央向抗大赠送了毛泽东手书“我们的伟大事业”横匾。

要造就一大批人，这些人是革命的先锋队，这些人具有
政治远见，这些人充满着斗争精神和牺牲精神，
这些人不谋私利，唯一的为着民族与社会的解放，这些人不怕困难，
在困难面前总是坚定的，勇敢向前的，这些人不是狂妄分子，也不是
风头主义者，而是脚踏实地富于实际精神的人们，中国要有一
大群这样的先锋分子，中国革命的任务就能够顺利的解决。

毛泽东

◆ 为陕北公学成立的题词（1937 年 10 月 23 日）

为陕北公学成立题词

1937 年 10 月 19 日，毛泽东在陕北公学（简称“陕公”）纪念鲁迅逝世一周年大会上指出，陕北公学的主要任务就是培养抗日先锋队。10 月 23 日，毛泽东为陕北公学成立题词：**“要造就一大批人，这些人是革命的先锋队。这些人具有政治远见。这些人充满着斗争精神和牺牲精神。这些人不谋私利，唯一的为着民族与社会的解放。这些人不怕困难，在困难面前总是坚定的，勇敢向前的。这些人不是狂妄分子，也不是风头主义者，而是脚踏实地富于实际精神的人们。中国要有一大群这样的先锋分子，中国革命的任务就能够顺利的解决。”**落款：“**毛泽东**”。

毛泽东的这一题词，当时在延安广为流传，它不仅提出了造就革命先锋队的标准，也成为所有干部学校的办学指导思想，在今天仍然有着重要的现实意义。

毛泽东为陕北公学成立所题的这幅长篇题词，现雕刻在中国人民大学大厅的一面墙上。

◆ 为抗大九队救亡室的题词（1937 年 12 月 15 日）

为抗大九队救亡室题词

1937 年 12 月 15 日，毛泽东为抗大九队救亡室题词：**“九队的同志们：庆祝你们成立了救亡室，这救亡二字就是你们及全国人民在现阶段上唯一的总目标。达到这个目标的道路是抗日民族统一战线，希望你们学习这个统一战线的理论与方法，唯有统一战线才能达到救亡之目的。”**落款：**“毛泽东　十二月十五日”**。

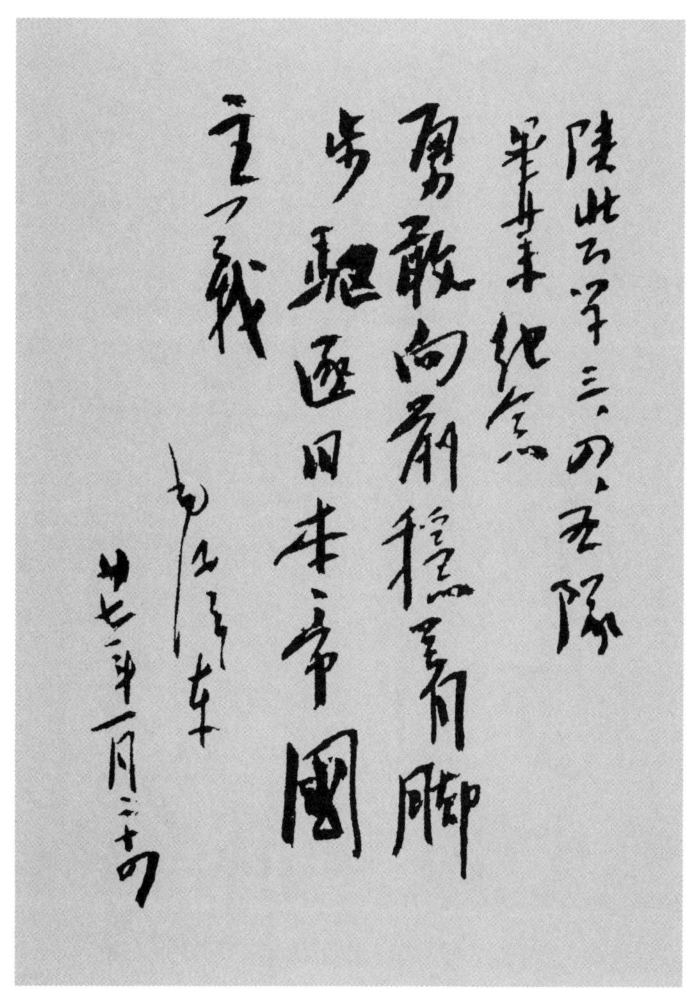

◆ 为陕北公学三、四、五队毕业纪念的题词（1938 年 1 月 24 日）

为陕北公学三、四、五队毕业纪念题词

1937 年 9 月 1 日，从抗大转到陕北公学的约 200 名学员，编为第一、二队，开始上课。至 10 月，陆续报到的学员约 300 人，编为第三、四、五队。第一到第四队是男生队，第五队是女生队，全校约 600 人。

1938 年 1 月，陕北公学第三、四、五队学员陆续毕业。毛泽东于 1 月 24 日为陕北公学毕业纪念题词：**“陕北公学三、四、五队，毕业纪念：勇敢向前，稳着脚步，驱逐日本帝国主义！”**落款：**“毛泽东　二十七年一月二十四”**。

1938 年 1 月 30 日，在陕北公学第三、四、五队学员毕业典礼上，展示了这幅题词。

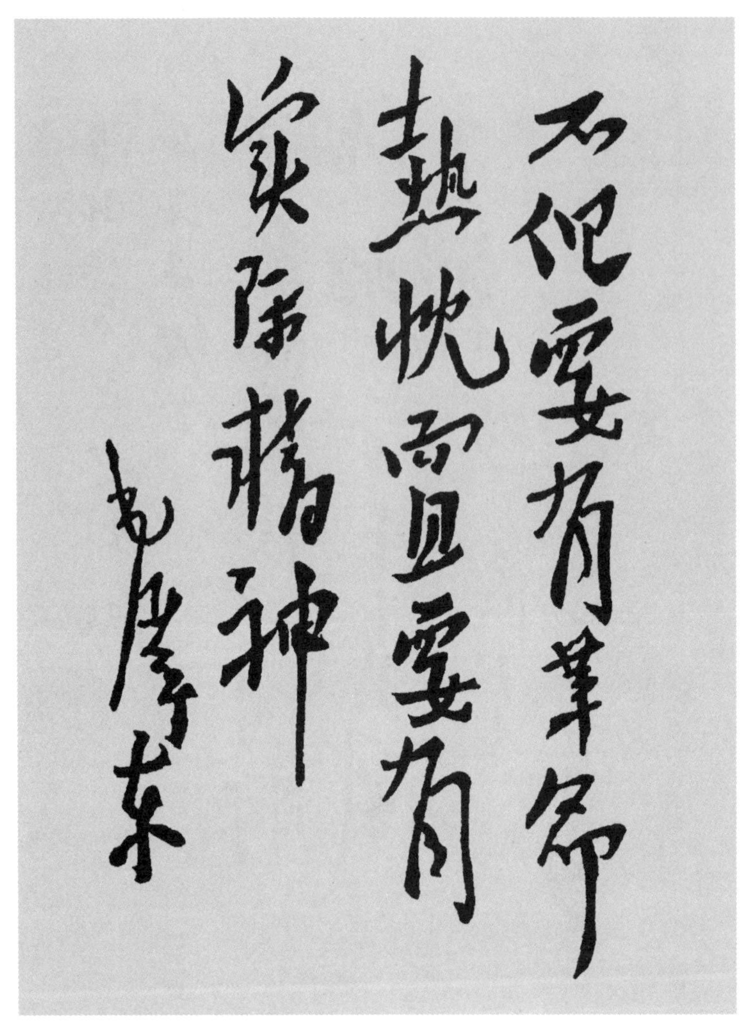

◆ 为抗大的题词（1938 年元旦前后）

为抗大题词

陕北公学从 1937 年 8 月创办到 1938 年 5 月，办了两期，共建立 27 个队，先后接收和培训了 3 000 多名学员。从 1938 年 1 月起，从抗大转入陕北公学的第三、四、五队学员就开始陆续毕业离校。

1938 年元旦前后，毛泽东为抗大题词：**“不但要有革命热忱，而且要有实际精神。”**落款：**“毛泽东”**。

1938 年 1 月，陕北公学在制作毕业证时，将此题词印在了第一期第三队学员毕业证上。

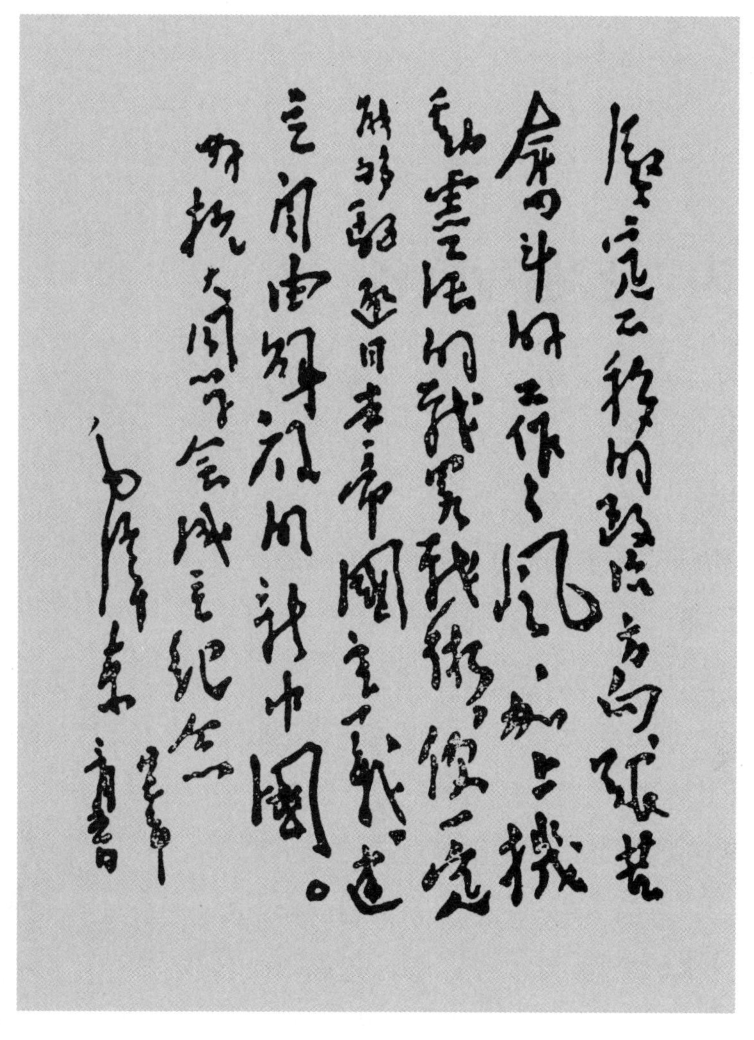

◆ 为“抗大同学会”成立的题词（1938 年 3 月 5 日）

为“抗大同学会”成立题词

1938 年 3 月底，抗大第三期学员开始陆续毕业，除一部分学员留校当教员和做机关工作外，其余人员立即奔赴抗日前线，至 5 月全部分配完毕。

3 月 5 日，在抗大第三期学员毕业之际，成立了“抗大同学会”。毛泽东为“抗大同学会”成立题词，再次重申了抗大的教育方针：**“坚定不移的政治方向，艰苦奋斗的工作作风，加上机动灵活的战略战术，便一定能够驱逐日本帝国主义，建立自由解放的新中国。”**落款：**“为抗大同学会成立纪念，毛泽东　廿七年三月五日”**。

为鲁艺题写校名

1937 年 10 月 19 日，在鲁迅逝世一周年之际，毛泽东发表了《论鲁迅》的讲演，第一次正式评价了鲁迅，他说："鲁迅在中国的价值，据我看要算是中国的第一等圣人。孔夫子是封建社会的圣人，鲁迅则是现代中国的圣人。"

鲁迅艺术学院是中国共产党在延安时期创办的第一所培养抗日文艺工作者和党的文艺干部的高等学府。1938 年 2 月，由毛泽东、周恩来等联名发起创办艺术学院。4 月 10 日，以鲁迅名字命名的鲁迅艺术学院（简称"鲁艺"）正式成立。毛泽东出席成立大会并讲话，他说："要在民族解放的大时代去发展广大的艺术运动，在抗日民族统一战线方针的指导下，实现文学艺术在今天的中国的使命和作用。"4 月 28 日，毛泽东在鲁艺发表演讲时说："鲁迅艺术学院要造就具有远大的理想、丰富的斗争经验和良好的艺术技巧的一派文艺工作者，这三个条件缺少任何一个便不能成为伟大的艺术家。"

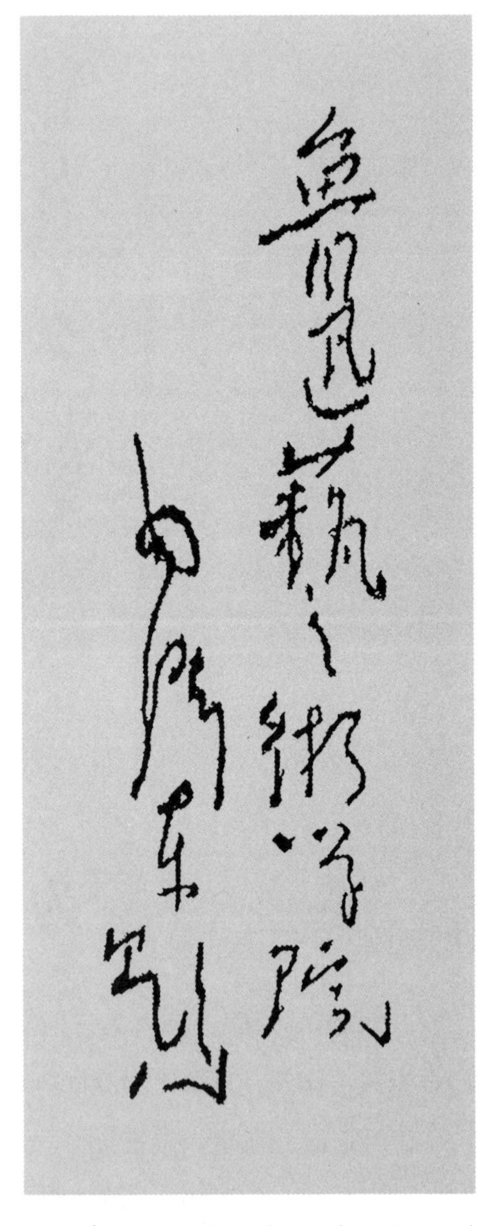

◆ 为鲁艺题写的校名（1938 年 4 月 10 日）

1938 年 4 月 10 日，鲁艺建校开学典礼上，毛泽东题写：**"鲁迅艺术学院"**，落款：**"毛泽东题"**。

为抗大第四期开学题词

1938 年 4 月 16 日，抗大第四期正式开学，8 月至 12 月分批毕业。

为满足广大知识青年和各界友好人士的抗日需求，抗大遵照中共中央和中央军委关于大量吸引外来知识分子的指示，本着“来者不拒，随到随即编队”的原则，开办了第四期学员班。第四期处于抗大大发展时期，每天要接待几十名甚至上百名青年学生。全校先后编成八个大队、43 个队，其中训练青年知识分子的就有 36 个队，由于女生队伍壮大，单独编为第八大队。这期共有学员 5 562 人，其中知识分子学员 4 655 人，大约占学员总数的 84%。罗瑞卿兴奋地说：“抗大抗大，越抗越大！”

毛泽东看到这种情况，十分高兴，于 1938 年 5 月 21 日为抗大第四期开学题词：**“学好本领好上前线去”**，落款：**“毛泽东　五月二十一日”**。指示抗大要将给前线培养知识青年干部作为中心任务。

这一题词刊载在 1938 年 8 月 4 日的《新中华报》上。

学好本领好上前线去
毛泽东
五月廿一日

◆ 为抗大第四期开学的题词（1938 年 5 月 21 日）

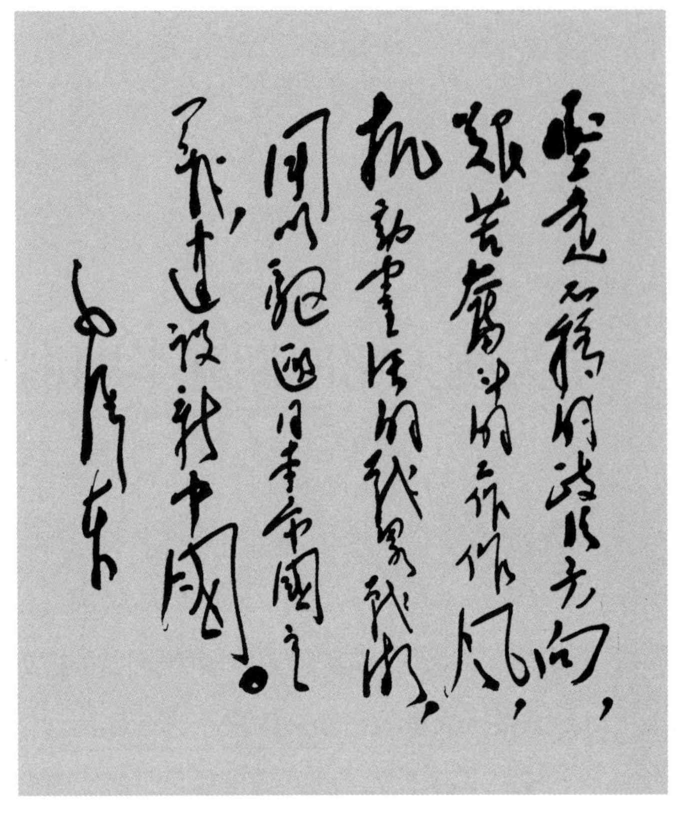

◆ 为抗大毕业证再次题词（1938 年 6 月）

为抗大毕业证再次题词

北京煤炭部管理干部学院原副院长廉祥云曾在抗大校务部队列科工作，1938 年 4 月，他负责保管和发放抗大毕业证书。据他回忆，抗大当时的毕业证书由白色道林纸制成，长约 13 厘米，宽约 19 厘米，中间一条折叠线，左面是毛泽东的题词：“勇敢、坚定、沉着。向斗争中学习。为民族解放事业随时准备牺牲自己的一切！”右面是毕业证书正文。廉祥云想把毕业证书重新设计一下，面积稍大些，制作精致些，再请毛泽东重新题词。抗大校务部副部长许世友、副校长罗瑞卿赞同这个提议，让廉祥云给毛泽东写份报告。1938 年 6 月的一天，校务部收到了毛泽东给抗大的题词：**“坚定不移的政治方向，艰苦奋斗的工作作风，机动灵活的战略战术，用以驱逐日本帝国主义，建设新中国。”**落款：**“毛泽东”**。随后，重新印制了毕业证书。

此题词刊载在 1961 年 1 月 13 日的《北京日报》上。1986 年 4 月 19 日，廉祥云把他珍藏了 48 年的毛泽东题词捐给了中央党史资料征集工作委员会。

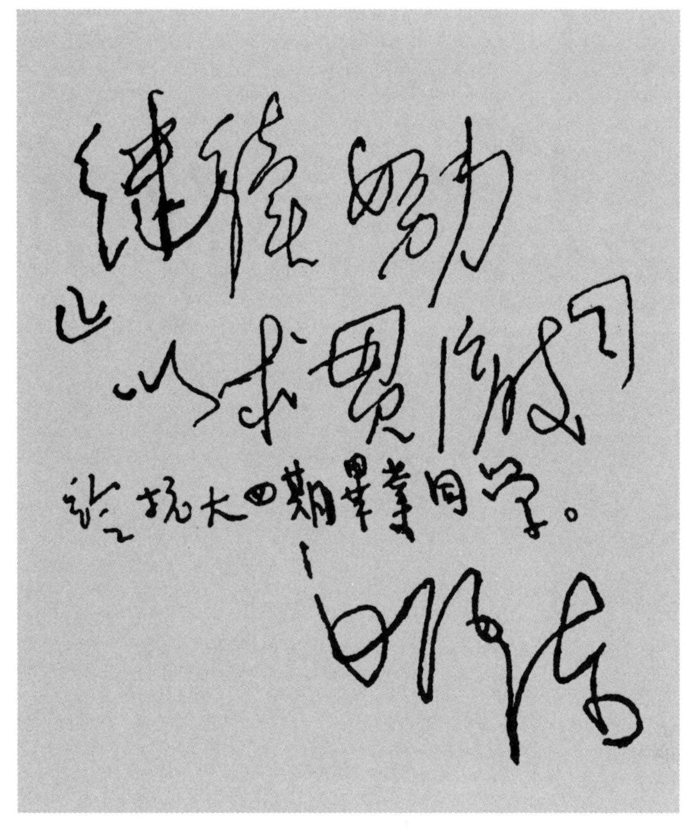

◆ 为抗大第四期毕业同学的题词（1938 年 8 月 1 日）

为抗大第四期毕业同学题词

1938 年 8 月，抗大第四期第一、二大队学员开始毕业离校。毛泽东在百忙之中参加毕业典礼并讲话，勉励大家："我们要全国民众团结起来，用团结的力量去打倒日本帝国主义，用团结的力量去建立一个新中国。然而这不是一件短时期的工作，所以我们必须'继续努力，以求贯彻'。"

毛泽东给抗大第四期毕业同学题词：**"继续努力，以求贯彻。"**落款：**"给抗大四期毕业同学。毛泽东"**。该题词刊载在 1938 年 9 月 1 日的《新中华报》上。

1938 年 8 月至 12 月，抗大第四期学员陆续毕业，达到 5 562 人，其中八路军、新四军和白区地下党派来的干部 907 人。

◆ 为陕甘宁边区儿童保育院的题词（1938 年 10 月）

为儿童保育院二次题词

1938 年 3 月，以宋美龄为理事长的中国战时儿童保育会成立。7 月 4 日，宋庆龄、蔡畅、邓颖超、康克清等发起的战时儿童保育会陕甘宁边区分会在延安成立。接着，创办了战时儿童保育院，杨芝芳为第一任院长，她请毛泽东题词，毛泽东欣然提笔写下“儿童万岁”。

10 月 2 日，在原延安托儿所旧址，陕甘宁边区政府正式建立了陕甘宁边区儿童保育院，简称“保育院”或“保小”，院址在延安的柳林村。

毛泽东在凤凰山下的窑洞里，再次为陕甘宁边区儿童保育院题词：**“好好的保育儿童”**，落款：**“毛泽东”**。

保育院院长杨芝芳请来石匠将题词刻在石板上，镶嵌在保育院石窑洞墙上，成为全体工作人员的座右铭。1947 年 1 月，该院撤离延安，迁至华北解放区。

此题词刊载于 1962 年 3 月 7 日的《陕西日报》上。题词石刻现存于延安革命纪念馆，为国家一级文物。

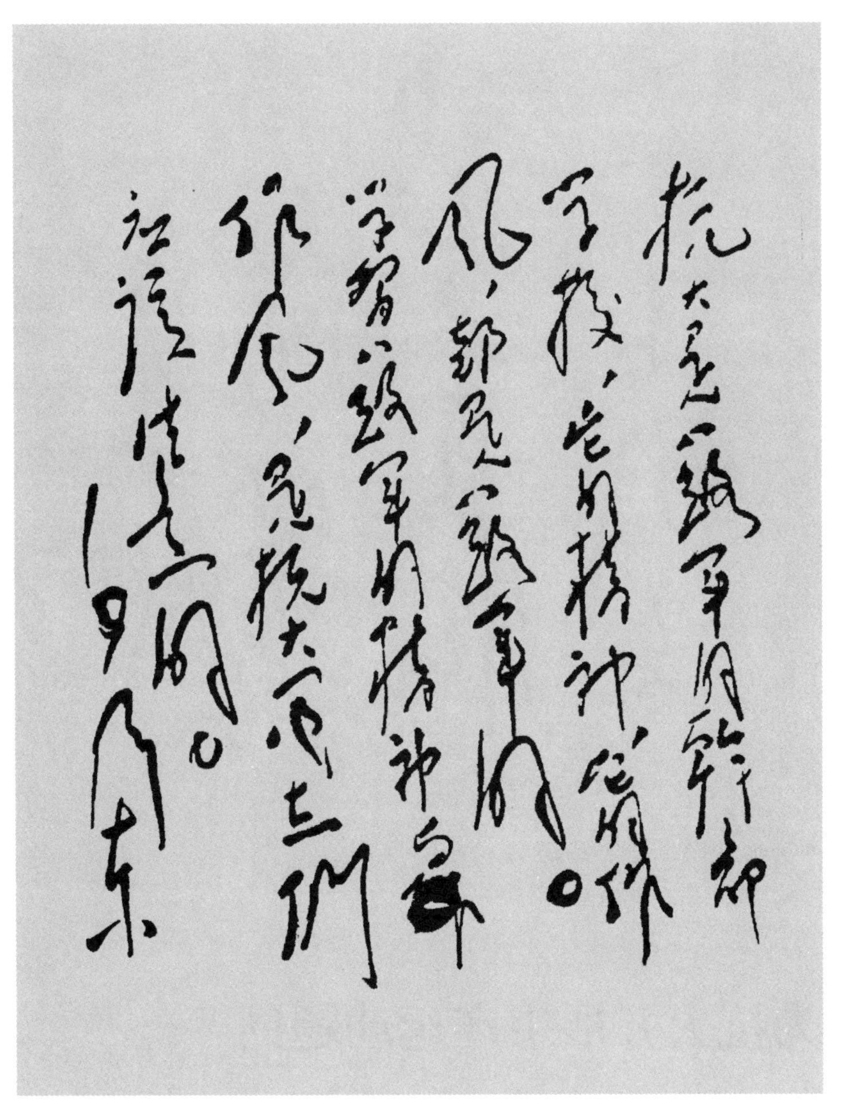

◆ 为抗大的题词（1938 年 10 月）

1938 年 10 月为抗大题词

1938 年 10 月，毛泽东为抗大题词：“**抗大是八路军的干部学校，它的精神，它的作风，都是八路军的。学习八路军的精神与作风，是抗大同志们应该注意的。**”落款：“**毛泽东**”。

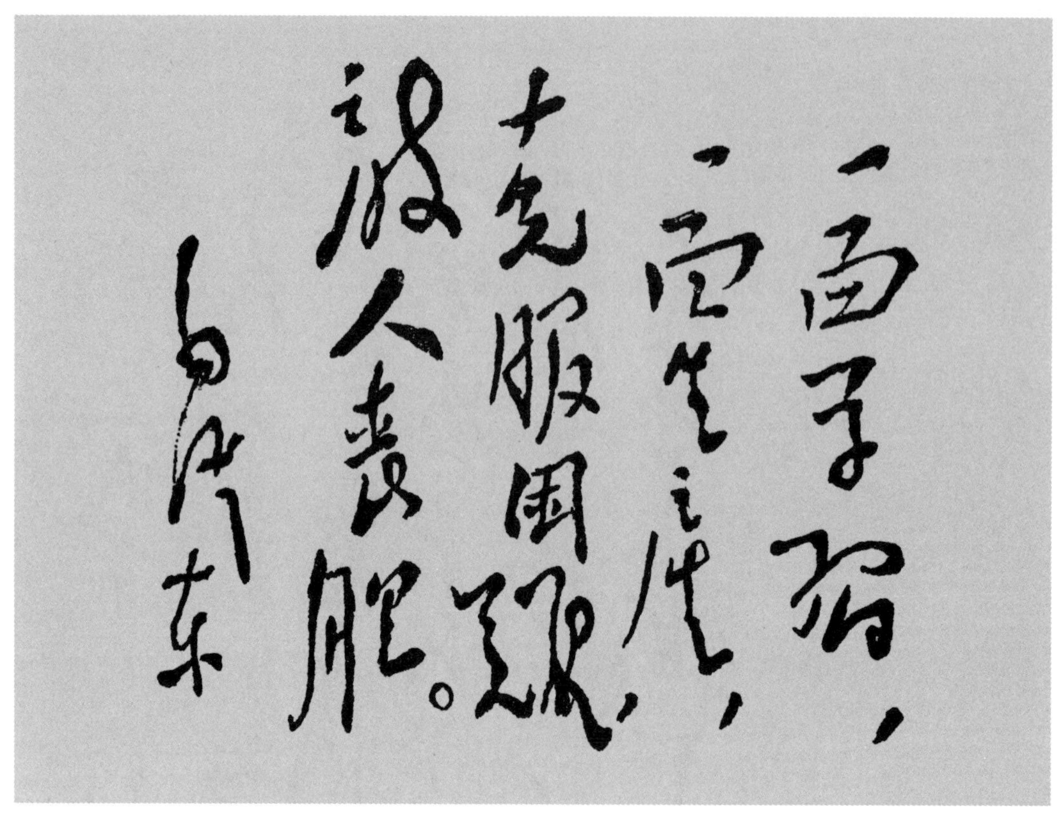

◆ 为抗大开展生产运动的题词（1939 年 3 月）

为抗大开展生产运动题词

1938 年 10 月武汉会战结束后，抗战进入战略相持新阶段。1939 年 1 月，国民党顽固派制定了一系列反共措施，对中国共产党进行防范。为了长期坚持敌后抗战，必须发展经济和改善人民生活。1939 年 3 月，党中央在延安召开党政军学群干部动员大会，号召大家一起动手，克服困难，渡过难关。在这次会议上，毛泽东号召各机关要向部队学习，积极参加生产运动，并为抗大开展生产运动题词：**“一面学习，一面生产，克服困难，敌人丧胆。”**落款：**“毛泽东”**。此后，陕甘宁边区和各敌后根据地掀起了规模宏大的生产运动。

抗大师生遵照毛泽东的指示，实行教育与生产劳动相结合，积极参加生产运动，一面学习，一面生产，卓有成效，受到毛泽东的高度评价和肯定。每期抗大学员入学的第一课，就是抡起镐头挖窑洞建校舍，扛上镢头上山开荒种地。

此题词刊载在 1939 年 3 月的第 1 号《生产导报》上。

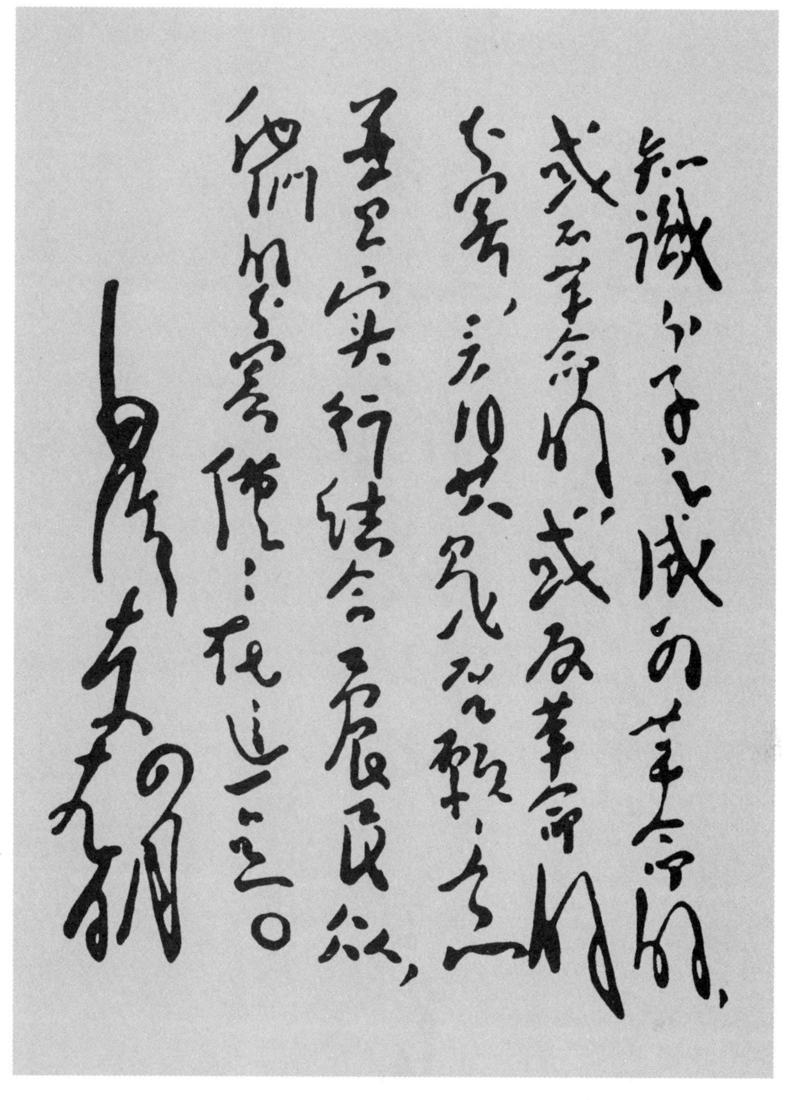

◆ 为抗大的题词（1939 年 4 月 19 日）

1939 年 4 月 19 日为抗大题词

1939 年 4 月 19 日，毛泽东为抗大题词：**"知识分子之成为革命的，或不革命的，或反革命的分界，看其是否愿意并且实行结合工农民众，他们的分界仅仅在这一点。"**落款："**毛泽东　四月十九日**"。

抗大第四、五期学员共达一万多人，其中相当多的是来自全国各地的青年知识分子，占到百分之八十以上。毛泽东非常重视对知识青年的政治教育和思想改造工作。这一题词正是当时改造知识分子的根本方针。

此题词收藏在抗大校史展览馆，1966 年 7 月 31 日《光明日报》刊发。

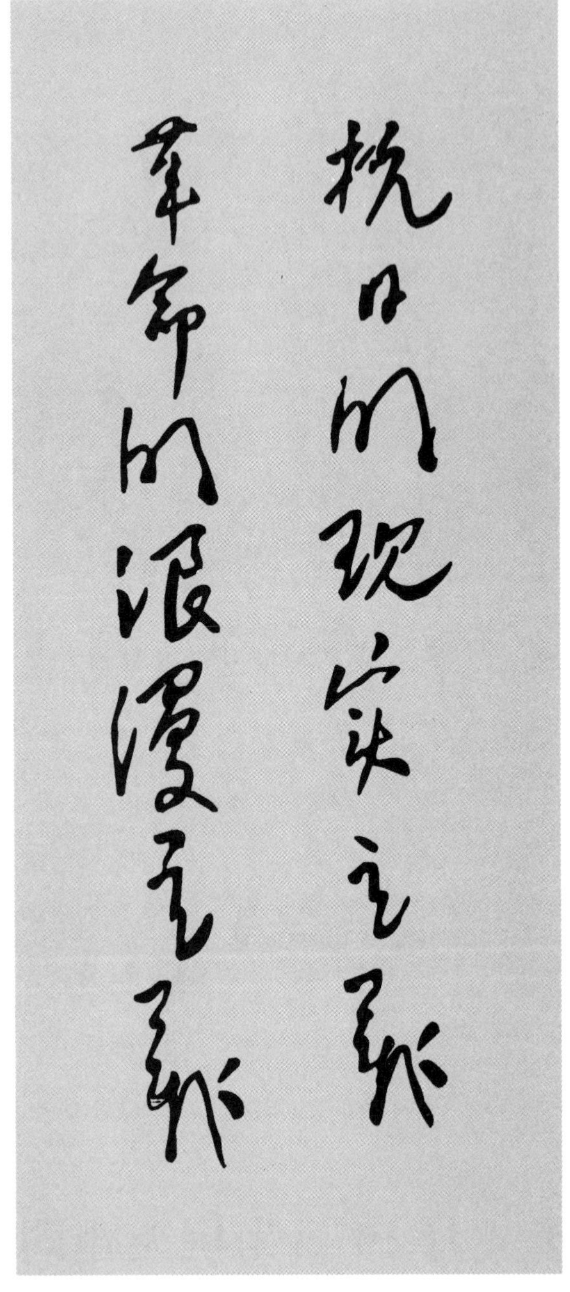

◆ 为鲁艺建校一周年的题词（1939 年 5 月 10 日）

为鲁艺建校一周年题词

1939 年 5 月 10 日，在鲁迅艺术学院成立一周年之际，毛泽东挥笔为鲁艺题词：“**抗日的现实主义　革命的浪漫主义**”。

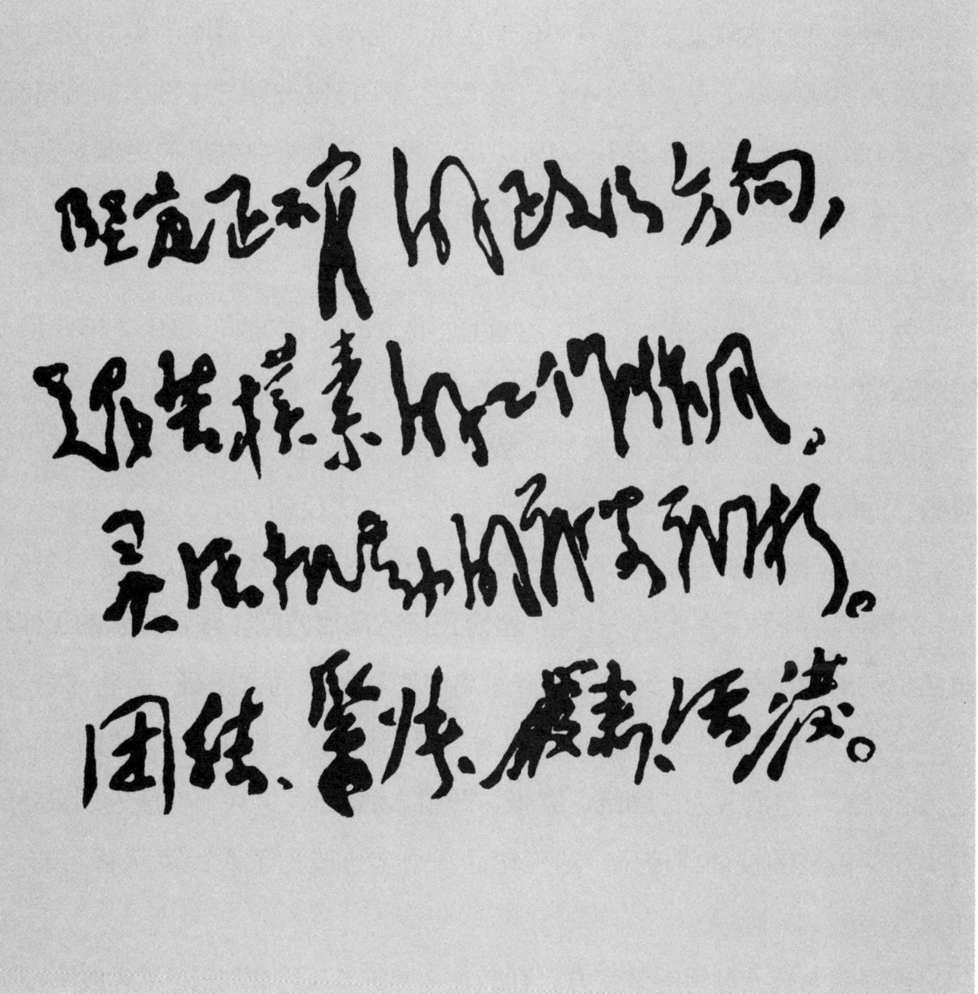

◆ 为抗大制定并题写的教育方针和校训（1939 年 5 月 26 日）

为抗大制定并题写教育方针和校训

红军长征到达陕北之后，1936 年 4 月，毛泽东决定将原中央苏区的中国工农红军大学继续办下去，6 月 1 日，在瓦窑堡举行第一期“中国人民抗日红军大学”（简称“红大”）开学典礼。1937 年 1 月，红大随中央机关由保安搬迁到延安，1 月 19 日更名为“中国人民抗日军事政治大学”（简称“抗大”），1 月 20 日，抗大二期正式开学。

为了进一步加强抗大的建设，明确抗大的工作方向，1937 年 3 月 5 日，毛泽东为抗大亲笔题词，拟定了抗大的教育方针：“坚定不移的政治方向，艰苦奋斗的工作作风，加上机动灵活的战略战术。”4 月，又为抗大题写了“团结、紧张、活泼、严肃”八个字，这八个字成为抗大的校训。

1939 年 5 月 26 日，毛泽东为延安《新中华报》著文《抗大三周年纪念》，又一次明确指出抗大的教育方针：**“坚定正确的政治方向，艰苦朴素的工作作风，灵活机动的战略战术。”**这次，毛泽东将“不移”改为“正确”；将“奋斗”改为“朴素”；将“加上机动灵活”改为“灵活机动”。抗大校训：“团结、紧张、活泼、严肃”这次改为**“团结、紧张、严肃、活泼”**。这八个字成为后来各时期、各类军事院校的校训或校风。这三句话八个字也成为了人民军队著名的“三八作风”。

毛泽东为抗大题写的教育方针刊载在 1965 年 8 月 27 日的《解放军报》上。

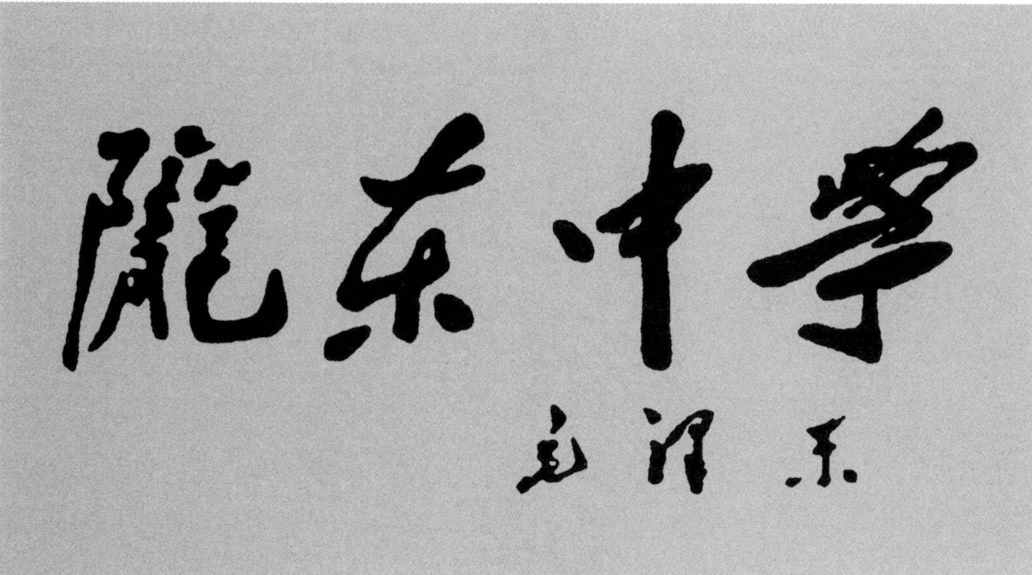

◆ 为陇东中学题写的校名（1940 年）

为陇东中学题写校名

陇东中学创办于 1940 年，毛泽东亲笔题写校名：“**陇东中学**”。

1947 年 2 月，国民党军胡宗南部进犯庆阳，陇东中学被炸毁，学校被迫迁往华池县城壕川随军转战办学。1948 年，西北局公布了《关于改变边区中学为分区干部学校》的决定后，陇东中学又改为陇东分区干部学校。中华人民共和国成立后，陇东中学几经搬迁，数易校名，1972 年恢复原名，并确定为甘肃省、地、县三级重点中学。

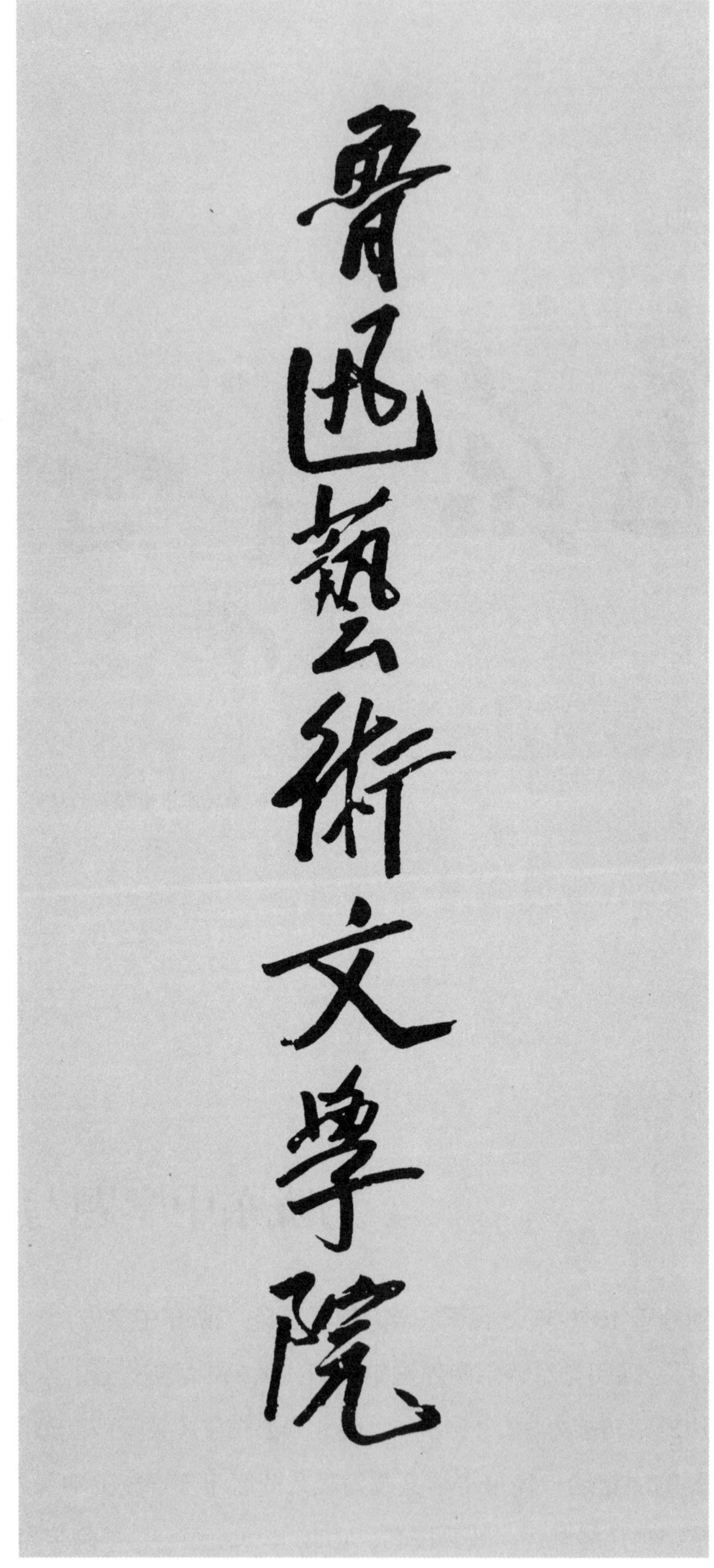

◆ 为鲁艺题写的校名（1940 年 4 月 10 日）

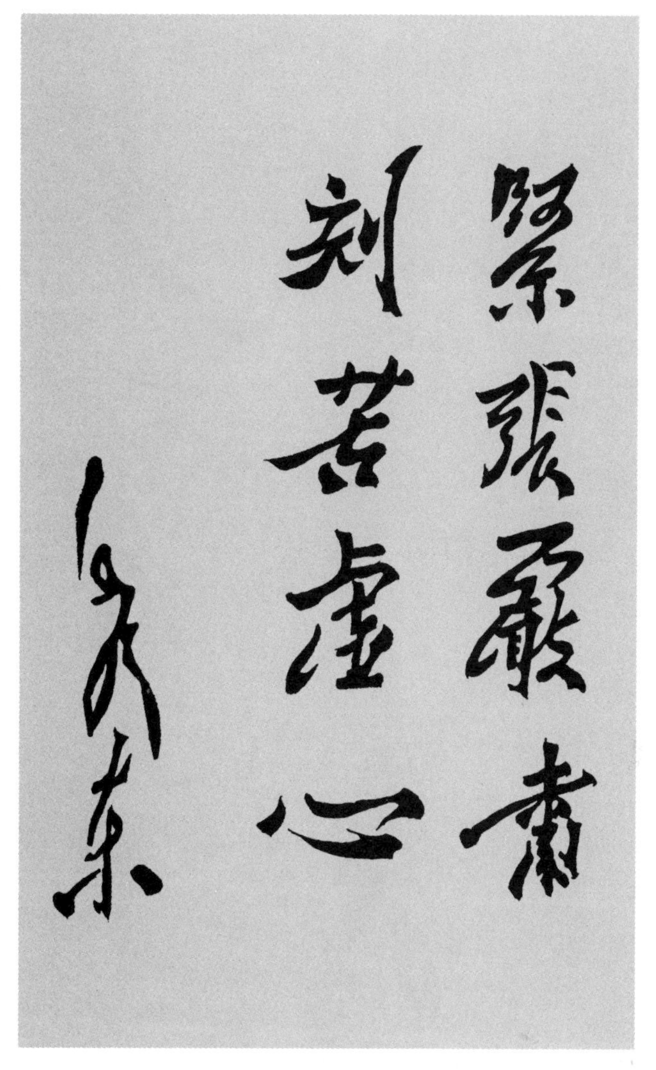

◆ 为鲁艺题写的校训（1940 年 4 月 10 日）

为鲁艺题写校名及校训

1940 年 4 月 10 日是鲁艺成立两周年纪念日，毛泽东又为更名后的“鲁艺”题写校名：**“鲁迅艺术文学院”**，还为“鲁艺”题写校训：**“紧张　严肃　刻苦虚心”**，落款：**“毛泽东”**。

1943 年该校并入延安大学后又更名为“鲁迅文艺学院”，统一简称“鲁艺”。1945 年底，鲁艺迁往东北、华北等地办学，参加解放战争和民主改革运动。中华人民共和国成立后，鲁艺师生分赴全国各地，成为中华人民共和国文学艺术事业的中坚和领导力量。

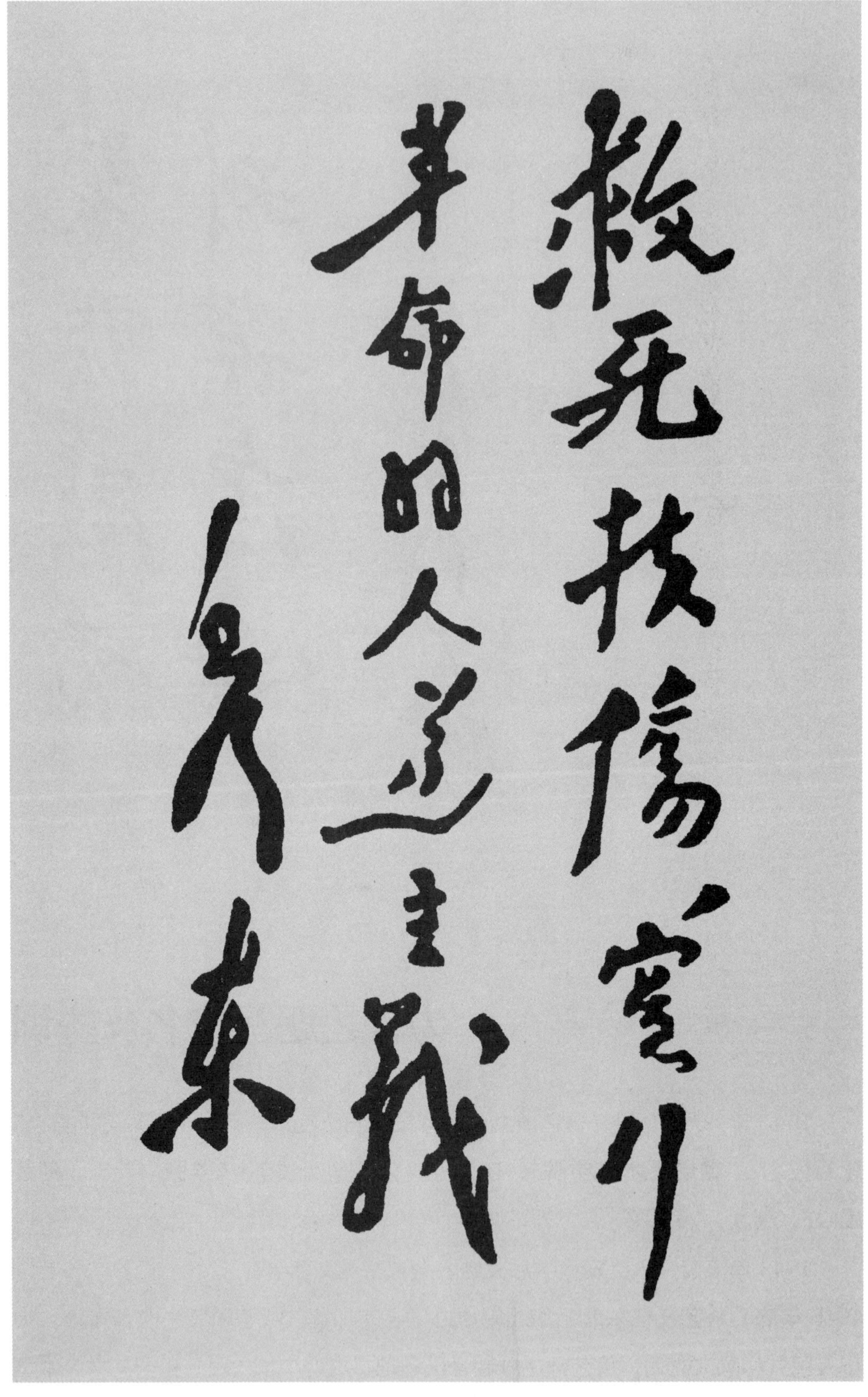

◆ 为中国医科大学第一期毕业生的题词（1941 年 7 月）

为中国医科大学第一期毕业生题词

中国医科大学前身为1931年创建于江西瑞金的中国工农红军军医学校，1932年，中央军委将中国工农红军军医学校更名为中国工农红军卫生学校。1937年，学校随中央迁至延安的盐店子；后迁至富县张村驿；1940年3月，学校又迁到延安的柳树店。9月，经毛泽东提议，中共中央批准，红军卫生学校正式改名为中国医科大学。

建校伊始，毛泽东为学校确立了“政治坚定　技术优良”的办学方针。1941年7月，中国医科大学第一期，亦即中国工农红军卫生学校第十四期，恰在学员毕业前夕，同学们都热切希望毛泽东能题词留念。第十四期的期长林春芳将同学们的要求向校长王斌汇报，王校长很快接通了毛泽东的电话，请毛泽东在百忙之中给第十四期毕业同学题词，毛泽东立即答应了。

不久，毛泽东派工作人员给王斌校长送去了题词，在一张白纸上写着“**救死扶伤，实行革命的人道主义**”十三个大字，落款：“**毛泽东**”。

1941年7月15日，第十四期的61名毕业同学，也是中国医科大学第一期毕业生，他们有幸拿到了与以往不同的毕业证书——学校将毛泽东的题词“救死扶伤，实行革命的人道主义”用红色字印制在了毕业证书上。

从此，毛泽东的这一题词不仅成为中国医科大学的行动指南，也成为全国医务工作者的座右铭。

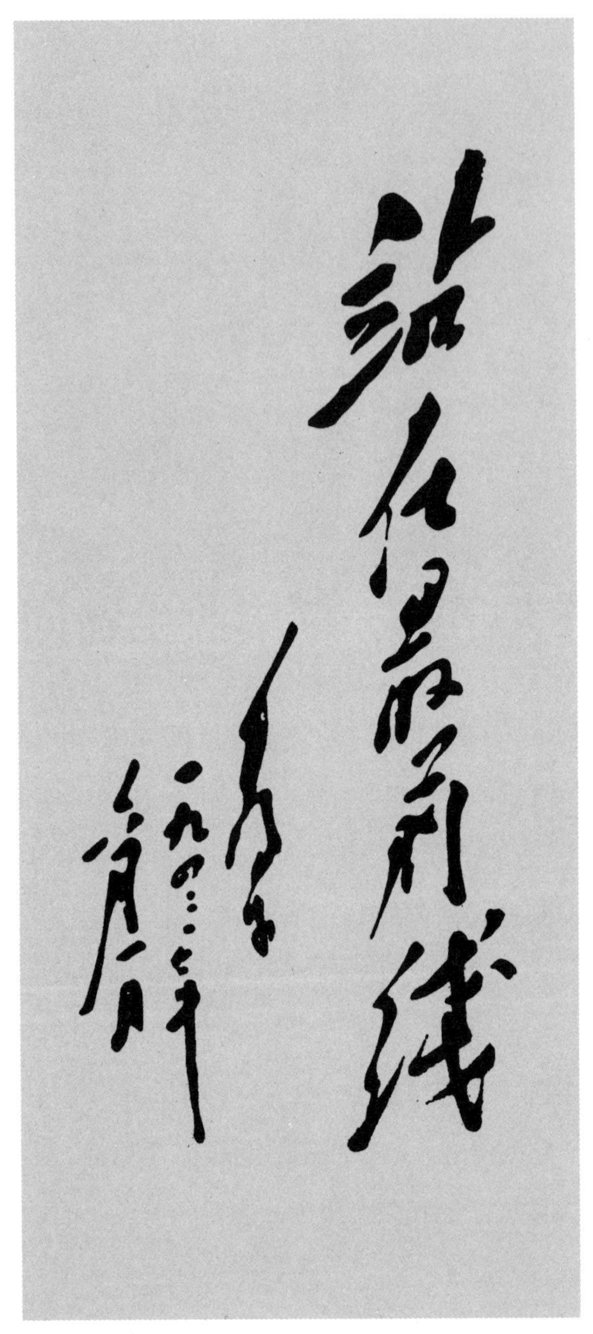

◆ 为纪念抗大建校七周年的题词（1943 年 6 月 1 日）

为纪念抗大建校七周年题词

1943 年 6 月 1 日，毛泽东为纪念抗大建校七周年题词：**“站在最前线”**，落款：**“毛泽东　一九四三年六月一日”**。

此题词刊登于《军政大学分校一期毕业二期开学纪念特刊》上。

◆ 为中央党校礼堂落成题写的“实事求是”（1943 年 11 月）

为中央党校题词

1943 年 11 月，中央党校大礼堂落成之际，有人提议在礼堂正门上挂个题词，人们就请范文澜先生题写。范老写了几幅字，自己不满意，他便提议找毛泽东写。毛泽东欣然答应，在四张约 0.5 平方米的麻纸上写下了**“实事求是”**四个大字。随后，校方请来能工巧匠，选了四块方方正正的石料，将麻纸铺在方石上，照笔画开凿，“印”在方石上。《彭真年谱》记载：“1943 年 11 月 7 日中央党校大礼堂落成，毛泽东题写的‘实事求是’镶嵌在礼堂正面墙壁上。”

从此以后，“实事求是”成为全党同志的座右铭。

1947 年 3 月，国民党军胡宗南部进犯延安后，设置“北关无人区”，为修筑碉堡及防御工事，将中央党校的大礼堂破坏拆除进而采集了大量砖石、木料，“实事求是”四块石刻随之被埋于地下。1955 年，延安师范学校基建施工时挖掘出了原礼堂上的“实事求是”石刻。

这四块石刻原件被列为革命一级文物，珍藏于延安革命纪念馆。

为洛杉矶托儿所题词

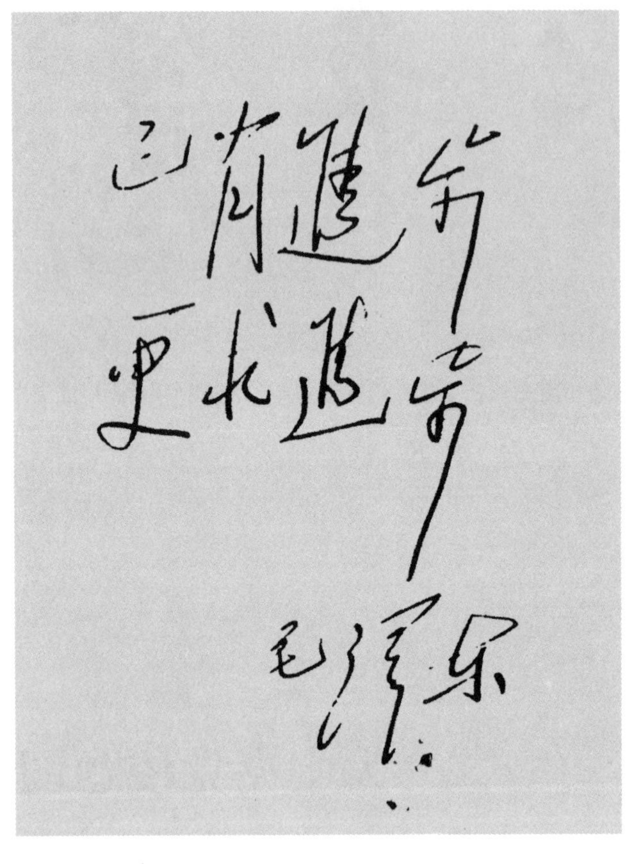

◆ 为洛杉矶托儿所的题词（1946 年 11 月）

陕甘宁边区战时儿童保育会成立之后的第一件事，就是着手扩充建设延安托儿所，接纳更多的前方将士子女和战区难童。

1940 年春，由傅连暲建议、经毛泽东批准在延安成立了中央托儿所。起初由中央卫生处直接管理，由曹和静负责。由于当时边区财政困难，物资缺乏，托儿所艰难维持着。1942 年，为感谢美国洛杉矶爱国华侨及国际友人给物资匮乏的中央托儿所募捐药品、玩具、食品和生活用品，“中央托儿所”改名为“洛杉矶托儿所”。后调丑子冈任所长。托儿所开始只有七个孩子，后来增加到几十个，大多数是党政军领导人和革命烈士的孩子，毛泽东的女儿李敏、左权的女儿左太北、刘伯承的儿子刘太行等，都曾在这里生活过。1944 年，中央卫生处调沈元晖任所长，丑子冈为副所长。沈元晖到职后积极忘我工作，经过一年多的努力，终于使托儿所的面貌得到了明显改变。1946 年 11 月，洛杉矶托儿所撤离延安前，毛泽东特地去看望孩子们和保教员工，听了工作汇报后，很是满意。临别时，丑子冈请毛泽东给孩子们题几个字，毛泽东略作沉思，俯身亲笔题词**“已有进步，更求进步”**八个大字，落款：**“毛泽东”**。这是对沈元晖所长、丑子冈副所长及全体保教员工们工作的肯定和勉励。

北京万寿寺幼儿园，现名总政幼儿园，其前身就是洛杉矶托儿所。

第四辑 为图书报刊的题词

毛泽东一生多次题写报头，涉及各级党报、军报、行业报和大学报等。这些报头是他书法作品的重要组成部分，是集文献、新闻、艺术于一体的精神之花。

延安时期，经毛泽东倡导并创办的报刊有《解放》周刊、《新中华报》《共产党人》《中国妇女》《中国文化》《边区儿童》《八路军军政杂志》等。其中，毛泽东题写的刊名和题词，撰写的发刊词和在创刊号上发表的文章记载了波澜壮阔的中国革命史，有着重要的史料价值和独特的艺术价值。

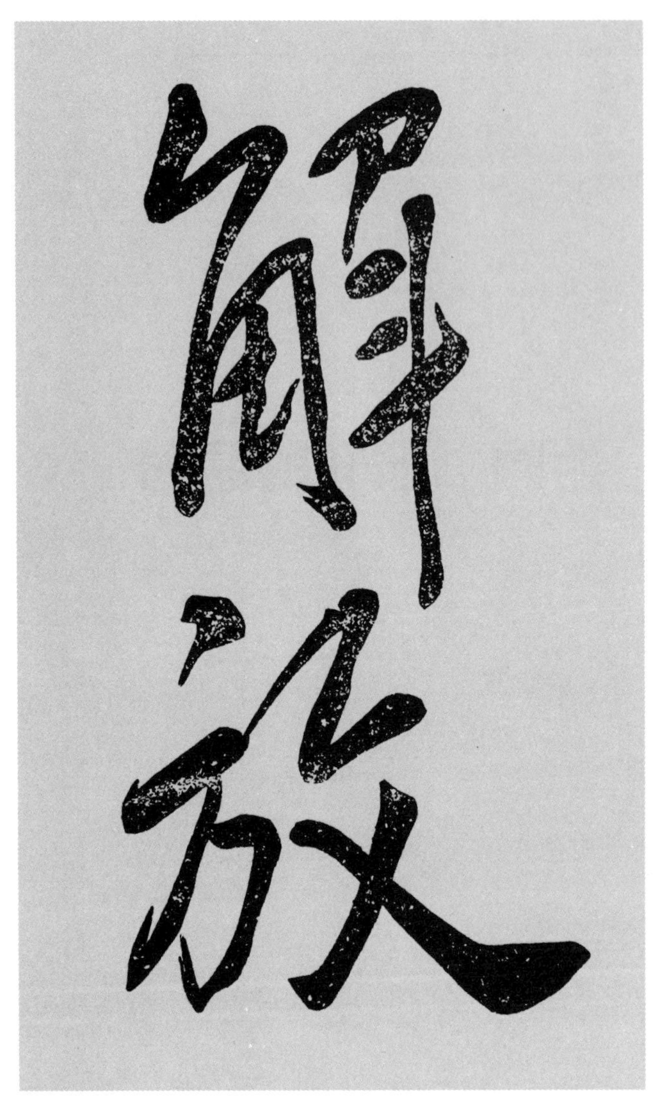

◆ 为《解放》周刊题写的刊名（1937 年 9 月初）

为《解放》周刊题写刊名

1937 年 1 月，中共中央从保安迁到延安后，便恢复了党报委员会，筹办中央机关刊物《解放》周刊。4 月 24 日，在毛泽东亲自指导和支持下，中共中央机关刊物《解放》周刊在延安兰家坪创刊，为铅印 16 开本。后改为半月刊。

1937 年 9 月初，毛泽东为《解放》周刊题写了刊名**“解放”**二字。从 9 月 25 日的第 17 期起，《解放》周刊便采用了毛泽东题写的刊名。

1941 年 8 月 31 日，为了集中力量办好中央机关报《解放日报》，《解放》周刊停办，共出版了 134 期。

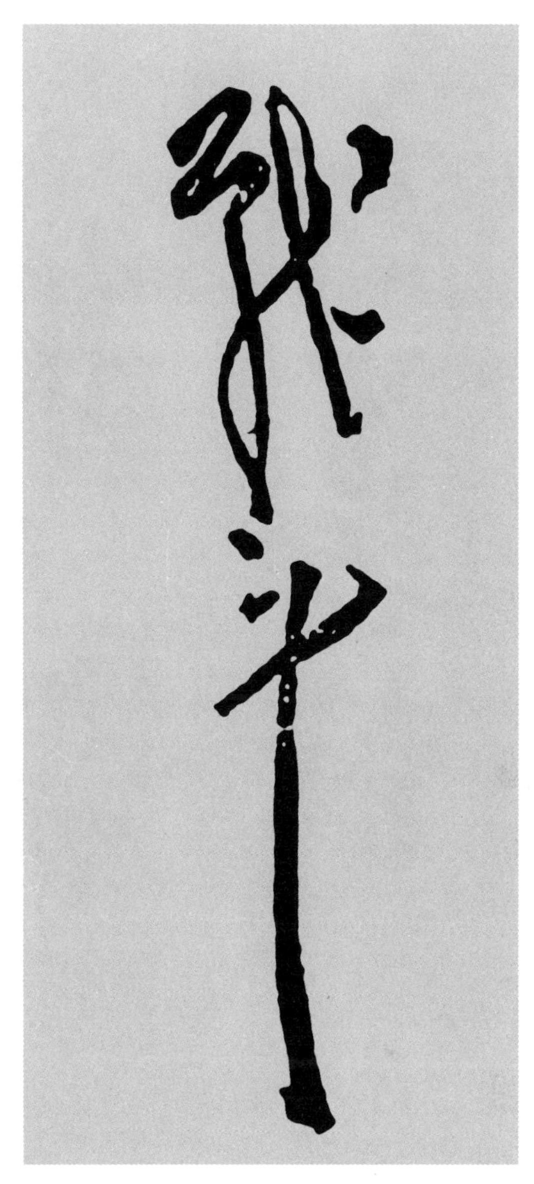

◆ 为《战斗》杂志题写的刊名（1937 年 11 月）

为《战斗》杂志题写刊名

1937 年 10 月，中共晋冀豫区党委成立后，为了更好地宣传党在抗战时期的方针、政策，于 1937 年 11 月 9 日创办了机关刊物——《战斗》，毛泽东题写刊名：**“战斗”**。《战斗》杂志为党内刊物，油印出版。

1942 年 9 月 1 日，中共中央北方局太行分局成立，下辖晋冀豫、冀南、太岳、冀鲁豫四个区党委。1943 年 6 月 1 日，《战斗》升格为太行分局机关刊物，并自 79 期起由油印出版改为铅印出版，直到太行区撤销时终刊。

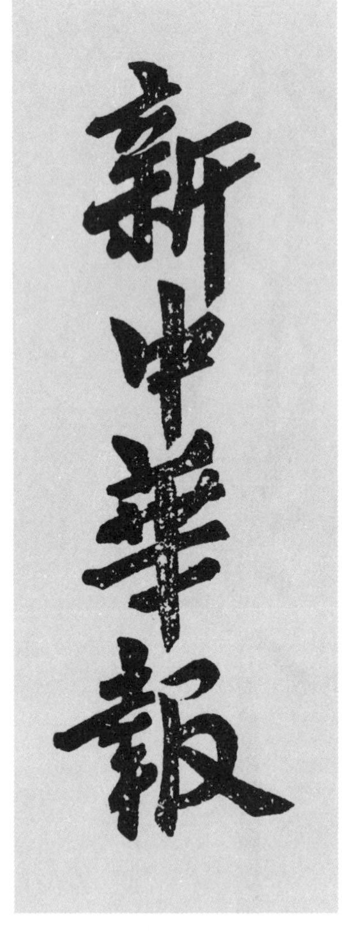

◆ 为《新中华报》题写的报头（1937 年 9 月 9 日版）

◆ 为《新中华报》题写的报头（1939 年 2 月 7 日版）

◆ 为《新中华报》题写的报头（1939 年 7 月 7 日版）

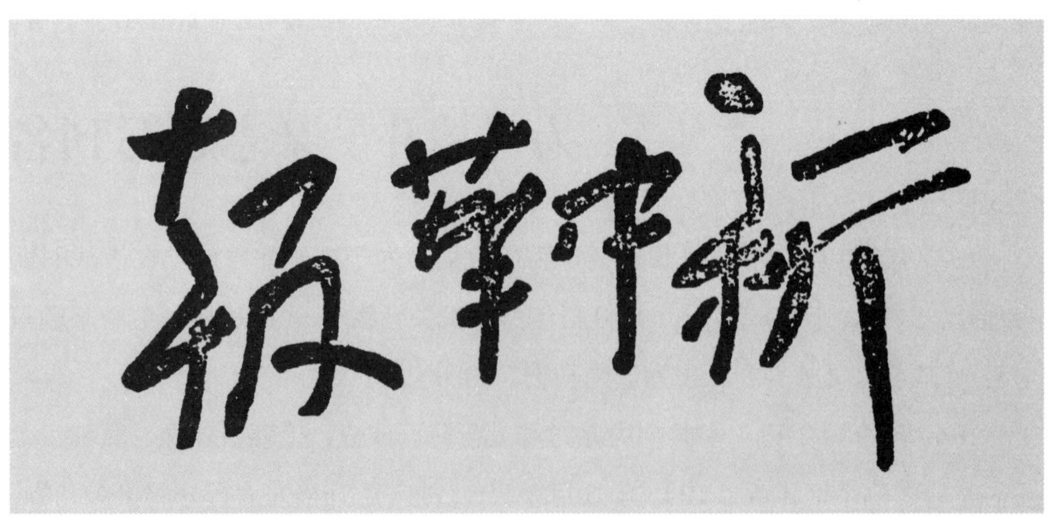

◆ 为《新中华报》题写的报头（1939 年 8 月 18 日版）

为《新中华报》题写四款报头

1937 年 1 月 29 日，为适应建立抗日民族统一战线的新形势，《红色中华》从 325 期起改为《新中华报》，继续作为中华苏维埃中央机关报，油印，4 开 4 版，期号续前。1937 年 9 月，中华苏维埃共和国中央政府西北办事处改为陕甘宁边区政府，《新中华报》成为陕甘宁边区政府机关报，并由油印改为铅印。当时的主编向仲华去凤凰山见毛泽东时说："新报纸的出版万事俱备，只欠东风。"毛泽东问："东风者何？"向仲华说："题写报名。"毛泽东说："你的意思是让我写报名吧。《红色中华》我写了，现在改了新名字要我再写，这是顺理成章的事。现在我就写，你拿去早点制版出报。"

1939 年 2 月 7 日，《新中华报》改组为中国共产党中央委员会机关报，并从 474 期后，采用新的编号，即《新中华报》（刷新版），创刊期号为"刷新第一号"，由 5 日刊改为 3 日刊，李初梨为主编。

1941 年 5 月 15 日，《新中华报》（刷新版）停刊，共出刊 230 期。5 月 16 日，《新中华报》与《今日新闻》合并，改名为《解放日报》。

延安时期，毛泽东先后为《新中华报》题写了四款报头，依次从 1937 年 9 月 9 日、1939 年 2 月 7 日、1939 年 7 月 7 日、1939 年 8 月 18 日开始启用。

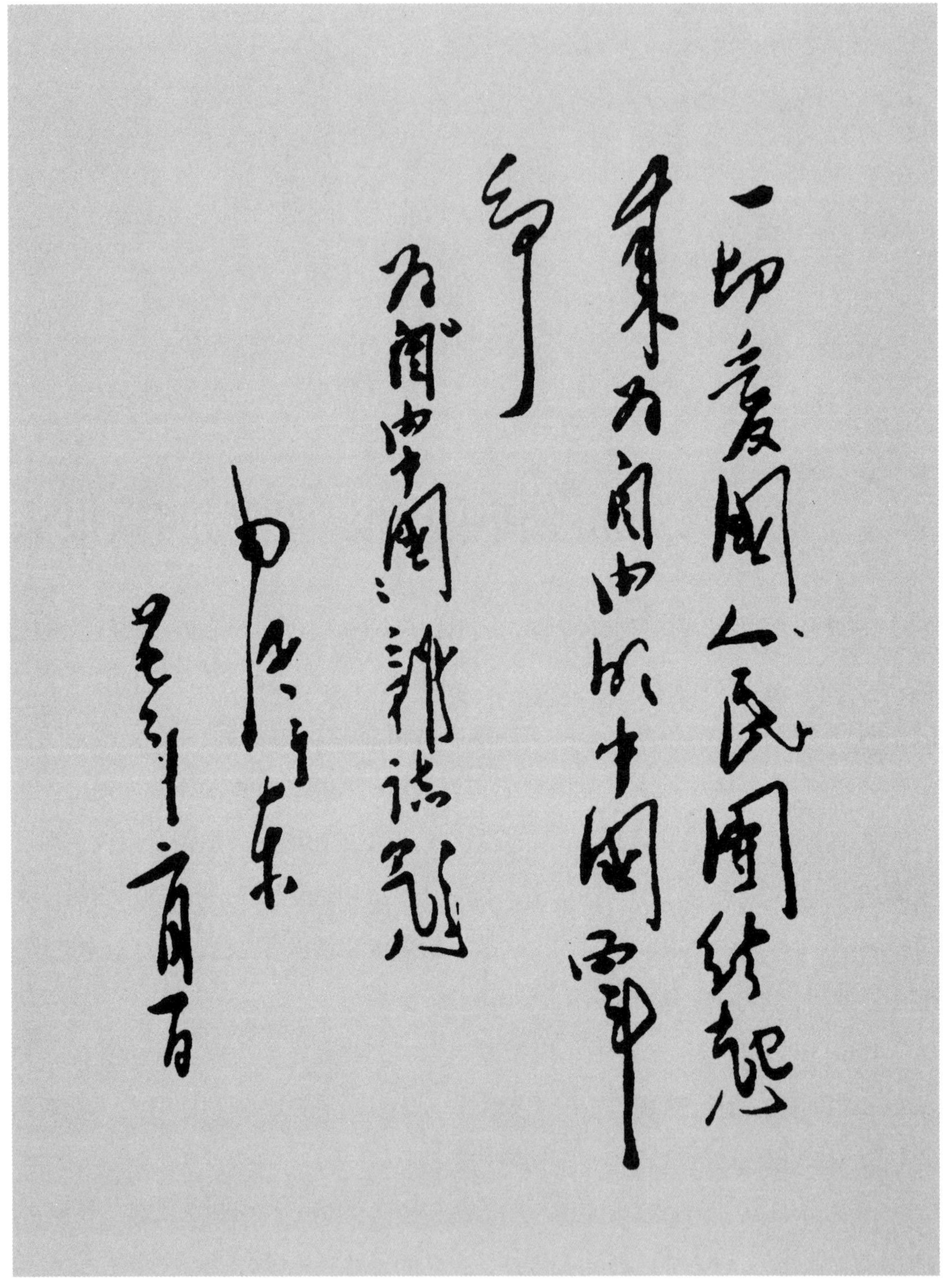

◆ 为《自由中国》杂志的题词（1938 年 2 月 1 日）

为《自由中国》杂志创刊题词

1938 年初，著名作家杨朔在延安向毛泽东汇报在国统区开展抗日救亡工作的情况，谈及准备在武汉创办《自由中国》，并请毛泽东为该刊题词。2 月 1 日，毛泽东为《自由中国》创刊题词：**“一切爱国人民团结起来为自由的中国而斗争”**，落款：**“为《自由中国》杂志题　毛泽东　廿七年二月一日”**。题词由杨朔从延安带回武汉。

1938 年 4 月 1 日，《自由中国》创刊号在武汉出版，毛泽东的题词刊登在 5 月 10 日该刊的第二期扉页上，这是中国共产党在国统区内第二次公开发表的毛泽东题词手迹。

毛泽东为《自由中国》的题词墨迹起初由杨朔保管，后由廖邦昌、王杰荣夫妇收藏。中央向全国征集毛泽东著作手稿，廖邦昌、王杰荣夫妇于 1977 年 10 月将这幅珍藏了多年，几经波折、历尽沧桑的毛泽东题词墨迹上交中共中央办公厅。

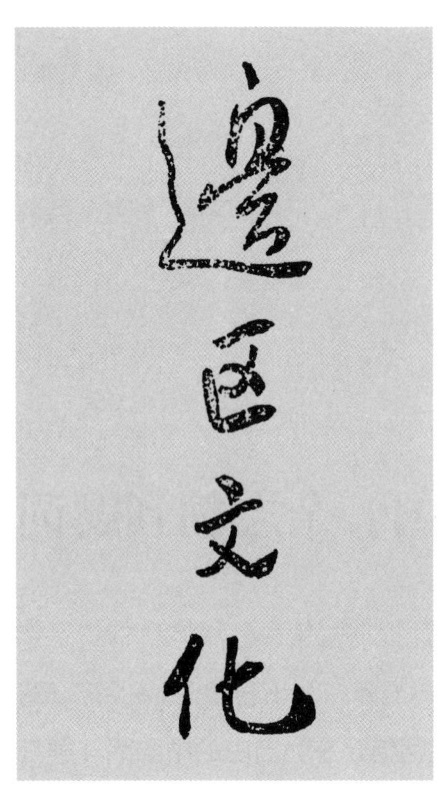

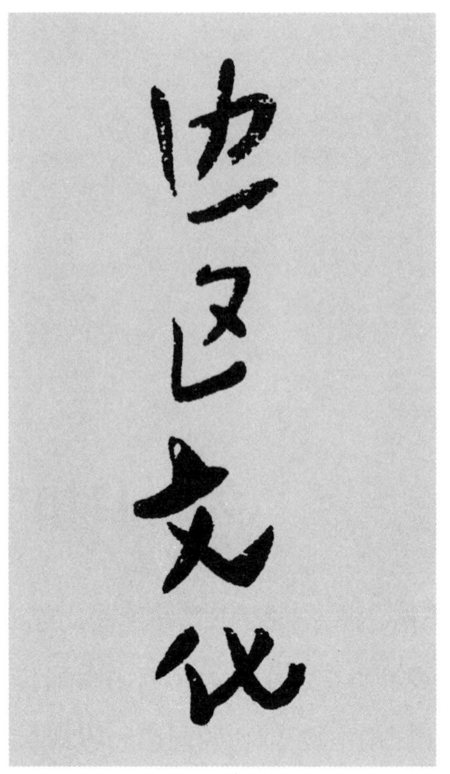

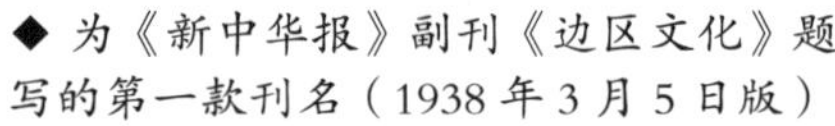
◆ 为《新中华报》副刊《边区文化》题写的第一款刊名（1938 年 3 月 5 日版）

◆ 为《新中华报》副刊《边区文化》题写的第二款刊名（1938 年 4 月 20 日版）

为《新中华报》副刊《边区文化》题写两款刊名

延安时期，毛泽东十分关心报刊出版工作，应邀为许多报刊题写名称，撰写发刊词，或作出指示，支持其出版，指导其成长。他不仅题写了《新中华报》报头，而且多次为该报的副刊或专刊题写刊名。

1938 年 3 月 5 日，《新中华报》第四版的《边区文化》副刊创刊。《边区文化》由边区文化界救亡协会编辑，用来刊登短小的文艺作品和消息。时任文化界救亡协会主任的艾思奇请毛泽东题写了**“边区文化”**刊名。当时毛泽东写了两张字，对艾思奇说：“在报纸上出版文艺副刊，是边区文化建设的一大进步，值得庆贺！我写了两张字，由你们选用。以后我们还要办专门的文艺刊物，发展边区文化。”《边区文化》创刊号选用了毛泽东的一款题字；1938 年 4 月 20 日出版的《边区文化》第 4 期换用了另一款题字。但《边区文化》的第 7、8 两期，不知何故，刊名改为艺术字。

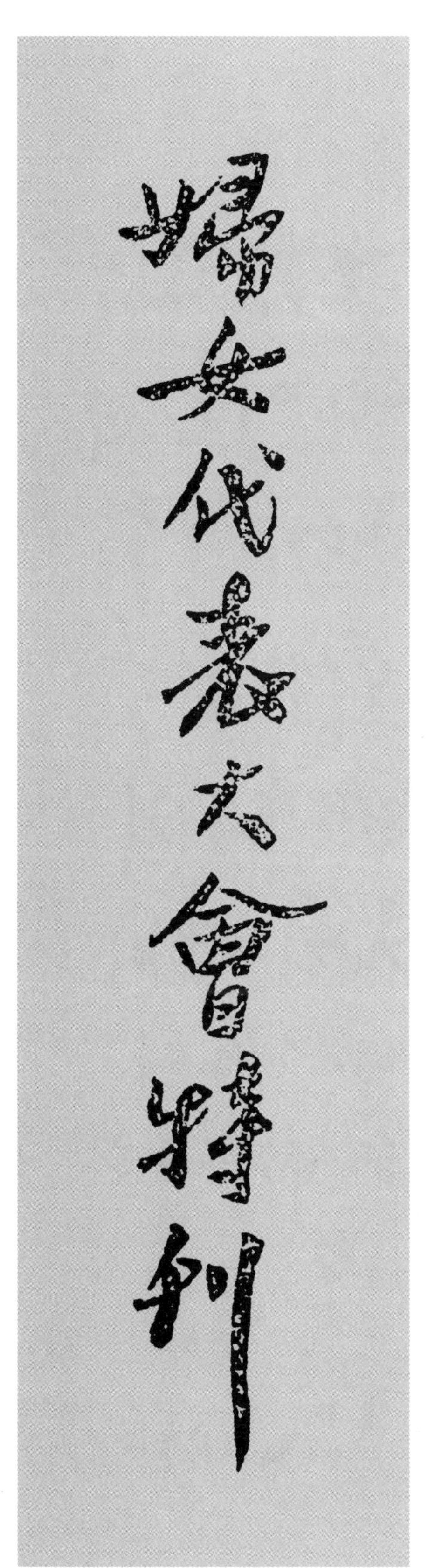

◆ 为《新中华报》题写的“妇女代表大会特刊”刊名（1938 年 3 月 8 日）

为《新中华报》“妇女代表大会特刊”题写刊名

1938 年 3 月 8 日下午，陕甘宁边区妇女联合会第一次代表大会在延安隆重召开，宣布成立陕甘宁边区各界妇女联合会。当天晚上，举行了纪念“三八节”晚会，毛泽东为大会题词：“妇女在抗战中担负了重大的责任，必须把妇女群众组织起来，必须有大批的妇女干部领导妇女工作。”该题词刊登在 1938 年 3 月 15 日出版的《新中华报》上。同时，毛泽东还为《新中华报》“**妇女代表大会特刊**”题写了刊名。

◆ 为《援助陕公》一书的题词（1938 年 3 月 10 日）

为《援助陕公》一书题词

全民族抗战爆发后，大批进步青年学生从各地奔赴延安参加革命。为了适应培养抗战人才的需要，1937 年 7 月底，中共中央委托林伯渠、吴玉章、董必武、徐特立、成仿吾、张云逸等人筹办陕北公学（简称“陕公”），并委派组织部副部长李富春直接领导此项工作。1937 年 8 月，陕北公学开始招生，校长成仿吾（1937 年 8 月至 1939 年 1 月），副校长李维汉（1938 年 3 月至 7 月）。校址在延安清凉山南麓。

陕公办学条件极端艰苦，为了克服物质上的困难，一方面依靠学员们自己种菜、挖窑洞、刻蜡版等；一方面发动社会募捐。同时，学校还会给每位毕业生发一个募捐本，希望他们走上工作岗位后继续为母校服务。为此，学校还专门编了一本《援助陕公》的小册子，详细介绍陕公这所抗日烽火中的大学，号召海内外团体和个人援助陕公。

1938 年 3 月 10 日，毛泽东为《援助陕公》一书题词：**“陕北公学是属于中华民族的，因为他为着抗日救亡而设，因为他收纳了全国乃至海外华侨的优秀儿女。维持这个学校的责任我以为也应是全国乃至海外华侨一切爱国人士的，因为这个学校并无任何公私财政基础，教员学生们都只吃小米饭，而且不能经常吃。”**落款：**“毛泽东　廿七年三月十日”**。

这本书发行后，立即产生了巨大的反响，陕公不断收到社会各阶层人士的捐款，少则一角、两角，多则十元、五十元。远在印度尼西亚、菲律宾的华侨，也汇来款项。《新华日报》和《新中华报》每隔一个时期，都会为捐款团体和个人登载“鸣谢启事”。

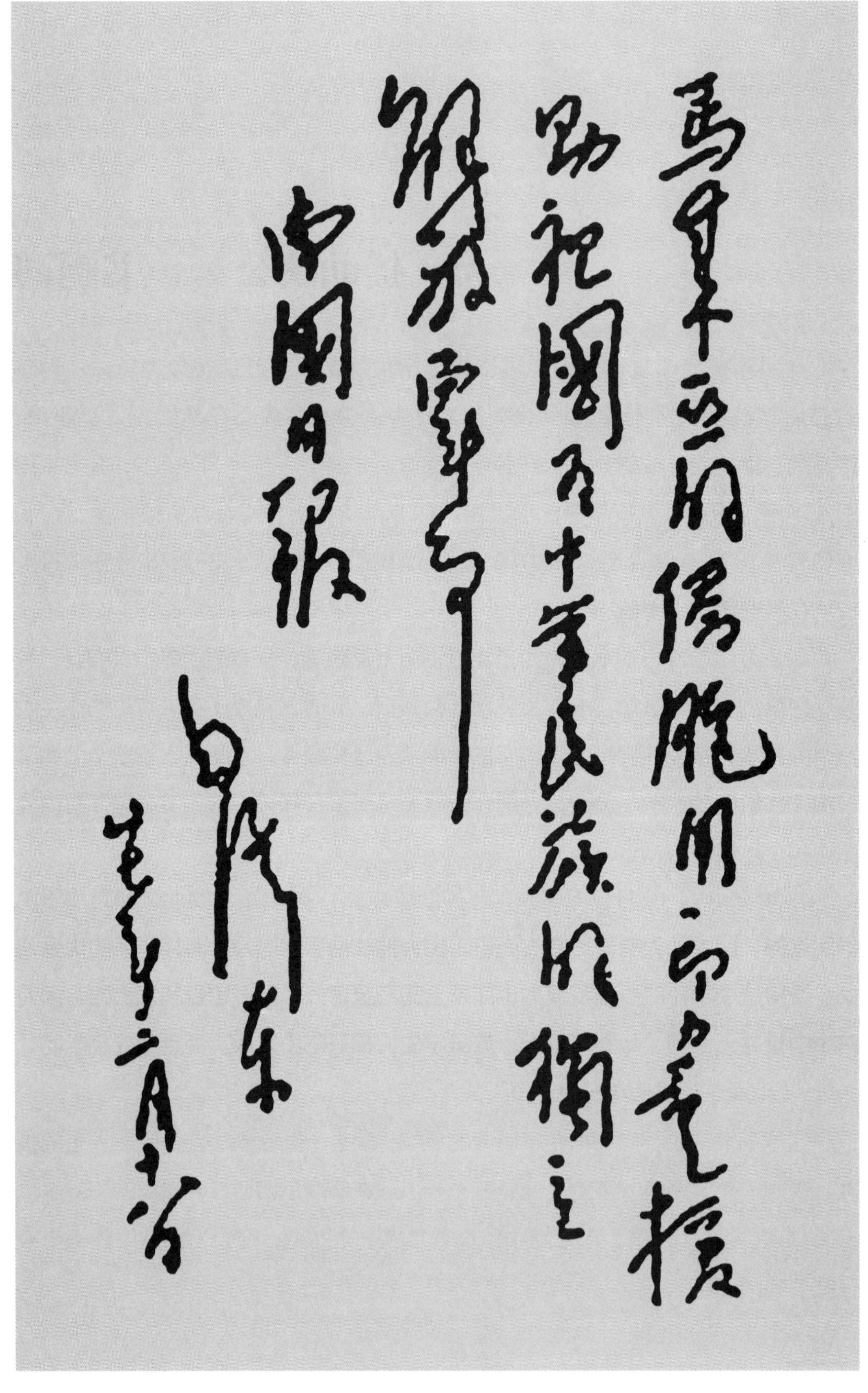
马来亚的侨胞用一切力量援助祖国及中华民族的独立解放事业

南国日报

毛泽东

廿七年三月十八

◆ 为马来西亚《南国日报》的题词（1938 年 3 月 18 日）

为《南国日报》和马来亚侨胞题词

1937 年底，《南洋商报》《星洲日报》等 10 余家侨报的 15 名记者联合组成“南洋华侨战地记者通讯团”，在领队辜俊英带领下从新加坡出发，经香港、广州、长沙、武汉等地，于 1938 年 2 月到达延安。记者团在延安期间开展了一系列的活动，毛泽东两次单独接见辜俊英。辜俊英向毛泽东介绍了马来亚开展抗日救亡运动的情况，并就海外华侨抗日救亡运动如何开展等问题进行请教。同时请毛泽东为马来亚侨胞和马来亚华侨各界抗敌后援会准备创办的《南国日报》题词。

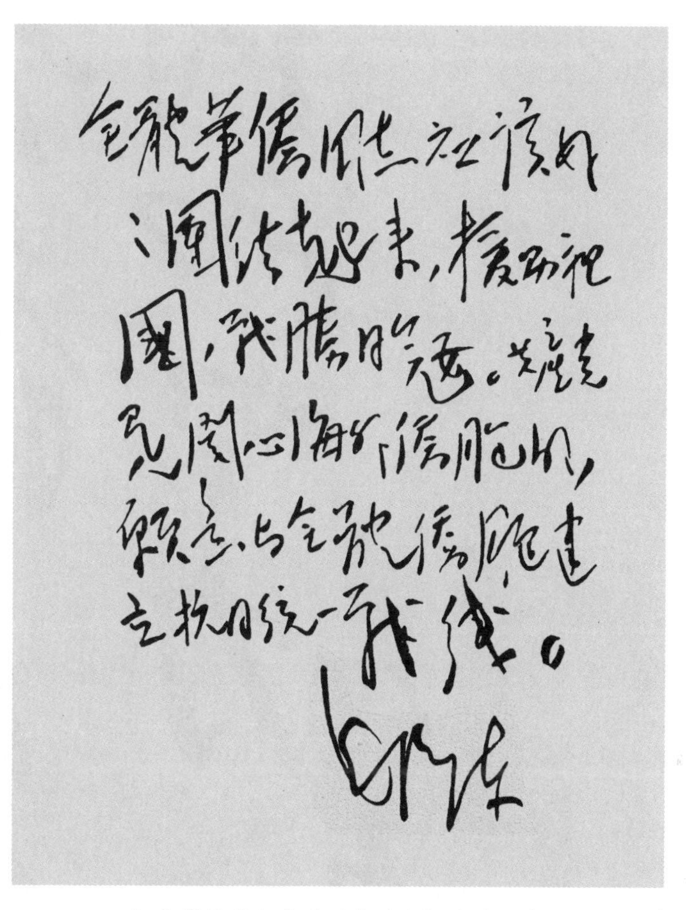

◆ 在辜俊英纪念手册上的题词（1938 年 3 月 18 日）

3 月 18 日，毛泽东在辜俊英纪念手册上题词：**“全体华侨同志应该好好团结起来，援助祖国，战胜日寇。共产党是关心海外侨胞的，愿意与全体侨胞建立抗日统一战线。”**落款：**“毛泽东”**。为《南国日报》题词：**“马来亚的侨胞用一切力量援助祖国为中华民族的独立解放而斗争”**，落款：**“毛泽东”**。

中央为更好地保管、整理毛泽东的手书、文稿等文物，特广泛征集，辜俊英将这两幅珍贵题词上交中共中央办公厅。

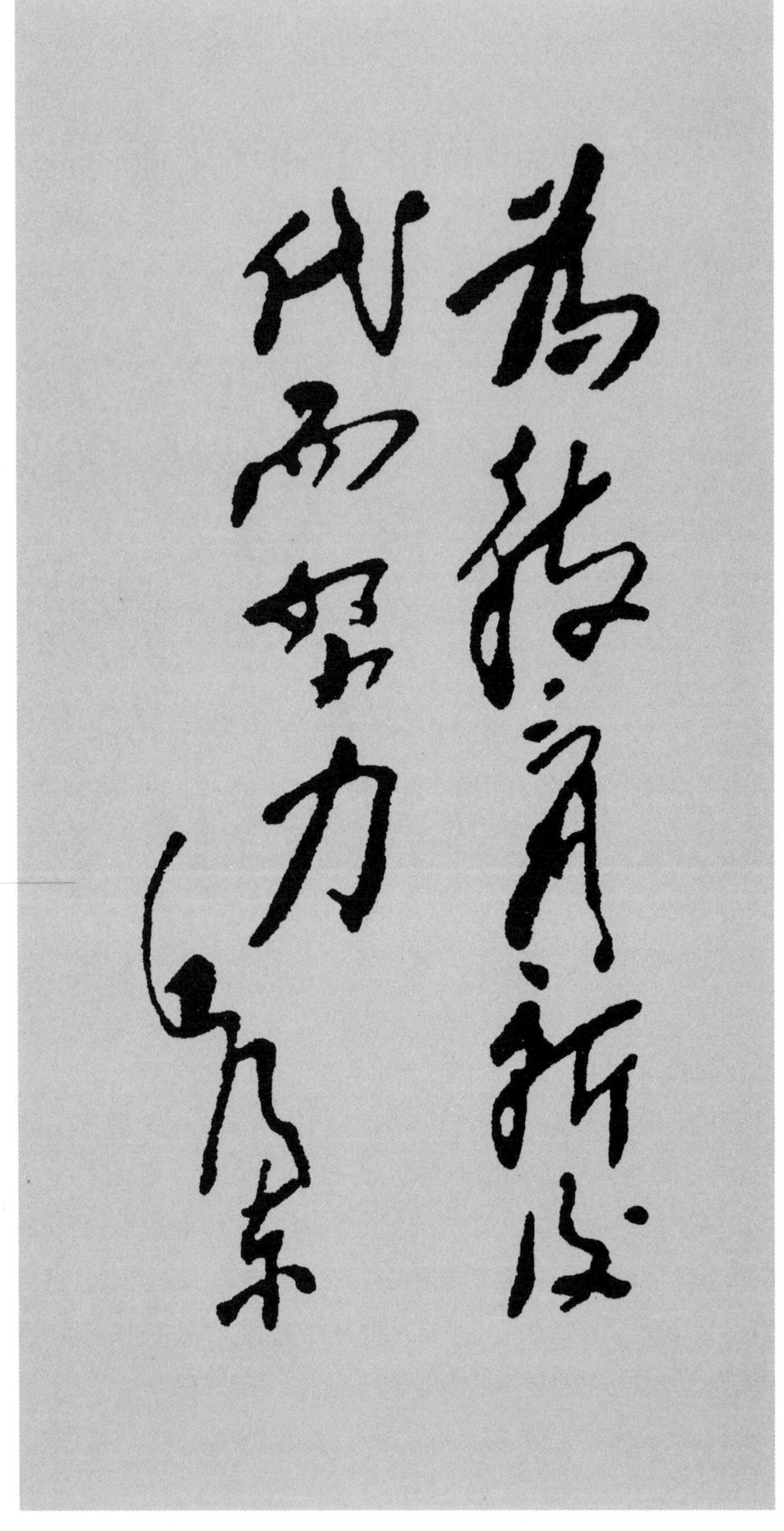

◆ 为《边区教师》报的题词（1938 年）

为《边区教师》报题词

1938年，陕甘宁边区为了帮助陕甘宁边区教师提高政治觉悟和文化知识水平，交流教育工作经验，推动教育工作的发展，创办了《边区教师》报。在正式出版前，《边区教师》报编辑董纯才写信给毛泽东，请毛泽东为《边区教师》报题词。历来重视边区教育，关心教师政治思想和业务能力的毛泽东，欣然为《边区教师》报亲笔题词："**为教育新后代而努力**"，落款："**毛泽东**"。《边区教师》报创刊号刊登了这一题词。

1939年7月，边区中学和鲁迅师范合并为陕甘宁边区师范学校，首任校长由陕甘宁边区教育厅厅长周扬兼任，董纯才为副校长。1940年8月28日，陕甘宁边区师范学校举行了成立一周年纪念大会暨一、二大队学生毕业典礼。会上为61位毕业生颁发了毕业证书，上面印有毛泽东为《边区教师》报的题词"为教育新后代而努力"。

1943年2月，陕甘宁边区师范学校与鄜县（今陕西富县）师范学校合并，改名为延安师范学校。1944年，延安师范学校与延安大学中学部合并，改名为陕甘宁边区延安中学。

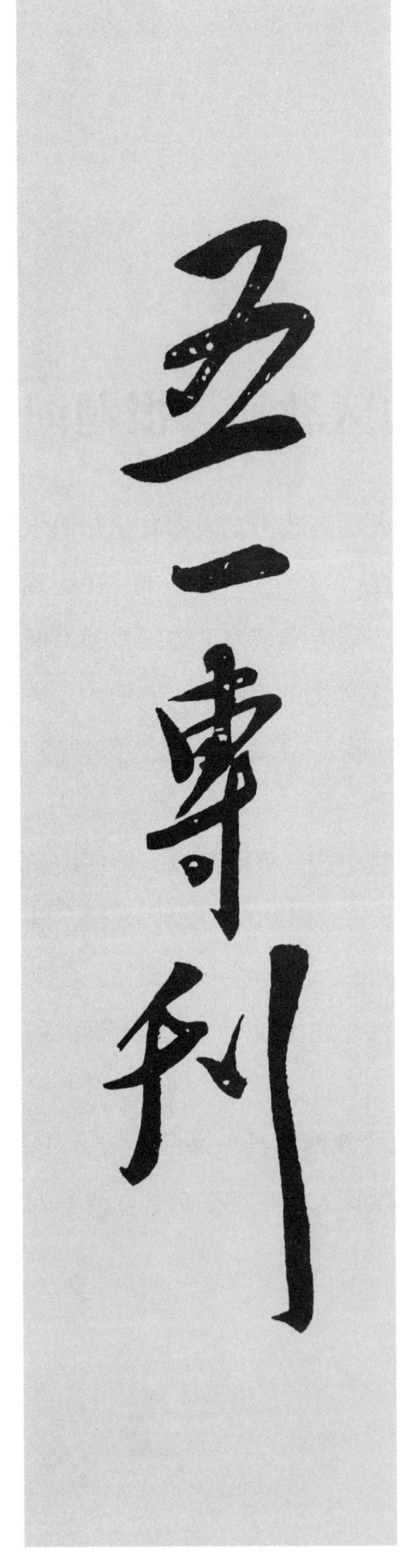

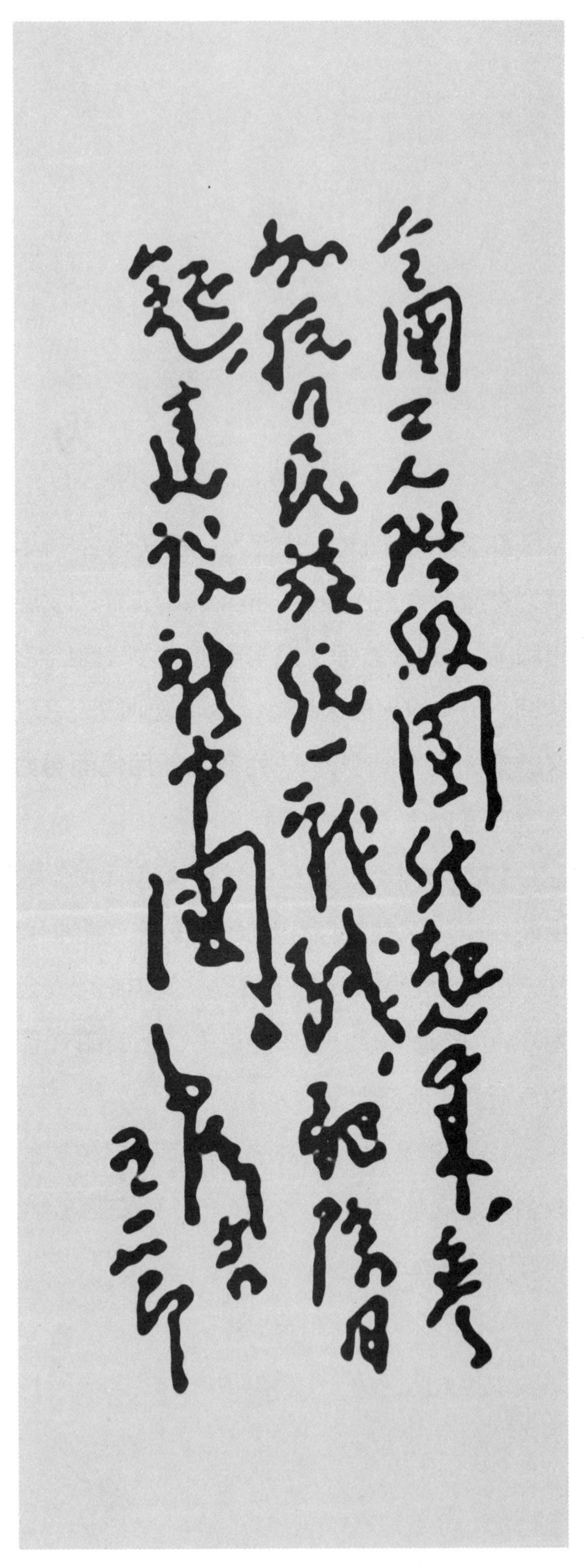

◆ 为《新中华报》“五一专刊”题写的刊名（1938 年 4 月底）

◆ 为“五一”节的题词（1938 年 4 月底）

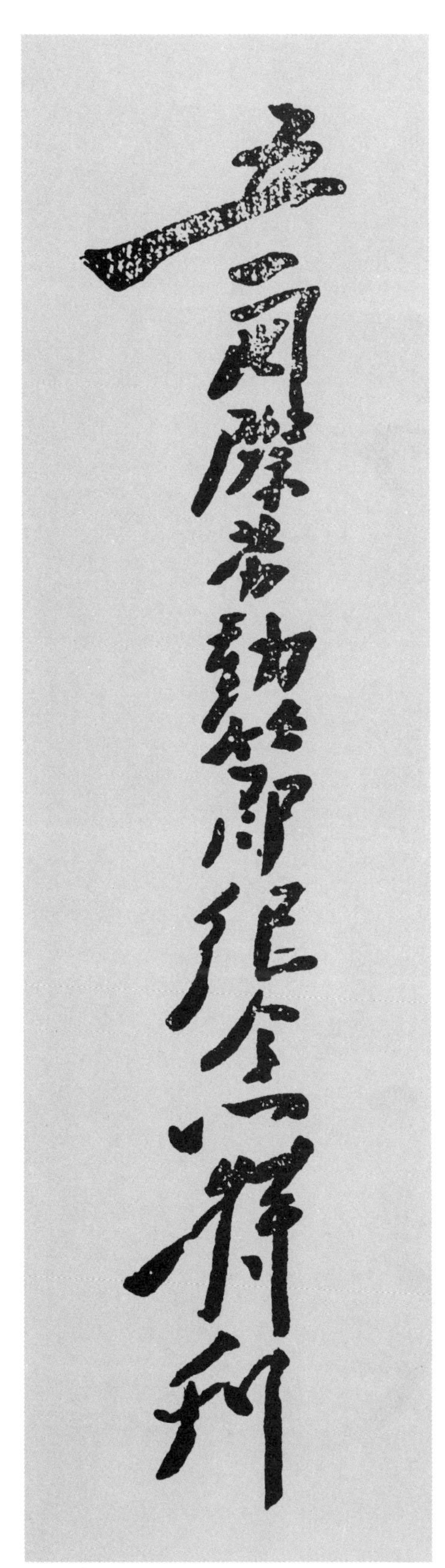

◆ 为《新中华报》题写的“五一国际劳动节纪念特刊”刊名（1941 年 4 月底）

为《新中华报》“五一专刊”“五一国际劳动节纪念特刊”题写刊名并题词

1938 年五一前夕，为纪念五一国际劳动节，毛泽东特别为《新中华报》副刊“**五一专刊**”题写刊名，并题词：“**全国工人阶级团结起来，参加抗日民族统一战线，驱除日寇，建设新中国。**”该题词刊登在 1938 年 4 月 30 日的《新中华报》“五一”专版上。

1941 年五一前夕，毛泽东为《新中华报》副刊“**五一国际劳动节纪念特刊**”题写刊名，并在 5 月 1 日的《新中华报》上刊用。

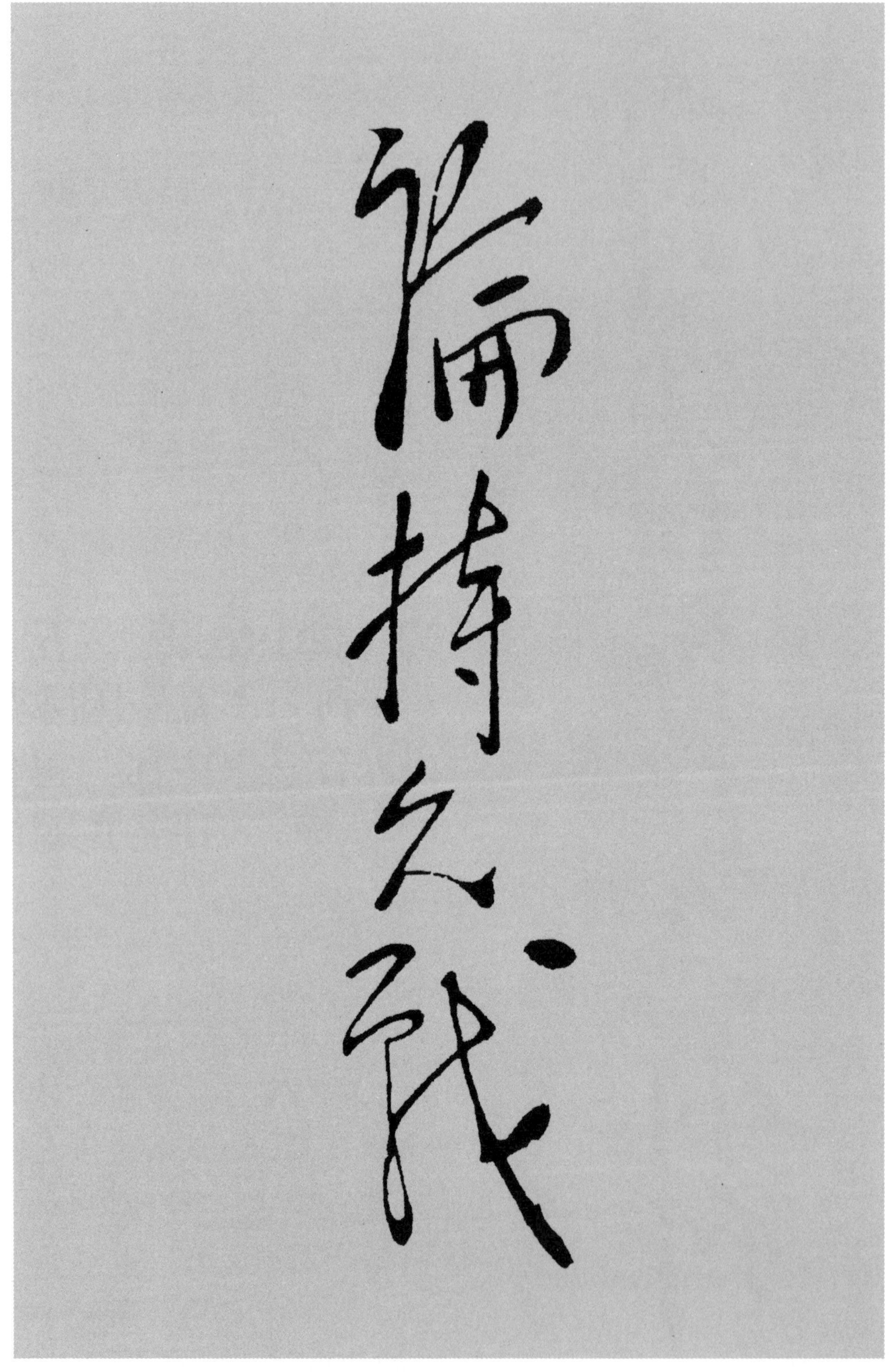

◆ 为《论持久战》题写的书名（1938 年 6 月）

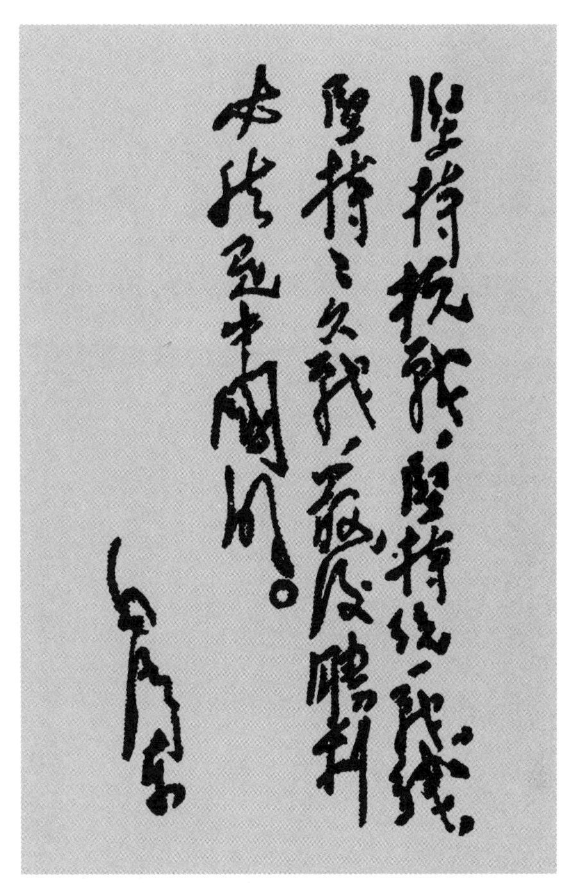

◆ 为《论持久战》的题词（1938 年 6 月）

为《论持久战》一书题写书名并题词

《论持久战》是毛泽东 1938 年 5 月 26 日至 6 月 3 日在延安抗日战争研究会的演讲稿，是继《中国革命战争的战略问题》之后的又一篇重要的军事著作，被誉为“世界十大军事名著”之一。

1938 年 7 月 1 日，为纪念中国共产党成立十七周年和抗日战争一周年，《解放》周刊第 43、44 期合刊的《抗战一周年、中国共产党十七周年纪念专刊》刊登了毛泽东为《论持久战》的题词**“坚持抗战，坚持统一战线，坚持持久战，最后胜利必然是中国的。”**落款：**“毛泽东”**，并全文刊登了《论持久战》。同月，解放社出版了毛泽东题签的《论持久战》单行本。

毛泽东为《论持久战》的题词在 1963 年 5 月出版的《解放军画报》第 5 期上再次刊登。

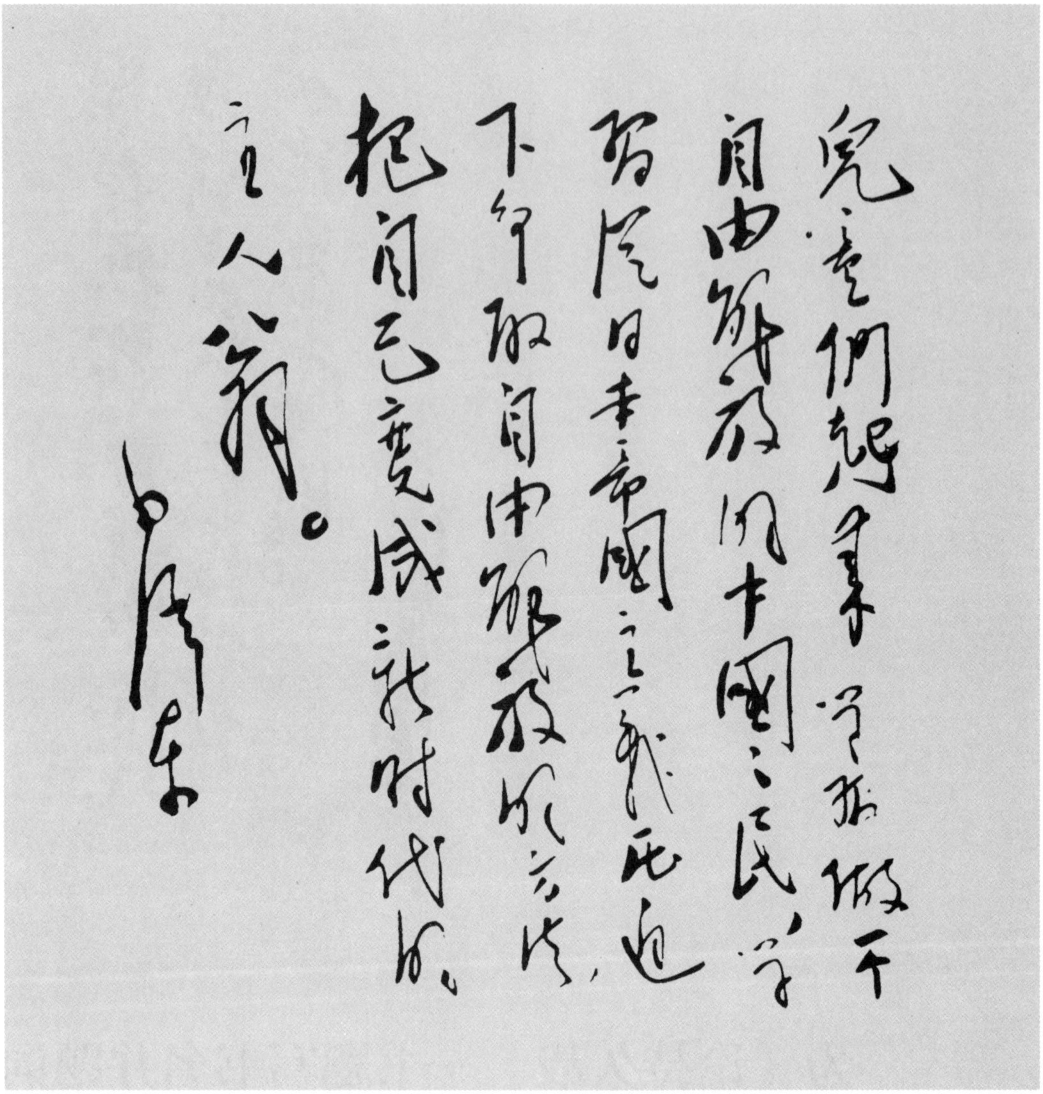

◆ 为《边区儿童》报创刊号的题词（1938 年 6 月）

为《边区儿童》报创刊号题词

1938 年 6 月 26 日，为了让儿童们在艰苦的战争环境中茁壮成长，陕甘宁边区政府创办了延安的第一份儿童报纸——《边区儿童》报。毛泽东专门为这份小报题词：**“儿童们起来，学习做一个自由解放的中国国民，学习从日本帝国主义压迫下争取自由解放的方法，把自己变成新时代的主人翁。”**落款：**“毛泽东”**。

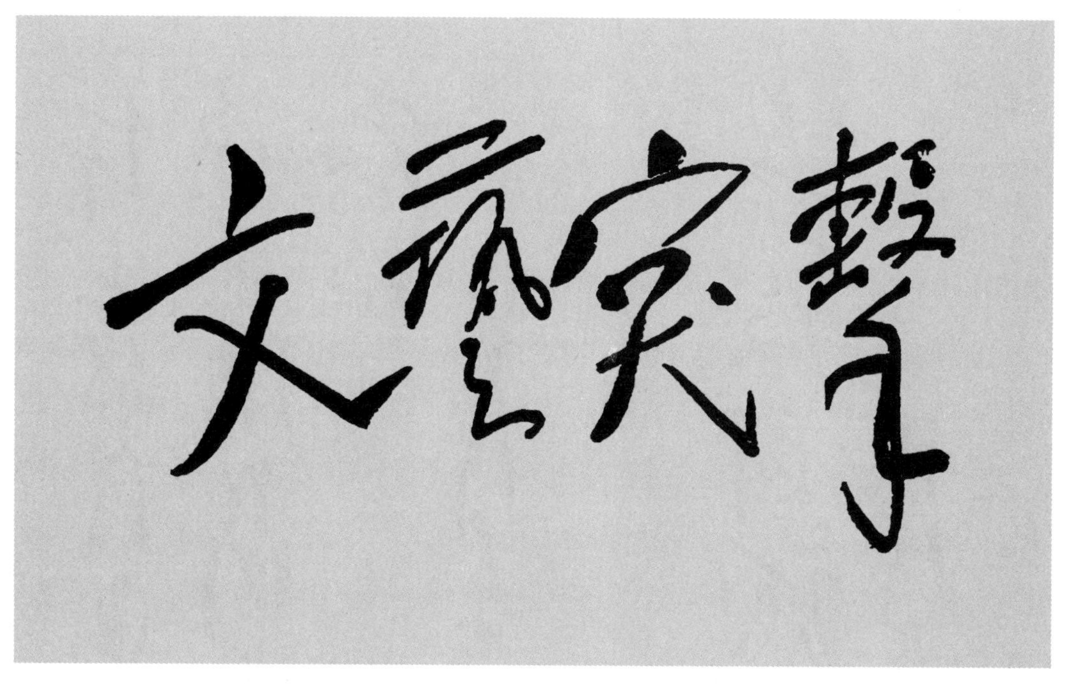

◆ 为《文艺突击》题写的刊名（1938 年 9 月 17 日）

为《文艺突击》题写刊名

1938 年 9 月 16 日，由陕甘宁边区文化协会下属机构文艺突击社编印的《文艺突击》在延安创刊，这是在延安诞生的最早的纯文学刊物。9 月 17 日，毛泽东根据大家的要求，第一次为文艺刊物《文艺突击》题写了刊名“**文艺突击**”。10 月 16 日，铅印版《文艺突击》正式面世。之后，在刘白羽、柯仲平、奚定怀等人的支持下，克服了经济、印刷、敌后稿源短缺等困难，先后出版了 6 期。1939 年 5 月 14 日，中华全国文艺界抗敌协会延安分会（简称“延安文抗”）成立后，《文艺突击》改组为以文艺为主，兼及其他领域的综合性刊物，由“延安文抗”编印。1939 年 6 月 25 日，在出版了新一卷第 2 期（总第 6 期）后停刊，共出版了 8 期。其中，2 期为油印的 16 开本，4 期为铅印的 32 开本，2 期为铅印的 16 开本。前 3 期为半月刊，第 4 期起改为月刊。

之后，在广大读者的要求和支持下，1940 年 4 月 14 日，该刊改为《大众文艺》月刊。该刊物为油光纸铅印的 32 开本，于 1941 年 1 月停刊；1942 年 2 月 25 日，改为《中国文艺》，周扬任主编，仅出 1 期。

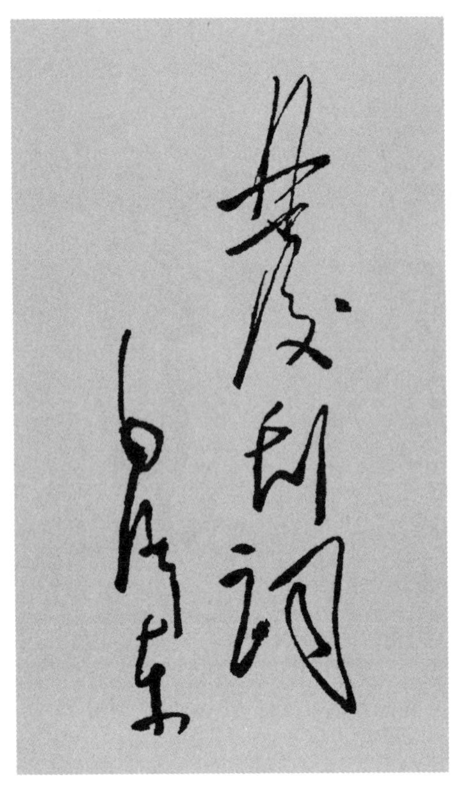

◆ 为《八路军军政杂志》题写的发刊词（1939 年 1 月 2 日）

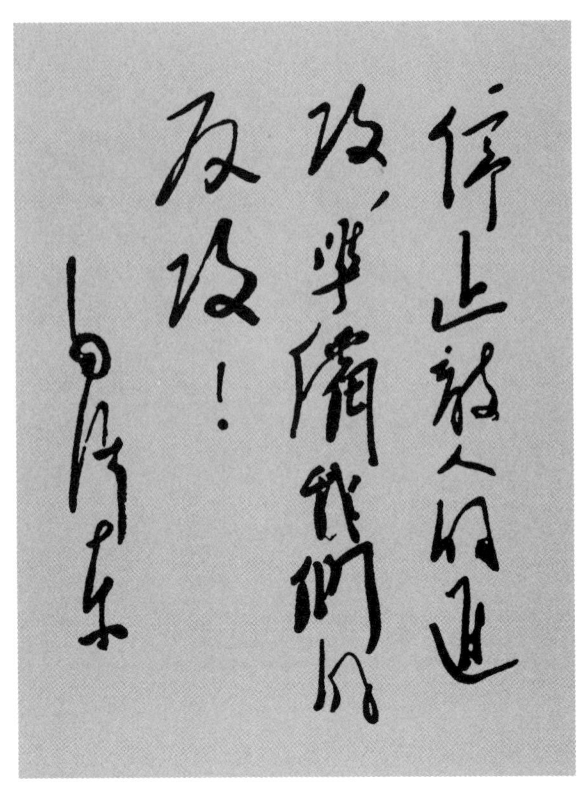

◆ 为《八路军军政杂志》的题词（1939 年 1 月 2 日）

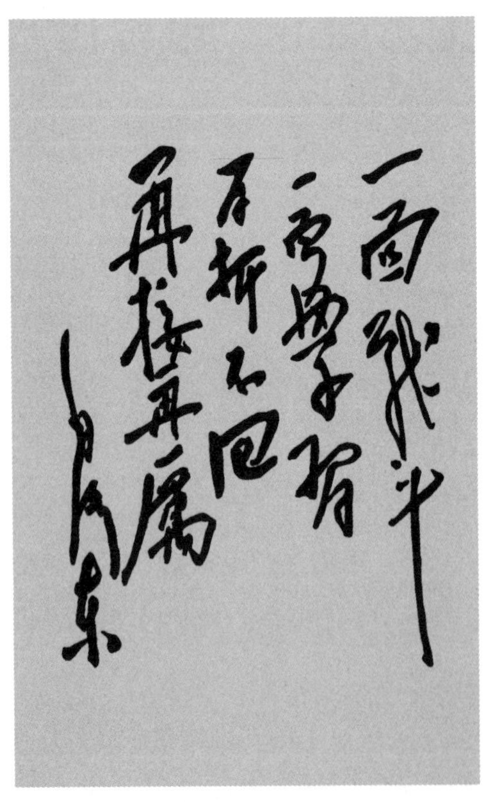

◆ 为《八路军军政杂志》创刊一周年的题词（1940 年 1 月）

◆ 为《八路军军政杂志》创刊三周年的题词（1942 年 1 月 2 日）

为《八路军军政杂志》撰写发刊词、为创刊一周年、三周年纪念题词

《八路军军政杂志》由八路军总政治部编印，于1939年1月2日在延安创刊，月刊，34开本，铅印，1942年3月停刊，共出刊四卷39期。读者对象为军内营以上领导干部，每期约12万字，发行约3 000份。

1939年1月2日，毛泽东为《八路军军政杂志》撰写发刊词。1月15日出版的《八路军军政杂志》创刊号刊载了毛泽东的题词“**停止敌人的进攻，准备我们的反攻！毛泽东**”。

1940年1月，在《八路军军政杂志》创刊一周年之际，毛泽东再次为该刊题词：“**一面战斗，一面学习，百折不回，再接再厉。**”落款：“**毛泽东**”。该题词刊登在1月25日出版的《八路军军政杂志》第二卷第1期上。

1942年1月2日，毛泽东为《八路军军政杂志》创刊三周年题词：“**准备反攻**”，落款：“**毛泽东**”。该题词刊登在《八路军军政杂志》第四卷第1期上。

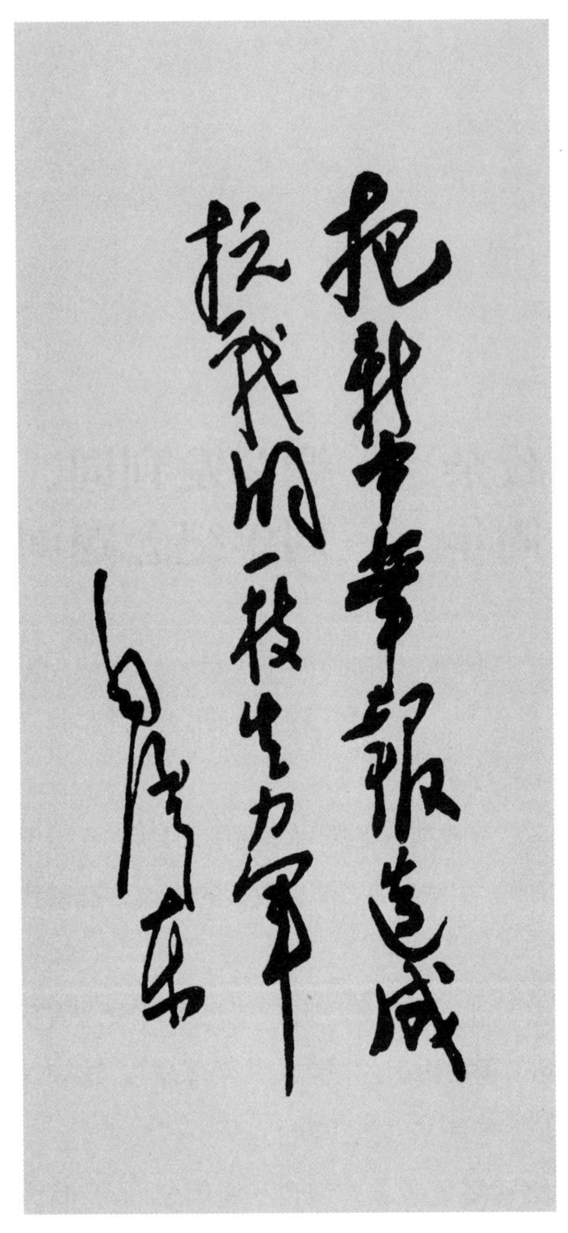

◆ 为《新中华报》改版的题词（1939 年 2 月 7 日）

为《新中华报》改版题词

1937 年 9 月，中华苏维埃共和国中央政府西北办事处改制为陕甘宁边区政府后，《新中华报》成为陕甘宁边区政府机关报，改为铅印出版。1939 年 2 月 7 日，改组为中共中央机关报，兼陕甘宁边区政府机关报，毛泽东为《新中华报》改版题词：**“把新中华报造成抗战的一支生力军”**，落款：**“毛泽东”**。

此题词刊载于《新中华报》1939 年 2 月 10 日第二版上。

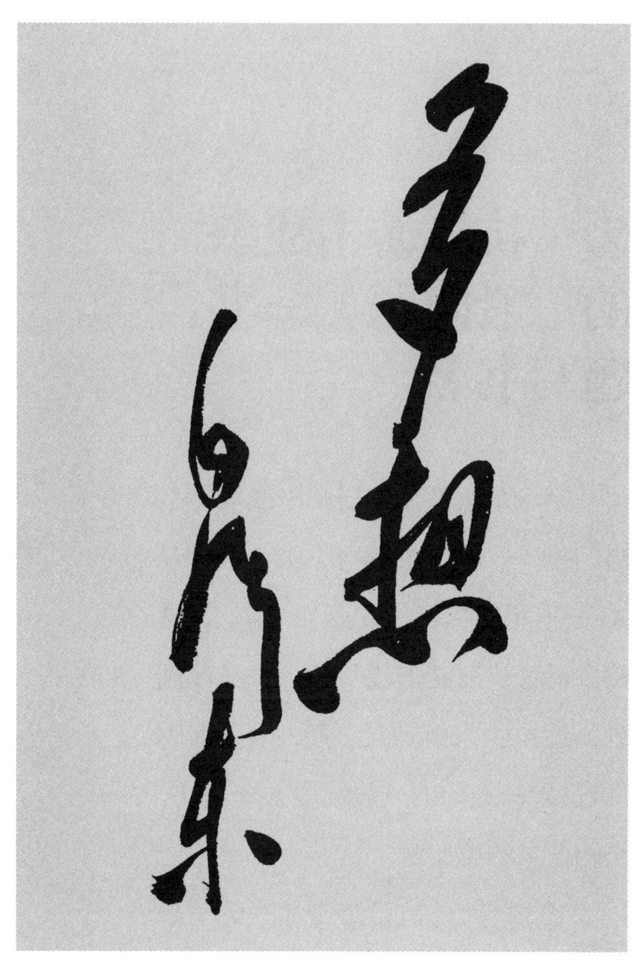

◆ 为《新中华报》报社工作人员的题词（1939 年 2 月）

为《新中华报》报社工作人员题词

1939 年 2 月，《新中华报》改版后，毛泽东专门为报社工作人员题词：**“多想”**，落款：**“毛泽东”**，鼓励他们多动脑，多分析，写出高质量的新闻报道，为革命服务。

关于毛泽东的题词“多想”，还有着其深刻的背景：当时，王明到处发表演讲，以马列主义理论权威自居。一些不明底细的青年人难免受骗，盲从附和。毛泽东提出“多想”，也是要大家学会识别真假马列主义，不要被洋教条吓倒，要深思熟虑。后来，报社将该题词放大制成匾额，置于编辑部窑洞的重要位置，时时激励大家身体力行。

为《抗日游击战争的一般问题》一书题写书名

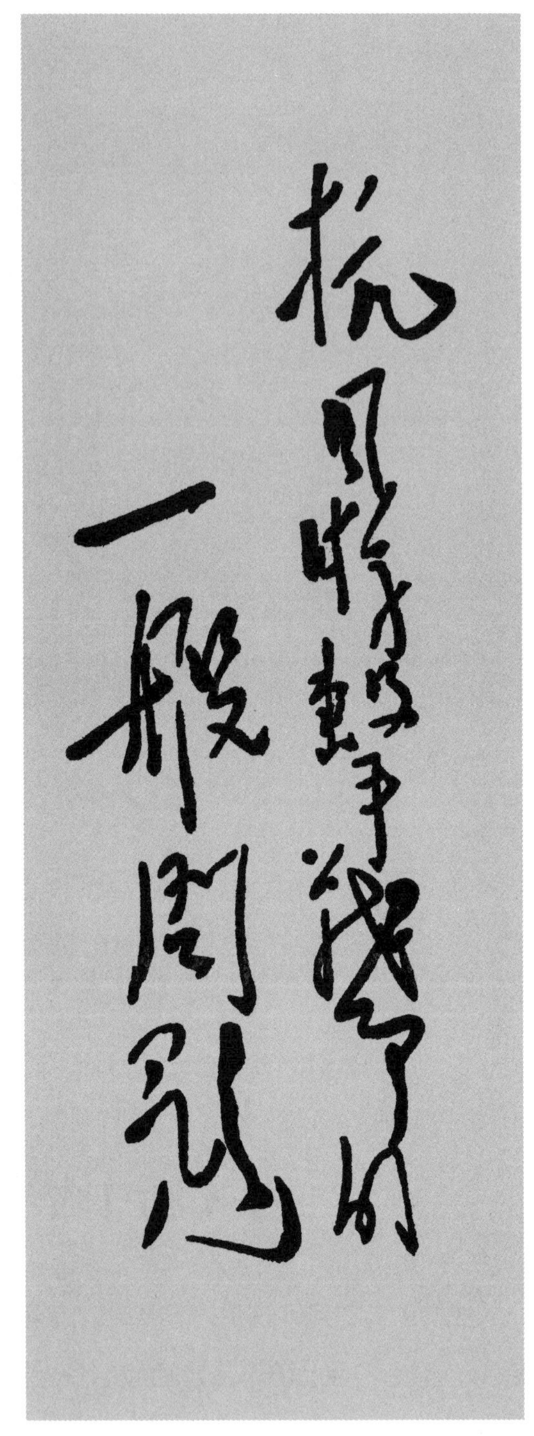

◆ 为《抗日游击战争的一般问题》题写的书名（1939 年）

毛泽东所著《抗日游击战争的战略问题》一文，发表于 1938 年 5 月 30 日出版的《解放》第 40 期上，文章分析了抗日游击战争的六个具体问题，后被收入解放社 1939 年出版的《抗日游击战争的一般问题》一书中，作为该书的第七章。

1939 年，《抗日游击战争的一般问题》一书，由《新华日报》在重庆再次出版。《编者弁言》中写道："这本书，不但总结了国内战争中游击战争的经验，而且总结了抗战十个月中游击战争的经验，解决了许多抗日游击战争的基本问题。这本书是集体写的，有毛泽东、陈昌浩、刘亚楼、萧劲光、郭化若诸先生执笔，除毛泽东的《抗日游击战争的战略问题》一部分曾在《解放》报发表过外，其余均没有发表过。"

中华人民共和国成立后，《抗日游击战争的战略问题》以原题编入《毛泽东选集》第二卷。

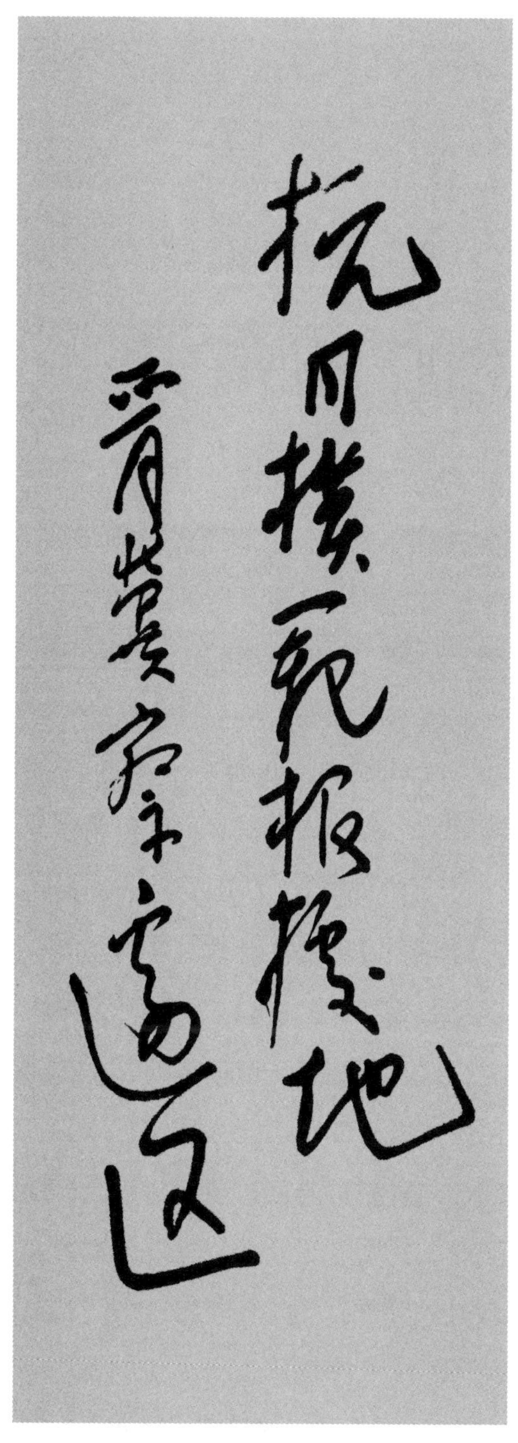

◆ 为《抗日模范根据地晋冀察边区》题写的书名（1939 年 3 月 18 日）

为《抗日模范根据地晋冀察边区》一书题写书名

1938 年 11 月，聂荣臻就晋冀察创建一年来的斗争情况向中共中央写了一份详尽、系统的报告，约 3.9 万字。毛泽东看后认为很有意义，要聂荣臻补充修改后出版。

1939 年 3 月 2 日，毛泽东为聂荣臻写的《抗日模范根据地晋冀察边区》作序。3 月 18 日，毛泽东写信给聂荣臻，信上说："你著的书及送我的一本照片，还有你的信，均收到。这些都是十分宝贵的东西。书准备在延安、重庆两处出版，照片正传观各同志。望努力奋斗，加深研究，写出更多的新作品。"并为该书题写了书名："**抗日模范根据地晋冀察边区**"。

1939 年 5 月，这本书在延安、重庆两地公开发行，成为第一本系统介绍八路军坚持敌后抗战的专著，引起了国内外的广泛关注。

为《新中华报》“扫盲专刊”题词

由于历史原因，陕甘宁地区经济文化水平较为落后，文盲、半文盲人口达到人口总数的百分之九十九。中共中央和中央红军长征到达陕北进驻延安后，毛泽东对此极为关注，他多次嘱咐边区政府要发展文化教育事业。为了使边区的文化教育更加适应抗战和边区建设的需要，陕甘宁特区政府于 1937 年 4 月颁布《关于群众的文化教育建设草案》，规定：“把广大的群众从文盲中解放出来，普遍的进行普及教育，使每个特区人民都有受教育的机会。”并设立夜校、冬学、巡回训练班、俱乐部、识字促进会和识字组，提高边区人民文化水平。同时在儿童教育方面，改变过去全部公办的做法，采取了公办与民办公助兼施的方针，促使民办公助学校大大发展，公办学校也得到加强。

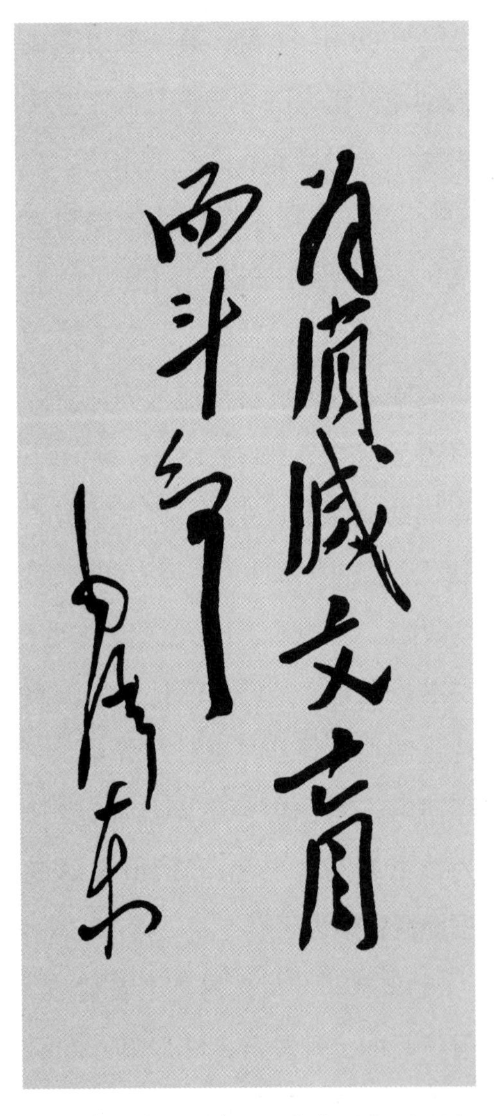

◆ 为《新中华报》“扫盲专刊”的题词（1939 年 4 月）

1939 年 4 月，陕甘宁边区教育厅要在《新中华报》办“扫盲专刊”，毛泽东得知这一消息，特意题词：**“为消灭文盲而斗争”**，落款：**“毛泽东”**。

此题词刊载在 1939 年 4 月 19 日的《新中华报》上。

为《中国青年》杂志题写刊名

《中国青年》是中国社会主义青年团中央的机关刊物，1923 年 10 月 20 日在上海创刊。后迁往广州、汉口等地，于 1927 年 10 月 10 日停刊。

1939 年 4 月 16 日，《中国青年》在延安复刊，由全国青年联合会延安办事处主办，为半月刊，32 开本，铅印。青委副书记冯文彬直接去请毛泽东为刊物题写刊名。毛泽东高兴地说：“《中国青年》应该复刊，我完全支持你们的工作。”他在询问了办刊方针、稿件征集、出版周期、编辑部组成等情况后，又说：“办好刊物，把青年们动员起来，投入抗日战争中去！”

几天后，毛泽东将题写的三张“**中国青年**”刊名派人送到青委，冯文彬等人选用了其中的一张。

1939 年 11 月 5 日该刊改为月刊，1941 年 3 月 15 日停刊，共出三卷 24 期。1948 年 12 月，《中国青年》由中央青年工作委员会主持，再次复刊。初在石家庄，次年迁往北京。刊名题字沿用延安时期毛泽东所题。1949 年 4 月，该刊改为中国新民主主义青年团中央委员会机关刊物，刊名题字仍为毛泽东手迹。

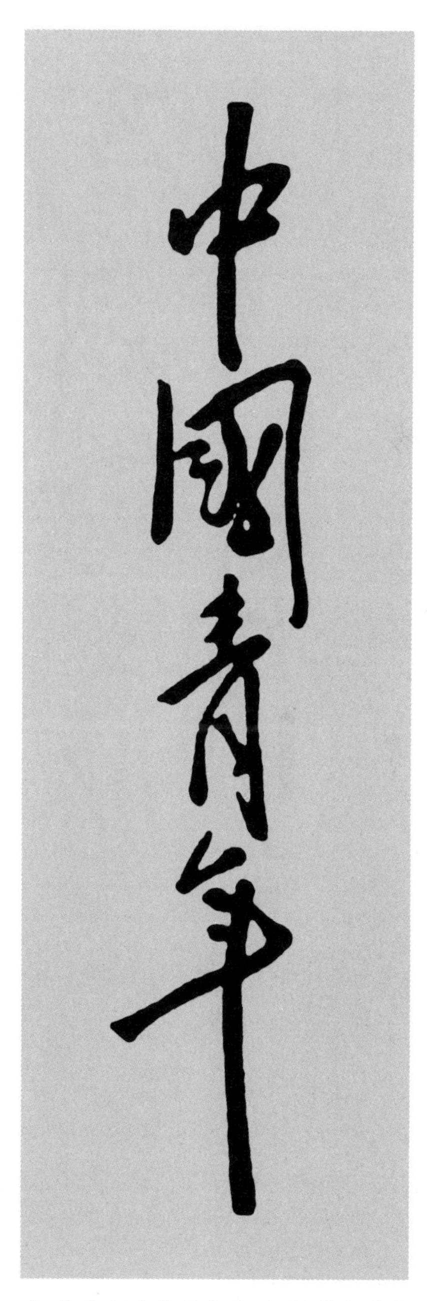

◆ 为《中国青年》杂志题写的刊名（1939 年 4 月）

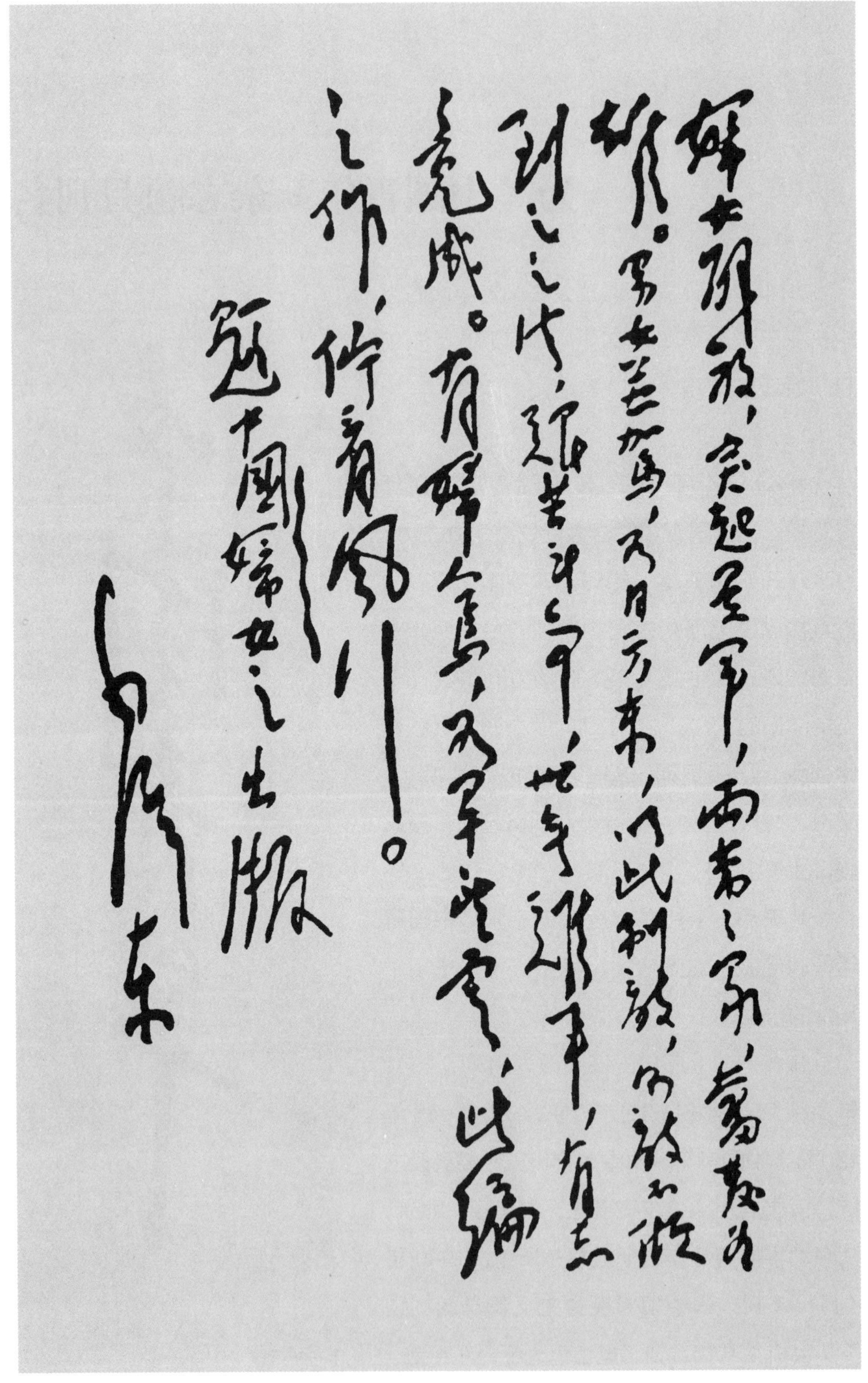

妇女解放，突起异军，两万万众，奋发为雄。男女并驾，如日方东，以此制敌，何敌不倾。到之之法，艰苦斗争，世无难事，有志竟成。有妇人焉，如旱望云，此编之作，伫看风行。

题中国妇女之出版

毛泽东

◆ 为《中国妇女》杂志创刊的题词（1939年5月）

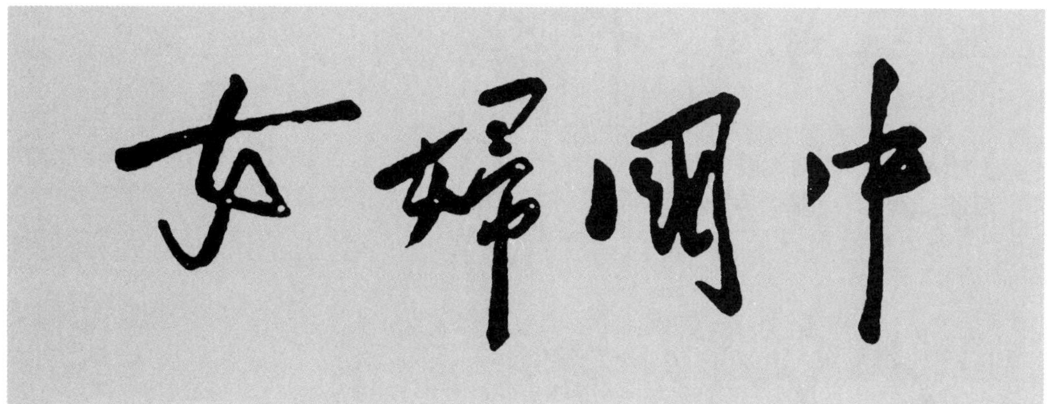

◆ 为《中国妇女》杂志题写的刊名（1939 年 5 月）

为《中国妇女》杂志创刊题写刊名及创刊题词

《中国妇女》由中共中央妇女运动委员会主办，于 1939 年 6 月 1 日在延安创刊，主编亚苏，为月刊、16 开、铅印。后因纸张和印刷方面的困难，从 1941 年 2 月 8 日第二卷第 9 期起，改为 32 开。1941 年 3 月 8 日，出版至第二卷第 10 期停刊，共出 22 期。

毛泽东为《中国妇女》题写了刊名“**中国妇女**”，并题词：“**妇女解放，突起异军，两万万众，奋发为雄。男女并驾，如日方东，以此制敌，何敌不倾。到之之法，艰苦斗争，世无难事，有志竟成。有妇人焉，如旱望云，此编之作，伫看风行。**”落款：“**题中国妇女之出版　毛泽东**”。这既是对广大妇女的高度评价，也是对《中国妇女》出版寄予充分信任与期望。此题词刊登在 1939 年 6 月 1 日出版的《中国妇女》创刊号上。这是毛泽东一生中唯一一次以诗祝刊。

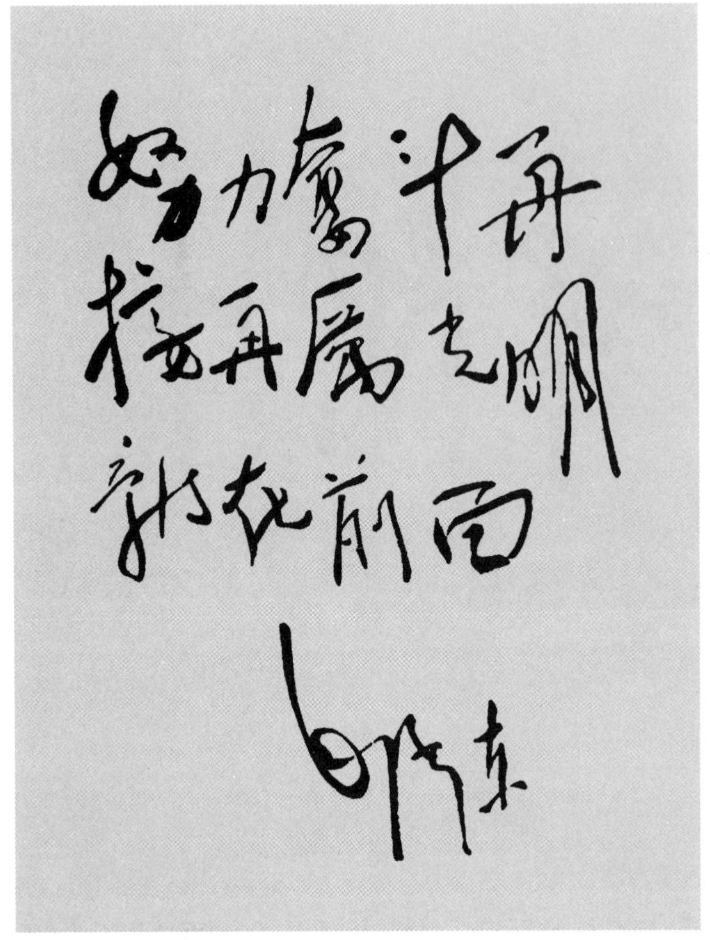

◆ 为《抗大》校刊的题词（1939 年 6 月 1 日）

为《抗大》校刊题词

1939 年 6 月 1 日，中国人民抗日军政大学为庆祝抗大创办三周年，举办了“抗大成绩展览会”。毛泽东、朱德等中央领导人亲临抗大，观看展览，毛泽东给予了很高评价，并为胡耀邦主编的抗大校刊《抗大》题词：**“努力奋斗，再接再厉，光明就在前面”**，落款：**“毛泽东”**。

《抗大》校刊隶属于抗大政治部，是抗大全体人员的必读刊物，在传播革命思想、交流教学经验、指导工作开展等方面，发挥了校刊思想宣传阵地的作用。抗大先后创办过《思想战线》《生产导报》《布尔什维克》《学习与斗争》《课外工作》《我们的生活》等刊物。著名的《反对自由主义》，就是毛泽东应胡耀邦之约为《思想战线》第一期撰写的文章。

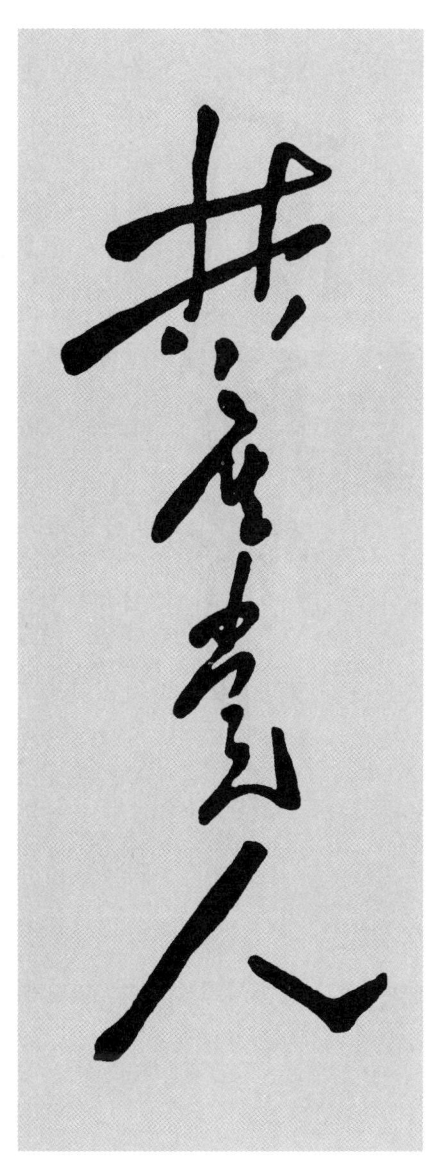

◆ 为《共产党人》杂志题写的刊名（1939 年 10 月）

为《共产党人》杂志题写刊名并撰写发刊词

《共产党人》是中共中央出版的以党的建设为中心的党内刊物，1939 年 10 月 4 日毛泽东题写了刊名，由张闻天、邓发、李维汉、李富春、王首道、冯文彬、孟庆树、方强、陈正人组成编委，张闻天任主编，李维汉任编辑主任，陶希晋、马洪任编辑，铅印，32 开，不定期刊物，后来改为每月月底出版。每期刊用 10 余篇文章，字数不等，最多一期达 8 万余字。1941 年 8 月停刊，共出 19 期。

1939 年 10 月 20 日《共产党人》创刊号封面就用了毛泽东题写的“**共产党人**”刊名，并刊登了毛泽东撰写的“发刊词”。“发刊词”首次提出“三个法宝”的理论：“十八年的经验，已使我们懂得：统一战线，武装斗争，党的建设，是中国共产党在中国革命中战胜敌人的三个法宝，三个主要的法宝。”

1967 年 5 月，这篇发刊词被编入人民出版社出版的《毛泽东选集》第二卷。

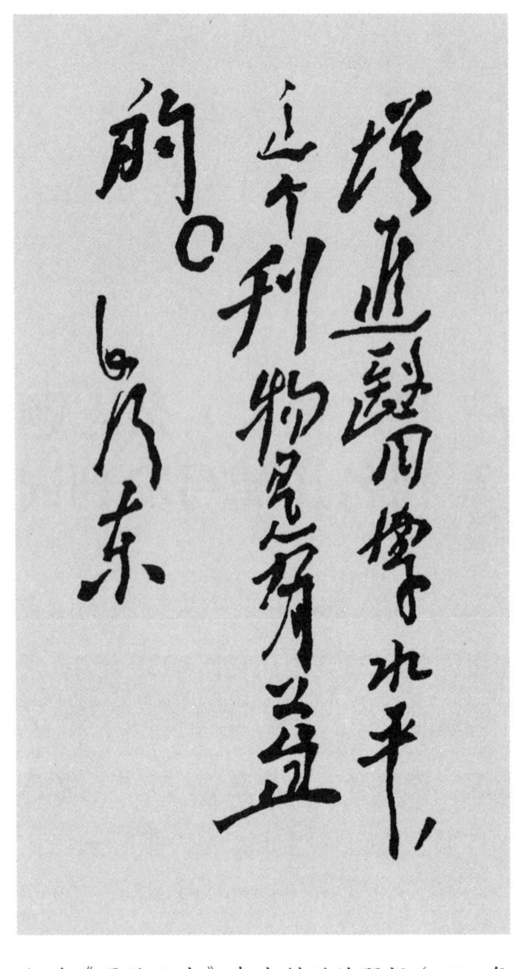

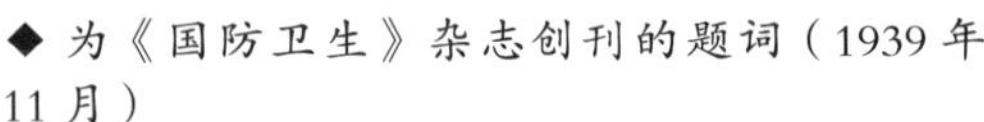

◆ 为《国防卫生》杂志创刊的题词（1939 年 11 月）

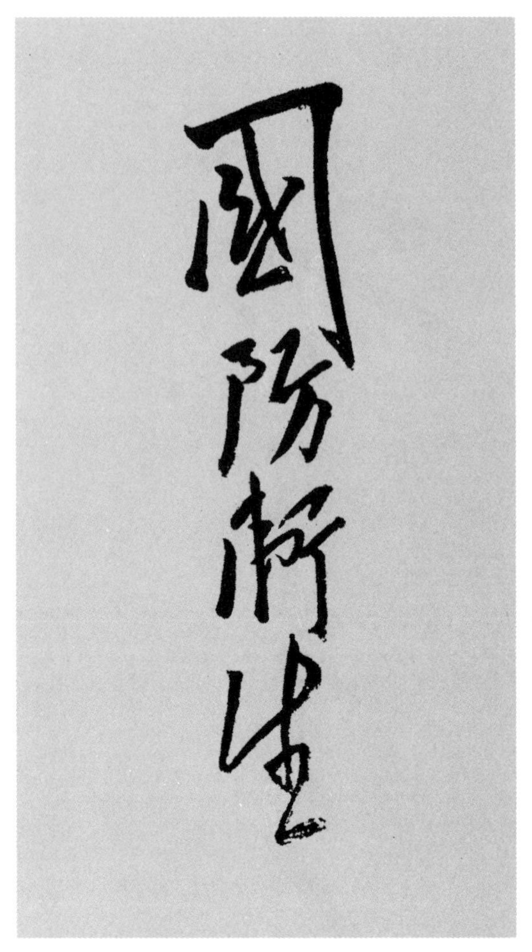

◆ 为《国防卫生》杂志题写的刊名（1939 年 11 月）

为《国防卫生》杂志创刊题写刊名并题词

《国防卫生》创刊于 1939 年 11 月 20 日，由国民革命军第十八集团军军医处国防卫生编辑委员会编辑出版。毛泽东为《国防卫生》杂志题写刊名**“国防卫生”**，并为创刊题词：**“增进医学水平，这个刊物是有益的。”**落款：**“毛泽东”**。该题词刊登在 1941 年的《国防卫生》杂志第二期第一卷上。

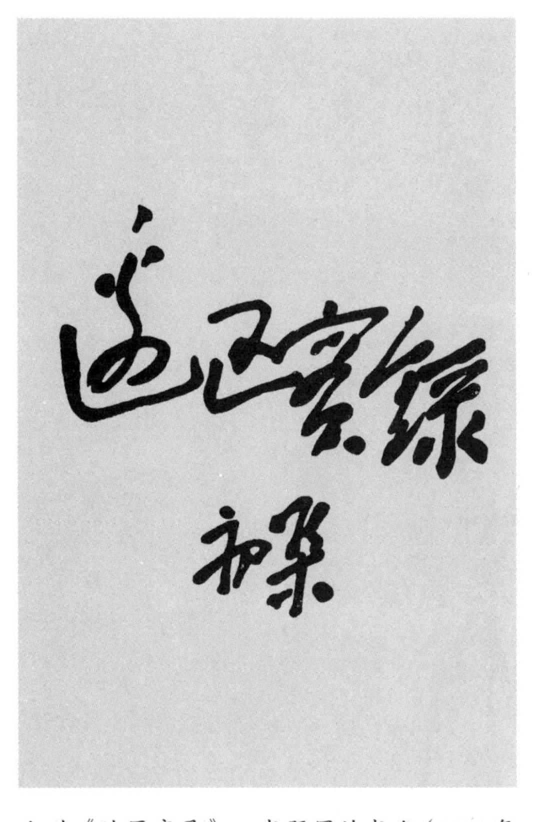

◆ 为《边区实录》一书题写的书名（1939 年 11 月）

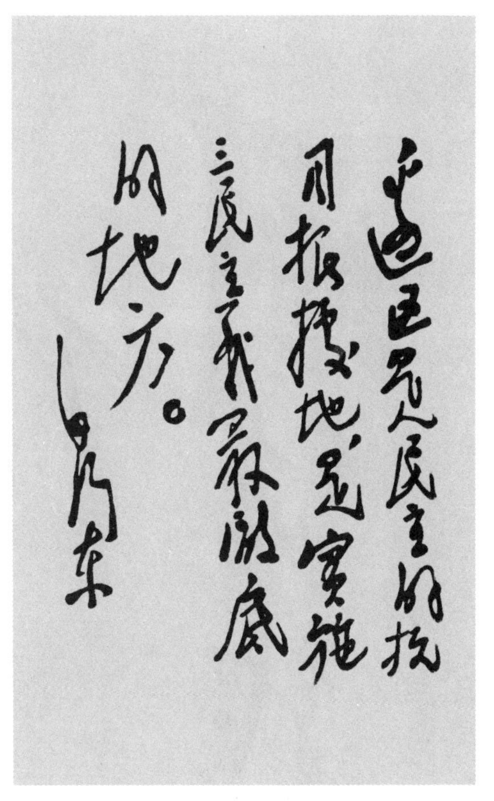

◆ 为《边区实录》一书的题词（1939 年 11 月）

为《边区实录》一书题写书名并题词

1939 年 1 月 22 日，为修改《陕甘宁边区实录》一书初稿，毛泽东写信给时任中共中央文化工作委员会委员、陕甘宁边区政府教育厅厅长周扬说：“此稿李六如、和培元各写一半，我全未看。因关系边区对外宣传甚大，不应轻率出版，必须内容形式都弄妥当方能出版。现请你全权负责修正此书，如你觉须全盘改造，则全盘改造之。虽甚劳你，意义是大的。最好二月十五日前完稿，二月底能出书。备有稿费（每千字一元五角），当分至你与李、和三同志，藉表酬劳之意。”

1939 年 12 月，解放社出版了《陕甘宁边区实录》，即《边区实录》，毛泽东为其题写书名**“边区实录”**，并题词：**“边区是民主的抗日根据地，是实施三民主义最彻底的地方”**，落款：**“毛泽东”**。

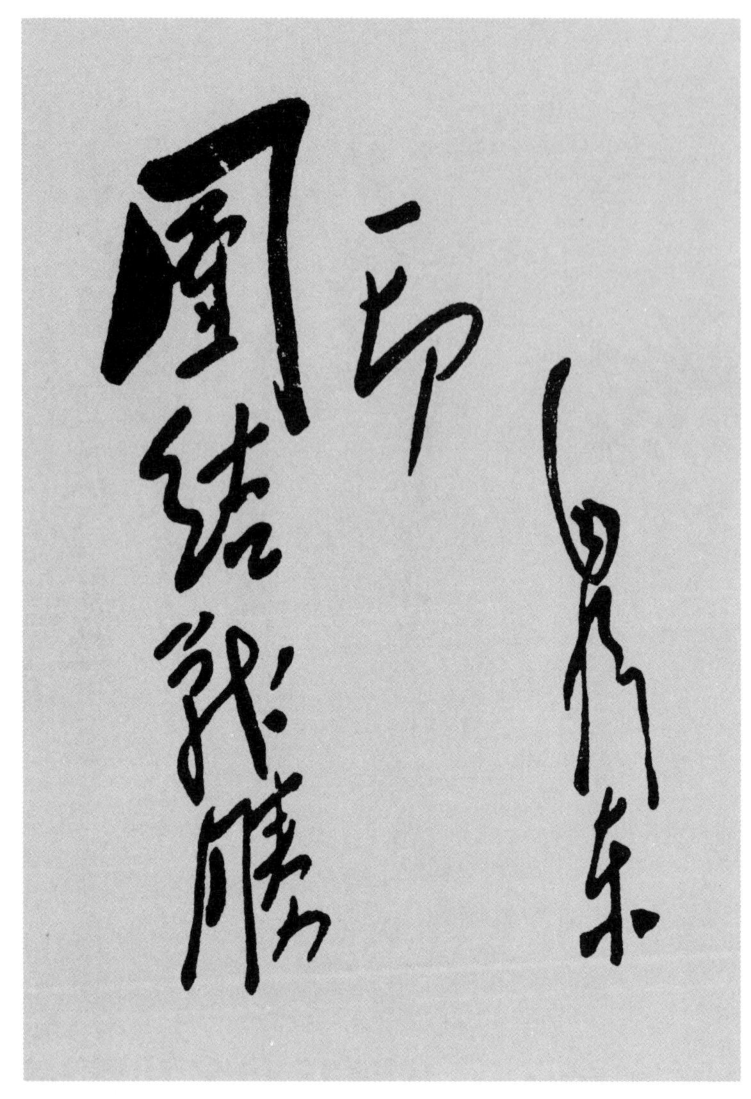

◆ 为《团结》杂志的题词（1939 年）

为《团结》杂志题词

《团结》是陕甘宁边区党委的机关刊物，1938 年 2 月 1 日在延安创刊，32 开本，铅印。开始是半月刊，后改为月刊。郭洪涛在发刊词中说：“本刊取名‘团结’，是充分表现我们希望全国团结一致抗日的诚意。”

1939 年，毛泽东为《团结》杂志题词：**“团结战胜一切”**，落款：**“毛泽东”**。

此题词由左向右竖写，这在毛泽东墨宝中极为罕见。

为《拂晓报》题词

1938 年 9 月 29 日，《拂晓报》在河南确山县竹沟镇创刊，由新四军第四师政治部主办，是一份在豫皖苏边区和淮北抗日民主根据地久负盛名、声震大江南北的报纸，被誉为“人民的喉舌”“战斗的武器”“叫破五更的报晓鸡”。创刊时，时任新四军游击支队司令员兼政委的彭雪枫亲自为其撰写了发刊词：“《拂晓报》是我们的良友”，并挥毫写下了《拂晓报》的报头。

对于《拂晓报》，毛泽东早有关注，曾多次表扬。1939 年 9 月，毛泽东应彭雪枫之请，专门为《拂晓报》题词：**“坚持游击战争”**，落款：**“毛泽东”**。毛泽东在给彭雪枫的信中说：“《拂晓报》看到几期，报纸办得好，祝同志们继续努力，做出更好的成绩。”

该题词刊载于 1939 年 12 月 5 日出版的《拂晓报》百期纪念专号的第一版正中间。1965 年 9 月 5 日，又被《安徽日报》刊载。

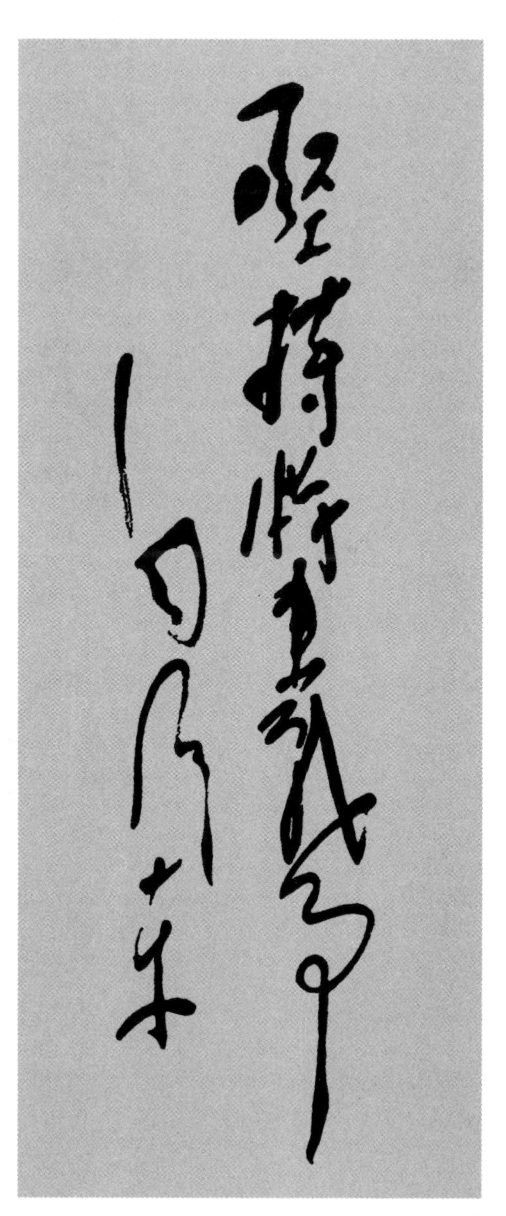

◆ 为《拂晓报》的题词（1939 年 9 月）

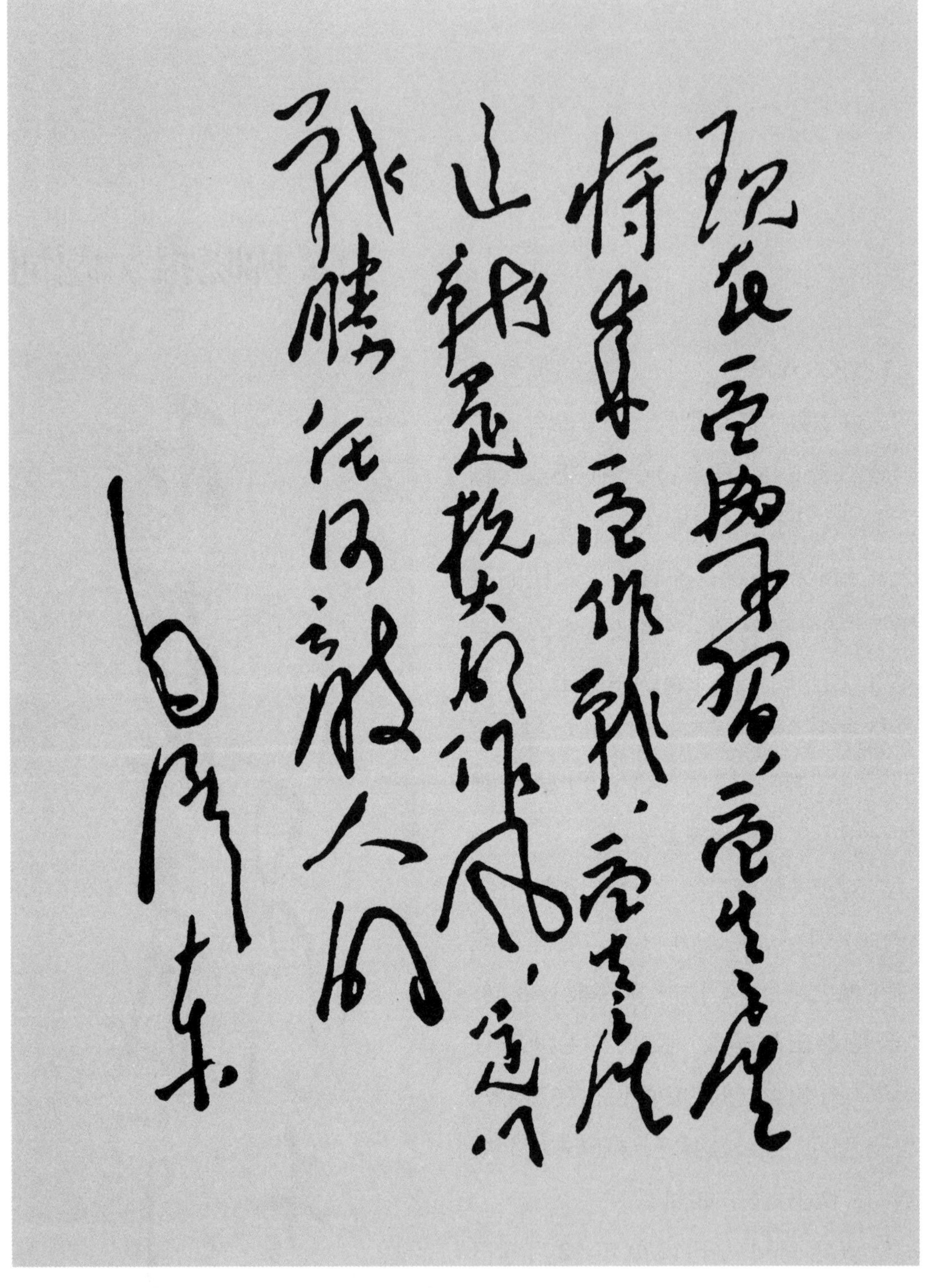

◆ 为《生产战线上的抗大》的题词（1939 年 12 月）

为《生产战线上的抗大》一书题词

抗大从建校初，就动员师生通过劳动来改造教学环境，积极投入农业生产，开办农场和作坊。

1939 年 1 月 29 日，中共中央书记处发出《关于开展生产运动的初步通知》（以下简称《通知》），《通知》指出："为了克服抗战新阶段中的困难，为了人民与工作人员的生活，应在陕甘宁边区人民中，在各机关学校部队中，发动劳动热情，开展生产运动。"为响应党中央的号召，抗大领导在全校进行思想动员，并提出要求，将劳动列入教学计划之中。全校五千多教职员工齐出动，开荒种地，从 2 月到 4 月，开出两万多亩荒地。

1939 年 12 月，抗大准备出版《生产战线上的抗大》一书，毛泽东得知这一消息后，特为该书题词：**"现在一面学习，一面生产，将来一面作战，一面生产，这就是抗大的作风，足以战胜任何敌人的！"**落款：**"毛泽东"**。

此题词措辞细腻，饱含着极大的期望和信心，刊载在 1960 年 7 月 1 日的《解放军报》上。

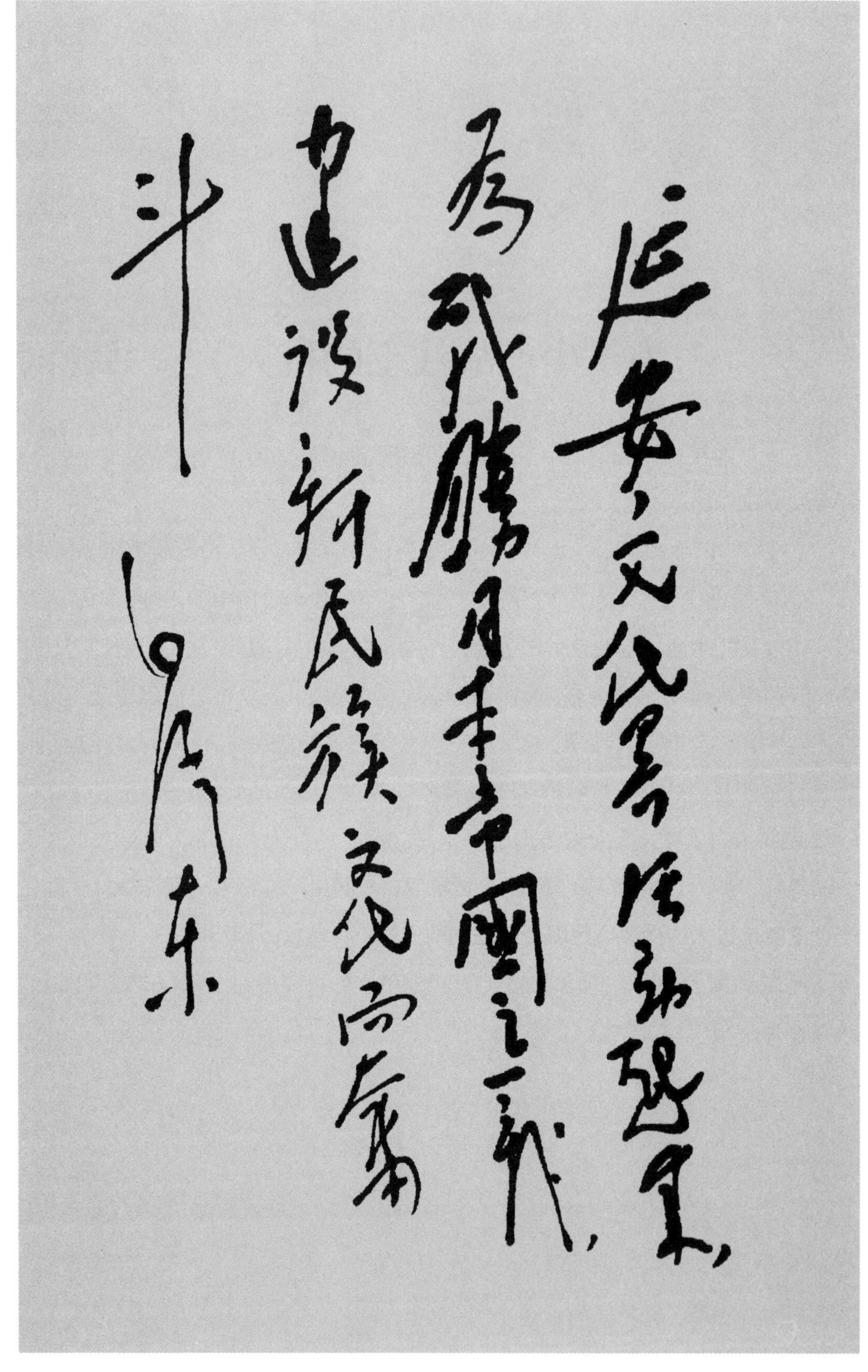

◆ 为《中国文化》杂志的题词（1940 年）

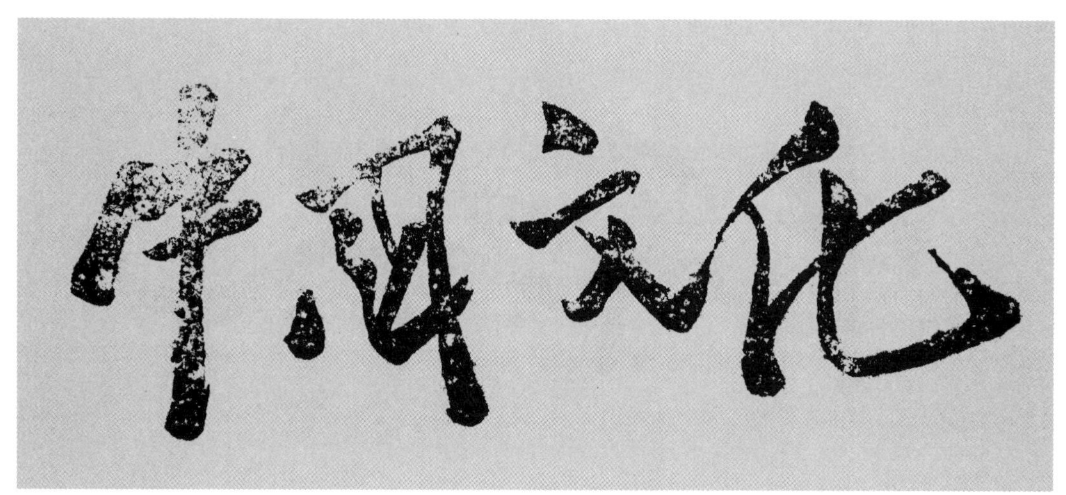

◆ 为《中国文化》杂志题写的刊名（1940 年）

为《中国文化》杂志题写刊名及创刊题词

《中国文化》是陕甘宁边区文化协会的机关刊物，1940 年 2 月 15 日在延安创刊，16 开本，铅印，月刊，由艾思奇、周扬、丁玲、张仲实、范文澜、萧三组成编委，艾思奇任主编。1941 年 8 月 20 日停刊，共出三卷 15 期。

1939 年 11 月中旬，毛泽东出席中共中央政治局会议并发表讲话，指出："文化界与外界要加强联系，中央文委扩大，由张闻天兼任书记，并出版《中国文化》。"

1940 年杂志出版时，毛泽东为《中国文化》题写刊名**"中国文化"**，并为创刊号题词：**"延安文化界活动起来，为战胜日本帝国主义，建设新民族文化而奋斗。"**落款：**"毛泽东"**。此题词是中国共产党领导的新文化事业最早的奋斗方向。

《中国文化》创刊号发表了毛泽东的著作《新民主主义论》，当时的标题为《新民主主义的政治与新民主主义的文化》。文中指出："科学的态度是'实事求是'，'自以为是'和'好为人师'那样狂妄的态度是决不能解决问题的。……真理只有一个，而究竟谁发现了真理，不依靠主观的夸张，而依靠客观的实践。"

《中国文化》以刊载人文社会科学领域的名家名篇闻名于世。

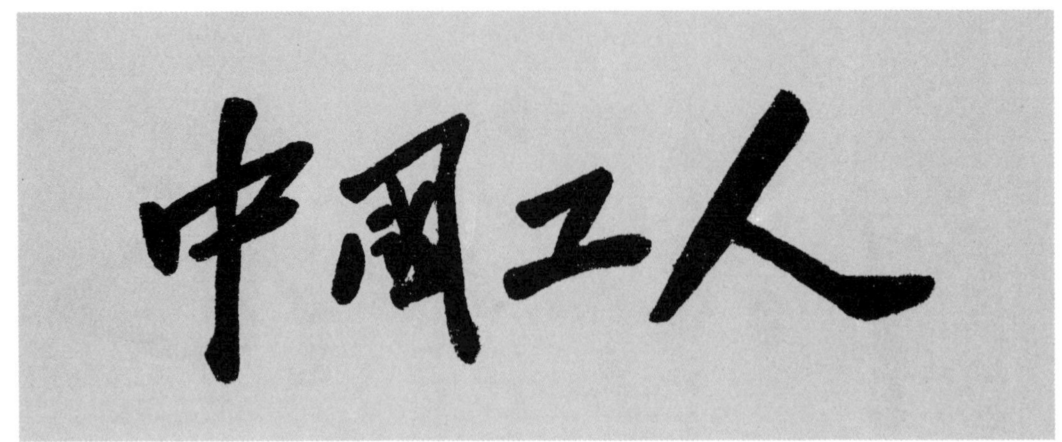

◆ 为《中国工人》杂志题写的刊名（1940 年 1 月）

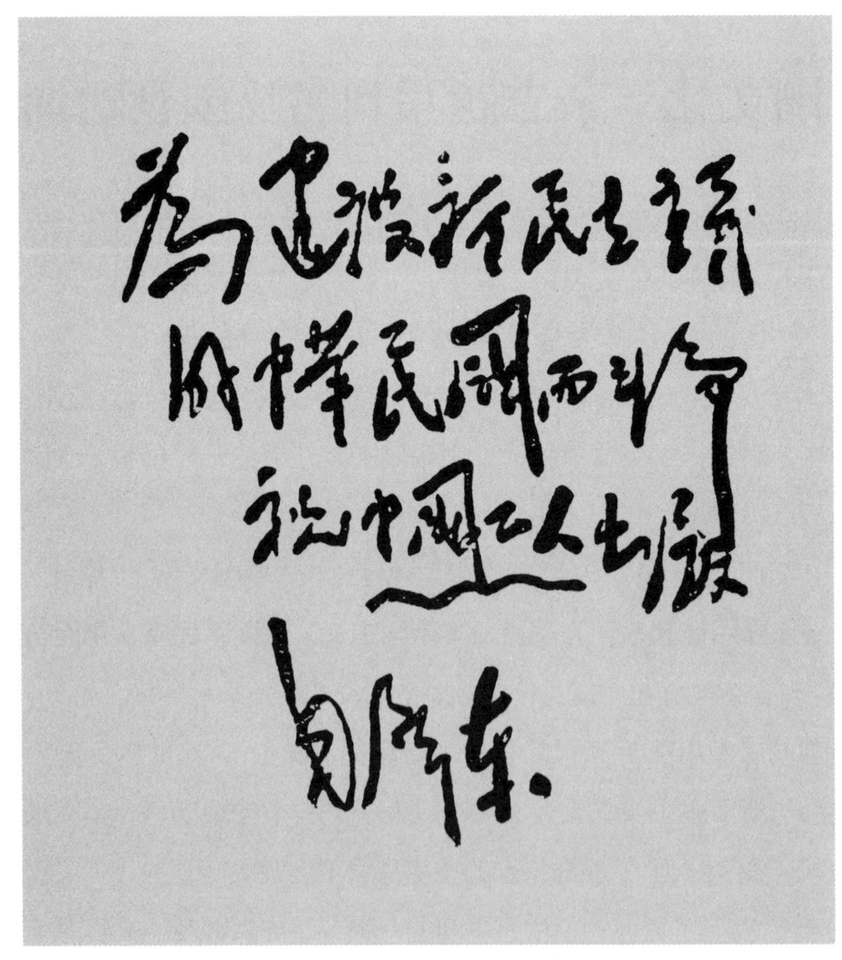

◆ 为《中国工人》杂志创刊的题词（1940 年 1 月）

为《中国工人》杂志题写刊名及创刊题词

《中国工人》由中共中央职工运动委员会主办，于 1940 年 2 月 7 日在延安创刊，32 开，铅印，月刊，马纯古任主编。1941 年 3 月 8 日，出版至第 13 期停刊。

1940 年 1 月，毛泽东为《中国工人》题写刊名**“中国工人”**并撰写“发刊词”。文中指出：“团结自己和团结人民，反对帝国主义和封建主义，为建立新民主主义的新中国而奋斗，这就是中国工人阶级的当前的任务。《中国工人》的出版，就是为了这一个任务。”希望“多载些生动的文字，切忌死板、老套，令人看不懂，没味道，不起劲。”并为《中国工人》创刊题词：**“为建设新民主主义的中华民国而斗争”**，落款：**“祝中国工人出版　毛泽东”**。

此题词刊载在 1940 年 2 月 7 日的《中国工人》创刊号上。

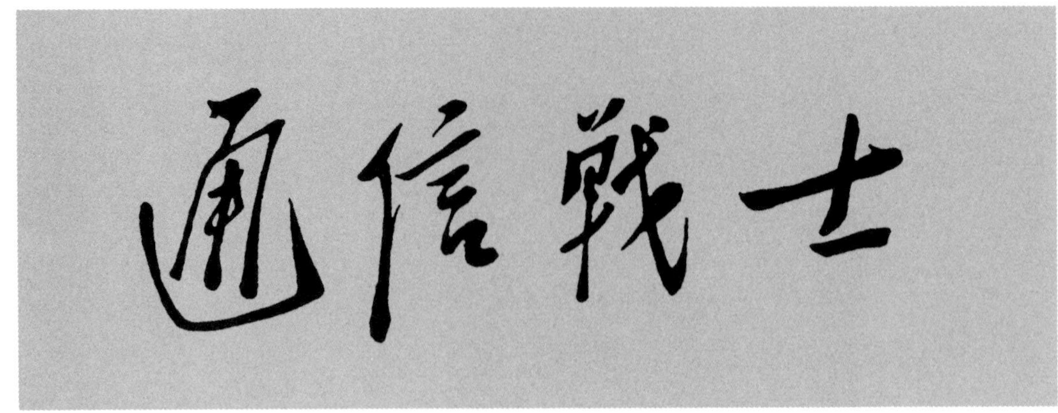

◆ 为《通信战士》杂志题写的刊名（1940 年 1 月）

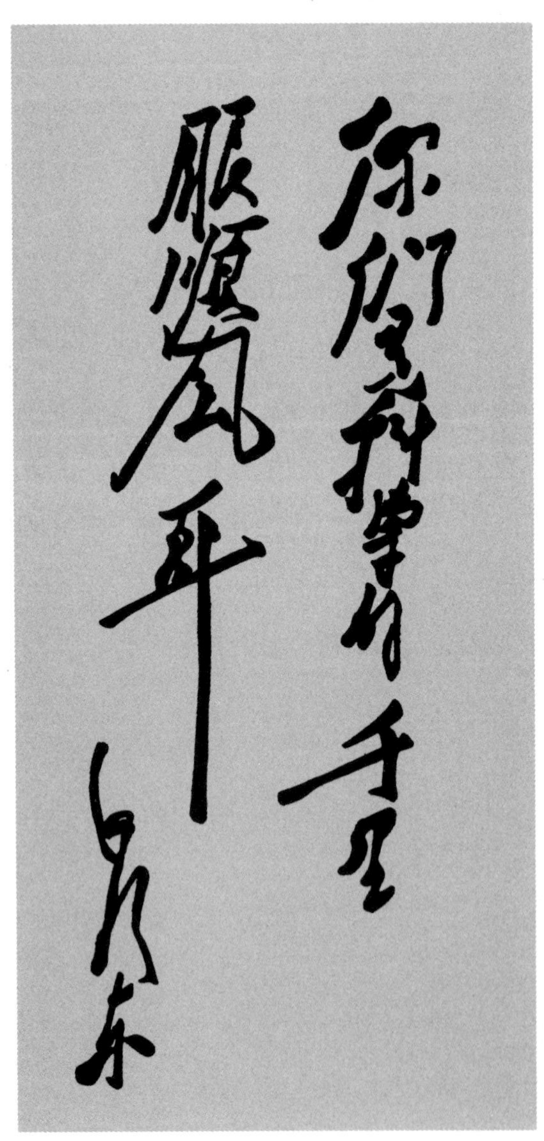

◆ 为通信兵题词（1941 年 10 月）

为《通信战士》杂志题写刊名、为通信兵题词

1939 年底，为了交流前后方的经验，使通信人员更好地掌握手中武器，军委三局局长王诤决定办一个自己的刊物，刊物定名为《通信战士》。

当时，延安的一些军政报刊很多都有毛泽东的题字或题词。林风在王诤授意下起草了“发刊缘起”，请求毛泽东题写刊名和发刊词。过了十多天，收到了毛泽东的批复。毛泽东在三张 32 开的毛边纸上一连书写了三个**“通信战士”**，并在退回的“发刊缘起”上写道：“我没有时间写发刊词，你们好好办吧。”

1940 年元旦，红色套印着毛泽东题签的《通信战士》正式出版。王诤撰写了“发刊词”，并题词：“坚定不移的政治方向，一点一滴的实际工作，争取革命的最后胜利！”

1941 年 10 月，毛泽东为通信兵题词：**“你们是科学的千里眼顺风耳”**，这 12 个字笔力刚健，挥洒淋漓，在 1941 年 10 月 10 日出版的第 11 期《通信战士》杂志上刊登后，迅速引起热烈反响，成为全军通信兵的座右铭，一直沿用至今。

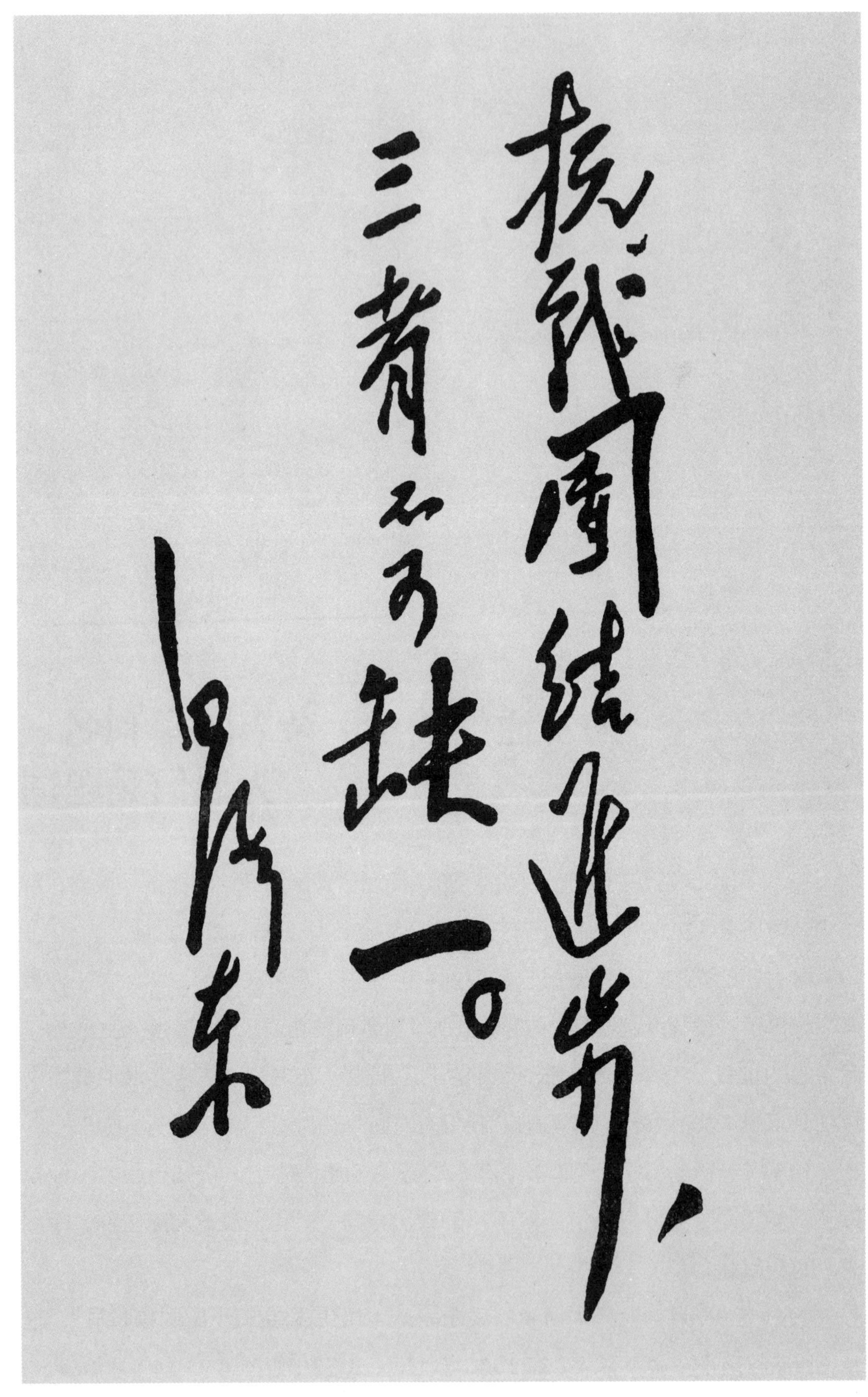

◆ 为《新中华报》改版一周年的题词（1940 年 2 月初）

为《新中华报》改版一周年题词

1940 年 2 月初，恰逢《新中华报》改版为中共中央机关报一周年之际，毛泽东再次为《新中华报》题词：“**抗战团结进步，三者不可缺一。**”落款：“**毛泽东**”。这是毛泽东针对当时国民党顽固派发动的第一次反共高潮和亲日派汪精卫集团投敌等情况写的题词。

此题词刊载在 1940 年 2 月 7 日的《新中华报》第二版上。

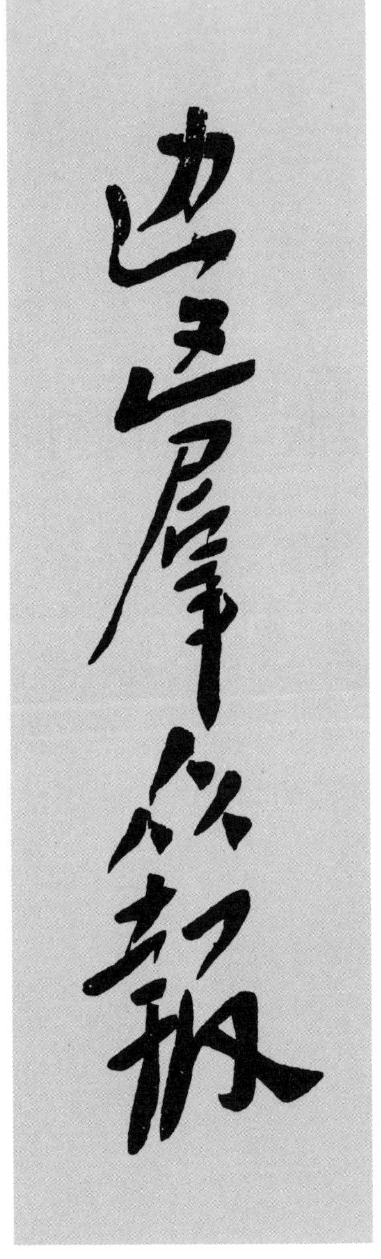

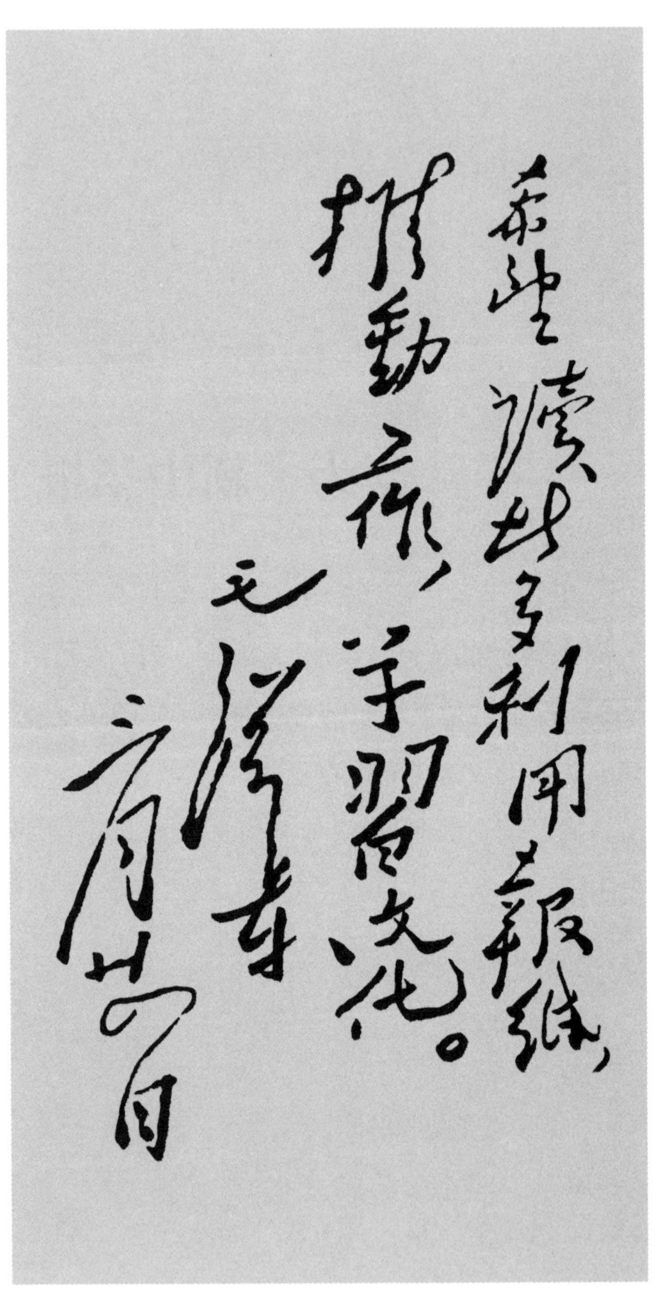

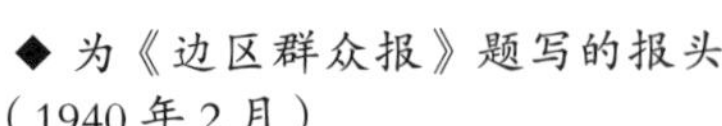
◆ 为《边区群众报》题写的报头（1940 年 2 月）

◆ 为《边区群众报》创刊六周年的题词（1946 年 3 月 24 日）

为《边区群众报》题写报头、为创刊六周年题词

《边区群众报》是中共陕甘宁边区党委的机关报，1940 年 3 月 25 日在延安创刊。开始是 4 开两版的石印旬刊，第 10 期后改为 4 开四版的铅印周刊。1941 年 5 月，边区党委改组为中共中央西北局，该报就成为西北局机关报。1946 年 3 月 25 日，该报 300 期时改为 3 日刊，11 月 2 日改为半周刊（每周三、周六出版）。1947 年 3 月，国民党军胡宗南部进犯延安，边区群众报社在印完第 363 期后，便埋藏好机器设备，携带一部油印机，于 3 月 18 日夜撤出延安，随中共中央西北局机关转战陕北。因战争形势时紧时松，根据物质条件，报纸有时出 4 开两版或四版，有时出 8 开两版或四版；有时油印，有时石印，有时铅印，直到 1948 年 1 月 9 日更名为止。

1940 年 2 月的一天，周文与边区文协副主任柯仲平一起去见毛泽东，请求毛泽东题写报名。毛泽东听了他们关于报纸筹备工作的汇报后，表示支持和鼓励。柯仲平见毛泽东不提题写报名的事，便站起来大声说："主席，请你为报纸写个报名。"毛泽东笑着说："美髯公（柯留着大胡子），莫急。我遵命就是了。"柯仲平紧接着说："说写就写，你很忙，写了我们就走。"毛泽东说："你对我也'狂飙'起来了？"周文、柯仲平当即帮忙研墨展纸，毛泽东挥毫写下**"边区群众报"**五个大字。

1946 年 3 月 24 日，《边区群众报》创刊六周年之际，毛泽东为报纸题词：**"希望读者多利用报纸，推动工作，学习文化。"**落款：**"毛泽东　三月二十四日"**。

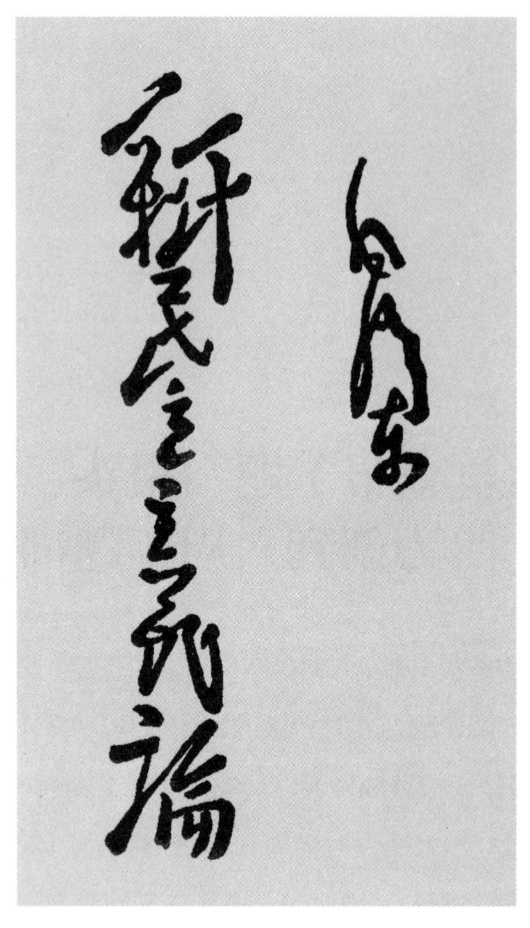

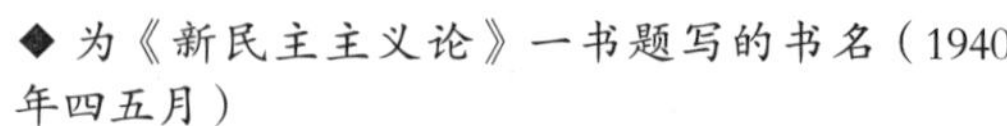
◆ 为《新民主主义论》一书题写的书名（1940年四五月）

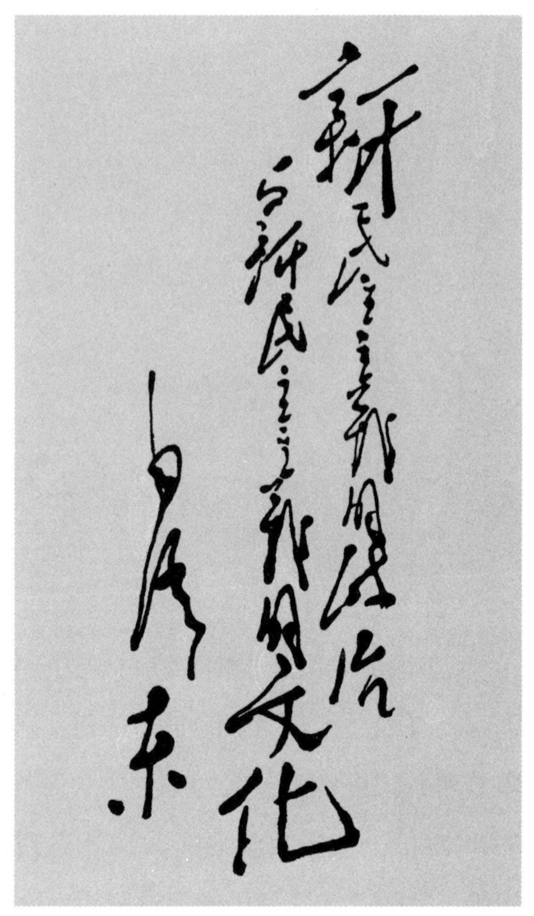
◆ 为演讲稿题写的题目（1940年四五月）

为《新民主主义论》题写书名、为演讲稿题写题目

1940年1月9日，毛泽东在陕甘宁边区文化协会第一次代表大会上作题为《新民主主义的政治与新民主主义的文化》的长篇演讲，提出关于新民主主义革命和新民主主义社会的理论。这篇演讲于1月15日修改、补充完稿后，刊载于2月15日延安出版的《中国文化》创刊号上。2月20日，在《解放》杂志第98、99期合刊登载时，题目改为《新民主主义论》。之后，解放社等多次出版《新民主主义论》单行本。

毛泽东为《新民主主义论》一书题写了书名**“新民主主义论”**并为演讲稿题写题目：**“新民主主义的政治与新民主主义的文化”**。落款：**“毛泽东”**。

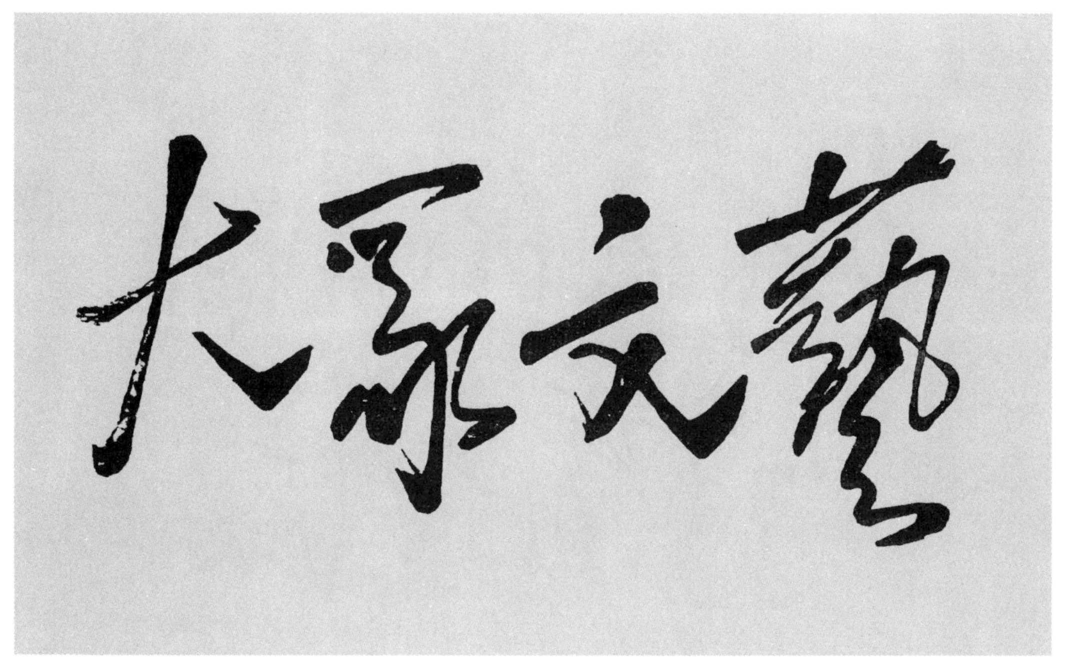

◆ 为《大众文艺》题写的刊名（1940 年 4 月 15 日）

为《大众文艺》创刊题写刊名

1940 年 4 月 14 日，在广大读者的要求和支持下，《文艺突击》改为《大众文艺》，月刊，萧三任主编，隶属中华全国文艺界抗敌协会延安分会（延安时期习惯称为“延安文抗”），32 开，铅印。毛泽东为《大众文艺》创刊题写刊名**“大众文艺”**。该刊第一期发布的“稿约”中说：“来稿一经登载，酌致薄酬。”至 1941 年 1 月停刊。

1942 年 2 月 25 日，《大众文艺》改版为《中国文艺》，周扬任主编，仅出 1 期。

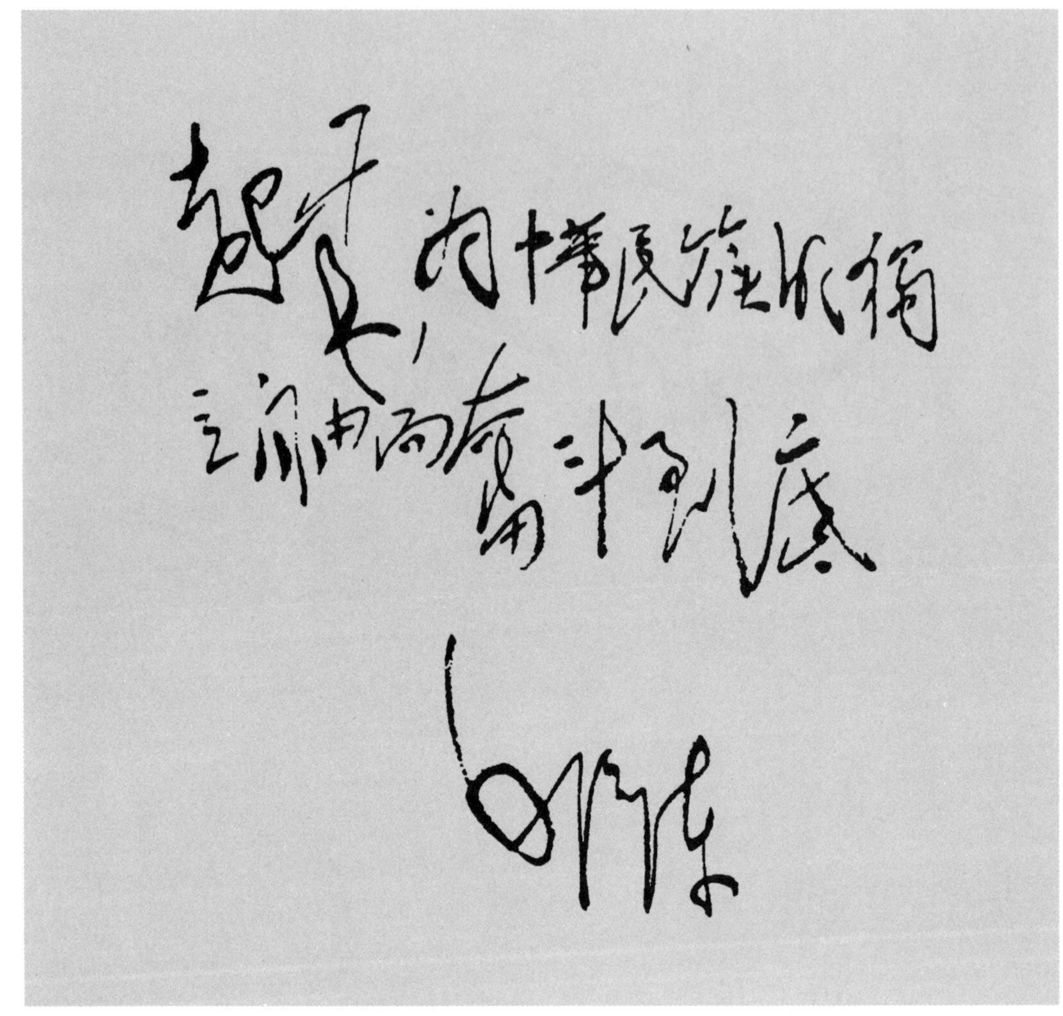

◆ 为《美洲华侨日报》创刊的题词（1940 年 7 月）

为《美洲华侨日报》创刊题词

1940 年 7 月，毛泽东为《美洲华侨日报》创刊题词：**“起来，为中华民族的独立自由而奋斗到底”**，落款：**“毛泽东”**。

《美洲华侨日报》创刊于 1940 年 7 月 8 日，直到 1989 年 7 月 29 日出版最后一期，前后共 49 年，在美国华文报刊的历史上，是仅有的几家存续时间长的华文报纸之一。该报是在纽约华侨的全力支持下创办的，其中纽约华侨衣馆联合会发挥了巨大的作用。

◆ 为《大众习作》题写的刊名（1940年8月）

为《大众习作》创刊题写刊名

1940年8月1日，《大众习作》创刊，由中共中央西北局宣传部直接领导的陕甘宁边区大众读物社编辑出版，为铅印的不定期刊物，毛泽东为其题写刊名**“大众习作”**。

《大众习作》出版了两期后，毛泽东觉得刊名写得不够好，又重新写了七幅刊名，交陕甘宁边区大众读物社，要求选择一幅换上，后又致信社长周文，对该刊赞赏有加。

《大众习作》是一个通俗化、大众化的文艺刊物，也是为培养通讯员和为初学写作者提高写作能力而创办的刊物。创刊号登出的“约稿”中这样写道：“寄来的稿子，凡是登载出来的，每一千字送稿费一元。”

《大众习作》于1941年9月停刊，共办6期。

为《新诗歌》创刊题写刊名

◆ 为《新诗歌》题写的刊名（1940 年 9 月）

在陕甘宁边区，曾先后有两个《新诗歌》，分别在延安和绥德出版。延安版《新诗歌》采用油印，因此也称为油印本；绥德版《新诗歌》采用铅印，因此也称为铅印本。这是延安时期重要的诗歌刊物，对于推动延安新诗的大众化和民族化发展起到了非常重要的作用。

在陕甘宁边区文化界救亡协会领导下，延安版《新诗歌》于 1940 年 9 月 1 日创刊。最初是由战歌社和山脉文学社合编，从第 2 期起改由延安新诗歌会编辑，成为延安新诗歌会会刊，由萧三担任主编。毛泽东为《新诗歌》题写了刊名“**新诗歌**”。1941 年 5 月 21 日停刊，共出版 6 期。

1941 年 6 月，《新诗歌》绥德版创刊，它的宗旨是把《新诗歌》作为边区青年诗人陈列习作的场所，要办得新鲜、茁壮，广阔而又深沉，要反映出边区的现实生活和斗争。至 1942 年底，由于整风运动的开展和会员的调离，新诗歌会活动减少，不久刊物即告终止。

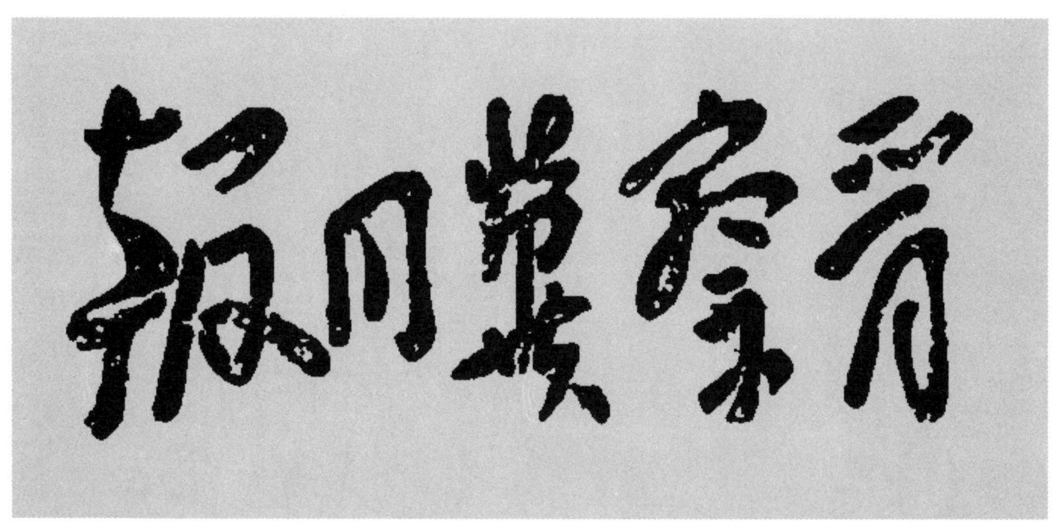

◆ 为《晋察冀日报》题写的报头（1940 年 11 月）

为《晋察冀日报》题写报头

1937 年 10 月，《抗敌报》在河北省阜平县试办，12 月 11 日正式创刊。该报纸由晋察冀军区政治部抗敌报社编辑出版，是敌后抗日根据地出版最早的一份报纸。

1940 年 11 月 7 日，《抗敌报》改名为《晋察冀日报》，邓拓任社长兼总编。毛泽东亲笔题写**“晋察冀日报”**报头，《晋察冀日报》成为中共中央北方分局和晋察冀中央局的机关报。

1948 年 6 月 15 日，中共中央决定将《晋察冀日报》和晋冀鲁豫解放区《人民日报》合并为中共中央华北局机关报《人民日报》。1949 年 3 月 15 日，《人民日报》（华北版）迁至北平并改为中共中央机关报。

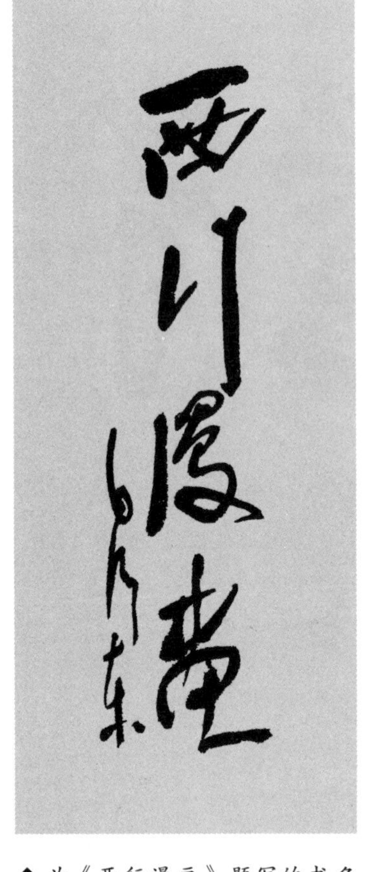

◆ 为《西行漫画》题写的书名（1941 年 4 月）

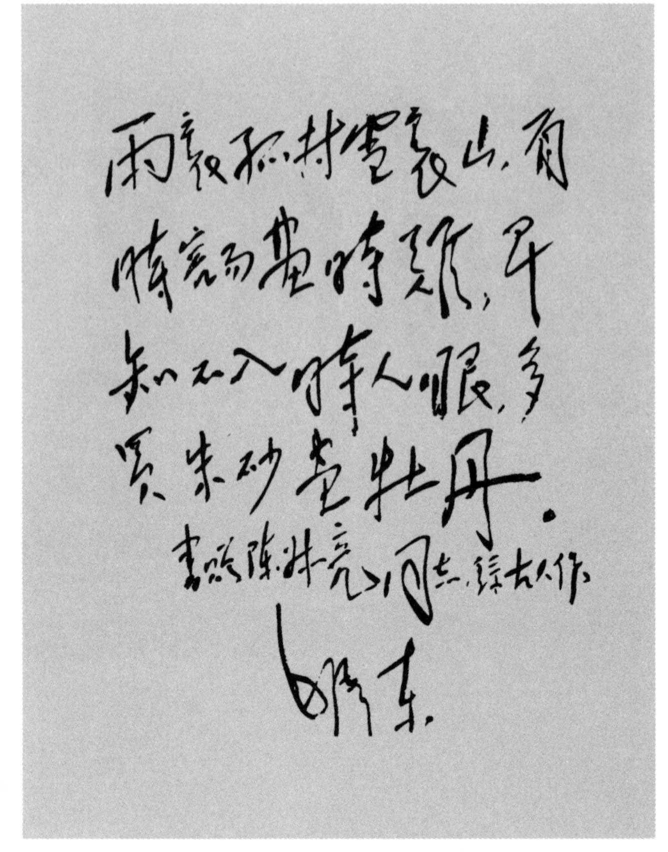

◆ 为陈叔亮题诗（1941 年 4 月）

为《西行漫画》题写书名并题诗

陈叔亮（1901—1991），名寿颐，浙江黄岩人。20 世纪 30 年代毕业于上海美术专科学校，曾任中小学教员。七七事变后，陈叔亮带领一批爱国青年奔赴延安。1938 年至 1946 年，他在鲁迅艺术文学院任教，擅长中国画、版画、书法。

1941 年，毛泽东为陈叔亮所作的速写画册《西行漫画》题写书名，并录写了宋代李唐所作的题画绝句。

毛泽东在书赠陈叔亮的墨迹内容中对李唐诗进行了改动：“**雨里孤村雪里山，看时容易画时难，早知不入时人眼，多买朱砂画牡丹。**”落款：“**书赠陈叔亮同志，录古人作，毛泽东**”。

毛泽东这幅墨迹手稿，是 2020 年 5 月研究人员在台北发现的，经鉴识专家鉴定，初判为毛泽东的真迹。

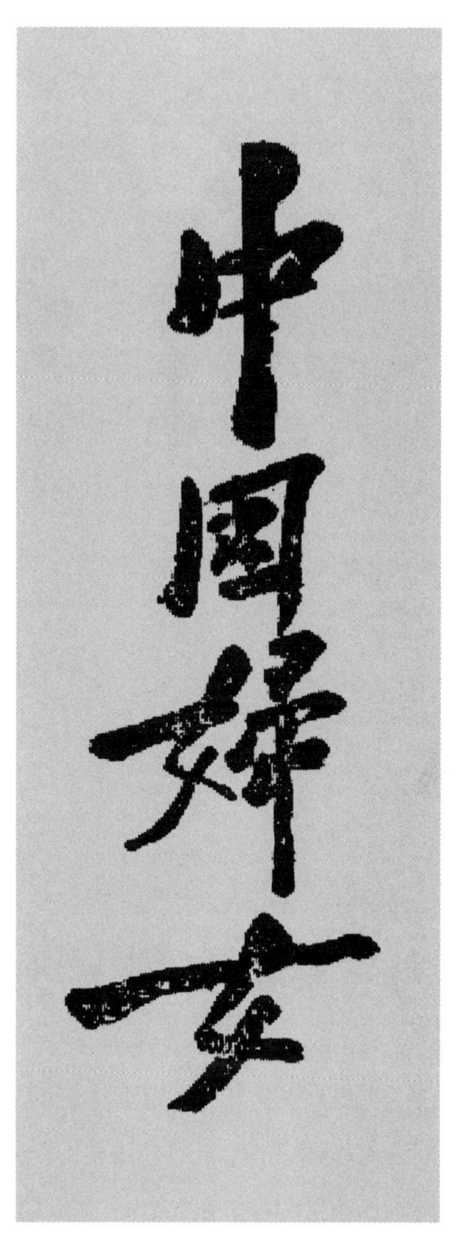

◆ 为《解放日报》专刊“中国妇女”题写的报头（1941 年 9 月）

为《解放日报》专刊“中国妇女”题写报头

1941 年 5 月 16 日，《解放日报》在延安创刊，先后创办“文艺”“青年之页”“中国工人”“敌情”“中国妇女”“科学园地”“军事”“卫生”八大专刊。其中，“中国妇女”专刊第一期，是在 1941 年 9 月 28 日的《解放日报》第四版。第一期“中国妇女”也是第一次刊用毛泽东题写的“**中国妇女**”报头。

◆ 为《解放日报》题写的报头（1941 年 5 月 15 日）

为《解放日报》题写报头并撰写发刊词

1941 年 4 月 16 日，中共中央政治局会议决定出版《解放日报》，由博古担任社长兼主笔。5 月 15 日，毛泽东在为中央书记处起草的《关于出版〈解放日报〉和改进新华社工作的通知》中指出："5 月 16 日起，将延安《新中华报》《今日新闻》合并，出版《解放日报》，新华通讯社事业亦加改进，统归一个委员会管理。""任命博古（秦邦宪）为报社社长兼主笔。"博古当即提议，请毛泽东撰写发刊词和题写报头，与会人员一致赞同。毛泽东撰写发刊词并题写报头**"解放日报"**，当时大大小小共写了 7 份报头，供报社选用。

5 月 16 日清晨，《解放日报》（创刊号）在延安清凉山诞生。毛泽东在发刊词中指出："团结全国人民战胜日本帝国主义，这是中国共产党的总路线，也是本报的使命。"

在《解放日报》创办的 6 年时间里，毛泽东为该报提供了（包括命题修改的）40 篇文章，其中亲笔写的有 18 篇，8 篇收入《毛泽东选集》。

为《解放日报》题词

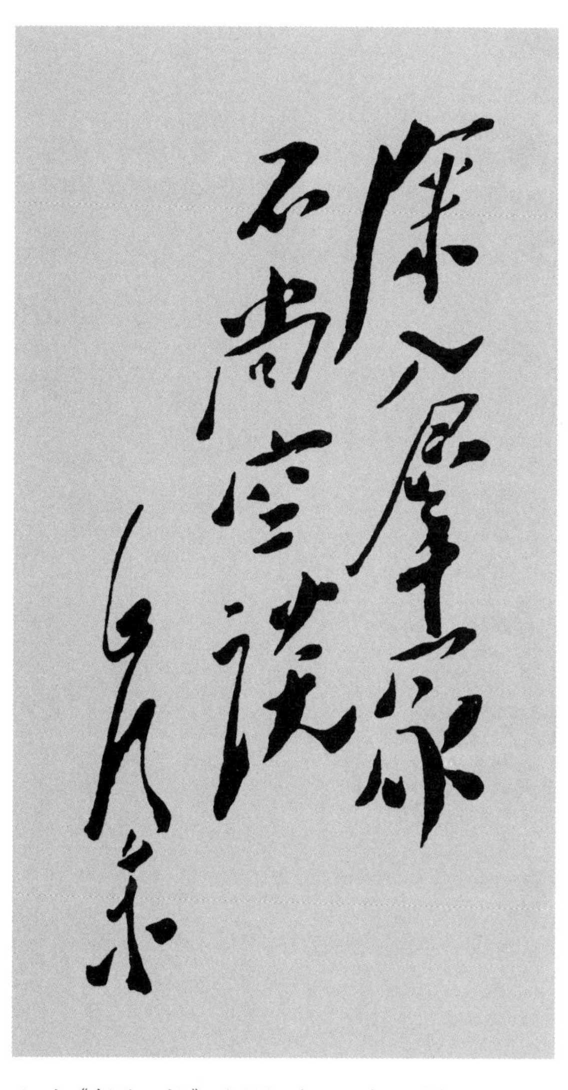

◆ 为《解放日报》的题词（1942 年 3 月）

1942 年 2 月 1 日，毛泽东在中央党校开学典礼上作《整顿学风党风文风》的报告，提出整顿党风、整顿学风、整顿文风的号召；2 月 8 日，在中央宣传部召集的干部会议上又发表了《反对党八股》的演说。

可是，这两条极其重要的演说消息和政治信号，并没有引起《解放日报》编辑、记者们的重视，分别被刊登在该报第三版的右下方和左下角，很不显眼，而且只有 300 余字。

毛泽东针对《解放日报》所暴露出来的一些问题，给博古和报社的同志写了**“深入群众，不尚空谈”**的题词，发表在 1942 年 3 月 8 日的《解放日报》上。

1942 年 3 月 17 日，博古在编辑部与报社干部大会上认真检讨报纸 10 个月来的错误，还联系自己过去历史上的错误作了自我批评，提出今后报纸改版的方针、计划，并强调报纸改版要在增强党性上努力。3 月 31 日，毛泽东和博古在杨家岭中央办公厅召集延安各部门负责人和作家共七十多人召开座谈会，讨论《解放日报》改版问题。毛泽东在讲话中指出：“利用《解放日报》，应当是各机关经常的业务之一。”“我们今天来整顿三风，必须要好好利用报纸。”会上，博古又诚恳地做了自我批评。4 月 1 日，《解放日报》改版，发表社论《致读者》，宣布即日起报纸版面彻底改革，“要使《解放日报》能够成为真正的战斗的党的机关报”。

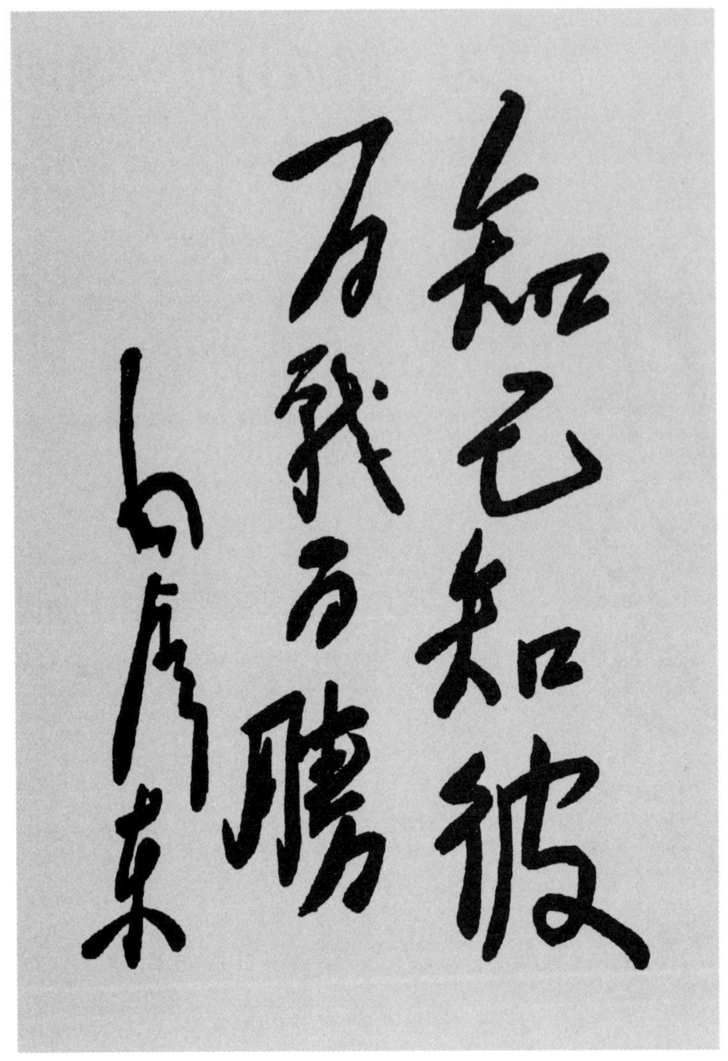

◆ 为《谍报勤务》的题词（1947 年 12 月）

为《谍报勤务》一书题词

1947 年 12 月，由“东北军用图书社”翻印的《谍报勤务》一书，刊印有毛泽东、周恩来、王稼祥和滕代远的题词，其中毛泽东的题词：**“知己知彼，百战百胜”**，并落款：**“毛泽东”**。

从彭雄在该书前言中注明的时间、地点“1941 年 12 月，写于苏北”以及滕代远题落款时间“于抗战两周年纪念”可以推断，《谍报勤务》一书正式出版发行时间可能是 1939 年。

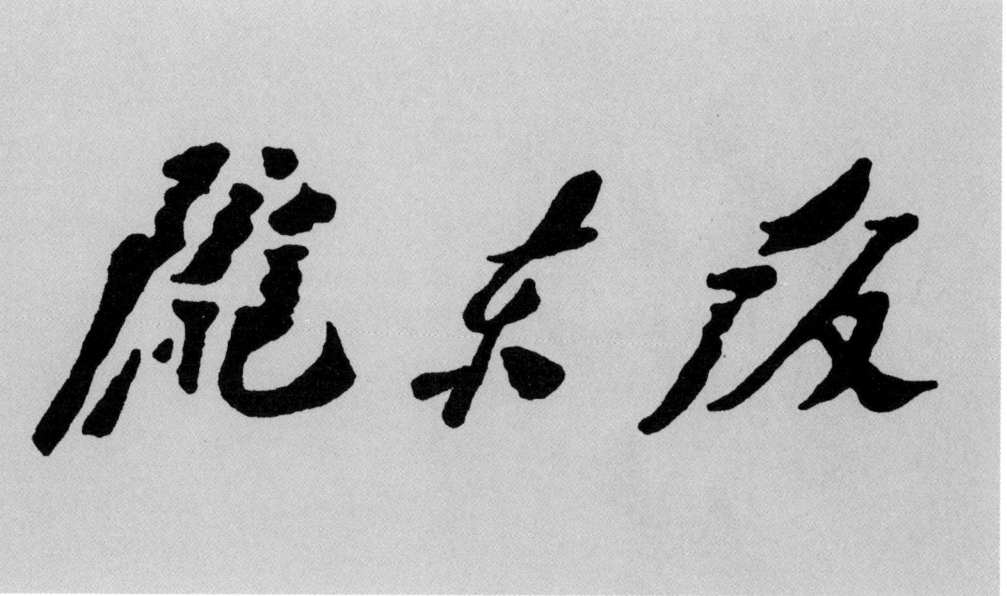

◆ 为《陇东报》题写的报头（1942 年 7 月）

为《陇东报》题写报头

1937 年 10 月，《救亡日报》在庆阳县城创刊。1938 年 3 月，《救亡日报》成为陇东特委机关报，改名《救亡报》。1942 年 7 月 7 日，当中共陇东特委机关报《救亡报》出版至第 474 期改版易名为《陇东报》时，时任陇东地委书记的马文瑞呈请毛泽东为报纸题写报头，毛泽东欣然题写了**“陇东报”**三个大字。《陇东报》创刊时，为陇东地委机关报，期号新计，每周一刊，四开二版，主要以区县干部为读者对象。

◆ 为《解放日报》专刊“敌情”题写的报头（1943 年 1 月）

为《解放日报》专刊“敌情”题写报头

1941 年 5 月 16 日,《解放日报》在延安创刊，先后创办“文艺”“青年之页”“中国工人”“敌情”“中国妇女”“科学园地”“军事”“卫生”八大专刊。其中，八路军总政敌工部的邝启常创办了“敌情”半月专刊，1941 年 9 月 27 日出版的《解放日报》第四版开辟第一期。直到 1943 年 1 月 6 日“敌情”第 33 期，第一次刊用毛泽东题写的“**敌情**”报头。

◆ 为《三边报》题写的报头（1943 年春）

为《三边报》题写报头

《三边报》是中共三边地区委员会机关报，1942 年在定边创刊，李季、张源、马汉卿、冯刘山先后任社长或主编，为 8 开油印、5 日刊，后改为 4 开单面石印。主要发行于定边、盐池、靖边、吴旗、安边等地。发行量开始只有几百份，最多时达到 2 000 份。1943 年春，毛泽东为《三边报》题写了报头“三边报”。

1947 年，国民党军队占领定边县城，《三边报》随地委机关撤出定边进入游击区，改为不定期油印。1947 年底，又转移至吴旗镇，相对稳定下来后，《三边报》便在吴旗镇磨坊村恢复 4 开单面石印出版，改为周刊。1949 年秋，定边收复后《三边报》返回定边。随即宁夏解放，报社全体人员赴宁夏进行报业接管工作，《三边报》停刊。

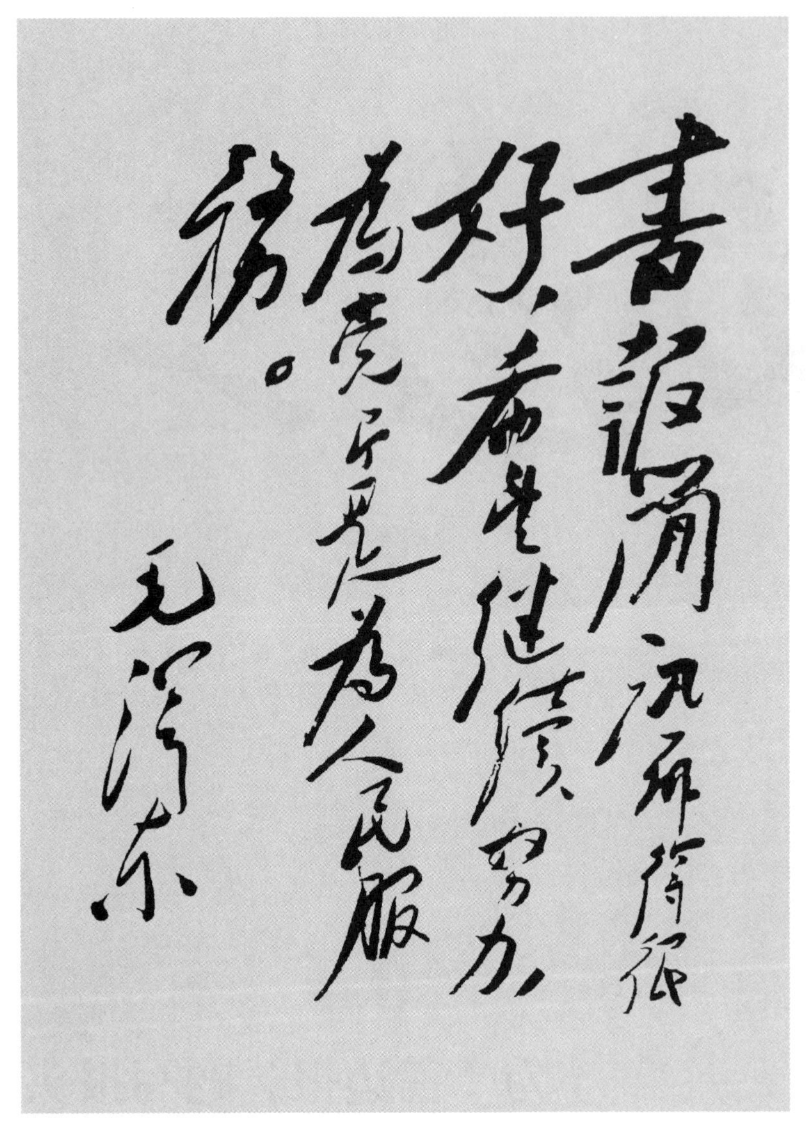

◆ 为党内刊物《书报简讯》的题词（1944 年冬）

为党内刊物《书报简讯》题词

《书报简讯》是由中央社会部编辑的党内刊物，通过对众多资料的分析研究，把某一事件或某一人物的动向以及各方面反映等写成主题鲜明、内容翔实的文章，提供给中央领导与有关部门阅览参考。

1944 年冬，毛泽东为《书报简讯》题词：**“书报简讯办得很好，希望继续努力，为党即是为人民服务。”**落款：**“毛泽东”**。

为“柳诗尹画联展特刊”题写刊名

国共重庆谈判期间，尹瘦石与柳亚子合计，举办一个以爱国主义英雄人物为主题的“柳诗尹画联展”。开展前，柳亚子提议让尹瘦石给毛泽东画像，毛泽东欣然同意。1945 年 10 月 5 日下午，尹瘦石在红岩村毛泽东的办公室，以写实手法为毛泽东画了一幅肖像。随后，柳亚子为画赋诗一首，一同在联展上展出。

10 月 24 日，“柳诗尹画联展”在重庆中苏文化协会隆重举办。展出的作品有柳亚子的《题润之老友绘像》《赠董必武》《沁园春》《抗战胜利口号》等数十首诗词；尹瘦石的《遗民图——毛主席画像》《屈原》《正气歌画意》等数十幅画。展出期间，周恩来、王若飞等中共领导人也到现场参观。

12 月 25 日，《新华日报》为联展出版特刊，刊名**“柳诗尹画联展特刊”**，此刊名是报社邀请毛泽东题写的。

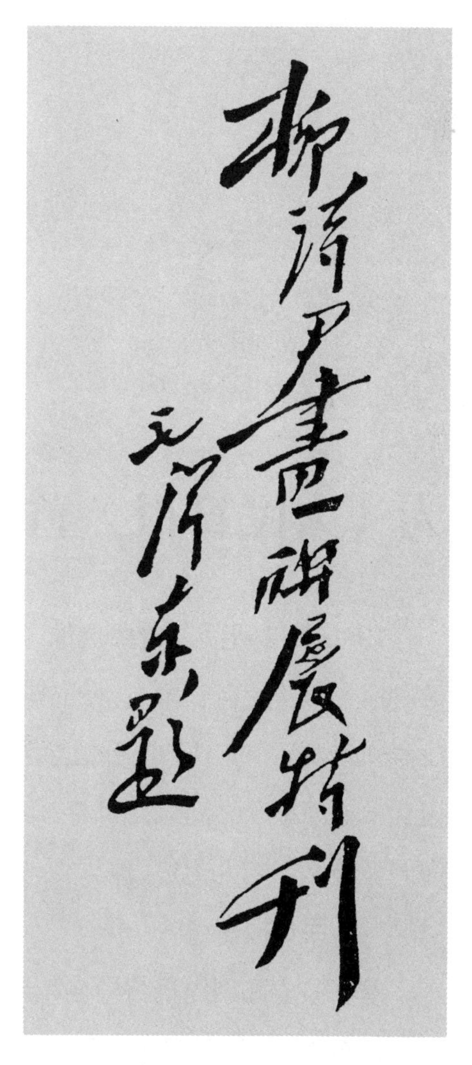

◆ 为“柳诗尹画联展特刊”题写的刊名（1945 年 10 月）

◆ 为《人民日报》题写的报头（1946 年 4 月间）

为《人民日报》首次题写报头

1946 年 4 月间，晋冀鲁豫中央局准备办一张机关报，拟定报名为《晋冀鲁豫日报》或《太行日报》，一时难以抉择。恰好，中共晋冀鲁豫分局副书记薄一波要到延安汇报工作，工作之余拜访毛泽东，请毛泽东为筹备中的报纸题写一个报头。毛泽东欣然同意，对薄一波说："报纸的名称不一定都要冠上地区的名字，你们为什么不叫人民日报呢？"毛泽东当即在宣纸上乘兴挥毫，一连写出五式横书的"**人民日报**"。

薄一波立即用电报将报名和毛泽东题名之事通知邯郸的筹备组。

直至 1946 年 7 月 15 日《人民日报》出版第 45 号时，才正式启用毛泽东亲自题写的报头。

◆ 为《晋绥日报》题写的报头（1946 年 6 月）

为《晋绥日报》题写报头及题词

《晋绥日报》是全民族抗战和解放战争时期中共中央晋绥分局的机关报。它的前身是 1940 年 9 月 18 日于山西兴县石楞子村创办的晋绥分局机关报《抗战日报》，1946 年 7 月 1 日，为适应解放战争形势改名为《晋绥日报》，1949 年 5 月 1 日终刊。该报为四开四版铅印，初创为三日刊，后改为间日刊、日刊。从创刊到终刊，报纸经历了抗日战争和解放战争时期，历时将近 9 年，共出版 2171 期。

1946 年 6 月下旬，贺龙在延安开会时对毛泽东说："现在抗战胜利了，《抗战日报》要改名字，我们商量改成《晋绥日报》，你看行不行？"毛泽东说："我看可以。""那就请你再给我们写一个报名吧，我开完会带回去。"毛泽东看着贺龙，稍停，笑着说："贺胡子，你是引我上套啊！征求意见是虚，写字是实。"贺龙也笑着说："两者都有，既征求意见，又请你写字。"会议结束了，贺龙去枣园毛泽东的住处取稿。毛泽东把 3 幅**"晋绥日报"**题字摆在桌子上，说："请你看看写得行不行？"贺龙说："我看这 3 幅字都好，我带回去轮换着用吧。"

回到晋绥，贺龙把毛泽东的题字交给报社，很快制成锌版试印。1946 年 7 月 1 日，《晋绥日报》正式出版。

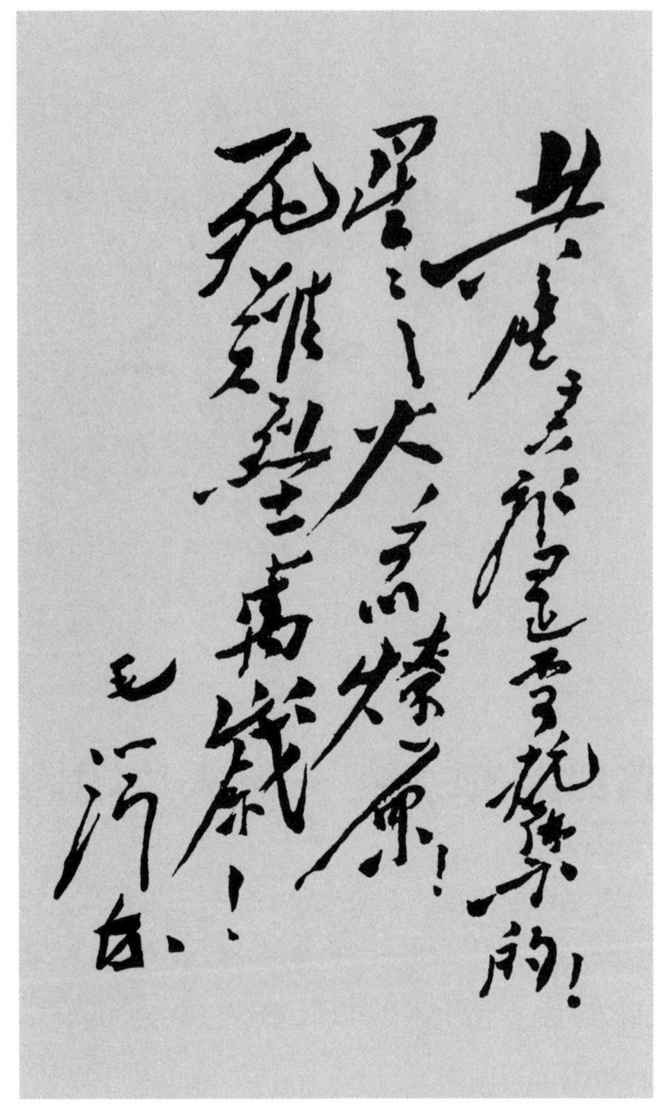

◆ 为《冀南解放区烈士英名录》一书的题词（1946 年 10 月）

为《冀南解放区烈士英名录》一书题词

1946 年 10 月，毛泽东应邀为冀南抗战史编委会编辑的《冀南解放区烈士英名录》一书题词：**“共产主义是不可抗御的！星星之火，可以燎原！死难烈士万岁！”**落款：**“毛泽东”**。1946 年 12 月，《冀南解放区烈士英名录》由冀南书店出版，共六卷。

1948 年 4 月 4 日建成的齐齐哈尔西满革命烈士纪念塔上也镌刻着这幅题词。

1948 年 10 月 10 日，《东北日报》刊载了这一题词。

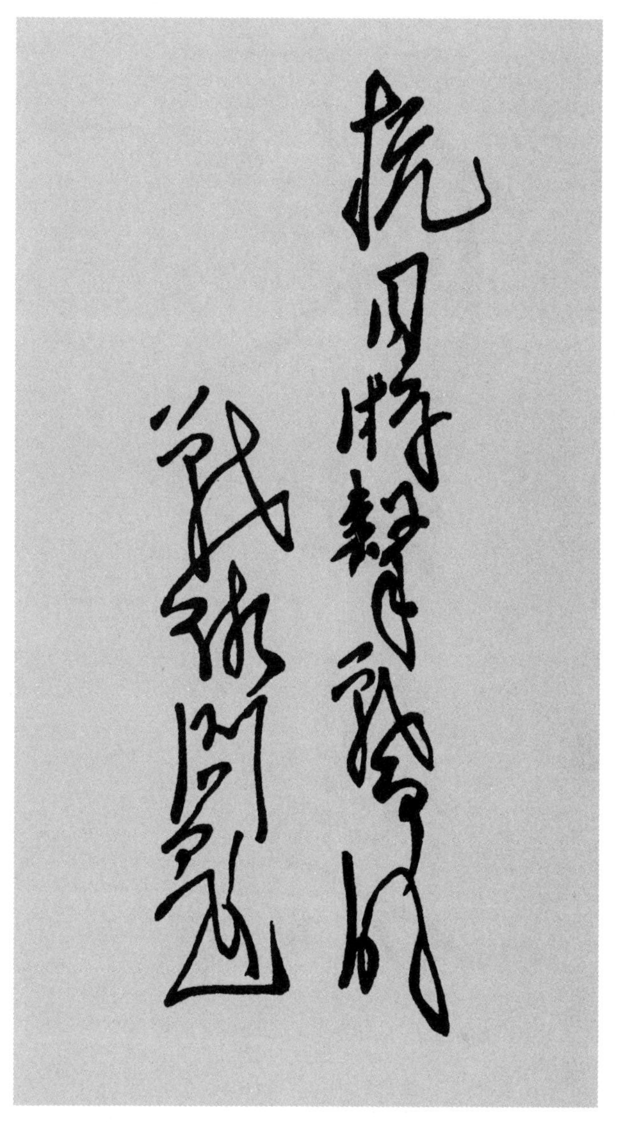

◆ 为《抗日游击战争的战术问题》一书题写的书名（1947 年）

为《抗日游击战争的战术问题》一书题写书名

《抗日游击战争的战术问题》由毛泽东、陈昌浩、刘亚楼、萧劲光、郭化若等人执笔。

1947 年，毛泽东为即将出版的《抗日游击战争的战术问题》一书封面题写了书名**“抗日游击战争的战术问题”**。

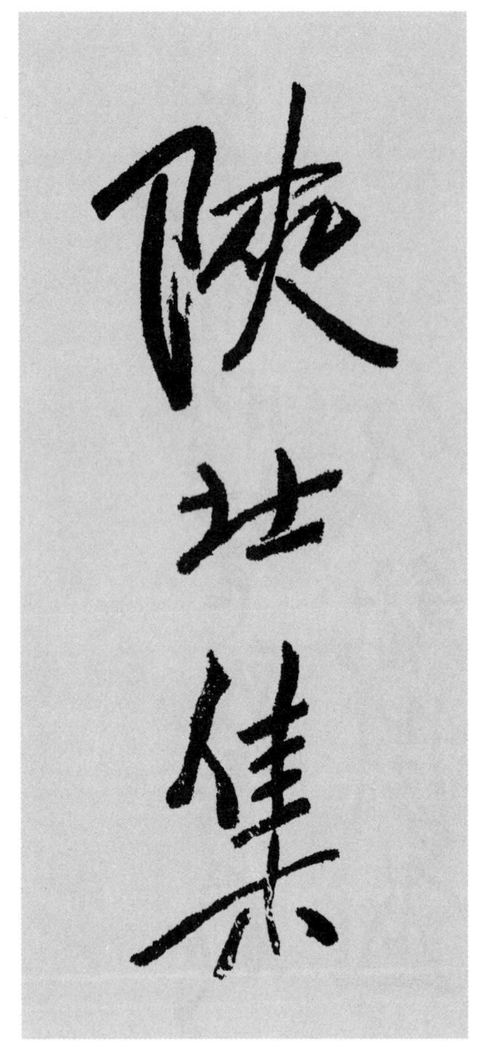

◆ 为《陕北集》题写的书名（1948 年春）

为《陕北集》题写书名

《陕北集》编辑于 1947 年 12 月，反映了 1947 年 3 月 13 日国民党军胡宗南部进攻延安中共中央撤离延安后的活动情况，是一部重要文集，毛泽东为此文集题写了书名**“陕北集”**。

《陕北集》编者在“编者按语”中写道：“本集所收集者即为一九四七年三月撤出延安至十二月底以前，毛主席十二月二十五日在中央会议上的报告、双十节人民解放军总政治部所发布的宣言与命令、土地法大纲、中共中央发言人谈话等重要文件及新华社的社论、时评、短评等。一九四八年者尚未收入。”落款：“一九四八年三月于陕北米脂”。所以，成书是在米脂县杨家沟。

第五辑 为劳模的题词

延安时期，毛泽东为许多模范人物写了题词，朴素而又集中地表达了党的群众路线和群众观点的基本内涵，对党的群众路线的形成产生了积极影响，也寄托了毛泽东对边区干部群众的殷切期望。特别是在 1942 年底召开的中共中央西北局高级干部会议中，毛泽东为每一位受奖励者的奖状亲笔写了赠言题词。在中共党史上，像此种由党的领袖一次性给为数众多的干部题词予以嘉奖的情形是空前的。

纵观毛泽东为各类奖状的题词，内涵丰富，涵盖了受奖干部在生产和工作中的立场、观点、方法、原则、信仰、品行、能力、态度和价值观等，也成为衡量一个模范干部的指标体系。在表达方式上，形式多样，既有肯定式，又有否定式，并加以修饰和强调，如“坚决”“善于”“无限”“密切”“一刻也不”“不……不……”等。

毛泽东的题词，有的借用了成语典故，如“实事求是”“以身作则”“大公无私”“不屈不挠”等。同时，题词也具有很强的针对性，因人而题，特色鲜明，既贴切又含蓄，既是对受奖干部在生产和工作中取得成绩的褒奖，也是对他们以后工作以及对其他干部工作的勉励。毛泽东的题词对当时的劳模来说形成巨大的鼓舞力量。

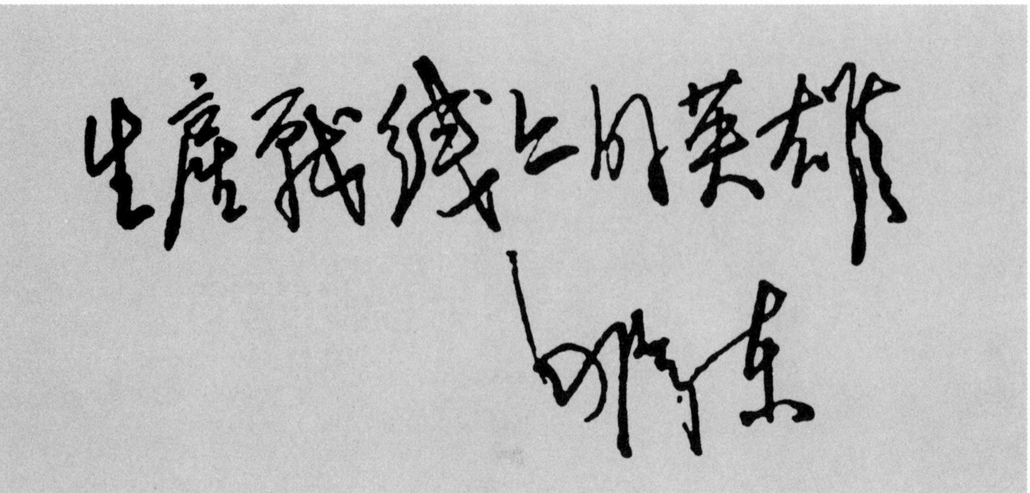

◆ 为梁松方、李平、刘贵福的奖状题词（1939 年 5 月 12 日）

为梁松方、李平、刘贵福的奖状题词

1939 年五一国际劳动节下午，鲁迅艺术学院大礼堂举办陕甘宁边区工业展览会，礼堂四周挂满了各方送来的贺词。正中的一块红色横幅上是中共中央的贺词“劳动创造一切”。毛泽东的贺词是：“无产阶级是抗日的先锋队，应为坚持抗战到底、建设新中国而奋斗！”

当日，毛泽东亲自来到会场，在李富春、张浩、高自立、刘景范、王明等中央和边区的领导同志陪同下，饶有兴致地参观了工业展品。展会上最令人赞不绝口的是一支新颖、美观、短小轻巧的步枪。5 月 12 日晚，在中央大礼堂举行了隆重的工业展览会闭幕大会。“无名式马步枪”获甲等产品奖，制造步枪的边区机器厂获特等奖单位，“无名式马步枪”的主要设计者刘贵福被评为特等劳动英雄。在大会上，刘贵福作为劳动英雄的代表与毛泽东等中央领导坐在一起，并被邀请在大会上发言。毛泽东为刘贵福亲笔题词：**“生产战线上的英雄”**。落款：**“毛泽东”**。

中央印刷厂党支部书记、工会主任李平和兵工厂技术员梁松方同样获得由毛泽东题词签发的“生产战线上的英雄”布质奖状。题有“生产战线上的英雄”的奖状是白棉布加丝质，长 41 厘米，宽 28.5 厘米，套色石印。

1986 年，李平将其珍贵的奖状捐赠给延安新闻纪念馆；2014 年 5 月，101 岁的梁松方将奖状捐赠给中国人民革命军事博物馆。

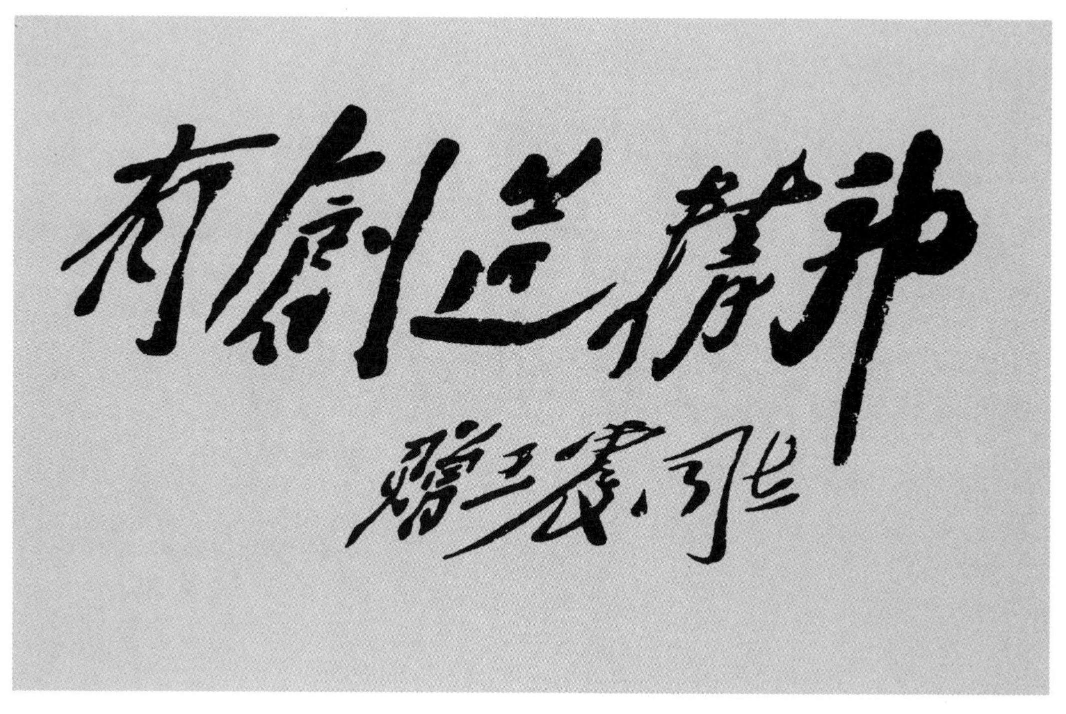

◆ 为王震的题词

（《延安红色记忆》，陕西人民出版社 2019 年 10 月第 1 版；延安革命纪念馆馆藏资料）

为王震题词

王震（1908—1993），湖南浏阳人，1929 年参加中国工农红军，1935 年参加长征，1955 年被授予上将军衔，荣获一级八一勋章、一级独立自由勋章、一级解放勋章。

在抗日战争极端困难的岁月，王震响应党中央号召，1941 年初率 359 旅在南泥湾垦荒屯田，经过两年多的努力，把南泥湾建成“陕北的好江南”，为人民军队和抗日根据地树立了“自己动手，丰衣足食”的光辉旗帜。

1943 年 1 月 14 日，在中共中央西北局高级干部会议上，毛泽东为 359 旅旅长兼政委王震题词：**“有创造精神”**。落款：**“赠王震同志”**。

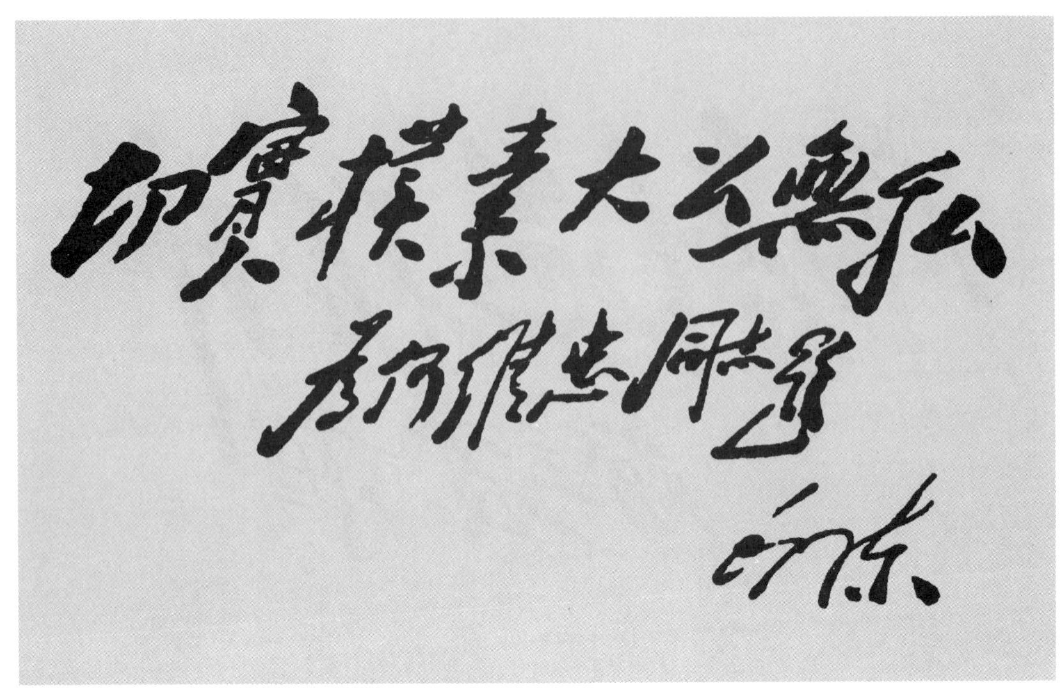

◆ 为何维忠的题词

（《延安红色记忆》，陕西人民出版社 2019 年 10 月第 1 版；延安革命纪念馆馆藏资料）

为何维忠题词

何维忠（1903—1981），湖南平江献冲镇人，1927 年加入中国共产党，1930 年参加中国工农红军，1955 年被授予少将军衔，荣获二级八一勋章、二级独立自由勋章、一级解放勋章。

抗日战争时期，何维忠任八路军 120 师 359 旅供给部部长，参与领导了南泥湾大生产运动。他带领供给部的同志们制订生产计划，以统一管理、分散经营、大家动手、各尽所能为原则开展生产自给运动，经营方针为：农业第一，工业与运输业次之，商业第三。1941 年春，359 旅进驻南泥湾屯垦，1944 年做到全部自给，且有一年的物资节余。

1943 年 1 月 14 日，在中共中央西北局高级干部会议上，毛泽东为 359 旅供给部部长何维忠题词：**“切实朴素，大公无私”**，落款：**“为何维忠同志题 毛泽东”**。

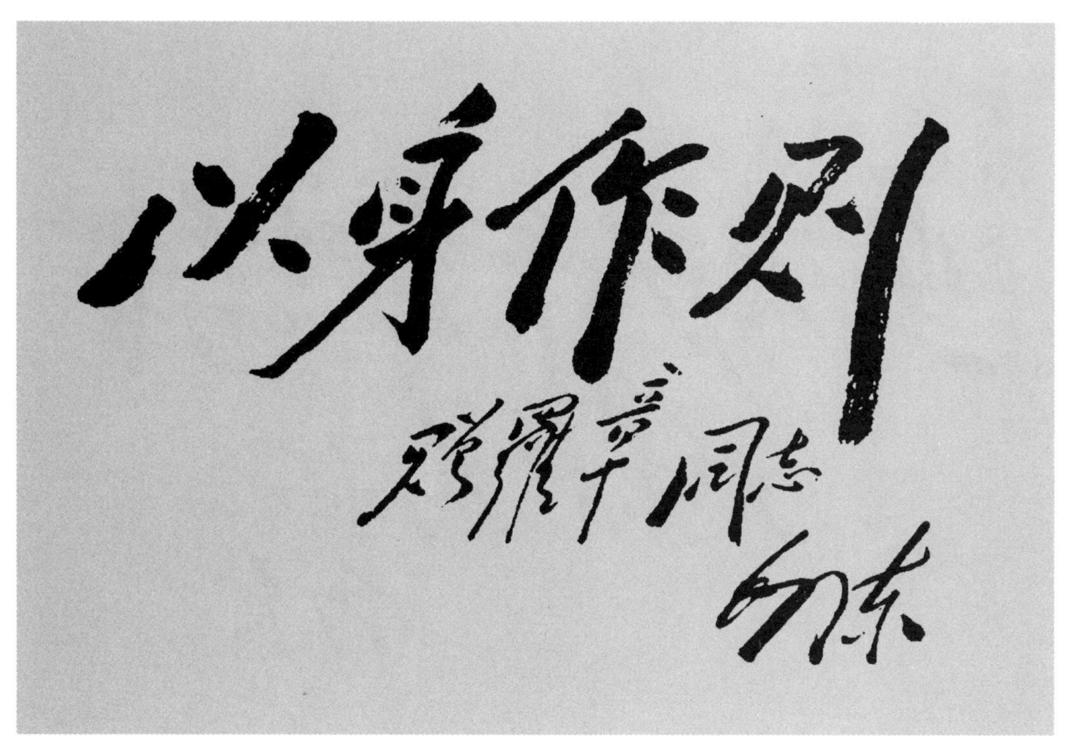

◆ 为罗章的题词

（《延安红色记忆》，陕西人民出版社 2019 年 10 月第 1 版；延安革命纪念馆馆藏资料）

为罗章题词

罗章（1905—1993），江西万载县人，1929 年参加中国工农红军，1935 年参加长征，1955 年被授予少将军衔，荣获二级八一勋章、二级独立自由勋章、二级解放勋章、一级红星功勋荣誉章。

在南泥湾的大生产运动中，时任 359 旅供给部政委的罗章，成绩显著，被评为“生产英雄”。

1943 年 1 月 14 日，在中共中央西北局高级干部会议上，毛泽东为 359 旅供给部政委罗章题词：**“以身作则”**，落款：**“赠罗章同志　毛泽东”**。

此题词刊载在 1960 年 12 月 6 日的《人民日报》上。

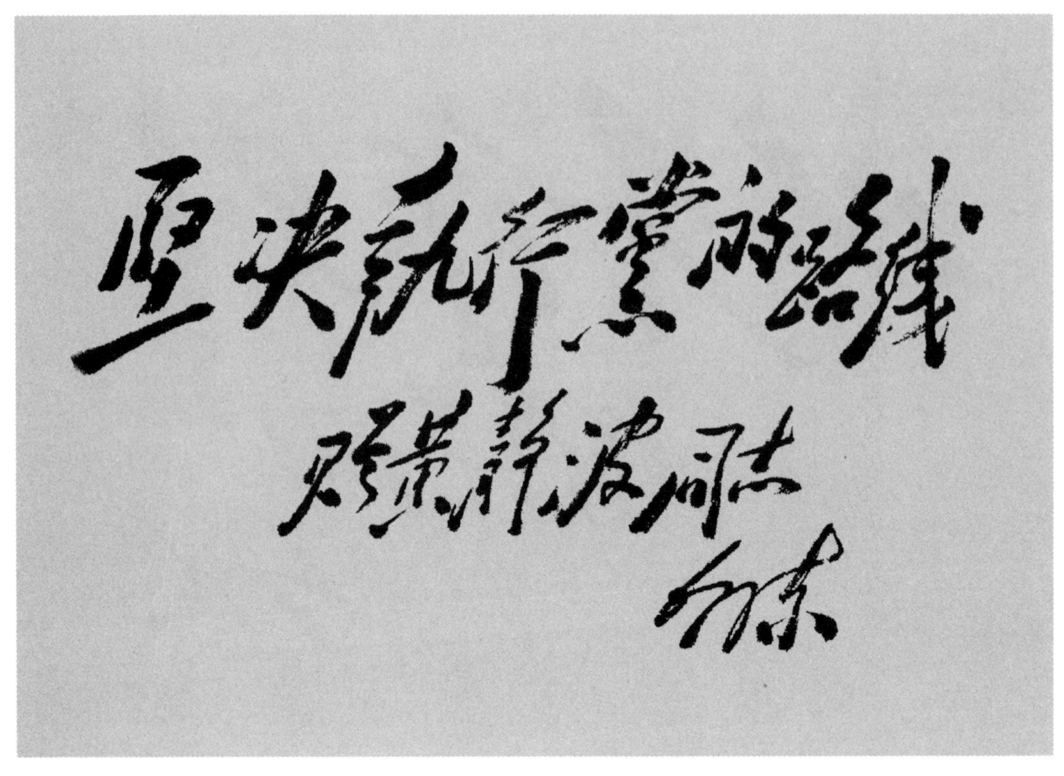

◆ 为黄静波的题词

（《延安红色记忆》，陕西人民出版社 2019 年 10 月第 1 版；中共中央西北局革命纪念馆馆藏资料）

为黄静波题词

黄静波（1919—2014），陕西绥德人，1934 年春，参加中国共产主义青年团，同年夏天转为中国共产党党员。历任绥德、米脂、清涧县长、县委书记，西野二纵后勤部长，解放军后勤部副部长，广东省副省长，青海省省长、省委书记等职。

1942 年，黄静波任清涧县委书记、县长时，发展边区经济，巩固和发展人民政权，执行党的路线方针政策，成绩突出。

1943 年 1 月 14 日，在中共中央西北局高级干部会议上，毛泽东为清涧县县长黄静波题词：“坚决执行党的路线”，落款：“赠黄静波同志　毛泽东”。

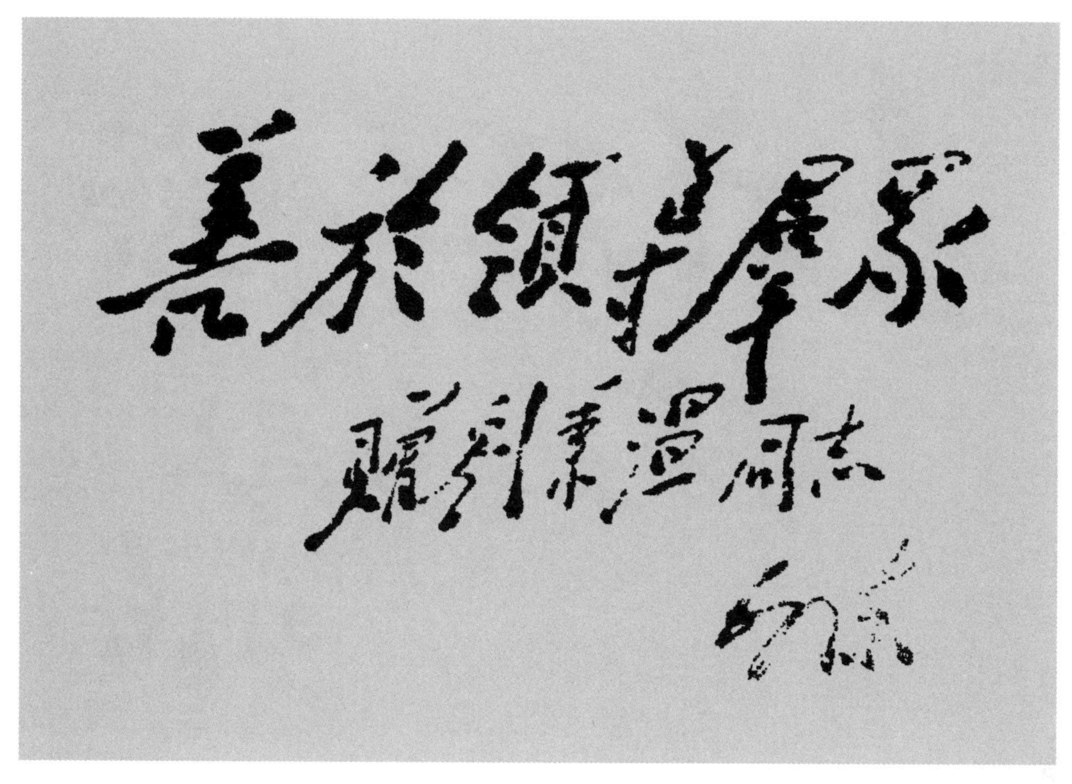

◆ 为刘秉温的题词

（《延安红色记忆》，陕西人民出版社 2019 年 10 月第 1 版；延安革命纪念馆馆藏资料）

为刘秉温题词

刘秉温（1912—1979），陕西横山韩岔乡人，1935 年参加革命，1942 年被评为边区模范县长。

为搞活经济、方便群众，刘秉温积极支持延安县成立南区合作社，同时领导延安县改造二流子参加生产劳动，得到毛泽东称赞。在大生产运动中，他带领全县干部帮助群众开展互助合作，激发了群众的生产热情，全县粮食大获丰收。刘秉温自己也带头开荒种地，他所提出的劳动互助、变工队办法及其经验被誉为“刘秉温生产方式”。刘秉温就是当初“延安县同志们的精神”的原型代表人物。

1943 年 1 月 14 日，在中共中央西北局高级干部会议上，毛泽东为延安县县长刘秉温题词：**“善于领导群众”**。落款：**“赠刘秉温同志　毛泽东”**。

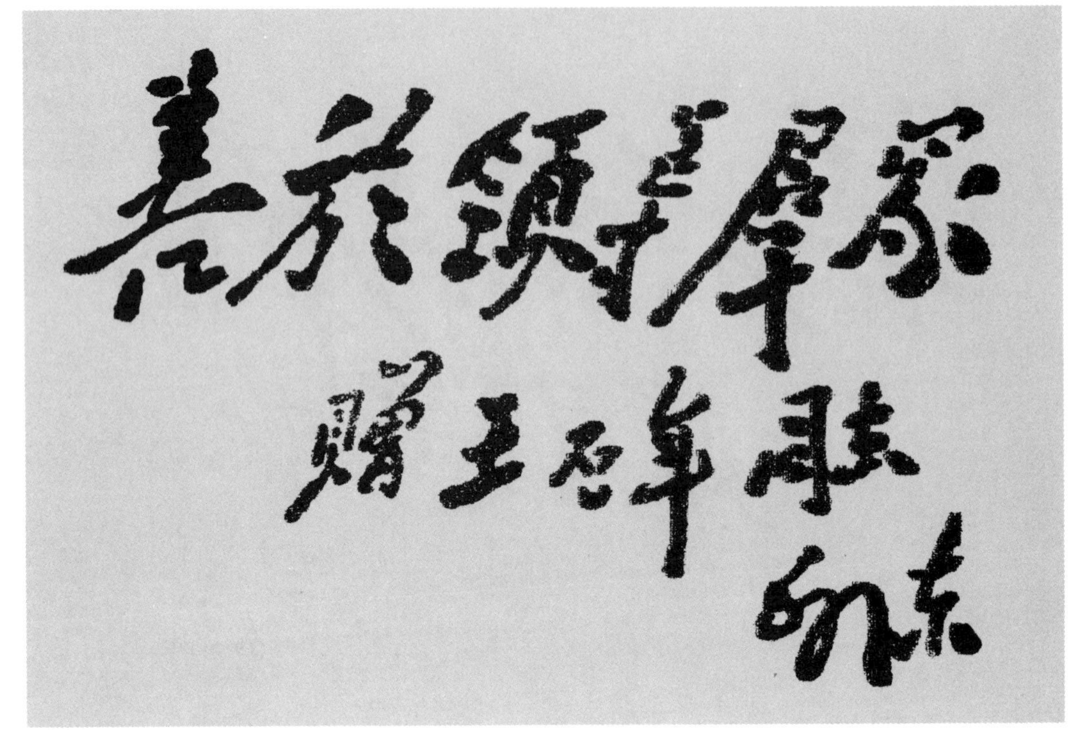

◆ 为王丕年的题词

（《延安红色记忆》，陕西人民出版社 2019 年 10 月第 1 版；延安革命纪念馆馆藏资料）

为王丕年题词

王丕年（1915—2013），陕西横山武镇人，1935 年参加中国工农红军。1940 年初，王丕年从中央党校毕业，听从组织安排，仍回到延安县工作。任延安县县委书记时，他领导大生产运动取得的功绩很大，被西北局评为模范县委书记并受奖。

在 1942 年的西北局高级干部会议上，毛泽东将王丕年关于开荒种地、移民生产和改造二流子的调查报告全文引用，并极力称赞。毛泽东说："我们希望全边区的同志都有延安同志这样的精神，这样的工作态度，这样的学会领导群众克服困难的马克思主义的艺术，使我们的工作无往而不胜！"（《毛泽东文集》第 2 卷，第 495 页，人民出版社 1993 年版）

1943 年 1 月 14 日，在中共中央西北局高级干部会议上，毛泽东为延安县县委书记王丕年题词：**"善于领导群众"**。落款：**"赠王丕年同志　毛泽东"**。

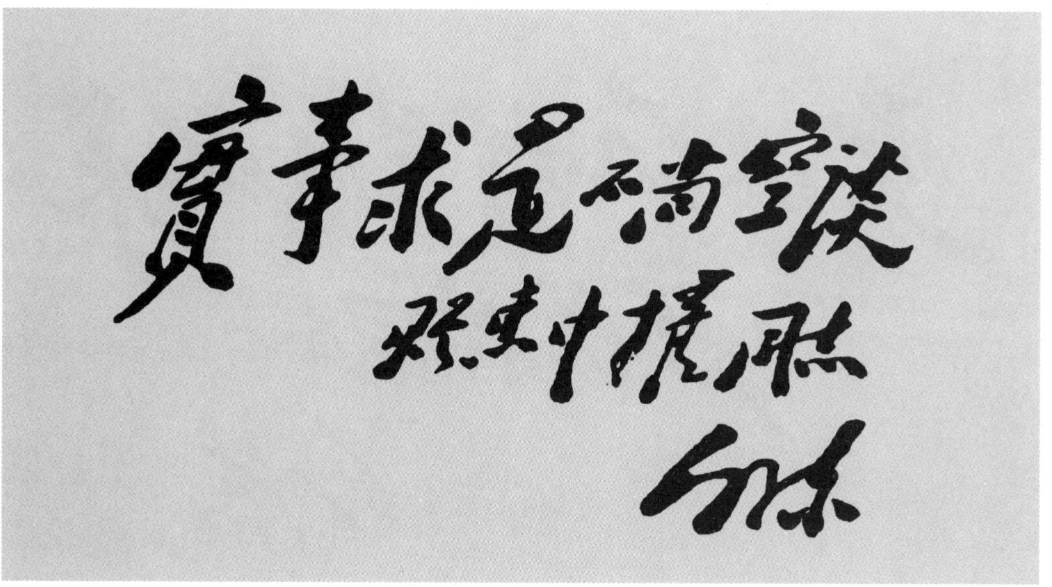

◆ 为惠中权的题词

(《延安红色记忆》，陕西人民出版社 2019 年 10 月第 1 版；延安革命纪念馆馆藏资料)

为惠中权题词

惠中权(1916—1968)，陕西清涧后将军沟人，1929 年考入清涧县第一高级小学，受中共地下组织影响，开始接触马列主义，1933 年夏毕业回村任小学教员，1934 年 3 月加入中国共产党。

1940 年 11 月，惠中权调任靖边县委书记，上任后立即发动群众开展大生产运动。栽树、种草，对沙地“引水拉沙”，在涧地“引洪漫地”，创造出一个水草丰茂的绿色小环境，在寒冷干旱的陕北高原，居然种出了一年三茬的庄稼。1942 年，靖边县的粮食产量猛增 10 倍，不但养活了本县百姓，还拿出节余支援边区其他县。

惠中权因领导群众开展大生产运动取得突出成绩和兴办供销合作事业而受到上级表扬。毛泽东在西北局高级干部会议上强调：“特别是靖边同志这种认真努力，实事求是的精神，值得各地效法。”1943 年 2 月 3 日的《解放日报》在《向领导经济建设受奖同志学习》的社论中指出：“要学习惠中权同志实事求是，调查研究，发展经济的优良作风。”惠中权的实践，成为中国共产党最早领导农民有组织地进行防沙造林的典范。

1943 年 1 月 14 日，在中共中央西北局高级干部会议上，毛泽东为靖边县委书记惠中权题词：**“实事求是，不尚空谈”**，落款：**“赠惠中权同志　毛泽东”**。

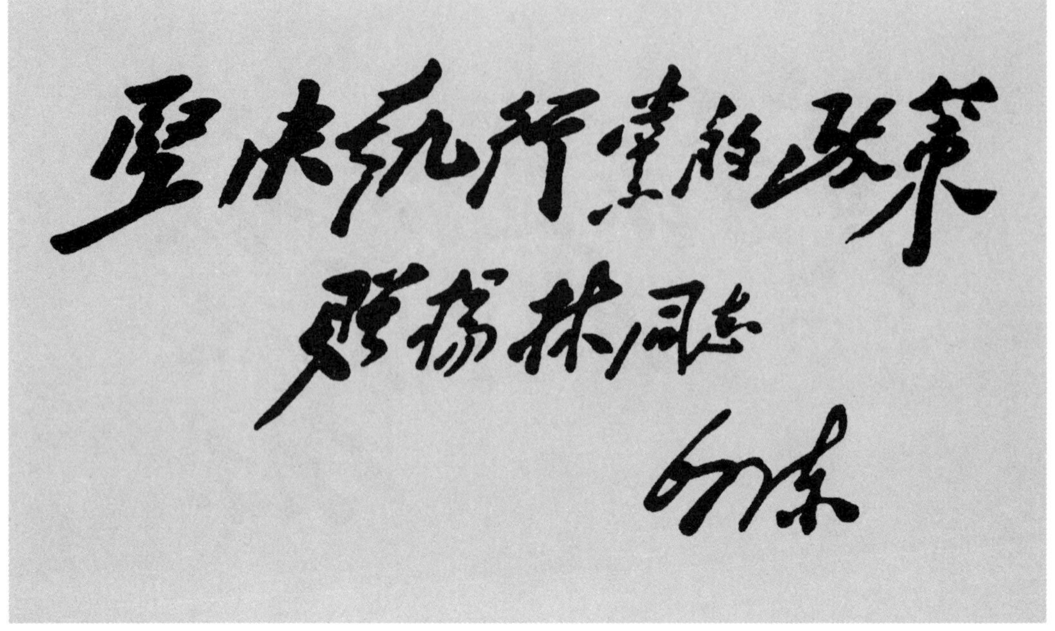

◆ 为杨林的题词

（《延安红色记忆》，陕西人民出版社 2019 年 10 月第 1 版；延安革命纪念馆馆藏资料）

为杨林题词

杨林（1908—1980），陕西安定（今子长）马家砭镇赵家崖堤村人。1927 年加入中国共产主义青年团，1930 年 4 月加入中国共产党。1932 年夏，在甘肃陇东成功策划并发动了西华池起义。他长期跟随刘志丹、谢子长转战陕北，为建立陕北革命根据地作出了贡献。

杨林在任陕甘宁边区保安司令部供给部部长期间，领导部队积极开展大生产运动，模范执行党的政策，贡献突出，功勋显著。

1943 年 1 月 14 日，在中共中央西北局高级干部会议上，毛泽东为杨林的奖状题词：**“坚决执行党的政策”**，落款：**“赠杨林同志　毛泽东”**。

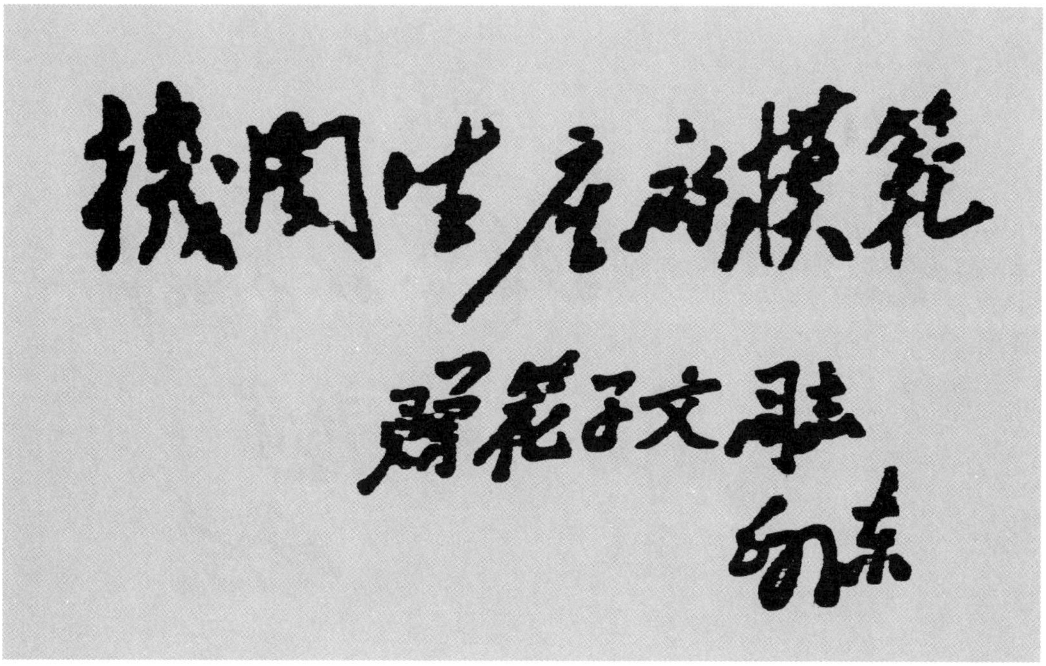

◆ 为范子文的题词

（《延安红色记忆》，陕西人民出版社 2019 年 10 月第 1 版；延安革命纪念馆馆藏资料）

为范子文题词

范子文（1909—1975），又名范嗣淹，陕西绥德刘家川乡李家岩村人，1924 年考入绥德省立第四师范学校，开始参加学生运动，1927 年参加革命，曾任绥德县苏维埃政府教育部部长。

范子文在任中共陕甘宁边区委员会秘书处、中共中央西北局秘书处处长时，负责领导机关职工大生产。他以身作则，带头劳动，善于组织，带领机关干部、职工努力开荒种田，大大改善了广大干部、职工的生活，为发展陕甘宁边区经济作出了显著贡献。

1943 年 1 月 14 日，在中共中央西北局高级干部会议上，毛泽东为中共中央西北局秘书处处长范子文题词：**“机关生产的模范”**，落款：**“赠范子文同志毛泽东”**。

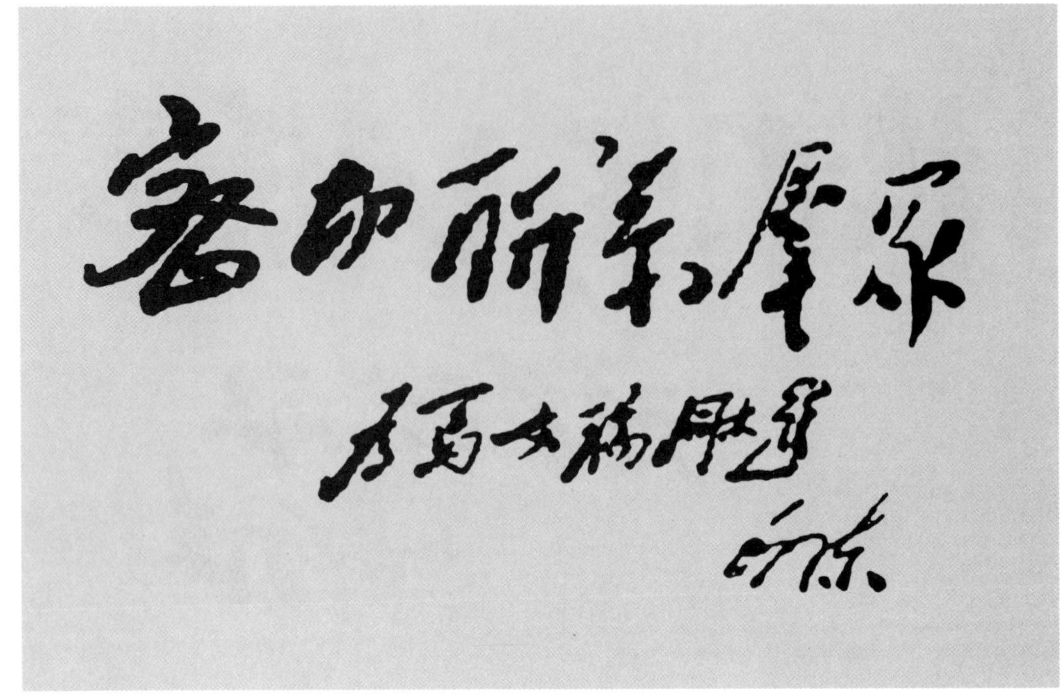

◆ 为马文瑞的题词

（《延安红色记忆》，陕西人民出版社 2019 年 10 月第 1 版；延安革命纪念馆馆藏资料）

为马文瑞题词

马文瑞（1912—2004），陕西子洲人，1928 年加入中国共产党。历任中共陕北特委委员兼共青团特委书记、陇东特委书记、西北局副书记兼组织部长、中共西北局副书记、劳动部长、陕西省委第一书记、全国政协副主席等职。

马文瑞在担任陇东特委书记兼陇东分区警备司令部政委时，带领陇东军民开展了整风运动、大生产运动，战胜了国民党顽固派的经济封锁和军事进攻。他率先在陇东地区各级政府中实行“三三制”，为抗日战争的胜利和陕甘宁边区的经济建设、文化建设、民主政治建设作出了卓越贡献。

1943 年 1 月 14 日，在中共中央西北局高级干部会议上，毛泽东为陇东特委书记、陇东分区警备司令部政委马文瑞题词：**“密切联系群众”**，落款：**“为马文瑞同志题　毛泽东”**。

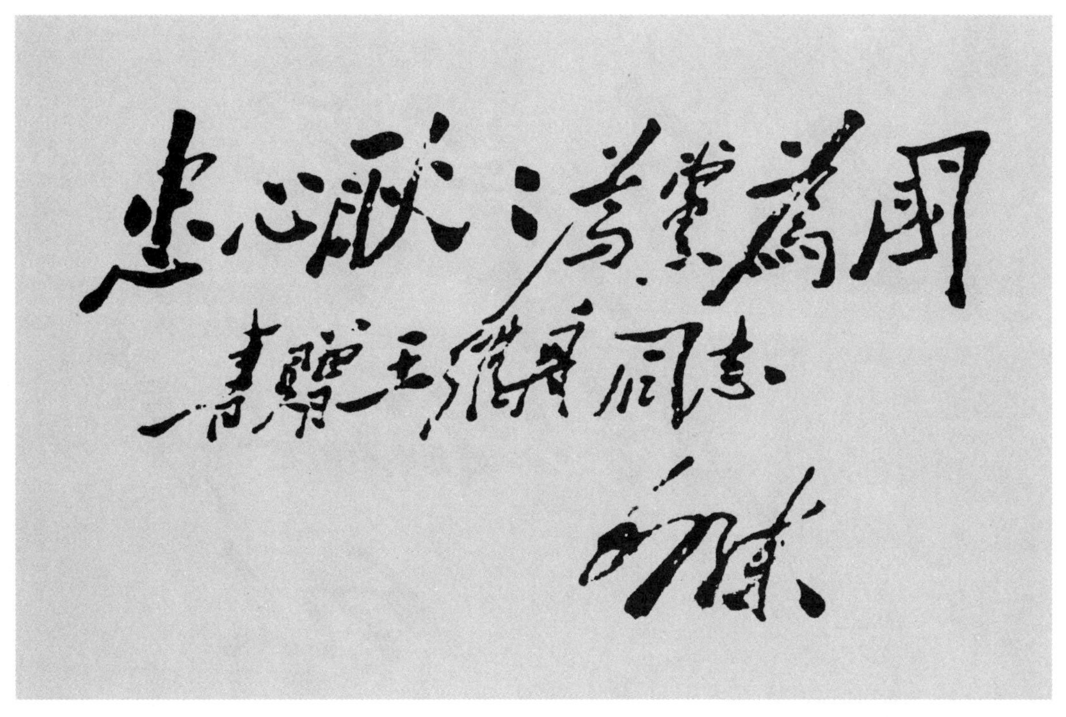

◆ 为王维舟的题词

(《延安红色记忆》，陕西人民出版社 2019 年 10 月第 1 版；延安革命纪念馆馆藏资料)

为王维舟题词

王维舟（1887—1970），原名王天桢，四川宣汉县清溪场人。1927 年加入中国共产党，曾任川东游击军纵队司令员，后参加川陕苏区反围攻和长征，到达陕北后任中央军委四局局长，抗战时期任八路军 129 师 385 旅副旅长、旅长兼政委，陕甘宁边区陇东分区警备司令部司令员，承担保卫陕甘宁边区的任务。

王维舟为巩固八路军总后方，突破国民党经济封锁，组织发动军民开展大生产运动，他带领 385 旅在合水县大凤川、小凤川大规模开荒种地，实现了自给自足，成为边区大生产运动的典范。

1943 年 1 月 14 日，在中共中央西北局高级干部会议上，毛泽东为王维舟题词：**“忠心耿耿，为党为国”**，落款：**“书赠王维舟同志　毛泽东”**。

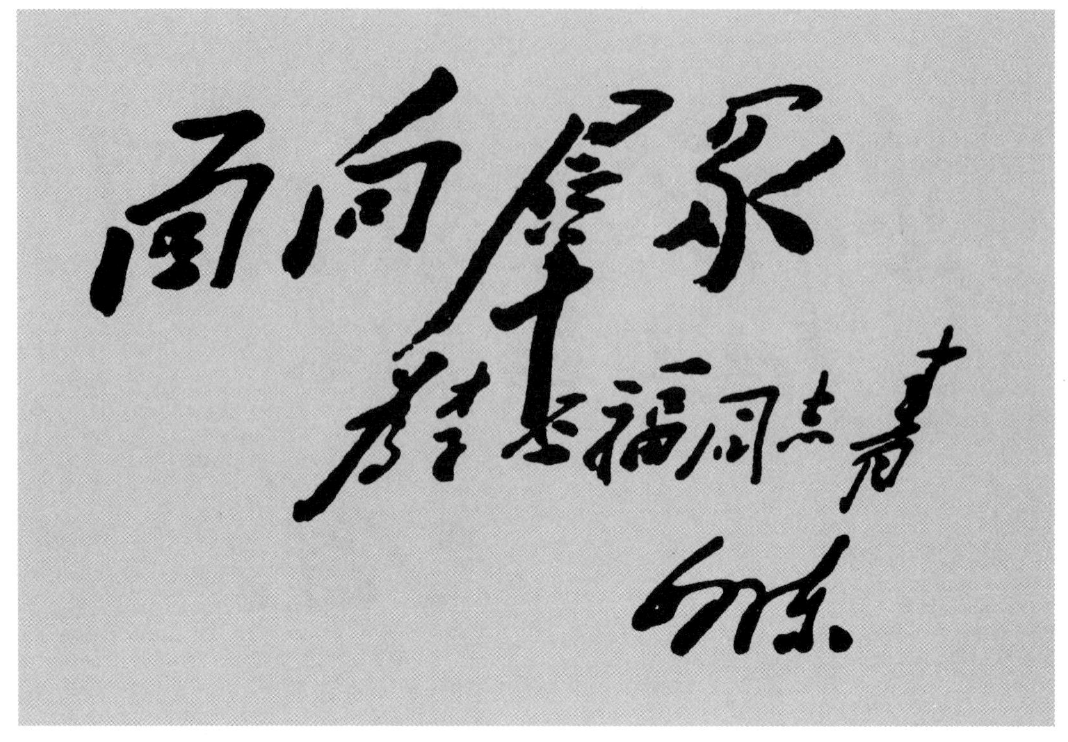

◆ 为李丕福的题词

（《延安红色记忆》，陕西人民出版社 2019 年 10 月第 1 版；延安革命纪念馆馆藏资料）

为李丕福题词

李丕福（1912—1983），又名李培福，甘肃华池县悦乐镇上堡子村人，曾任华池县苏维埃政府主席、陕甘边区庆北县游击队总指挥、曲子县苏维埃政府主席、华池抗日民主政府县长。1943 年进入中央党校学习，后任庆阳专署副专员、专员。

在大生产运动中，华池全县在县长李丕福的带领下开荒 14 万亩，实现了全县机关干部经费伙食自给，同时，征兵、征粮、兴办工商业，发展文教卫生事业等，各项工作均走在前列，多次受到上级表彰，培养了张振财、高隆清、乔连珠、李湖等劳动英雄。

1943 年 1 月 14 日，在中共中央西北局高级干部会议上，毛泽东为华池县县长李丕福题词：**“面向群众”**，落款：**“为李丕福同志书　毛泽东”**。

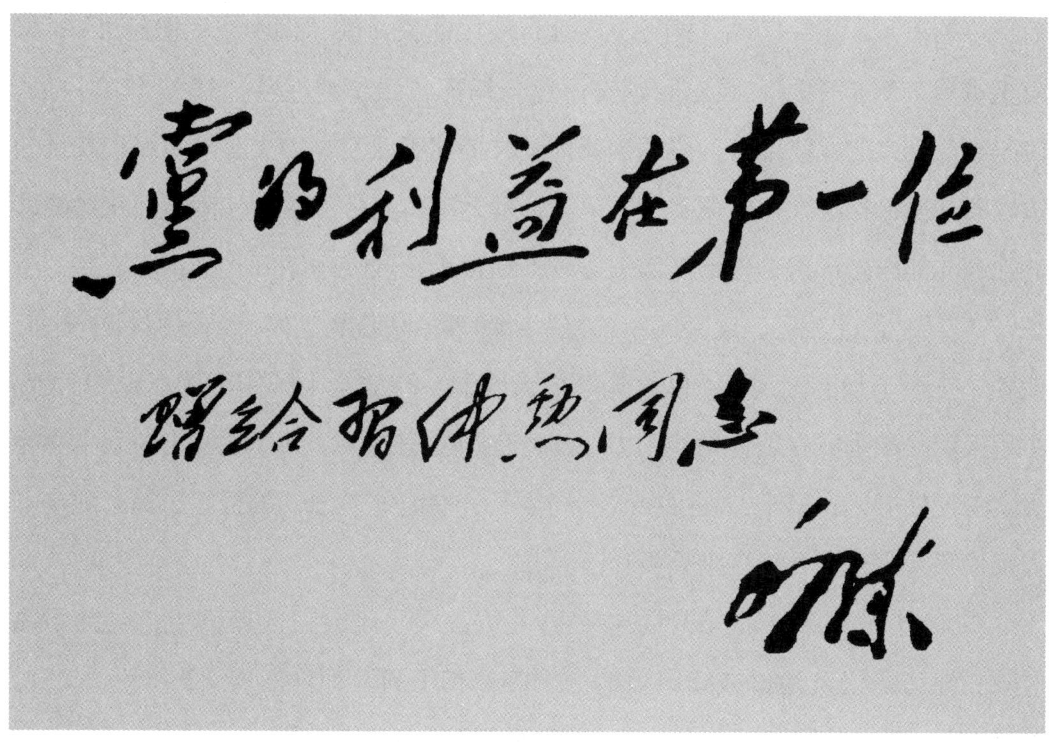

◆ 为习仲勋题词

（《习仲勋画传》，人民出版社 2019 年 6 月第 2 版）

为习仲勋题词

习仲勋（1913—2002），陕西富平人。1928 年加入中国共产党，西北红军和西北革命根据地的主要创始人和领导者之一。

1932 年 4 月，组织发动“两当兵变”。1933 年 3 月后，与刘志丹等同志创建照金陕甘边区革命根据地，进行了艰苦卓绝的斗争，历任中共陕甘边区特委委员，军委书记和共青团特委书记，游击队总指挥部政治委员，革命委员会副主席、主席等职务。1934 年 11 月，当选陕甘边苏维埃政府主席。1936 年 9 月起任中共关中特委书记、地委书记、专员公署专员、军分区和关中警备区第一旅政治委员。1943 年 2 月，任中共绥德地委书记兼绥德、米脂警备区和独立第一旅政治委员。1945 年 6 月，在党的七大上当选为候补中央委员。1945 年 8 月任中共中央组织部副部长。抗日战争胜利后，历任中共中央西北局书记、陕甘宁晋绥联防军政治委员、陕甘宁野战集团军政治委员、西北野战军副政治委员。他受

毛泽东的指示，组织策动了国民党陕北保安团起义，即“横山波罗堡起义”；接应王震率359旅中原突围返回延安；参与指挥了西华池战斗。1947年3月后，按照中共中央的战略部署，协同彭德怀同志指挥了保卫党中央、毛主席和陕甘宁边区的战役，相继取得青化砭、羊马河、蟠龙镇“三战三捷”和陇东、三边战斗的胜利。他作为优秀的政治工作领导者，在整个解放战争期间，或积极支持“土改”，或转战西北战场，或开展新式整军运动等军队政治工作，或组织后方支前，战胜了十倍于我的国民党军队，为解放大西北、解放全中国作出了卓越的贡献。中华人民共和国成立后，习仲勋历任国务院副总理，中国共产党第十一届中央委员会书记处书记，第十二届中央政治局委员、书记处书记，第五届、第七届全国人民代表大会常务委员会副委员长。

1943年1月14日，在中共中央西北局高级干部会议闭幕式上，中共中央对陕甘宁边区经济建设成绩卓著的三个集体和王震、习仲勋等22人予以奖励。毛泽东为22名获奖者的奖状上逐一题词，奖状由白市布制成，长41厘米，宽29厘米。为关中地委书记兼关中分区专员习仲勋题词：**“党的利益在第一位”**，落款：**“赠给习仲勋同志　毛泽东。”**

从“落脚点”到“开放圈”，习仲勋的一生是波澜壮阔的一生，是革命的一生，光辉战斗的一生，全心全意为人民服务的一生。

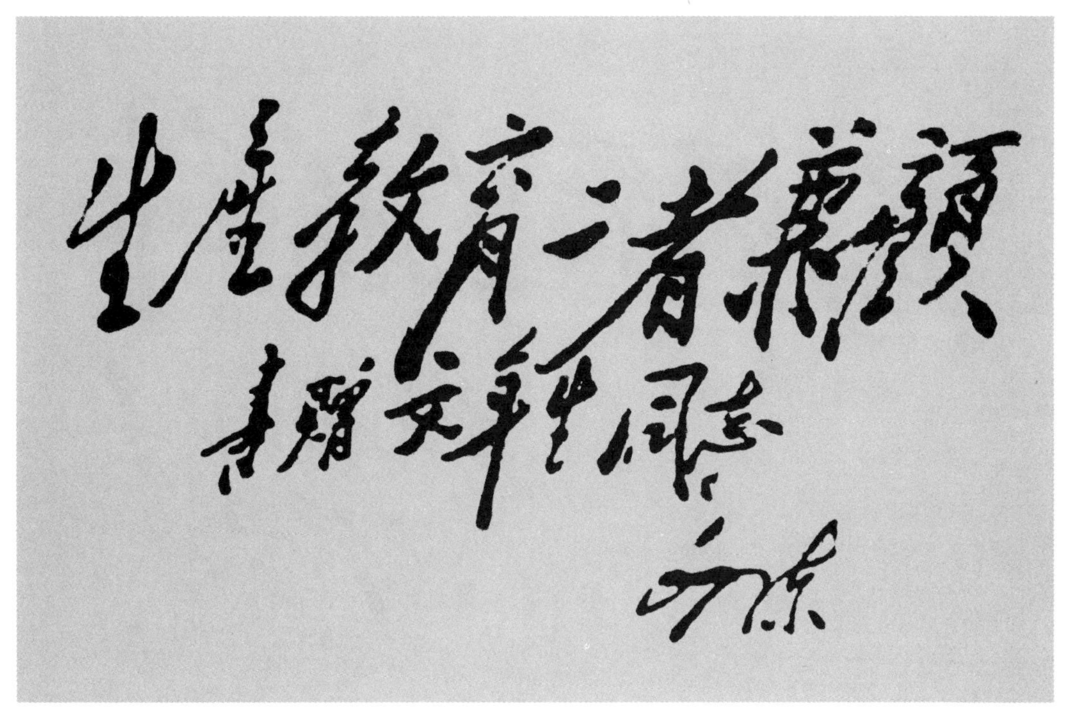

◆ 为文年生的题词

(《延安红色记忆》，陕西人民出版社 2019 年 10 月第 1 版；延安革命纪念馆馆藏资料)

为文年生题词

文年生（1907—1968），湖南岳阳人。1930 年参加中国工农红军，同年加入中国共产党，1934 年 10 月参加中央红军长征。

全民族抗战爆发后，文年生历任八路军 120 师 359 旅 718 团团长兼政委，留守兵团警备 8 团团长，绥德警备司令部副司令员，中央警备第一旅旅长兼关中军分区司令员，八路军南下第二支队司令员。率部参加了保卫陕甘宁边区的斗争和大生产运动，开展生产自救活动，取得了丰收，成绩突出，在中共西北局高级干部会议上被评选为生产英雄。

1943 年 1 月 14 日，在中共中央西北局高级干部会议上，毛泽东为文年生题词：**"生产教育，二者兼顾"**，落款：**"书赠文年生同志　毛泽东"**。

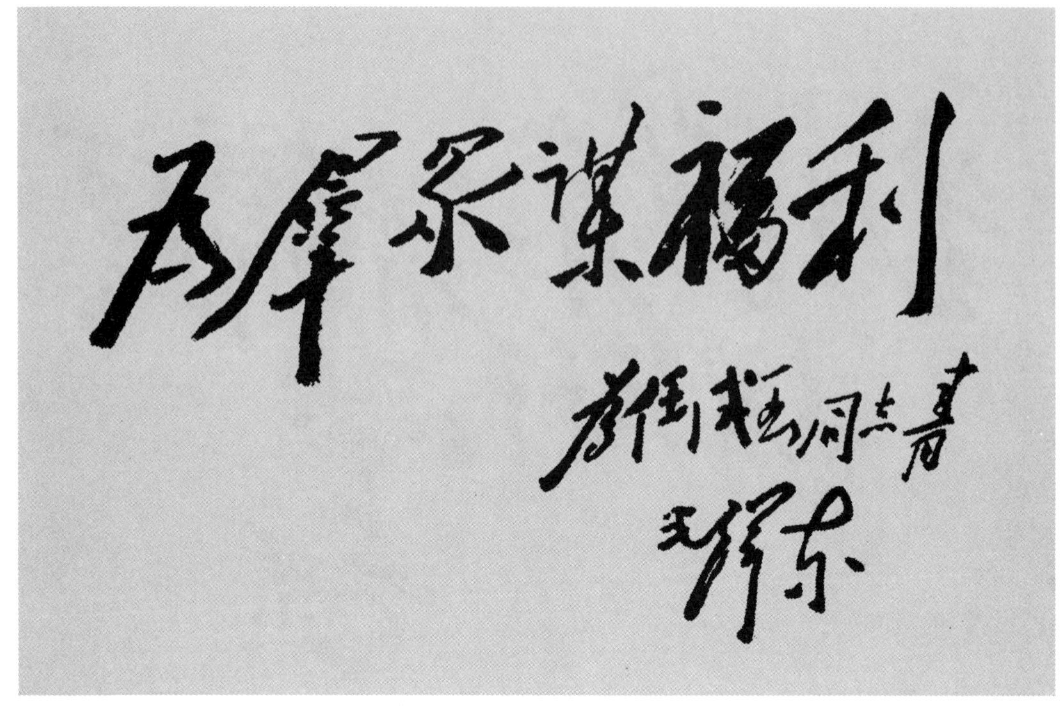

◆ 为任成玉的题词

（《延安红色记忆》，陕西人民出版社 2019 年 10 月第 1 版；延安革命纪念馆馆藏资料）

为任成玉题词

任成玉（1915—1998），陕西淳化县中咀村人。中共七大候补代表，陕甘宁边区模范县委书记。

1940 年 2 月至 1944 年 12 月，任成玉任中共陕西赤水县（陕甘宁边区建置，在今陕西旬邑、淳化县交界地带）县委书记。大生产运动中，他响应党中央号召，在移民开荒、发展生产、精兵简政和保卫边区的工作中取得了显著成绩。

1943 年 1 月 14 日，在中共中央西北局高级干部会议上，毛泽东为赤水县县委书记任成玉题词：**“为群众谋福利”**，落款：**“为任成玉同志书　毛泽东”**。

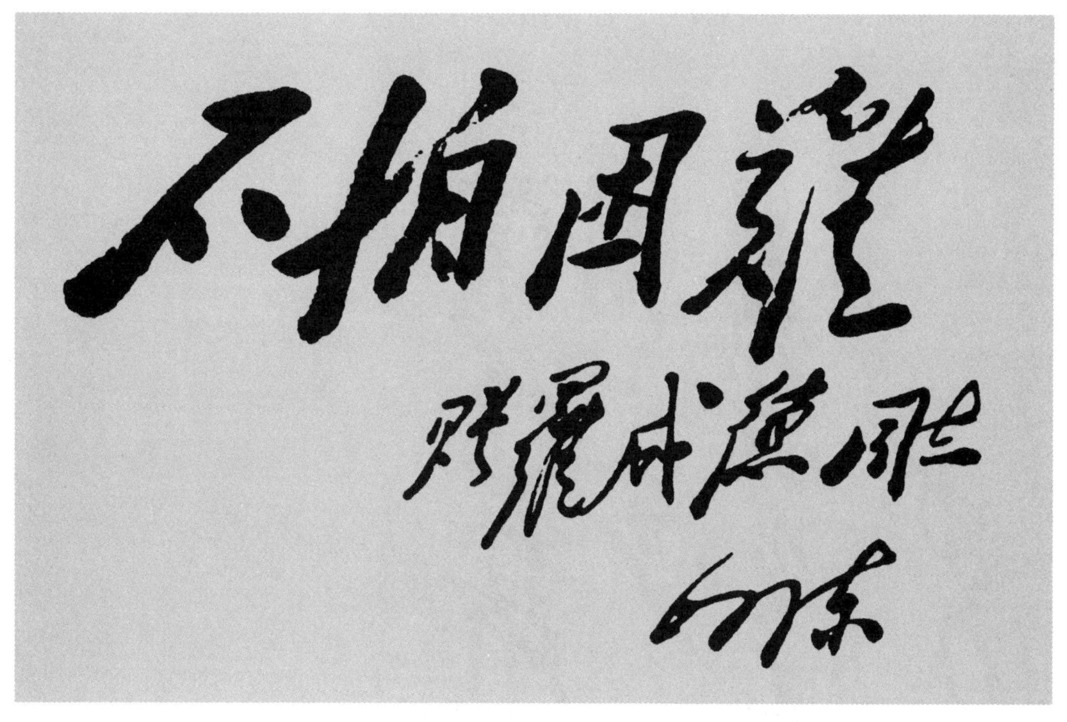

◆ 为罗成德的题词

（《延安红色记忆》，陕西人民出版社 2019 年 10 月第 1 版）

为罗成德题词

罗成德（1909—1990），陕西延长人，1927 年加入中国共产党，三边分区专员。

全民族抗战时期，为打破国民党对边区的经济封锁，罗成德组织生产自救，开荒种地，搞食盐生产，发展畜牧业。领导三边人民在大生产运动中取得显著成绩，特别是组织定边盐池克服困难，扩大生产，扩大对外贸易，为解决边区财政困难作出了重要贡献。

1943 年 1 月 14 日，在中共中央西北局高级干部会议上，毛泽东为三边分区专员罗成德题词：**“不怕困难”**，落款：**“赠罗成德同志　毛泽东”**。

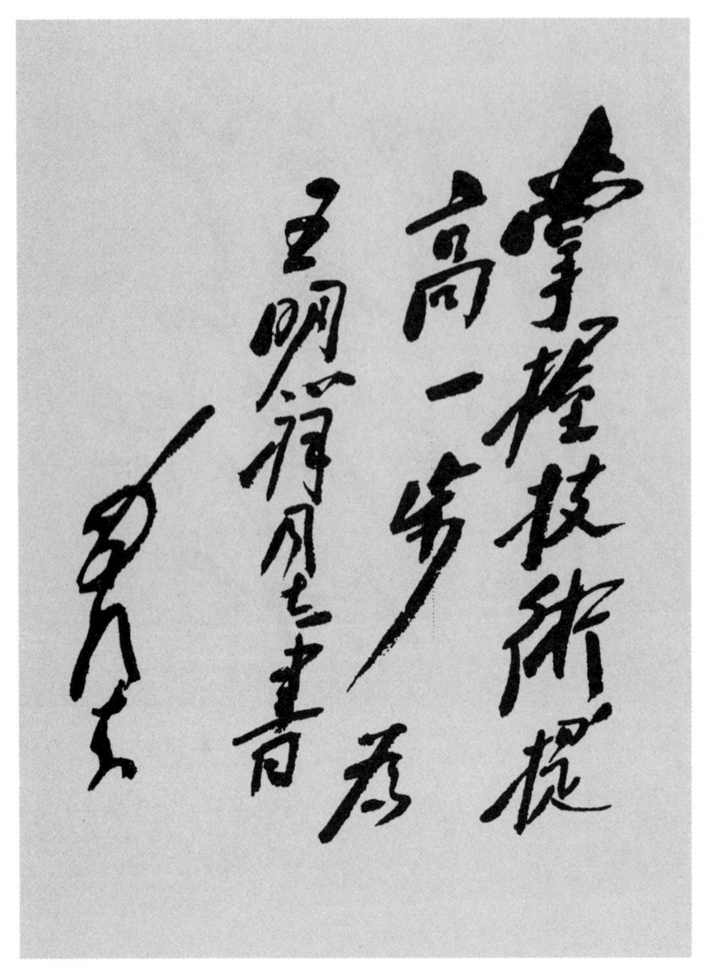

◆ 为王明祥的题词（1943 年 12 月）

（《延安红色记忆》，陕西人民出版社 2019 年 10 月第 1 版）

为王明祥题词

王明祥（1918—2008），四川平昌人。1933 年 10 月参加中国工农红军，1938 年 4 月加入中国共产党。延安时期历任战士、学员、报务员、台长、科长等职；荣获特等模范技术工作者奖。

在战争年代，许多人希望当干部、升大官，做政治工作或军事工作，看不起技术工作，甚至对体力劳动持厌恶态度，认为没发展、没出路。毛泽东针对这种现象，鼓励人们热爱劳动、学习技术。

1943 年 12 月，毛泽东给王明祥题词：**“掌握技术，提高一步”**，落款：**“为王明祥同志书　毛泽东”**。

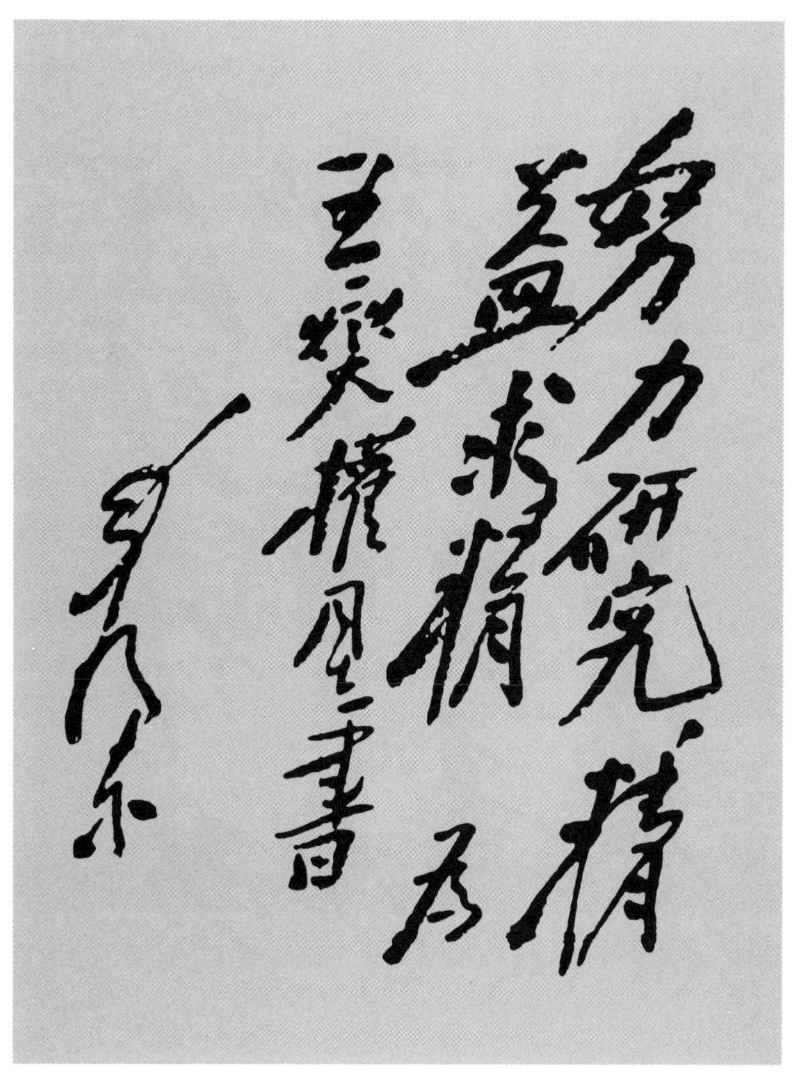

◆ 为王燮权的题词（1943 年 12 月）

为王燮权题词

王燮权是“宁乡四髯”（指湖南宁乡籍的四位留着胡子的革命家，即王凌波、何叔衡、姜梦周、谢觉哉）之一王凌波的儿子，17 岁跟随其父投身革命，1938 年离开长沙到了延安。

1943 年 12 月，王燮权在八路军总部做机要工作，由于他工作努力，潜心研究，工作效率高，作出了突出贡献，毛泽东给他题词：**“努力研究，精益求精”**，落款：**“为王燮权同志书　毛泽东”**。

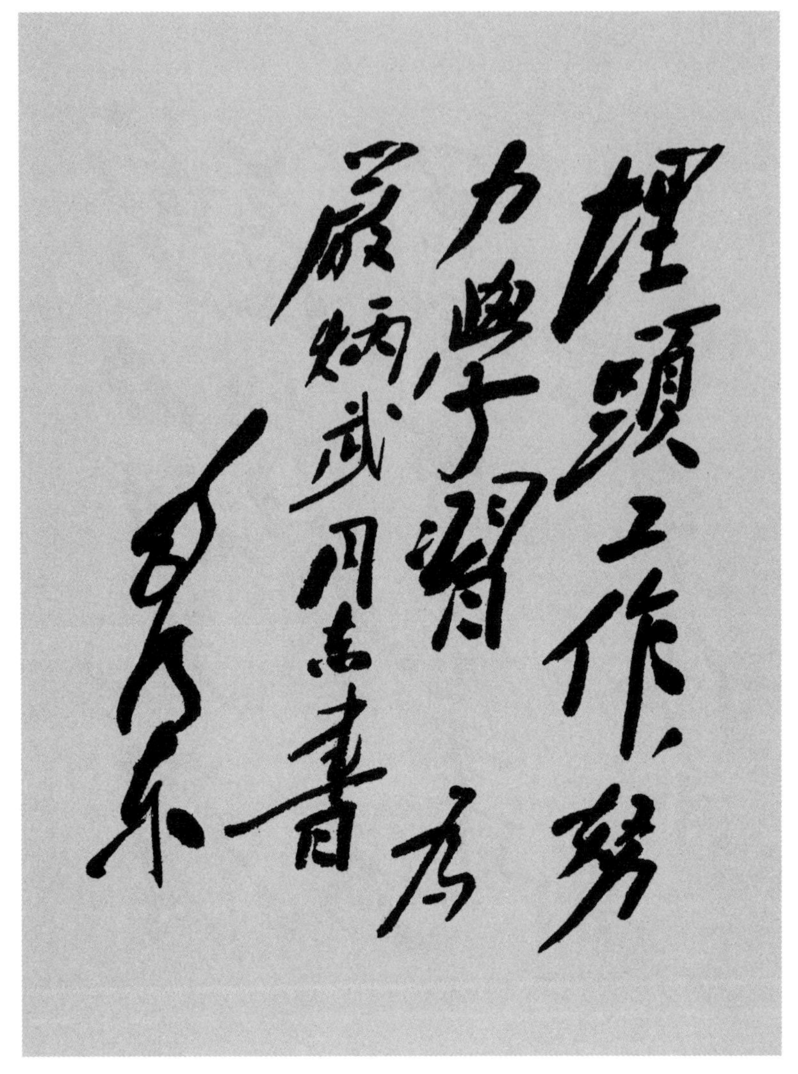

◆ 为严炳武的题词（1943 年 12 月）

为严炳武题词

严炳武（1919—2010），又名马再生，1935 年 3 月参加中国工农红军。土地革命战争时期，历任红四方面军第 30 军 267 团战士、总医院勤务员、护理员、第 30 军勤务员、新疆新兵营勤务员。抗日战争和解放战争时期，任军委二局科员、组长、副科长，情报技术部办公室机要处科长。

1943 年 12 月，严炳武被评为“特等模范工作者”，组织上给他发放奖金 3 万元（旧币），毛泽东给他题词：**“埋头工作，努力学习”**，落款：**“为严炳武同志书　毛泽东”**。

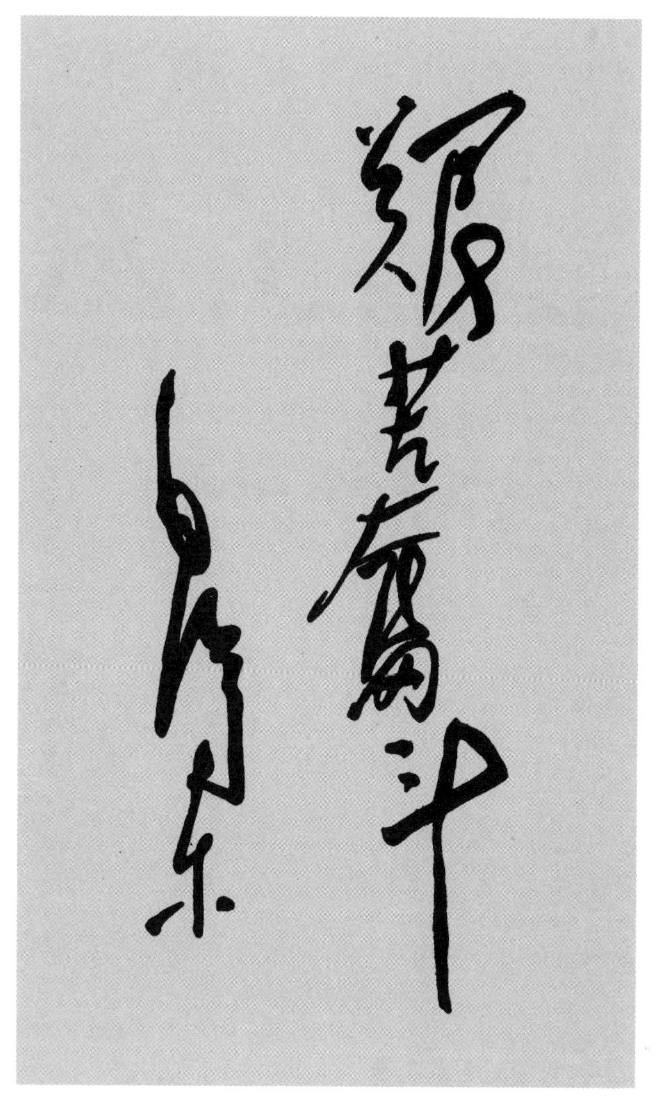

◆ 为中央印刷厂全体劳动模范的题词（1943 年）

为中央印刷厂全体劳动模范题词

延安中央印刷厂成立于 1937 年 7 月 1 日，厂址选定在清凉山。在艰苦的岁月里，中央印刷厂印刷出版了大量的书籍、报刊，为发展边区印刷出版事业作出了重要贡献。

1943 年，毛泽东为中央印刷厂全体劳动模范题词：“**艰苦奋斗**”，落款：“**毛泽东**”。

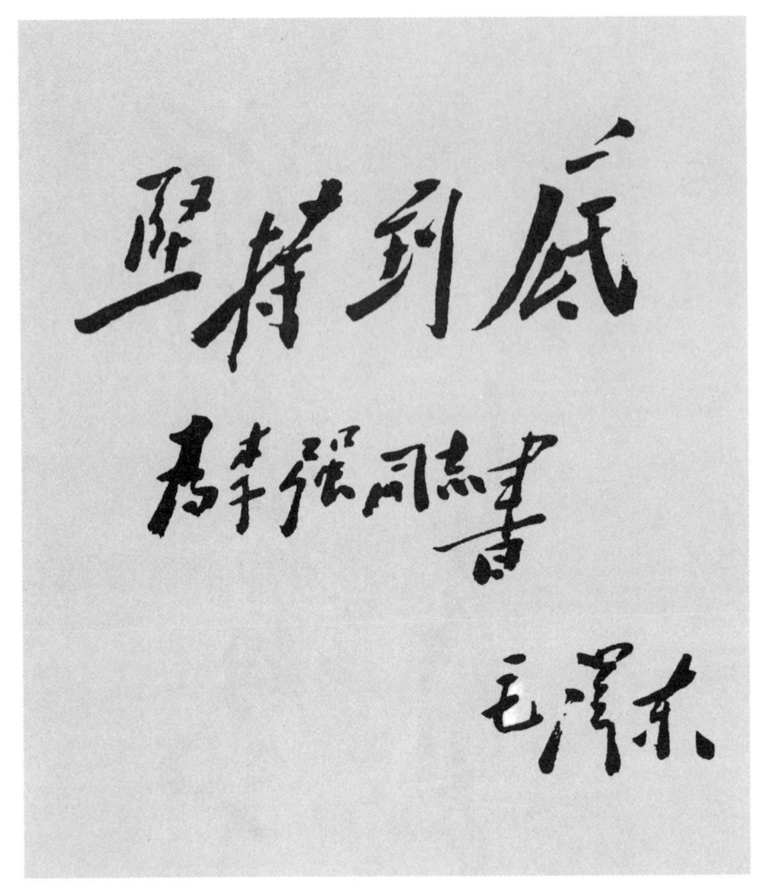

◆ 为李强的题词（1944 年 5 月 25 日）

为李强题词

李强（1905—1996），江苏常熟人，1925 年加入中国共产党，在五卅运动中成长为学生运动领袖，创建了常熟第一个党组织。

1938 年初春，李强从苏联回到延安，先后担任军工局和无线电局的副局长、局长。1939 年 4 月 25 日，生产出陕甘宁边区第一支马步枪，又名“无名氏马步枪”，这是我军军工史上自己制造的第一支步枪。

1944 年 5 月 1 日至 25 日，延安召开陕甘宁边区工厂厂长暨职工代表大会，李强、沈鸿、钱志道、赵占魁荣获“边区特等劳动模范”称号，人们亲切地称呼他们是“赵钱沈李四大英雄”。当时，李强是军委军工局局长。

5 月 25 日，毛泽东为李强题词：“**坚持到底**”，落款：“**为李强同志书 毛泽东**”。

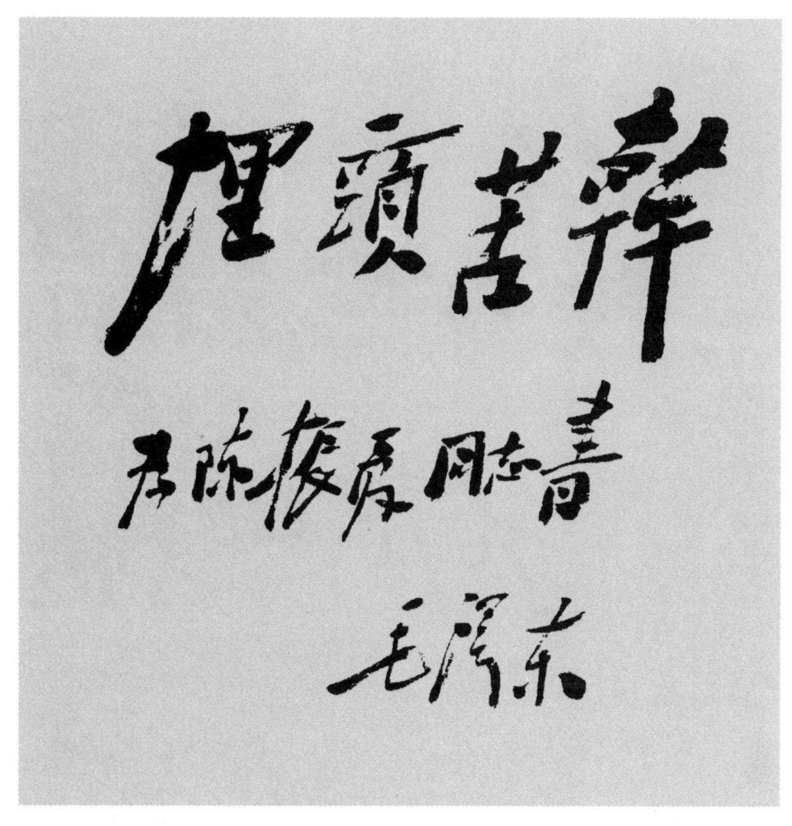

◆ 为陈振夏的题词（1944 年 5 月 25 日）

为陈振夏题词

陈振夏（1904—1981），上海市崇明县（今崇明区）港东乡人，1925 年参加五卅运动，被推选为上海中华电气制作所罢工委员会委员长。1937 年底，他离开上海，奔赴延安。到延安后，先任延安石油厂工程主任，1942 年初升任厂长。

1944 年 5 月 1 日至 25 日，延安召开陕甘宁边区工厂厂长暨职工代表大会，边区政府授予陈振夏“特等工业模范工作者”光荣称号。5 月 25 日，毛泽东亲笔为陈振夏题词：**“埋头苦干”**，落款：**“为陈振夏同志书　毛泽东”**。

1944 年 12 月下旬，延安召开陕甘宁边区劳动英雄与模范工作者大会，陈振夏再次被授予“特等工业模范工作者”称号。会上，边区政府把毛泽东题写有“向战斗在生产第一线的劳动英雄致敬”的奖状颁赠给陈振夏。毛泽东一生中为石油战线功臣题词目前所知只有陈振夏一人，而且是两次题词表彰，堪称殊誉！

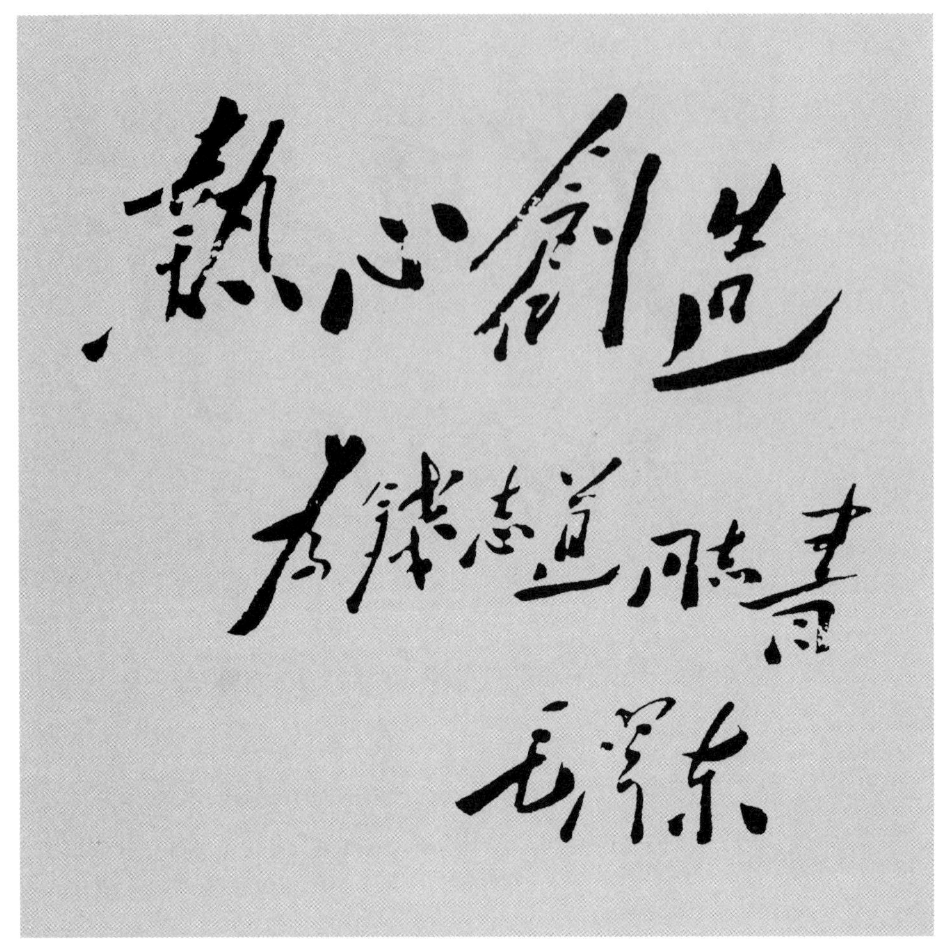

◆ 为钱志道的题词（1944 年 5 月 25 日）

为钱志道题词

钱志道（1910—1989），浙江绍兴人，化工专家，中国科学院学部委员。延安《解放日报》曾发表文章，称赞“模范工程师钱志道创立边区基本化学工业”的业绩。

1944 年 5 月 1 日至 25 日，延安召开陕甘宁边区工厂厂长暨职工代表大会，军工局一厂化学总工程师钱志道被授予“边区特等劳动模范”光荣称号。5 月 25 日，毛泽东为钱志道题词：**“热心创造”**，落款：**“为钱志道同志书　毛泽东”**。

1944 年 12 月 22 日至 1945 年 1 月 14 日，延安召开陕甘宁边区劳动英雄与模范工作者大会，赵占魁、沈鸿、钱志道又被评为“边区特等劳动英雄”。

模範工作者
毛泽东

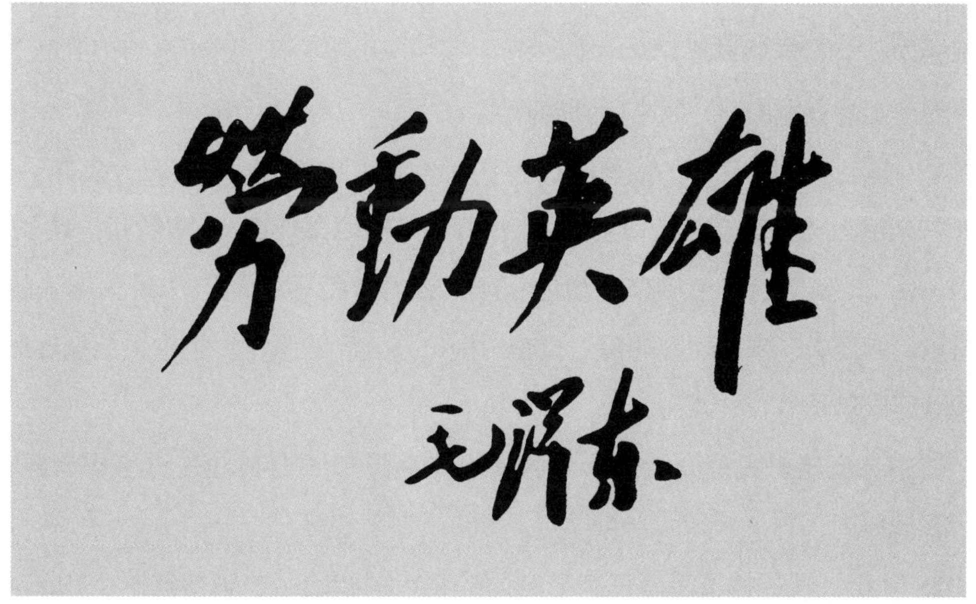

◆ 为白浪等人的奖状的题词（1944 年 12 月 29 日）

为白浪等人的奖状题词

被当地群众称为“活神仙”的白浪，是延安清凉山中央印刷厂卫生所的医生，她除了做好本职的医务工作，为印刷厂等五个机关的工作人员看病问诊外，还积极为周围的群众服务。无论山高路远，还是阴天下雨，只要是周边的群众求医问药，她就立即出诊，常常手到病除。

1944 年 12 月 29 日，毛泽东出席中央直属机关群众英雄代表大会并讲话。毛泽东亲笔为“甲等模范工作者”白浪题词：**“模范工作者”**。奖状是一块长 31 厘米，宽 23 厘米的白色平布，套色石印。获得“特等模范工作者”称号的有毛泽东的管理员，朱总司令的警卫员李树槐，办公厅的张子良，中央组织部招待所会计科副科长聂长林。

在中央直属机关群众英雄代表大会上，毛泽东还为其他先进工作者题词：**“劳动英雄”**。

1978 年，聂长林将毛泽东亲笔题词的奖状捐赠给辽宁省博物馆。1986 年，白浪将其奖状捐赠给延安新闻纪念馆。

第六辑 题写的祭文、挽词、挽联等

毛泽东在拟写祭文、挽词、唁电和纪念碑文时，常常将先贤哲人、史籍典故点化入文。这些祭文主要题写于抗日战争时期和解放战争初期，集中体现了建立全民的、广泛的抗日民族统一战线和建立民主共和国的思想。

毛泽东知识广博，古典文学造诣极高，他哀挽致祭，追怀逝者，激励生者。他的祭文短小精悍，言简意赅，情真意切，寓意深刻；虽寥寥数语，却文采非凡，丝毫不逊于鸿篇巨制；表现出通俗、典雅、含蓄、悲壮、豪放的独特个性。诚如何其芳所言：“无一字无来历而又推陈出新。”又如赵朴初感慨：“一点也没有‘掉书袋’的习气，经史百家都归他指使驱策，左右咸宜。”

我们收录了毛泽东为革命烈士以及知名人士题写的祭文、挽词、挽联等。这些作品外延宽泛，包括烈士陵园、英雄烈士纪念碑、纪念塔、烈士墓等的碑文，以及烈士纪念书刊的题词。

延安时期，毛泽东题写的挽联、挽词，一定意义上讲，已不单单是他个人的作品，更是中国共产党对烈士褒扬思想的集中展现，是毛泽东人生观、世界观的生动缩影。

为祭拜黄帝陵题写祭文

1937 年 4 月 5 日，在中华民族祭祀祖先的传统节日清明节之际，为进一步营造中国共产党和中国国民党联合抗日的社会氛围，国共两党分别派出代表，共赴陕西省中部县（今黄陵县）桥山黄帝陵，举行国共两党共祭黄帝陵仪式。这是国共两党首次共同公祭黄帝陵。

清明节这一天，中共中央派遣林祖涵（林伯渠）代表中国共产党、中国工农红军前往桥山黄帝陵，以鲜花时果之仪祭拜了中华民族始祖轩辕黄帝之墓。同祭的还有国民党中央党部特派员张继、顾祝同，国民政府主席林森和陕西省政府主席孙蔚如。林伯渠代表中共宣读毛泽东亲笔撰写的祭文：

中华民国二十六年四月五日，苏维埃政府主席毛泽东、人民抗日红军总司令朱德敬派代表林祖涵，以鲜花时果之仪致祭于我中华民族始祖轩辕黄帝之陵。而致词曰：

赫赫始祖，吾华肇造，胄衍祀绵，岳峨河浩。
聪明睿知，光被遐荒，建此伟业，雄立东方。
世变沧桑，中更蹉跌，越数千年，强邻蔑德。

◆ 为祭拜黄帝陵题写的祭文（1937 年 4 月）

琉台不守，三韩为墟，辽海燕冀，汉奸何多！

以地事敌，敌欲岂足？人执笞绳，我为奴辱。

懿维我祖，命世之英，涿鹿奋战，区宇以宁。

岂其苗裔，不武如斯，泱泱大国，让其沦胥。

东等不才，剑屦俱奋，万里崎岖，为国效命。

频年苦斗，备历险夷，匈奴未灭，何以家为。

各党各界，团结坚固，不论军民，不分贫富。

民族阵线，救国良方，四万万众，坚决抵抗。

民主共和，改革内政，亿兆一心，战则必胜。

还我河山，卫我国权，此物此志，永矢勿谖。

经武整军，昭告列祖，实鉴临之，皇天后土。

尚飨。

毛泽东的这篇《祭黄帝陵文》，是近现代以来民族危亡时刻中华儿女抗击外侮的“出师表”，全文发表在 1937 年 4 月 6 日苏维埃中央政府机关报《新中华报》上。

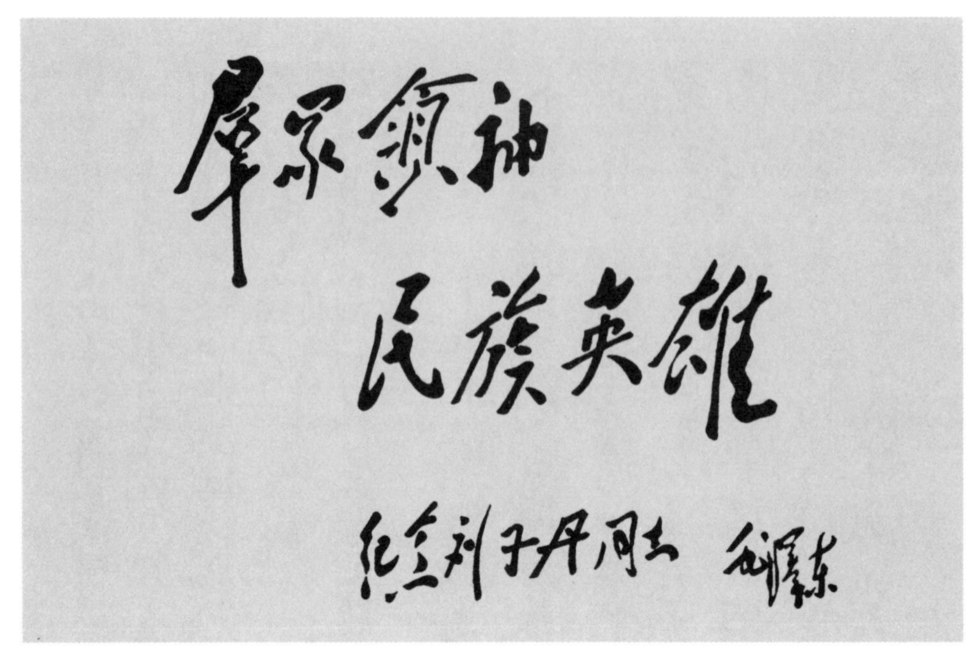

◆ 为刘志丹题写的挽词（1936 年 4 月 24 日）

为刘志丹题写挽词及碑帖

刘志丹（1903—1936），陕西保安（今志丹县）人，1925 年加入中国共产党，西北红军和西北革命根据地的主要创始人和领导者之一。

1925 年秋，党组织选派刘志丹到广州黄埔军校学习。1926 年 10 月，黄埔军校毕业后到冯玉祥部从事政治工作。1928 年 5 月，刘志丹等领导发动了渭华起义，在陕甘边地区开展兵运活动。1931 年 9 月，建立陕甘边地区中共组织独立领导的革命武装——南梁游击队。1931 年 10 月，与谢子长等组建西北反帝同盟军，任副总指挥，后改编为中国工农红军陕甘游击队、中国工农红军第 26 军。相继任陕甘边红军临时指挥部副总指挥兼参谋长、红 26 军 42 师师长。1935 年 2 月，在赤源县（今子长市）周家硷召开的陕北、陕甘边联席会议上被推选为西北革命军事委员会主席（一说为谢子长），将陕北、陕甘边两块苏区连成一片，成为中共中央和一、二、四方面军北上抗日长征之后的落脚点。1936 年 4 月 14 日，刘志丹率部参加东征，在山西省中阳县三交镇战斗中不幸牺牲，年仅 33 岁。

4 月 24 日，中共中央在瓦窑堡城南门戏台为刘志丹举行追悼大会。毛泽东题挽：**“群众领袖，民族英雄”**。落款：**“纪念刘子（志）丹同志　毛泽东”**。

1936 年 6 月，为了纪念刘志丹，中共中央将保安县改为志丹县。1940 年中共中央指示西北局和陕甘宁边区政府在志丹县修建刘志丹烈士陵园。

1942 年 4 月，在纪念刘志丹牺牲 6 周年之际，毛泽东再次题词：“**我到陕北只和刘志丹同志见过一面，就知道他是一个很好的共产党员。他的英勇牺牲，出于意外，但他的忠心耿耿为党为国的精神永远留在党与人民中间，不会磨灭的。**”落款：“**毛泽东**”。

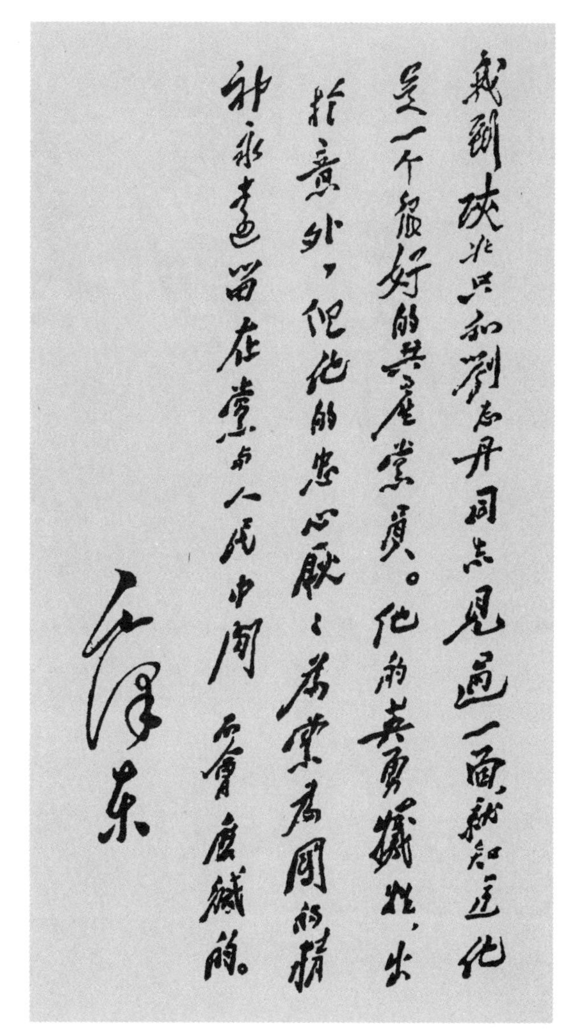

◆ 为纪念刘志丹牺牲 6 周年的题词（1942 年 4 月）

1943 年春，刘志丹烈士陵园落成。党中央决定由边区政府负责，将刘志丹烈士的灵柩由子长县移回志丹陵园。1943 年 5 月 2 日，中共中央和陕甘宁边区政府在新建成的志丹陵园内为刘志丹举行了隆重的公葬典礼。在陵园高达 4 丈的纪念塔上，雕刻着毛泽东亲笔题写的“**革命烈士纪念碑**”；塔脚置圆头碑一座，上嵌陕甘宁边区全图，图中镌刻着林伯渠亲笔题写的“陕甘宁边区的创造者”。毛泽东再次题写：“**群众领袖，民族英雄**”。周恩来题词：“上下五千年，英雄万万千，人民的英雄，要数刘志丹。”朱德、张闻天、博古、王稼祥、陈云、林伯渠、李富春、彭德怀、叶剑英、贺龙、徐向前、蔡畅等党政军领导以及李鼎铭先生均为刘志丹题词、著文。1943 年 5 月 6 日的《解放日报》头版头条详细记载公葬典礼情况。

2009 年 9 月 14 日，经中共中央批准，中央宣传部、中央组织部、解放军总政治部等 11 个部门联合组织的“双百”评选中，刘志丹入选“100 位为新中国成立作出突出贡献的英雄模范人物”。

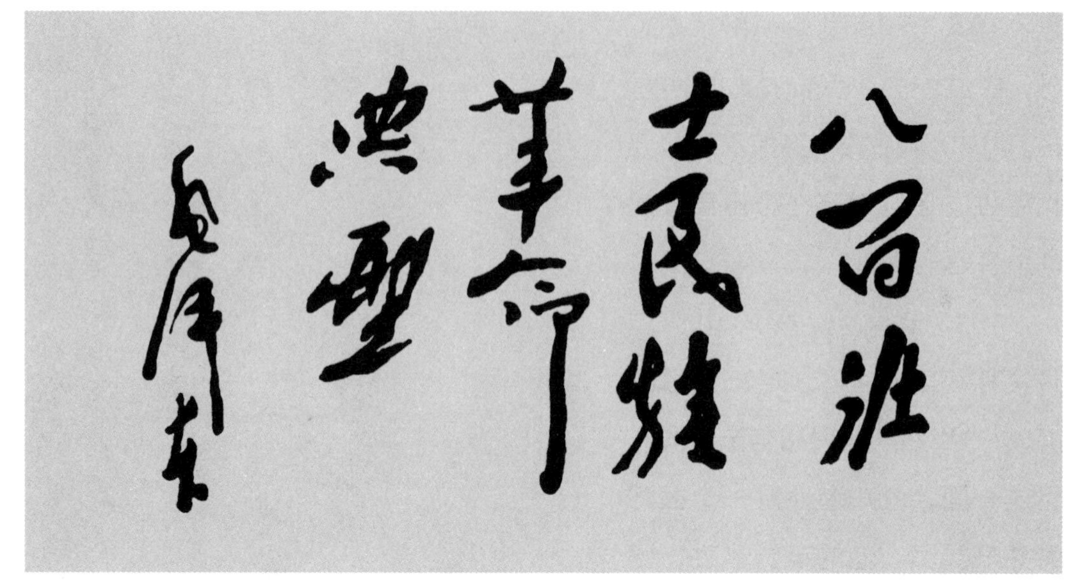

◆ 为“八百壮士”题写的挽词（1938 年 10 月）

为“八百壮士”题写挽词

1937 年 10 月 26 日，淞沪会战进入最后阶段，宝山大场防线失守，国民党军队决定全线西撤，命令第 88 师留下一个团进行掩护。著名抗日英雄谢晋元奉命率“八百壮士”死守上海四行仓库，在四天五夜的惨烈战斗中，击退日军数十次进攻，毙敌两百余人，掩护主力部队撤出上海。这场孤军抗敌的事迹鼓舞了人民的抗战热情，这支史称“八百壮士”（实际人数为 400 余人）的队伍，被国民政府授予抗战最高荣誉奖章“青天白日勋章”。

在中共六届六中全会期间，毛泽东亲笔为“八百壮士”题写挽词：**“八百壮士，民族革命典型！”**落款：**“毛泽东”**。

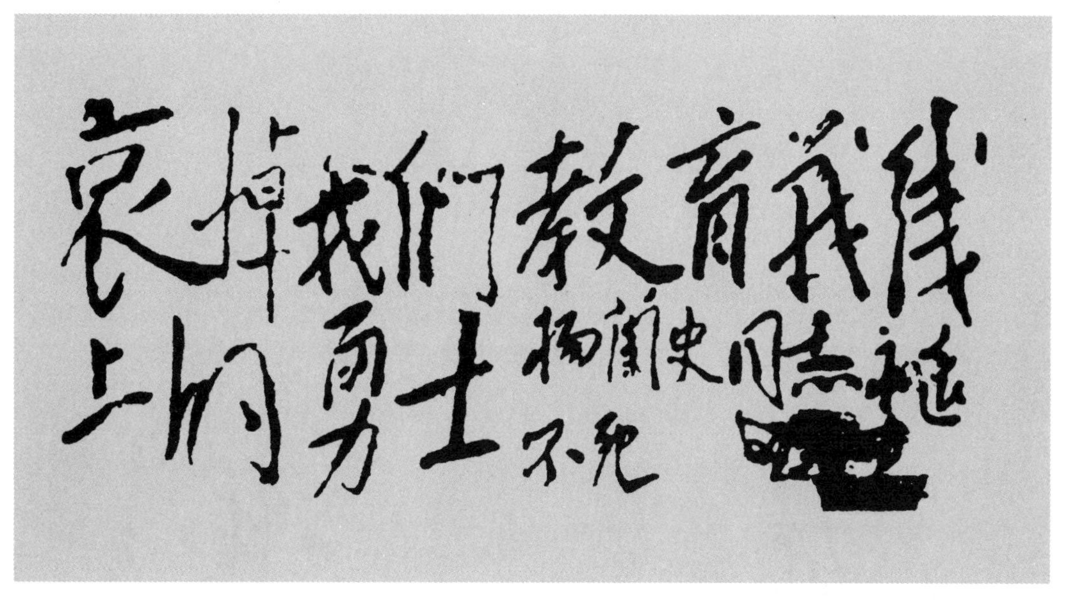

◆ 为杨兰史题写的挽词（1938 年 10 月 20 日）

为杨兰史题写挽词

杨兰史（1907—1938），原名杨衍祥，又名杨斯、杨兰谱、杨芝祥，广东大埔县人。1926 年加入中国共产党，抗大政治教育科长兼教授，杰出而年轻有为的革命烈士。

1938 年，杨兰史由于操劳过度，积劳成疾，于 10 月 17 日在延安病逝，时年 31 岁。

中共中央为哀悼杰出而年轻有为的杨兰史烈士，纪念他为革命事业和抗大做出的辛勤业绩，于 10 月 20 日举行了党中央机关干部、抗大师生数千人参加的追悼大会，大会由朱德主持，中共中央以及党的领导人毛泽东、朱德、刘少奇、周恩来、彭德怀、叶剑英等人送了花圈，毛泽东题写挽词：**“哀悼我们教育战线上的勇士，杨兰史同志永远不死！”**

事后，党中央出版《杨兰史同志特辑》，作为对杨兰史的纪念。

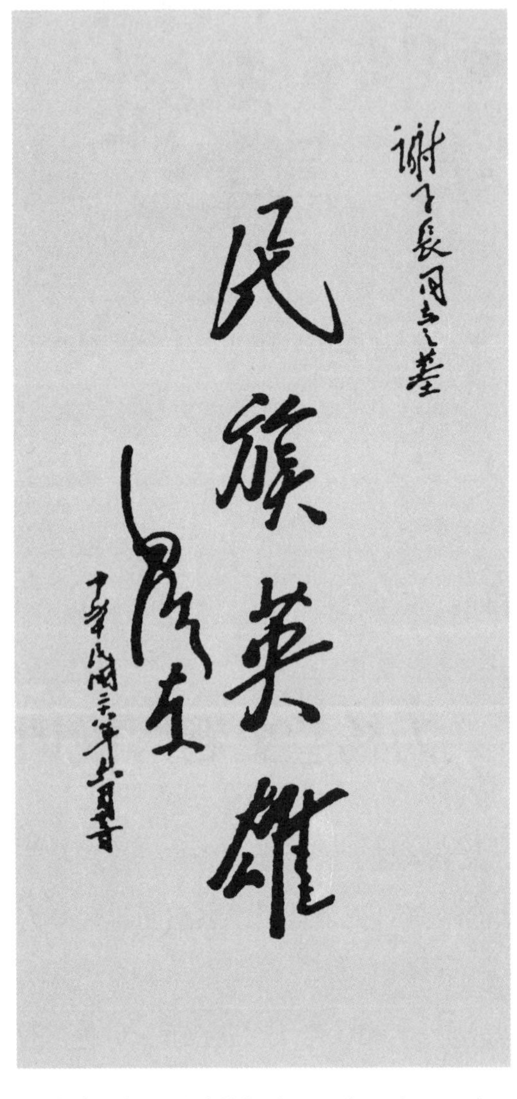

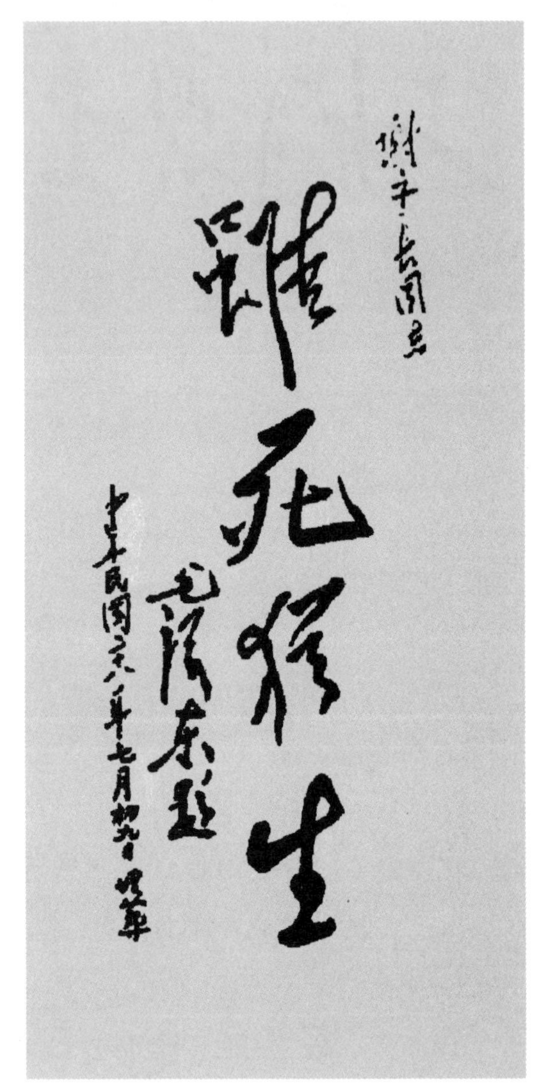

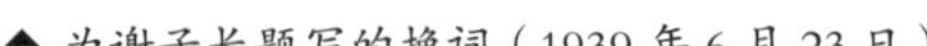
◆ 为谢子长题写的挽词（1939 年 6 月 23 日）

◆ 为谢子长题写的挽词（1939 年 7 月 9 日）

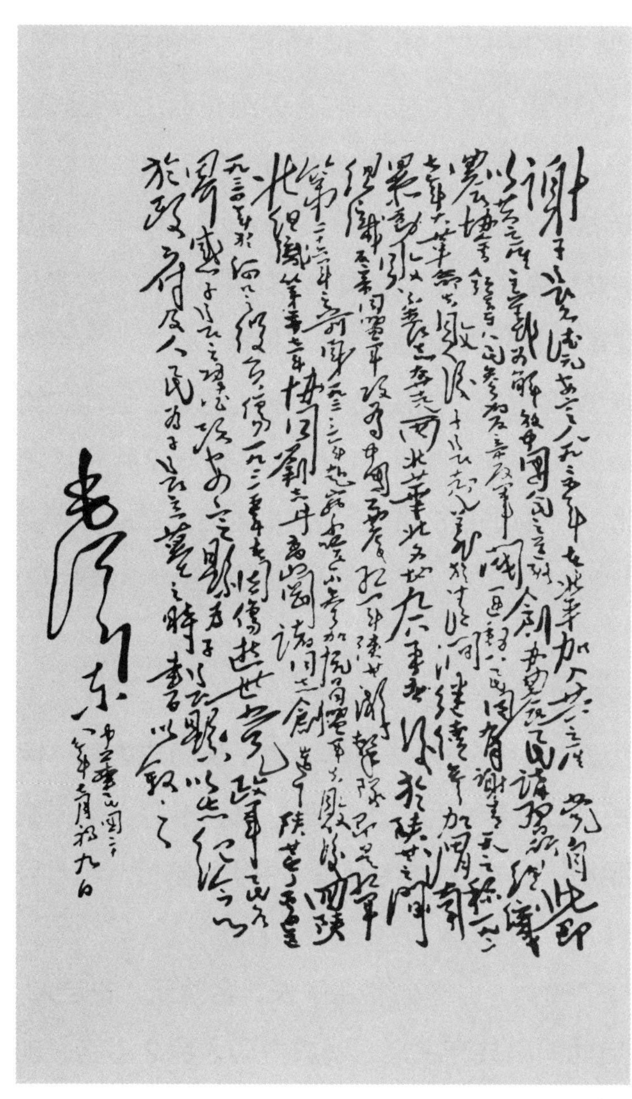

◆ 为谢子长题写的《传略》（1939 年 7 月 9 日）

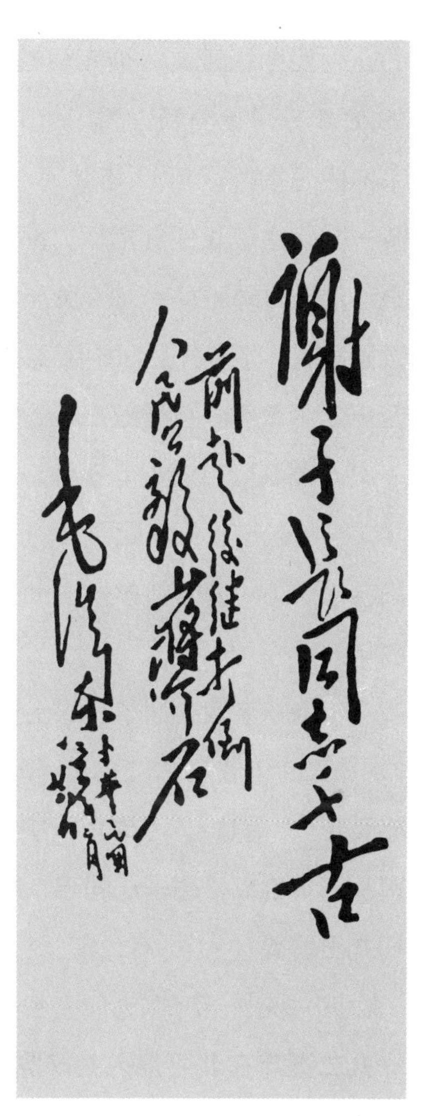

◆ 为谢子长墓碑的题词（1946 年 2 月 28 日）

为谢子长题写挽词及碑帖

谢子长（1897—1935），原名德元，1925年加入中国共产党，陕西安定（今子长市）人，西北红军和西北革命根据地的主要创始人和领导者之一。

1924年春，谢子长在家乡安定县创办民团。惩办土豪劣绅，打击地方恶势力，为民伸张正义，被老百姓称为“谢青天”。1927年10月，领导清涧起义。1928年5月参与领导渭华起义。1931年10月，与刘志丹等组建西北反帝同盟军，任总指挥。1932年2月12日，西北反帝同盟军改编为中国工农红军陕甘游击队，谢子长任总指挥，率部转战陕甘边，创建革命根据地。1933年，参加察哈尔抗日同盟军，同年底，为中共中央驻北方代表派驻西北军事特派员回陕北领导武装斗争，先后任中国工农红军陕北游击队总指挥部总指挥、红二十六军第四十二师政委，创建红二十七军，率部粉碎了国民党军对陕北革命根据地的第一次“围剿”。1934年8月，在清涧河口指挥作战时负伤。1935年2月在赤源县（今子长市）周家硷召开的陕北、陕甘边联席会议上被推举为西北革命军事委员会主席（一说为刘志丹）。1935年2月21日因伤病恶化在安定县灯盏湾逝世，时年38岁。

毛泽东亲自为谢子长烈士撰写碑文并先后三次题写挽词。

1939年6月23日，毛泽东为谢子长烈士墓碑题字“**谢子长同志之墓　民族英雄**”，落款：“**毛泽东　中华民国廿八年六月二十三日**”。7月9日，毛泽东再次题写挽词“**谢子长同志　虽死犹生**”，落款：“**毛泽东　中华民国廿八年七月初九日埋葬**”。

同一天，毛泽东为谢子长撰写了碑文《传略》：“**谢子长，名德元，安定人，一九二五年在北平加入共产党，自此即以共产主义为解放中国人民之道路，创办农民讲习所，组织农协会，领导人民参加反帝反军阀运动，人民因有谢青天之称。一九二七年大革命失败后，子长起义于清涧，继续参加渭南暴动，败不丧志，奔走西北、华北各地。九一八事变后，于陕甘之间组织反帝同盟军，改为中国工农红军陕甘游击队，即是红军第二十六军之前身。一九三三年赴察哈尔参加抗日同盟军，失败后回陕北组织第二十七军，协同刘志丹、高岗诸同志创造了陕**

甘宁边区。一九三四年于河口之役负伤，一九三五年春因伤逝世。党政军民各界感子长之功德，改安定县为子长县以志纪念。于政府及人民为子长立墓之时，书以叙之。毛泽东　中华民国二十八年七月初九日”。这是一幅极为罕见的褒扬烈士的珍贵书法墨宝。

为了纪念谢子长，中共西北工作委员会和陕甘宁边区政府，分别于1935年和1942年决定将谢子长的家乡安定县改为子长县。2019年，子长县改为子长市。

1943年，中共中央和陕甘宁边区政府拨出专款，在子长县齐家湾坪修建子长陵园。1946年2月，陵园落成。2月19日，举行了隆重的移葬公祭仪式，凭吊者逾2万人。1946年2月28日，毛泽东再次题词：“**谢子长同志千古，前赴后继，打倒人民公敌蒋介石。**”落款：“**毛泽东　中华民国三十五年二月二十八日**”。

1946年2月18日，中共西北中央局敬挽：“**一生为人民创造红地，百姓到如今叫你青天。**”朱德题词：“**谢子长同志　陕北人民领袖前仆后继。**”中共中央和中央军委领导人刘少奇、周恩来、任弼时、彭德怀、贺龙、刘伯承、林伯渠等也题了词。

1947年，国民党胡宗南部侵占瓦窑堡，把子长陵园全部破坏，并将题词石碑打碎修了工事。1953年，陕西省人民政府在原址重修了子长陵园。

1988年，邓小平为谢子长陵园题写“**子长陵**”。1994年，江泽民为《谢子长》一书题写书名。中央领导陈云、彭真、薄一波、徐向前、聂荣臻、杨尚昆、习仲勋、李鹏、方毅、萧劲光、马文瑞、程子华、杨静仁、邹家华等先后题词。

2009年9月14日，经中共中央批准，中央宣传部、中央组织部、解放军总政治部等11个部门联合组织的“双百”评选中，谢子长入选“100位为新中国成立作出突出贡献的英雄模范人物”。

为张自忠题写挽词

张自忠（1891—1940），山东临清唐园村人，第五战区右翼兵团总指挥兼第三十三集团军总司令，中国国民党陆军中将，追授二级上将军衔。1940 年 5 月 16 日在与日军的枣宜会战中不幸牺牲。其夫人李敏慧得知噩耗，悲痛绝食，七日而死。2009 年，张自忠被评为“100 位为新中国成立作出突出贡献的英雄模范人物”。

1940 年 8 月 15 日，延安各界在中央大礼堂举行追悼张自忠大会。毛泽东敬送挽词：**“尽忠报国”**，落款：**“毛泽东”**。朱德敬送挽词：“取义成仁”。周恩来敬送挽词：“为国捐躯”。

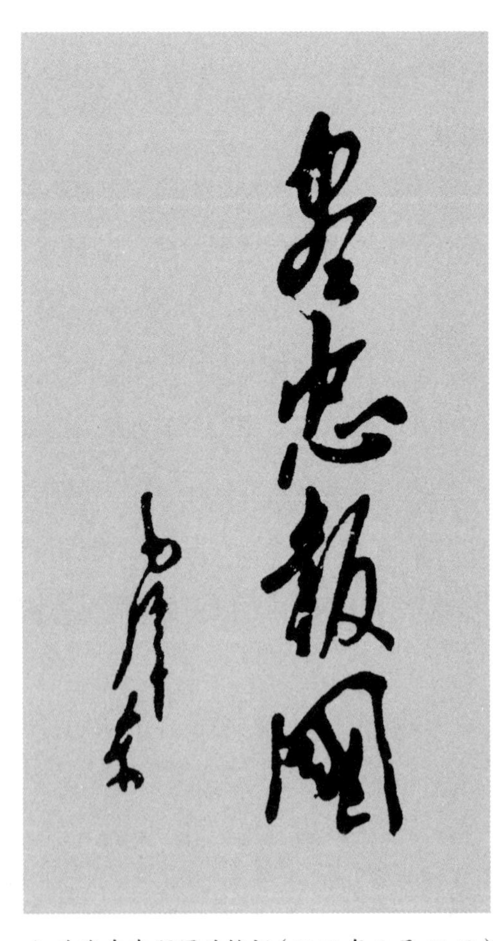

◆ 为张自忠题写的挽词（1940 年 8 月 15 日）

为张浩题写挽联及碑帖

张浩（1897—1942），原名林育英，湖北黄冈人，中国共产党早期领导人之一，优秀工人党员和著名工人运动领袖之一，中国共产党第六届中央委员。与其堂弟林育南和林彪（林育容）并称“林氏三兄弟”。

1922 年 2 月加入中国共产党，7 月参与领导汉阳铁厂工人罢工。1933 年化名李复之赴莫斯科任中国共产党驻共产国际代表团成员和中华全国总工会驻赤色职工国际的代表。1935 年 7 月 25 日至 8 月 20 日，出席共产国际第七次代表大会。

1935 年 11 月回到陕北，12 月任中共中央白军工作委员会副书记。1937 年 2 月任援西军政委。曾创办安吴堡职工大队和延安工人学校。全民族抗战爆发后被任命为八路军 129 师政治委员。1940 年主持创办《中国工人》月刊。

1942 年 3 月 6 日，时任中共中央职工运动委员会副书记的张浩在延安中央医院病逝，终年 45 岁。

3 月 8 日，毛泽东题挽两副，一联：**“工人先锋，战士楷模”**，二联：**“忠心为国，虽死犹荣”**，落款：**“纪念张浩同志之死 毛泽东”**。毛泽东还亲笔题写了碑帖**“张浩同志之墓”**六个大字。

3 月 9 日，张浩的公祭仪式在延安举行。毛泽东亲自为张浩守灵、执绋、抬棺，此举终生仅一次。

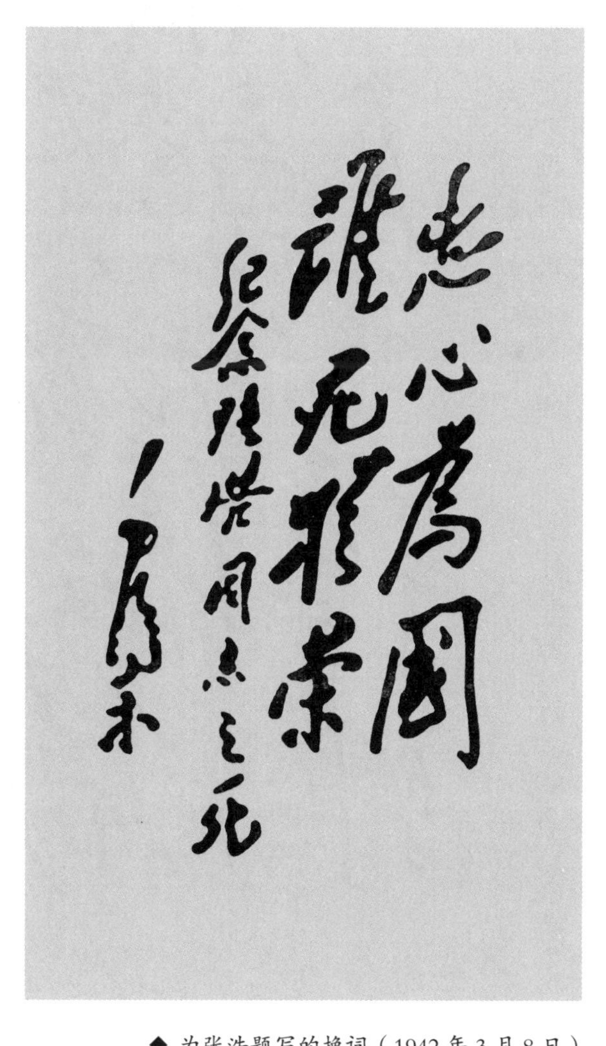

◆ 为张浩题写的挽词（1942 年 3 月 8 日）

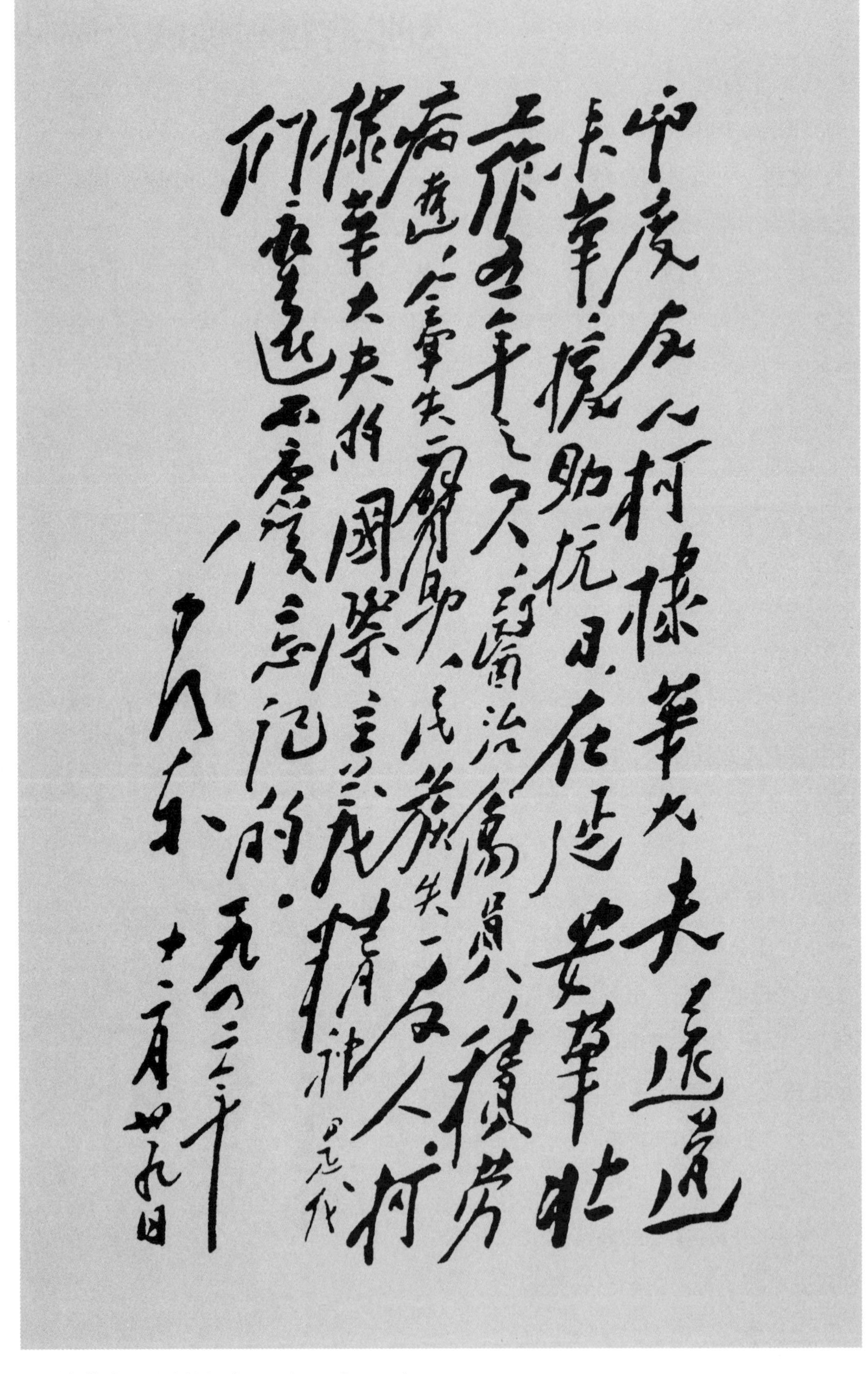
印度友人柯棣华大夫远道来华，援助抗日，在延安华北工作五年之久，医治伤员，积劳病逝，全军失一臂助，民族失一友人。柯棣华大夫的国际主义精神，是我们永远不应忘记的。

毛泽东

一九四二年十二月廿九日

◆ 为柯棣华题写的挽词（1942年12月29日）

为柯棣华题写挽词

柯棣华（1910—1942），印度人，著名医生，国际主义战士。

1938 年随同印度援华医疗队到中国协助抗日，1939 年 2 月到达延安。1939 年 11 月 4 日开始，柯棣华和印度医疗队的同伴们，出入枪林弹雨之中，数次穿过敌人的封锁线，在沿途施行了 50 余次手术，诊治了 2 000 余名伤病员。1941 年 1 月，被任命为晋察冀军区白求恩国际和平医院第一任院长，八路军医院外科主治医生，后在华北抗日根据地服务。1942 年 7 月，柯棣华加入了中国共产党。

1942 年 12 月 9 日凌晨，积劳成疾的柯棣华因癫痫病发作在河北唐县逝世，年仅 32 岁。

12 月 30 日，延安各界举行柯棣华追悼大会。毛泽东题写挽词：**“印度友人柯棣华大夫远道来华，援助抗日，在延安华北工作五年之久，医治伤员，积劳病逝，全军失一臂助，民族失一友人。柯棣华大夫的国际主义精神，是我们永远不应该忘记的。”**落款：**“毛泽东　一九四二年十二月二十九日”**。毛泽东为柯棣华题写挽词是在追悼会的前一天，即 12 月 29 日。

2014 年 9 月 1 日，柯棣华被列入民政部公布的第一批 300 名著名抗日英烈和英雄群体名录。

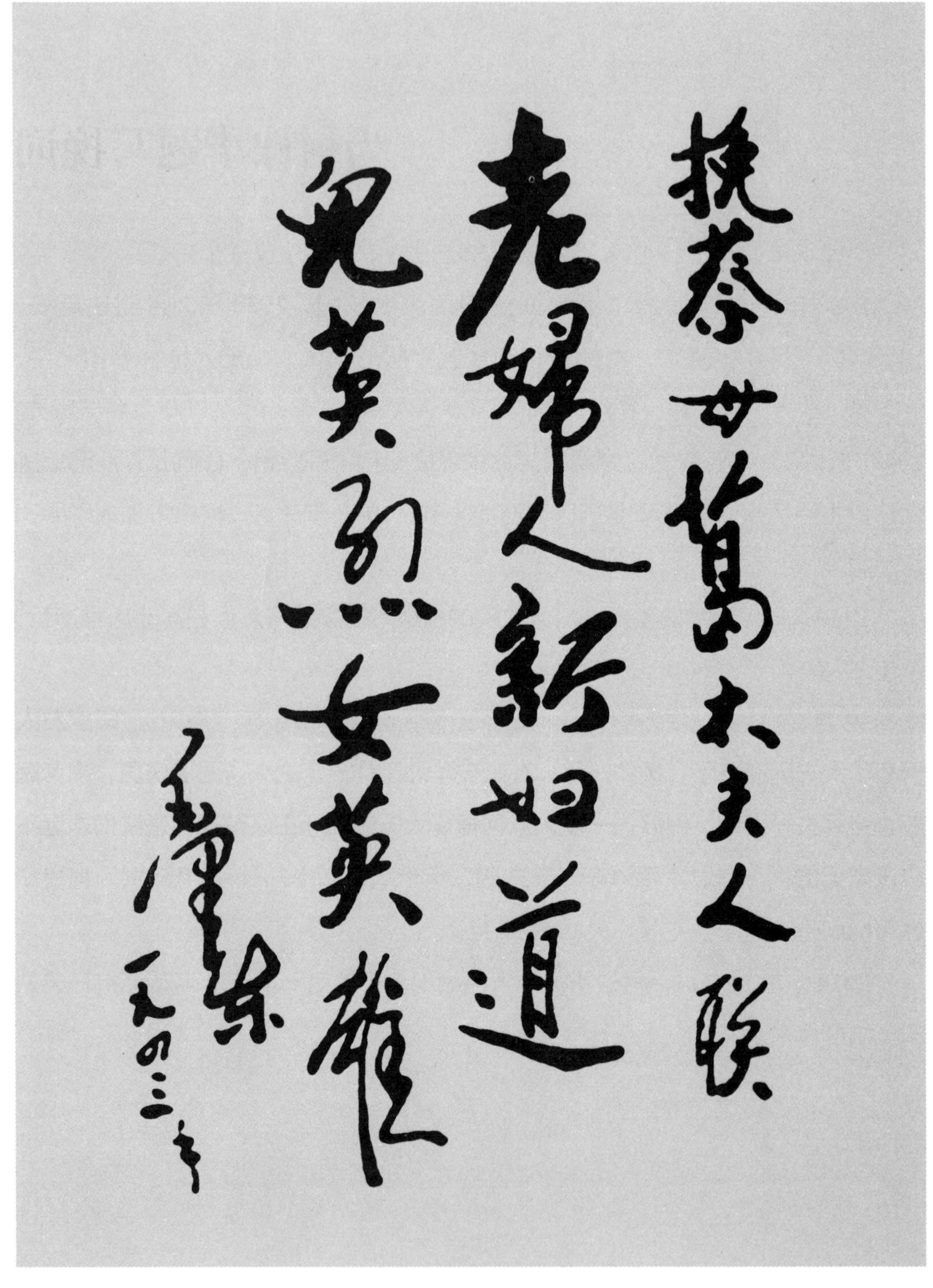

◆ 为葛太夫人题写的挽词（1943 年 3 月）

为葛太夫人题写挽词

葛太夫人，即葛健豪（1865—1943），湖南双峰人，原名葛兰英，是中国早期女权活动先驱，女子教育先驱，女革命家。

葛太夫人是中国共产党早期领导人蔡和森、中华全国妇联主席蔡畅的母亲，中国妇女解放运动先驱、中国共产党第一位女中央委员向警予的婆婆，被世人称为“革命母亲”。1914 年春，她带领全家到长沙求学，自己也进湖南女子教员养成所读书，毛泽东曾得到她的悉心照料。1919 年，在五四运动推动下，赴法勤工俭学运动渐成高潮。葛健豪与蔡和森、蔡畅、向警予等 30 多位学生，从上海启程赴法国留学。毛泽东从武汉专程绕道上海为他们送行。1923 年葛健豪回国。1924 年 6 月 9 日，葛健豪参加湖南省女界联合会“恢复成立大会”，参与了女界联合会简章和宗旨的讨论、制定工作。1925 年任长沙平民女子职业学校校长。1927 年八七会议后，她随蔡畅、李富春到上海，一面带孩子，一面做革命掩护工作。1928 年回到老家。1928 年至 1931 年，葛健豪的二儿子蔡麓仙、三儿媳向警予、三儿子蔡和森先后为革命牺牲。

1943 年 3 月 16 日，葛健豪老人在湖南双峰石板冲病逝，享年 78 岁。

毛泽东在延安得知葛太夫人逝世的消息后，对这位伟大母亲深表哀悼，提笔撰写挽联：**“挽蔡母葛太夫人联　老妇人新妇道，儿英烈女英雄。”**落款：**“毛泽东　一九四三年”**。

毛泽东为这位十分有影响力的老人敬送的挽联，短短六字联，情理入笔，言辞至深。

为马本斋题写挽词

马本斋（1901—1944），回族，河北献县人，抗日战争时期八路军冀中军区回民支队的创建人，抗日民族英雄。

马本斋 16 岁入东北军张宗昌部。1937 年七七事变后，在家乡组织成立回民抗日义勇军。1938 年 2 月率队加入河北游击军，编为冀中回民教导队。4 月，所在部改编为冀中军区回民教导总队，他任总队长。9 月，马本斋加入中国共产党。1939 年春，其部队改编为八路军第三纵队回民支队，他任司令员。1942 年 8 月，马本斋被任命为冀鲁豫军区第三军分区司令员兼回民支队司令员。

1940 年，毛泽东亲自题词：“百战百胜的回民支队”。冀中军区也授予回民支队“无攻不克，无坚不摧，打不垮，拖不烂的铁军”锦旗。

在长期的战争生活中，马本斋营养不良，积劳成疾，突发急性肺炎，1944 年 2 月 7 日，时任冀鲁豫军区第三军分区司令员兼八路军回民支队司令员的马本斋在山东莘县冀鲁豫军区后方医院病逝，终年 43 岁。

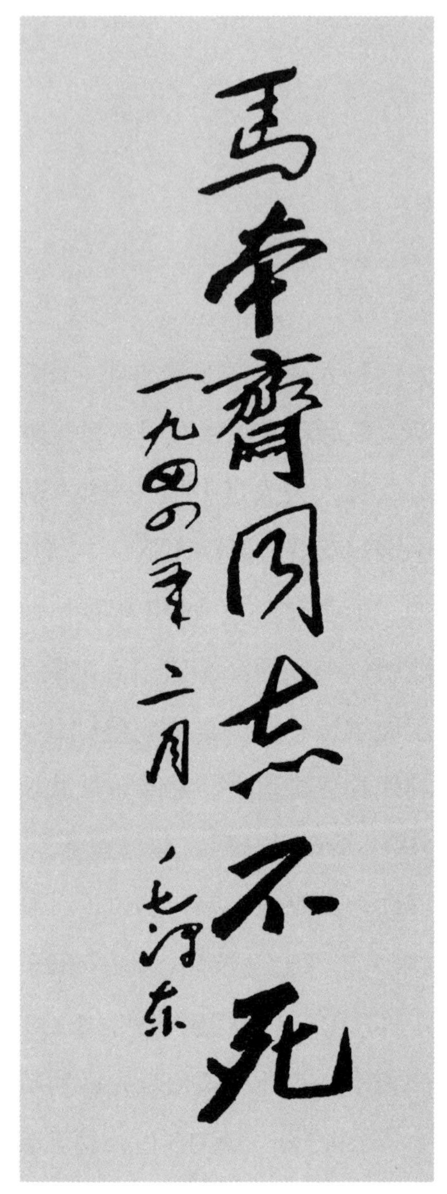

◆ 为马本斋题写的挽词（出自马本斋烈士纪念碑）

延安各界举行悼念马本斋大会，毛泽东题写挽词：**“马本斋同志不死”**，落款：**“一九四四年二月　毛泽东”**。

中华人民共和国成立后，党中央将马本斋的故乡命名为“本斋回族自治县”。1954 年，当地政府将他的遗骨迁至石家庄市华北军区烈士陵园。

为朱德的母亲题写挽联

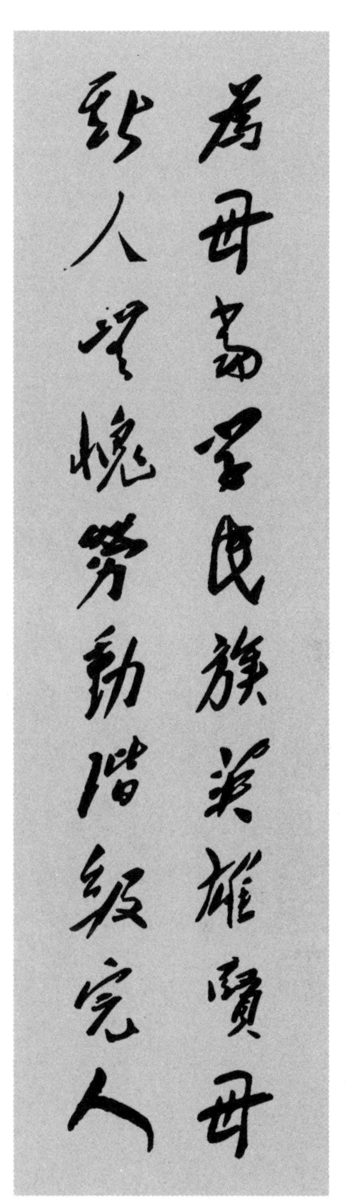

◆ 为朱德的母亲题写的挽联（集字）

钟太夫人（1860—1944），四川仪陇人，也称钟夫人，朱德同志的母亲。

朱德的母亲身材高大，性情贤淑和气，很勤快，每天天还没亮就起床煮全家的饭。她任劳任怨地劳作，一心想要改变家庭生活的窘况。1895 年除夕，朱德一家被地主逼迫退佃、搬家。“这是我家最悲惨的一次遭遇。”朱德说，“母亲没有灰心，她对穷苦农民的同情和对为富不仁者的反感更强烈了。母亲沉痛的诉说以及我亲眼见到的许多不平事实，启发了我幼年时期反抗压迫追求光明的思想。”1908 年，朱德回老家仪陇实践教育救国，后考入云南陆军讲武堂，加入同盟会。母亲在知道朱德所做的事业后，只是默默地祈祷和支持着儿子，自己依然在家里过着清贫的农妇生活，让朱德安心工作报效祖国、民族和人民。

1944 年 2 月 15 日，朱德的母亲在四川仪陇病逝，终年 84 岁。消息辗转传到延安，在延安纪念“三八”节的大会上，蔡畅宣布了朱母钟太夫人逝世的消息，号召妇女学习她劳动终身和勤俭持家的精神。4 月 10 日，毛泽东出席延安各界在杨家岭中央大礼堂为朱德的母亲举行的追悼大会，并敬撰挽联：**“为母当学民族英雄贤母，斯人无愧劳动阶级完人”**。中共中央委员会的挽联：“八路功勋大孝为国，一生劳动吾党之光”。

毛泽东题写的挽联，将朱德的母亲上升到伟大的劳动阶级的地位，颂其母，赞其子，是悼念也是号召。

这是中国共产党历史上唯一一次为党的主要领导人的母亲举行公祭活动。1944 年 4 月 12 日，《解放日报》第一版报道了公祭情况。

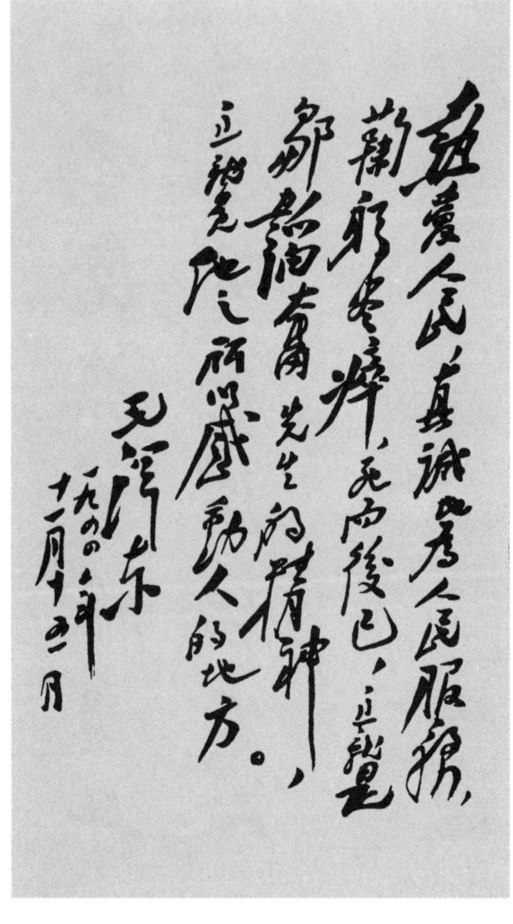

◆ 为邹韬奋题写的挽词（1944 年 11 月 15 日）

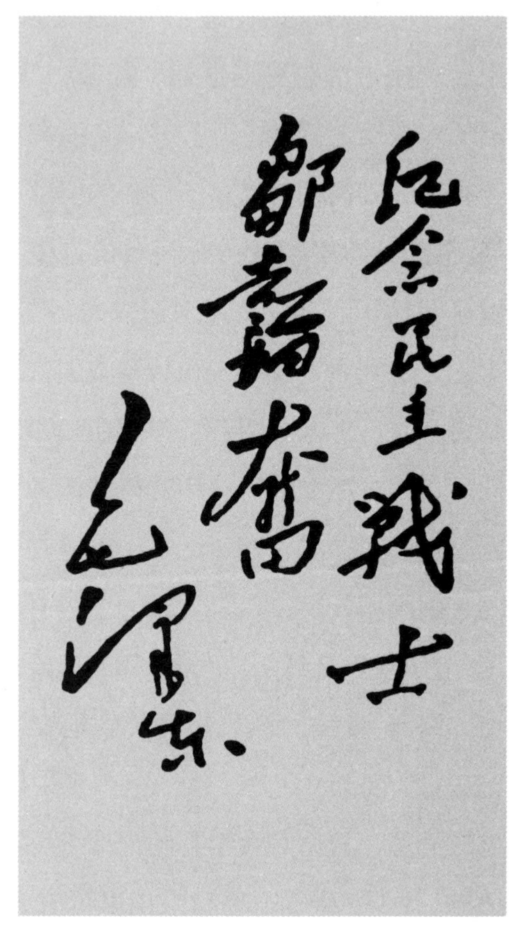

◆ 为邹韬奋逝世五周年纪念的题词（1949 年 7 月 24 日）

为邹韬奋题写挽词、题词

邹韬奋（1895—1944），原名恩润，江西省余江县（今余江区）潢溪乡渡口村委会沙塘村人。我国杰出的新闻记者、报刊活动家、政论家和出版家，被誉为“人民的喉舌”，是中国近现代史上一位著名的爱国人士和学者。2009 年 9 月 14 日，邹韬奋当选“100 位为新中国成立作出突出贡献的英雄模范人物”。

1941 年后，邹韬奋来到了东江、苏北抗日民主根据地。正当他为从共产党身上“看到新中国光明的未来”而信心倍增地努力工作时，不幸身患癌症。党中央将他送到上海治疗。1944 年 7 月 24 日，邹韬奋在上海病逝，享年 48 岁。

毛泽东听闻后，甚感惋惜与悲痛。为表达无限哀思，1944 年 11 月 15 日，毛泽东在延安题写了挽词：**“热爱人民，真诚地为人民服务，鞠躬尽瘁，死而后已，这就是邹韬奋先生的精神，这就是他之所以感动人的地方。”**落款：**“毛泽东一九四四年十一月十五日”**。

1944 年 11 月 22 日，《解放日报》用四个版面开辟《邹韬奋先生逝世纪念特刊》来纪念这位民主战士，刊发各类纪念文章和毛泽东、朱德、高岗等的挽词、挽联墨迹。毛泽东题写的挽词刊登在特刊第一版上。

1949 年 7 月 24 日，毛泽东为邹韬奋逝世五周年纪念题词：**“纪念民主战士邹韬奋”**，落款：**“毛泽东”**。

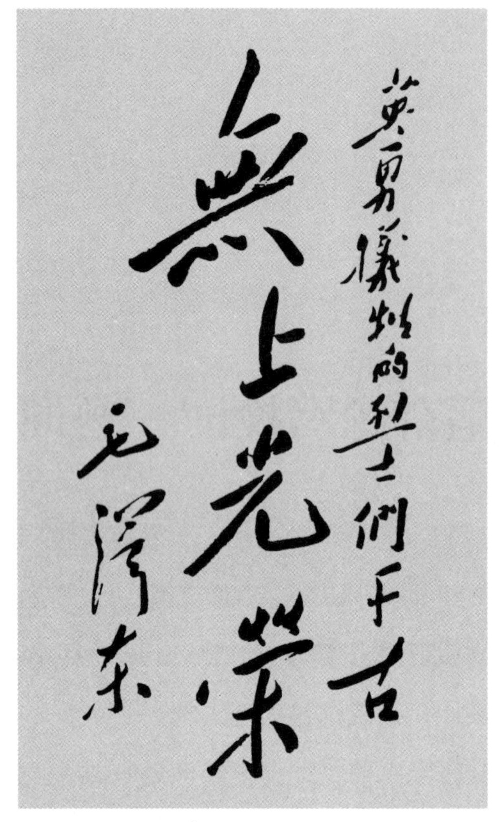

◆ 为拟建的烈士陵园的题词（1945 年五六月）

为拟建的烈士陵园题词

1945 年 4 月 23 日至 6 月 11 日，党的第七次代表大会在延安举行。大会期间，为沉痛悼念革命战争中的死难烈士，代表们酝酿在抗日战争胜利后建立烈士陵园。为此，毛泽东亲笔题词：**“英勇牺牲的烈士们千古，无上光荣。”**落款：**“毛泽东”**。七大结束后，晋冀鲁豫代表团将此幅题词的手迹带回。

晋冀鲁豫烈士陵园 1946 年 3 月在河北省邯郸市奠基，1950 年 10 月 21 日落成。此陵园历经了战火纷飞的年代和中华人民共和国的成立，这在全国是不多见的。1952 年 11 月 1 日，毛泽东在视察南方的归途中，在邯郸下车，专程到晋冀鲁豫烈士陵园缅怀烈士，他深情地说：“他们应该有一块安息之地呀！”

题词的手迹，于 1967 年由晋冀鲁豫烈士陵园移交中央档案馆。移交说明书中说：“一九四六年三月二十七日晋冀鲁豫边区参议会第一届第二次会议通过决议，在邯郸建立晋冀鲁豫烈士陵园。当时的晋冀鲁豫边区政府主席杨秀峰送交陵园。”

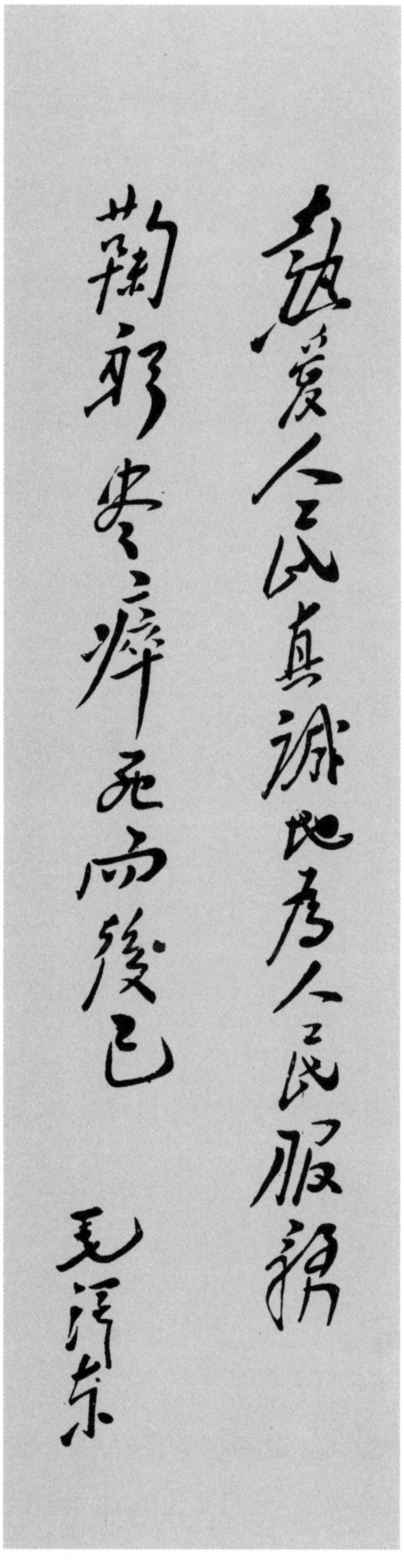

为八路军 120 师 359 旅 719 团烈士纪念碑题词

1941 年春，为响应朱德总司令提出的垦荒屯田的号召，八路军 120 师 359 旅在旅长兼政委王震的率领下，开赴南泥湾，披荆斩棘，开荒种地。广大官兵用自己的双手和汗水，将荒无人烟的南泥湾变成了“平川稻谷香，肥鸭遍池塘。到处是庄稼，遍地是牛羊”的陕北好江南。359 旅是大生产运动中的模范，他们在南泥湾一面积极生产，一面学习和练兵，战胜了无数的困难，获得了生产、学习、战斗的三丰收。南泥湾屯垦的胜利，是一曲自力更生的凯歌。

1945 年 5 月 1 日，毛泽东为八路军 120 师 359 旅 719 团烈士纪念碑题词：**“热爱人民，真诚地为人民服务，鞠躬尽瘁，死而后已”**，落款：**“毛泽东”**。

在今延安市宝塔区南泥湾镇的九龙泉路旁，立有一块 120 师 359 旅 719 团缅怀战友的纪念碑。碑的正面刻有毛泽东题词，背面刻有贺龙题词：“三五九旅七一九团烈士纪念。为人民服务而光荣牺牲，为革命烈士要坚决复仇”；左侧是“烈士芳名录”，铭记着政委陈文彬、组织科长陈友元、营长蓝鸿岐等 968 名烈士英名及祭文。碑亭为六角飞檐，六根木柱的夹角处各镶嵌一颗红星。

◆ 为八路军 120 师 359 旅 719 团烈士纪念碑题写的碑文（1945 年 5 月 1 日）

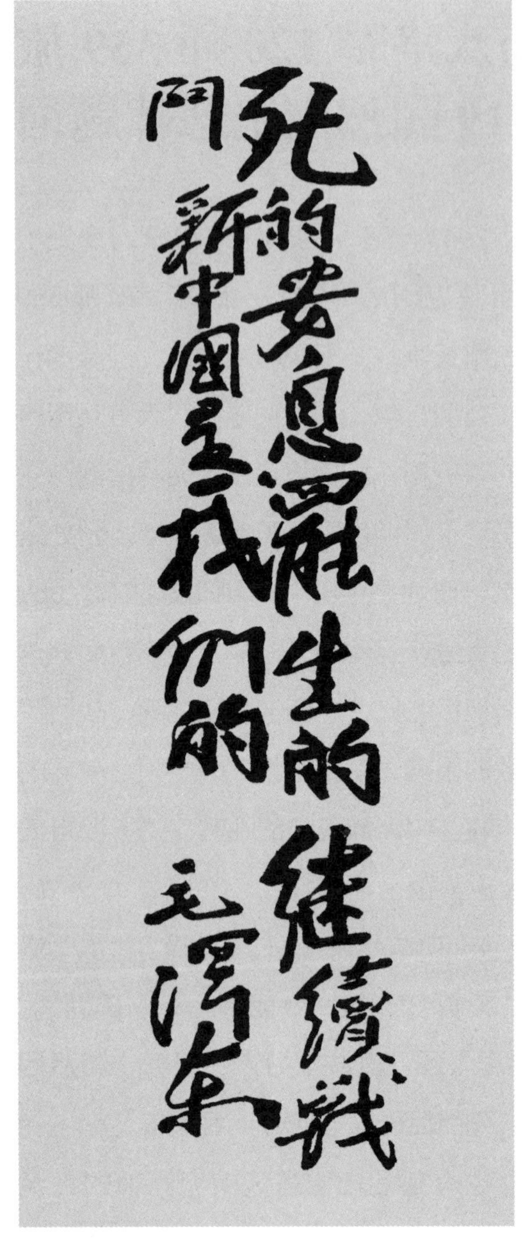

◆ 为三边革命烈士纪念塔的题词（1945 年 9 月）

为三边革命烈士纪念塔题词

“三边革命烈士纪念塔”位于榆林市定边县城，是三边分区党、政、军、民和开明绅士与各团体捐资修建的，于 1945 年 5 月动工，9 月 1 日落成。当年，毛泽东为纪念塔题词：**“死的安息罢，生的继续战斗，新中国是我们的。”**落款：**“毛泽东”**。

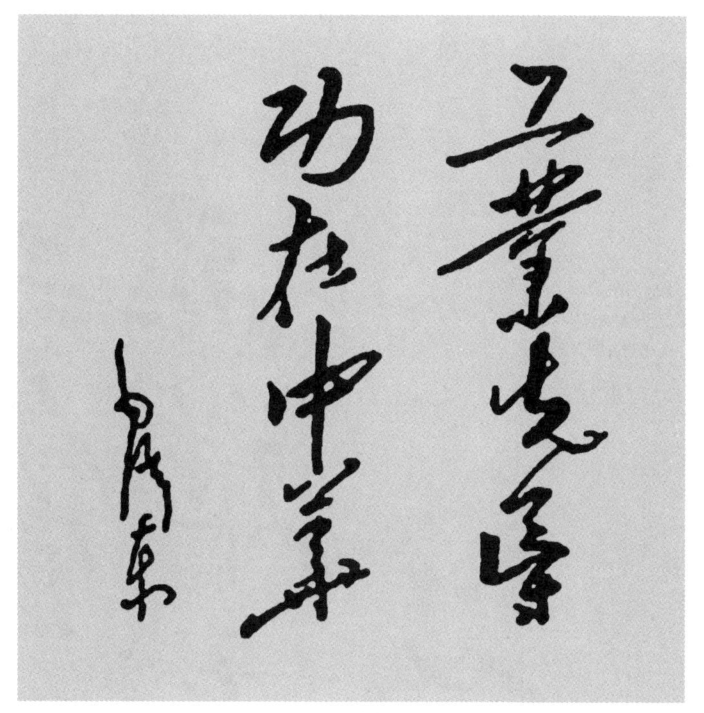

◆ 为范旭东题写的挽词（1945 年 10 月）

为范旭东题写挽词

范旭东（1883—1945），湖南湘阴县人，曾任国民参政会参政员，中国重化学工业的奠基人，被称作“中国民族化学工业之父”。

范旭东先后创办和筹建久大精盐公司、久大精盐厂、永利碱厂、永裕盐业公司、黄海化学工业研究社等企业，历任总经理、董事长，化学工业会副会长等职，并生产出中国第一批硫酸铵产品，更新了中国联合制碱工艺，其所形成的“永久黄”团体，是近代中国第一个大型私营化工生产和研究组织。抗战胜利前夕，范旭东拟新建扩建 10 个化工厂，遭到国民党政府拒绝，因愤懑于 1945 年 10 月 4 日猝然逝世。

正在重庆的毛泽东闻讯后，为范旭东追悼会致送了题写的挽词：**“工业先导，功在中华”**，落款：**“毛泽东”**。周恩来和王若飞致送的挽联：“奋斗垂卅载，独创永利久大，遗恨渤海留残业；和平正开始，方期协力建设，深痛中国失先生。”郭沫若送的挽联：“老有所终，壮有所用，幼有所长；天不能死，地不能埋，世不能语。”

后来，毛泽东高度称赞范旭东是中国人民不可忘记的“四大实业家”之一。

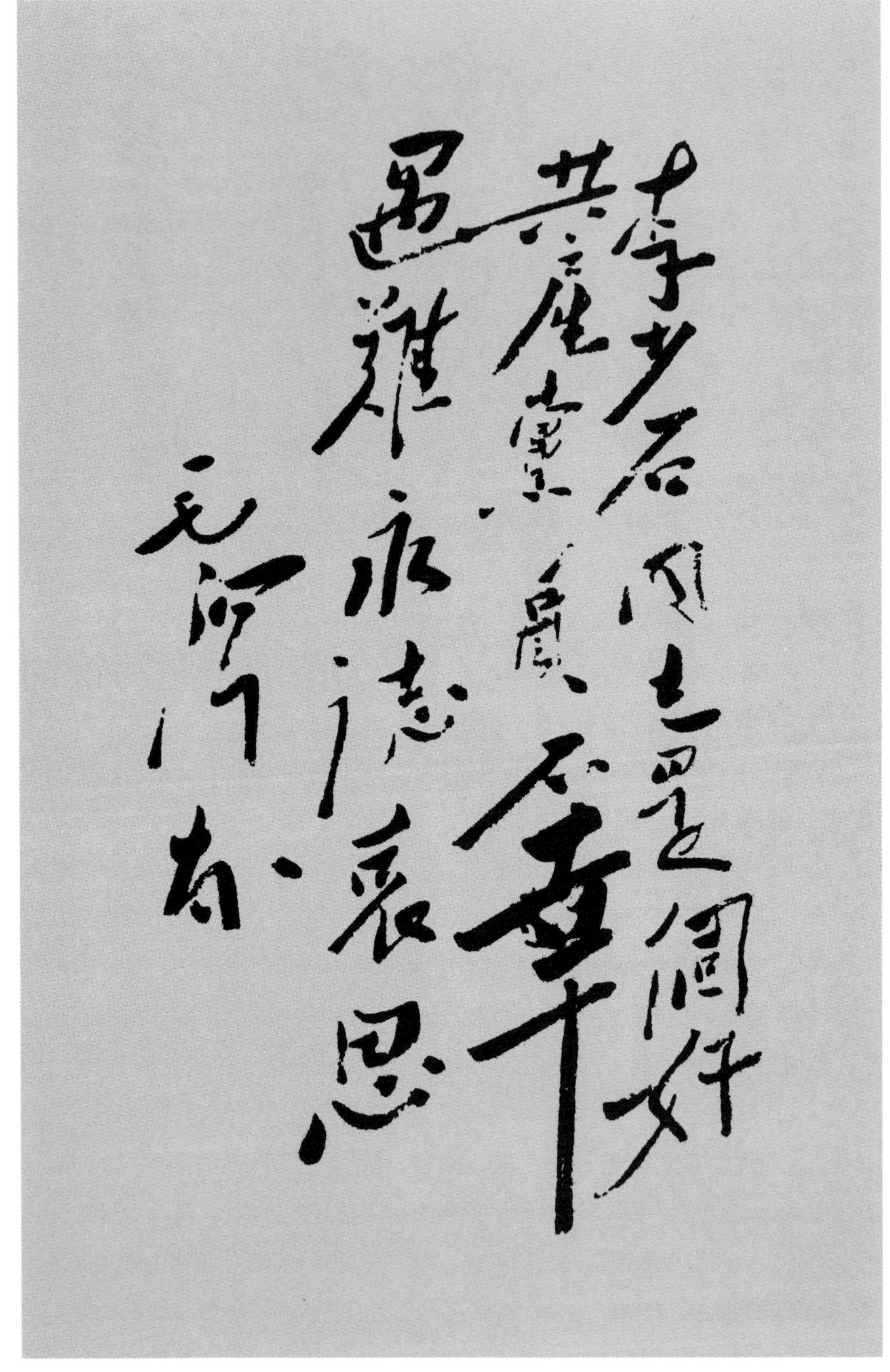

◆ 为李少石题写的挽词（1945 年 10 月）

为李少石题写挽词

李少石（1906—1945），原名国俊，又名振，字默农。广东新会外海区潮连乡（今江门市郊）人。

少时就读于岭南大学，1925 年参加共产主义青年团，因发动工人罢工被学校开除。1926 年加入中国共产党。后前往香港、上海从事秘密工作。1933 年任中共江苏省委宣传部部长兼“中国工人通讯社”负责人。1934 年 2 月 28 日，因叛徒出卖，被国民党逮捕，经周恩来交涉于 1937 年获释。1943 年调任八路军驻重庆办事处秘书，成为周恩来的得力助手。1945 年 10 月 8 日傍晚，李少石在替周恩来送柳亚子返回办事处途中，被国民党士兵误伤，经抢救无效，于当晚 7 时左右牺牲，享年 39 岁。

1945 年 10 月 10 日上午，周恩来和宋庆龄等参加了李少石的葬礼，当时毛泽东也要求参加，但所有人都担心他的安全而不同意。后毛泽东为其题写了挽词：**“李少石同志是个好共产党员，不幸遇难，永志哀思”**，落款：**“毛泽东”**。

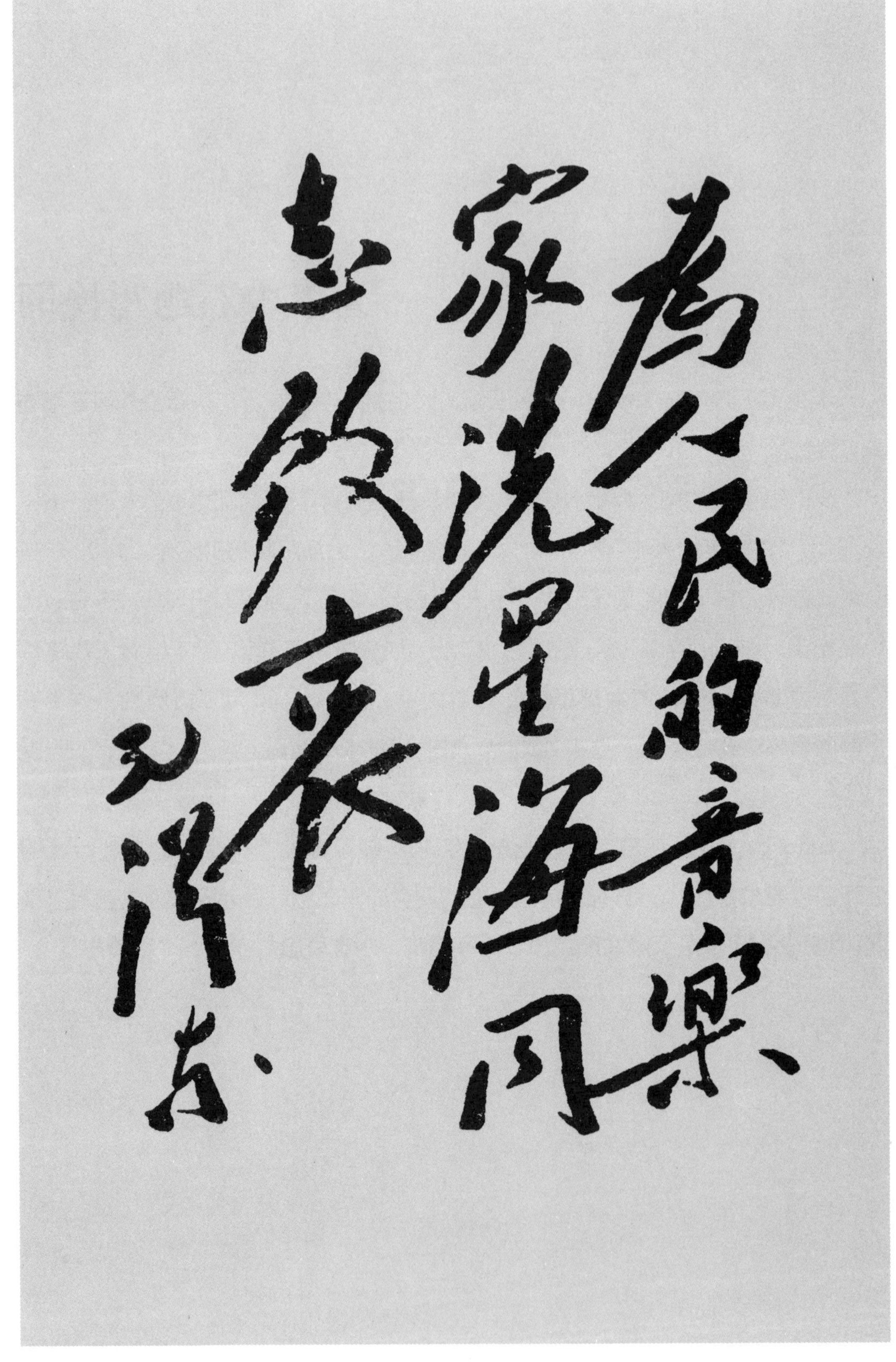

◆ 为冼星海题写的挽词（1945 年 11 月）

为冼星海题写挽词

冼星海（1905—1945），祖籍广东番禺，出生于澳门，中国近代著名作曲家、钢琴家，人民音乐家。

冼星海 1926 年入北京大学音乐传习所。1928 年进入上海国立音乐院学习音乐。1929 年去巴黎勤工俭学。1935 年回国后，积极参加抗日救亡运动。1938 年赴延安，担任鲁迅艺术学院音乐系主任。诗人光未然作词的《黄河大合唱》经他谱曲，成了旷世千古的绝响。1939 年 5 月 11 日，在延安庆祝鲁艺成立周年晚会上，冼星海穿着灰布军装和草鞋、打着绑腿指挥《黄河大合唱》，在场的毛泽东和其他中央领导连声叫好。1935 年至 1938 年间，冼星海创作了《救国军歌》《只怕不抵抗》《游击军歌》《到敌人后方去》《在太行山上》等各种类型的声乐作品，开拓了中国现代革命音乐的新局面。1940 年 5 月，冼星海赴苏联工作，为大型纪录片《延安与八路军》配乐。1945 年 10 月 30 日，冼星海因肺病不幸在莫斯科逝世。

1945 年 11 月 14 日，延安各界在鲁迅艺术学院礼堂为冼星海举行追悼会，毛泽东为冼星海题写挽词：**“为人民的音乐家冼星海同志致哀”**，落款：**“毛泽东”**。

1945 年 11 月 15 日的《解放日报》第一版刊登了 14 日追悼会的消息，第四版开辟整版为“冼星海同志追悼特刊”。1948 年 10 月，为纪念冼星海逝世 3 周年，华北新华书店出版了《人民音乐家冼星海》，该书是土纸毛边本，初版印 3 000 册，全书 94 页。此书扉页印有毛泽东的题词“为人民的音乐家冼星海同志致哀”。

此题词刊载在 1949 年 10 月 30 日的《天津日报》上。

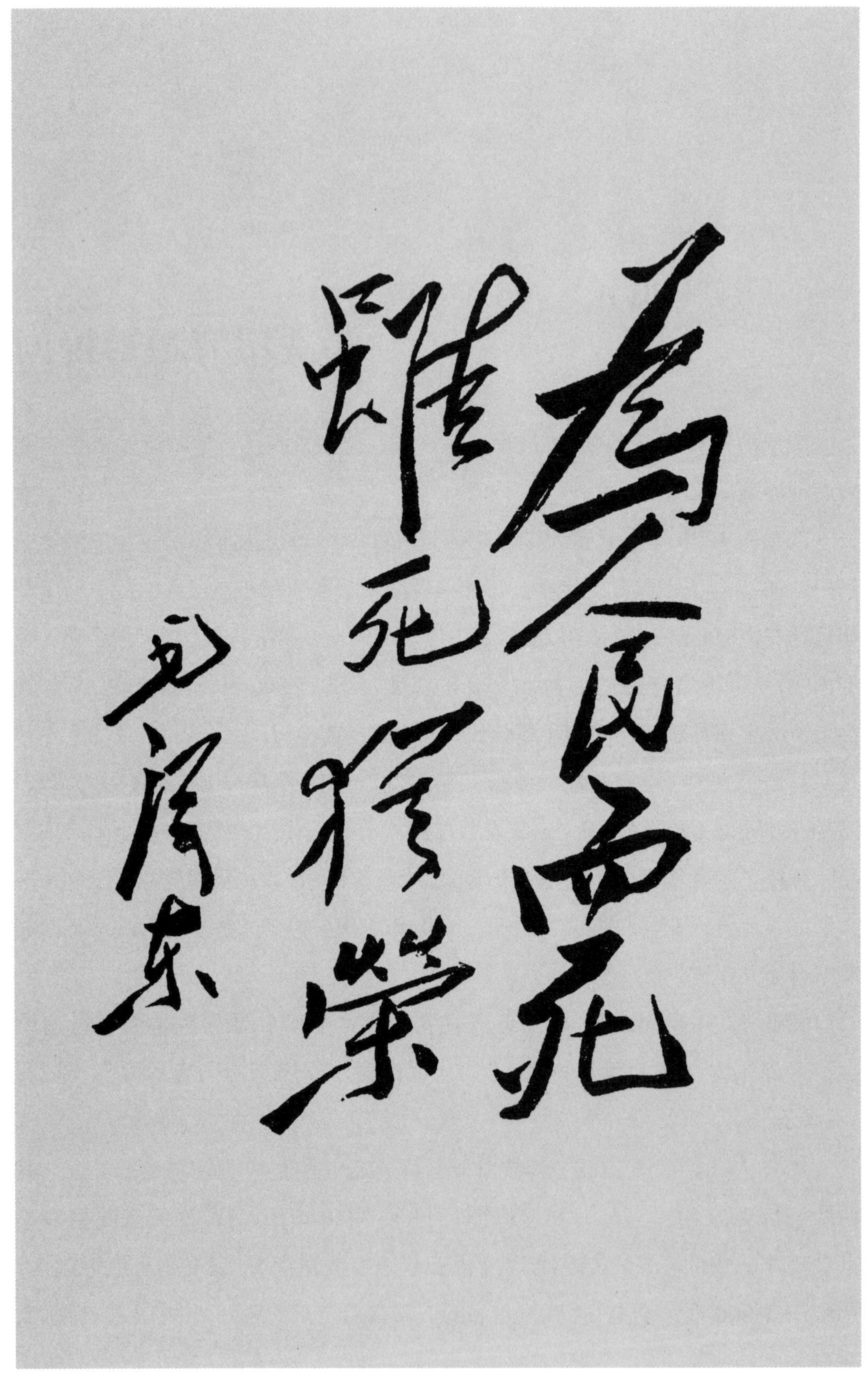

◆ 为“四八”烈士题写的挽词（1946 年 4 月）

为“四八”烈士题写挽联、祭文、挽词

1946 年 4 月 8 日，王若飞、秦邦宪、叶挺、邓发等人由重庆飞往延安。飞机起飞后，半途中阴云密布，大雨滂沱。飞机在晋西北兴县东南 40 千米处，撞在海拔 2 000 多米的黑茶山上，机毁人亡，无一生还。

1946 年 4 月 19 日，延安各界 3 万多人在飞机场隆重举行追悼并公祭诸烈士大会。

4 月 20 日，《解放日报》第二版《千万人民的悼念》对 19 日的追悼会作了报道，并特辟“悼念‘四八’被难烈士特刊”，共六版。第三版发表了毛泽东撰写并在追悼会上宣读的《向“四八”被难烈士致哀》祭文：“亲爱的战友们，不朽的英雄们：数十年间，你们为人民事业做了轰轰烈烈的工作。今天，你们为人民事业而死，虽死犹荣！你们的死是一个号召，它将加深中国人民对于中国共产党的认识，它将加强中国人民坚持和平、民主、团结事业的决心！你们的死是一个号召，它号召全党党员和全国人民团结起来，为和平、民主、团结的新中国而奋斗到底！全党党员和全国人民将继承你们的遗志，继续奋斗，直到胜利，决不懈怠，决不退缩！”

同日，延安《解放日报》特刊刊载了追悼会上毛泽东以中共中央名义题写的挽联：

“天下正多艰，赖斗争前线，坚持民主，驱除反动，不屈不挠，惊听凶音哀砥柱；

党中留永痛，念人民事业，惟将悲苦，化成力量，一心一德，誓争胜利慰英灵。”

毛泽东为“四八”遇难烈士题写的挽词：**“为人民而死，虽死犹荣”**，落款：**“毛泽东”**。

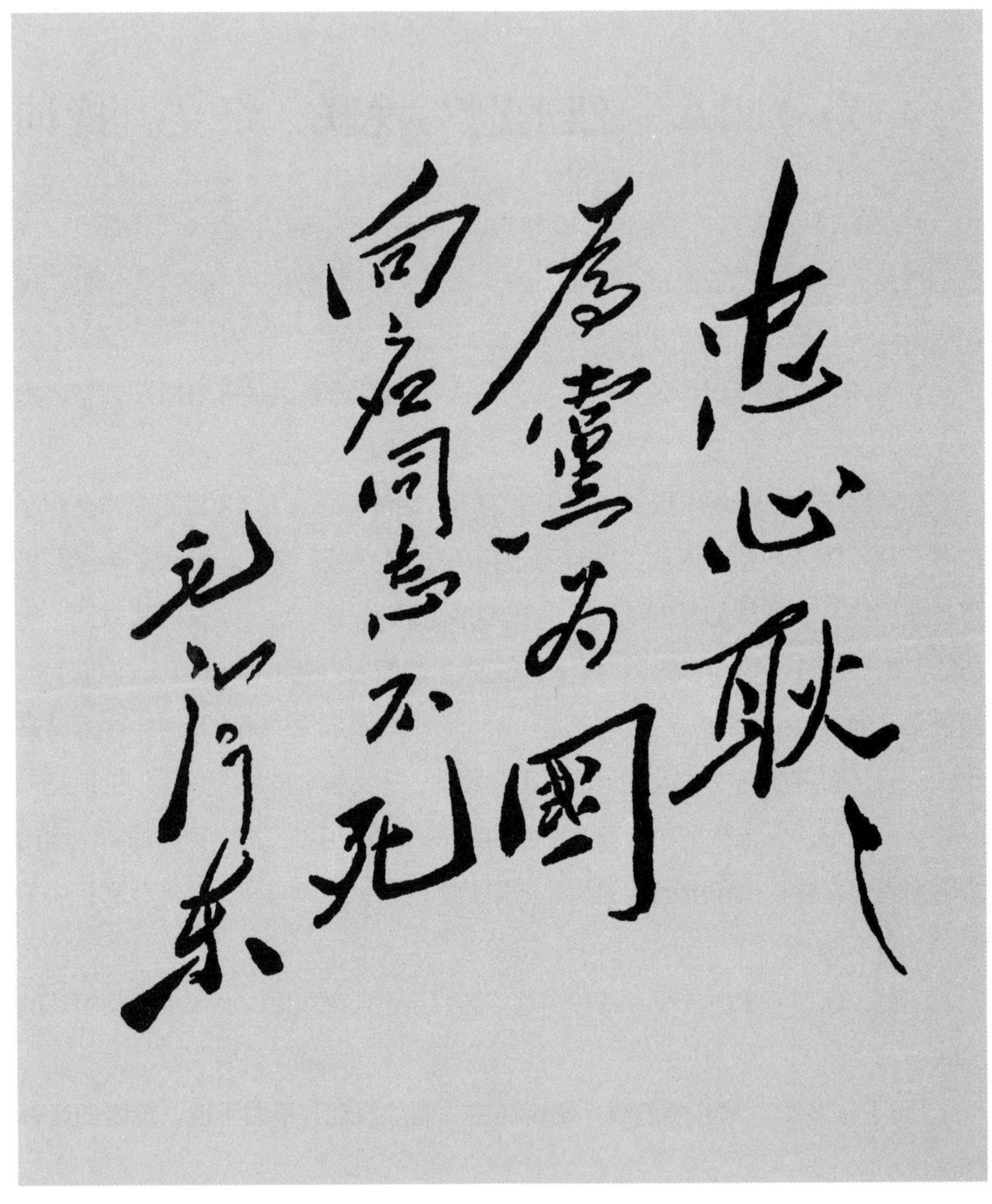

◆ 为关向应题写的挽词（1946 年 7 月 28 日）

为关向应题写挽词

关向应（1902—1946），原名关治祥，辽宁金县（今大连市金州区）人，满族，中国共产党早期军事领导人之一，无产阶级革命家、军事家。

1924 年加入中国社会主义青年团，第二年加入中国共产党。先后在中共河南省委和共青团中央组织部工作。1932 年到湘鄂西革命根据地任湘鄂西军委主席和红三军政治委员。长征途中，任第二方面军副政治委员，曾坚决抵制张国焘另立中央、分裂红军的错误行为。1937 年任八路军第 120 师政治委员，与贺龙一起开辟了晋绥抗日根据地。

1946 年 7 月 21 日，关向应在延安病逝。此前他曾担任中共中央晋绥分局书记、陕甘宁晋绥联防军政委等职务。7 月 28 日，延安各界代表 5 000 余人为关向应举行了遗体安葬仪式，毛泽东题写挽词：**“忠心耿耿，为党为国，向应同志不死。”**落款：**“毛泽东”**。

此题词刊载在 1946 年 7 月 29 日的《解放日报》第四版上。同期刊登朱德题写的挽词“模范的共产党员，终身为革命奋斗，百折不屈，死而后已。关向应同志千古。”

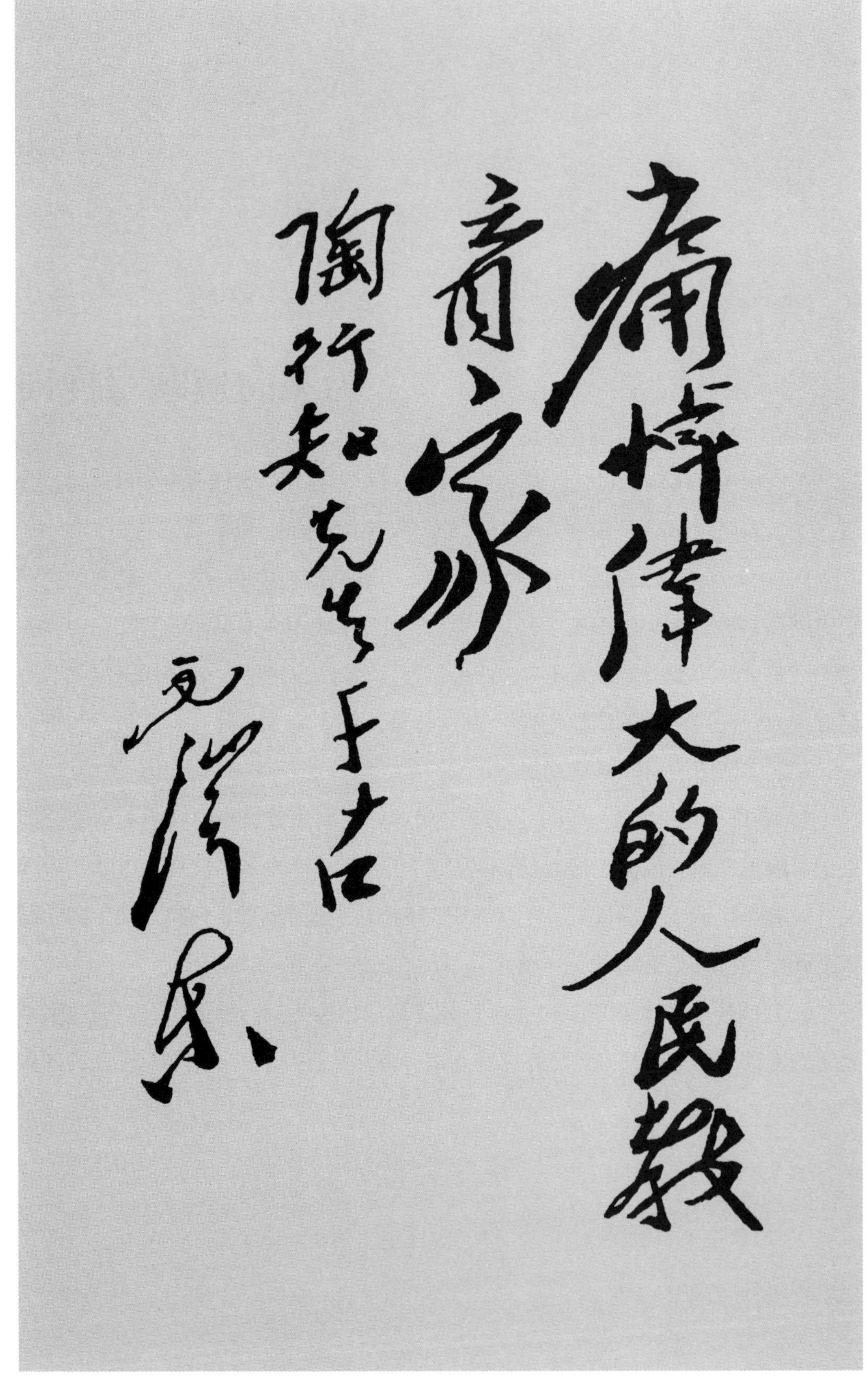

◆ 为陶行知题写的挽词（1946年8月）

为陶行知题写挽词

陶行知（1891—1946），安徽歙县人，原名文濬，近代伟大的教育家、思想家。中国人民救国会和中国民主同盟的主要领导人之一。青年时期信仰明代理学家王阳明“知行合一”学说，改名行知。

1915 年入读美国哥伦比亚大学。1917 年秋回国，先后任南京高等师范学校、国立东南大学教授、教务主任等职。1926 年起发表了《中华教育改进社改造全国乡村教育宣言》。1931 年主编《儿童科学丛书》，在上海先后创办“山海工学团”“报童工学团”“晨更工学团”“流浪儿工学团”等。1933 年，在上海发起成立中国教育学会。1935 年，在中国共产党“八一宣言”的感召下积极投身抗日救亡运动。

抗战胜利后，陶行知回到上海积极从事反内战、反独裁的民主运动。当获悉自己被列入国民党特务暗杀黑名单时，便抓紧时间，日夜整理文稿，终因劳累过度，于 1946 年 7 月 25 日因突发脑溢血逝世于上海，享年 55 岁。

陶行知的一生百折不挠地“为中国教育寻觅曙光”，他把全部身心献给了祖国的教育事业。7 月 25 日，毛泽东与朱德联名致电陶行知家属：“先生为人民教育家，为民族解放与社会改革事业奋斗不息。忽闻逝世，实为中国人民之巨大损失。特电致唁。”

8 月 11 日，延安各界代表 2 000 人在边区参议会礼堂举行了追悼大会。毛泽东亲笔题写会额：**“痛悼伟大的人民教育家陶行知先生”**，并题写挽词：**“痛悼伟大的人民教育家　陶行知先生千古。”**落款：**“毛泽东”**。

此题词发表在 1946 年 8 月 11 日的《解放日报》上。

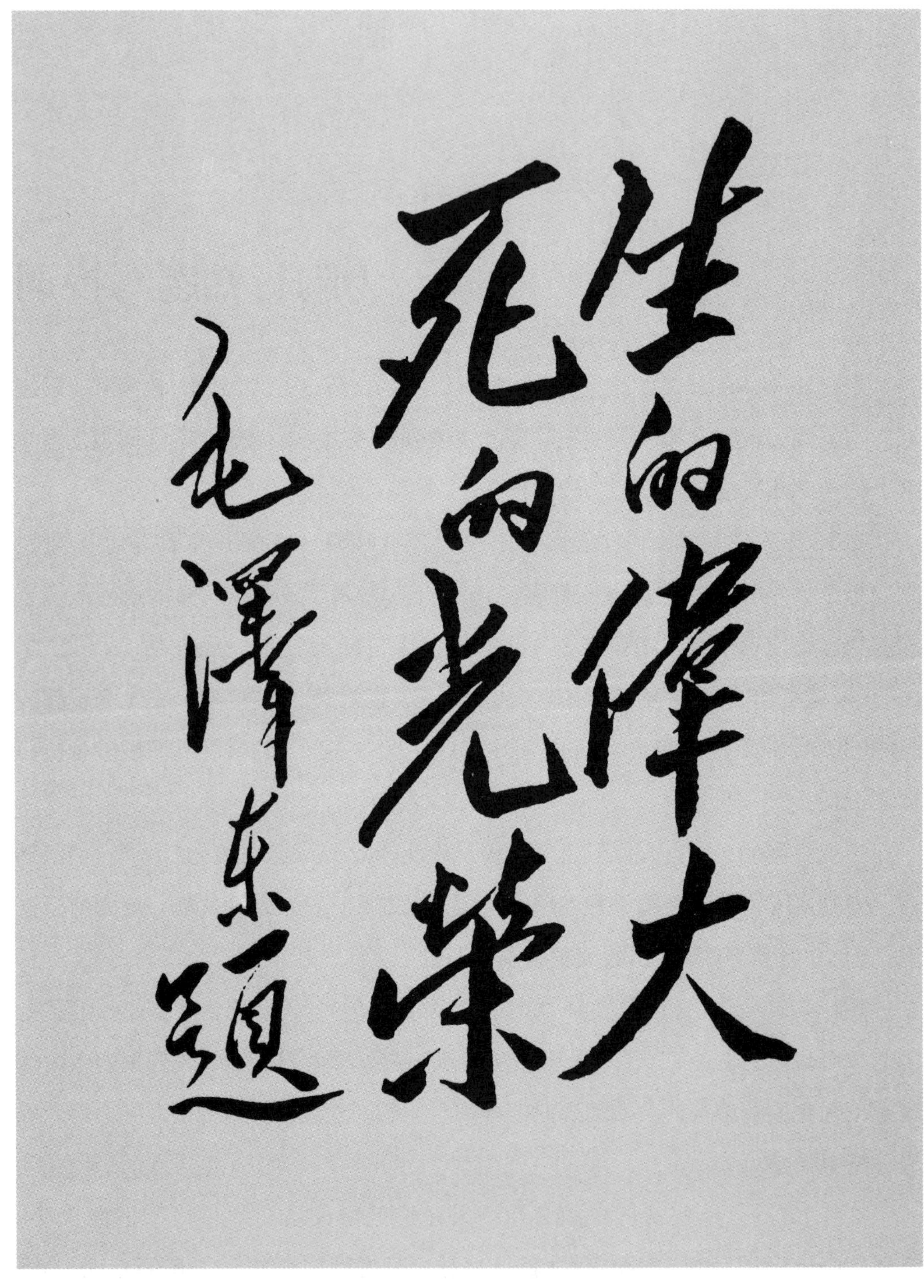

◆ 为刘胡兰烈士的题词（1957 年 1 月 9 日）

为刘胡兰烈士题词

刘胡兰（1932—1947），原名刘富兰，山西文水云周西村人。1946 年到山西省文水县云周西村做妇女工作，担任妇救会秘书，后为主任，并成为中共候补党员。14 岁被吸收为中共预备党员。15 岁英勇就义。

1947 年 1 月 12 日，阎锡山军队第七十二师第二一五团一营二连包围了文水县云周西村。这伙荷枪实弹的阎锡山军队，在云周西村制造了一起骇人听闻的流血惨案。面对敌人的威胁，刘胡兰坚贞不屈，大义凛然，献出了年轻的生命。

1947 年 3 月 26 日，毛泽东转战陕北途经子长县的任家山村时，任弼时向毛泽东汇报了刘胡兰壮烈牺牲的事迹。毛泽东问："她是党员吗？"任弼时说："是个优秀共产党员，才 15 岁。"毛泽东深受感动，轻声念着："刘胡兰！刘胡兰！"当即让警卫员摆上笔墨纸砚，挥笔疾书：**"生的伟大，死的光荣。毛泽东题"**。

遗憾的是，毛泽东为刘胡兰烈士的题词因战争关系遗失。在纪念刘胡兰逝世 10 周年之际，共青团山西省委恳请毛泽东为刘胡兰烈士重新题词。1957 年 1 月 9 日，毛泽东第二次为刘胡兰烈士题写奔放遒劲的"生的伟大，死的光荣"八个大字。

此题词首次发表在 1957 年 1 月 12 日的《人民日报》上。

為民族解放為階級翻身
事業垂成公胡遽死
有雲水襟懷有松柏氣節
典型頓失人盡含悲

◆ 为续范亭题写挽联（集字）

为续范亭题写挽联

续范亭（1893—1947），山西省崞县（今原平市）西社村人，著名抗日爱国将领，曾与共产党人合作创建山西新军。

续范亭临终前表示："如承追认入党，实平生之大愿也。"1947 年 9 月 12 日续范亭病逝，享年 54 岁。次日，中共中央复电，追认他为中国共产党的正式党员，实现了他的遗愿。

对于国民党爱国将领续范亭的不幸病逝，毛泽东十分悲痛，由陕北佳县朱官寨村专门发去唁电，并请在临县甘泉村的谢觉哉代拟挽联。谢老的日记中写到，这首挽联是毛主席托他代拟的，其最初原稿是：为民族翻身，为阶级翻身，事业垂成，公胡遽死？眼睛亮得很，骨头硬得很，典型顿失，人尽含悲。毛主席书写时将上联"为民族翻身"改成"为民族解放"；把下联的"眼睛亮得很，骨头硬得很"改为"有云水襟怀，有松柏气节"。即：

"为民族解放，为阶级翻身，事业垂成，公胡遽死？

有云水襟怀，有松柏气节，典型顿失，人尽含悲！"

毛泽东改谢觉哉的这副挽联，首次发表在 1947 年 9 月 29 日的《冀中日报》上。

参考资料

[1]《毛泽东选集》(第一至四卷)，人民出版社 1991 年版。

[2]《毛泽东文集》(第一至八卷)，人民出版社 1993 年版。

[3]《毛泽东传》，中央文献出版社 2011 年版。

[4]《毛泽东手书真迹》(上卷、中卷、下卷)，西苑出版社 2003 年 3 月版。

[5]《毛泽东书艺精粹博览》，四川大学出版社 1992 年 10 月版。

[6]《毛泽东题词鉴赏》，军事科学出版社 2003 年 8 月版。

[7]《毛泽东在延安》，中央文献出版社 2012 年 10 月版。

[8]《毛泽东题词与联语纪事》，中央文献出版社 2001 年 4 月版。

[9]《毛泽东对联赏析》，中央文献出版社 2005 年 1 月版。

[10]《毛泽东手书选集》，北京出版社 1993 年版。

[11]《毛泽东题词墨迹选》，人民美术出版社、档案出版社 1984 年 5 月版。

[12]《毛泽东题词趣谈》，长江文艺出版社 2003 年 9 月版。

[13]《毛泽东题词题字手迹精选》，中央文献出版社 2015 年 5 月版。

[14]《新中华报》合订本 (1937 年 1 月—1941 年 5 月)。

[15]《解放日报》合订本 (1941 年 5 月—1947 年 3 月)。